JN284713

張娜麗著

西域出土文書の基礎的研究

―中國古代における小學書・童蒙書の諸相―

汲古叢書66

汲古書院

序

窪添慶文

本書は張娜麗さんが二〇〇三年にお茶の水女子大學で博士（人文科學）の學位を取得した論文「西域出土文書の基礎的研究―小學書・童蒙書を中心として」を主たる内容としている。ただし、構成には相違があり、内容にも附加された部分がある。

張さんは中國大連の出身で、遼寧大學を卒業し、その後現地の大學で專任講師を短期間つとめたあと、來日、昭和女子大學大學院で修士の學位を取得した。學部・修士時期の專攻は日本近代文學である。大學院修了直後に同大學に奉職し、一年間の非常勤講師を經て一九八七年に專任教員となり、のち助教授に至った。その後事情により同大學を退職し、二年間を東京大學大學院總合文化研究科の研究生として過ごし、二〇〇〇年にお茶の水女子大學大學院人間文化研究科博士課程に入學した。私が張さんと最初に顏を合わせたのはその受驗の直前である。

東京大學の研究生時期の張さんは、廣い意味での中國文化史を研究對象としていて、中國前近代すべてを包括する長大なレポートも完成させていたが、それは私の指導できる範圍をはるかに超えていたので、お茶の水女子大學入學後は新たな研究題目の設定を求めざるをえなかった。その段階で張さんが選擇したのが、西域出土文書を用いた小學書・童蒙書の研究である。このテーマも正直なところ私の手に餘ったのであるが、しかし、幸いにお茶の水女子大學大學院の後期課程は複數指導教員制度を採用していて、敦煌文書を扱う中國文學の伊藤美重子助教授の指導を仰ぐことが可能であるという事情があり、またテーマが張さんの研究生時期に追求していた中國文化史研究につながるので、私としては異存はなかった。ただ、何よりも張さん自身の努力が必要とされることを確認すればよかった。このようにして始まり、結實した成果が刊行されることになり、私が「序」を書かせて頂けるのはこの上ない喜びである。

中國西北地方出土の簡牘や敦煌・トルファン文書を用いた研究のもつ重要性についてはいまさら贅言を費やすまでもない。本書は、それら西北出土資料に見られる小學・童蒙書およびその注釋を網羅的に取りあげ、相互對照するとともに、傳世された寫本や刊本とも引き比べて、信頼できる原本を復元し、あわせて詳細な異同の檢討を行い、かつ内容に關する注釋を施している。さらにそれを通じて、それらの書が撰述され、注釋が加えられ、傳習される過程を明らかにし、もって中國古代の文字文化や童蒙教育の一端を通時的に解明しようとしている。これは優れた着眼點であると私は考える。しかし、着眼のよさだけで本書は成り立ちはしなかったであろう。小學・童蒙書の收集、比較、同定、およびそれらの注釋書に引用された文獻類の檢証などには非常に多くの努力量が必要とされている。本書の後半部分では龍谷大學等所藏大谷文書の中の、從來「性質不明」、「斷片」として扱われてきた碎片を扱って、それらの同定を行うこと、異なった文書として處理されていた複數の碎片の接合を行うことに成功した事例が示されており、これも本書の重要な功績であるが、そのために費やした勞力は少なくないと想像される。まことに營々たる細かな努力の上に本書は成立しているのである。

もっとも、努力量だけを取りあげるのは問題であるともいえる。文書の斷片から、もとの文獻を探り當てるには、單なる努力では困難なことが多い。近年では中國古籍のデータベース化が進み、それを利用する方法ができたから、今後同定は早く進行する可能性があるが、張さんの場合は、そのもともと持っていた中國の諸文獻に對する深い知識に支えられているところが多い。

本書は書名にも記すように、基礎的な研究である。學問の發展は、このような地道な、きっちりした研究に支えられてはじめて可能になるであろう。本書が、西域出土資料を用いた研究、中國文化史研究の進展に寄與することを信じ、かつ願うものである。

附言しておきたいことがある。近年日本で博士論文を書く中國人大學院生が少なくない。お茶の水女子大學でもそうである。論文は日本を對象としたものが多いが、中には中國を對象としたものもある。その場合、日本で書くことの意味を考えてほしいと、私は思い、指導にあたる場合はそのことを述べる。張さんの場合は、夫君が日本人の研究者であり、今後も日本で生活し續けるであろうから、その點は特に問う必要はないと考えたのであるが、高いレベルにある日本の西域出土資料研究を承け、同時に中國の注疏の學問の傳統をも繼承しているように感じるのは私だけであろうか。なお、張さんの博士論文は日本語で書かれていた。やや固いが非常に立派な日本語で、ほとんど修正の必要を認めなかった。日常的にも、現代の日本の女子學生が使いこなせないような丁寧かつ正確な日本語をあやつる。

二〇〇五年十一月十五日

まえがき

二十世紀初頭、各國の探檢家（隊）により、西域の砂漠地帯が踏査された折、新疆のニヤ・樓蘭・トルファンの各地域、甘肅西部の疏勒河流域、及びその周邊の地域、またエチナ河流域の居延地區などに於いて大量の簡牘・紙帛文書が發掘された。同じ時期に、敦煌の莫高窟から驚くべき數の古文書が發見された。その後、斷續的に中國國内に於いて、組織的、計畫的な發掘調査が行われ、これによっても更に夥しい數の文書群が發見されることとなり、今日見られる厖大な西域文書群が出現することとなった。

これらの文書には、さまざまなものがある。例えば漢代に於ける西北屯戍軍事關係の文書のほか、帳簿類、典籍類、文信類や古代の人々の識字學習用の字書類などを含む簡牘繒帛文書があり、また紙本文書類には、六朝代の寫經をはじめとして、晉代以降、宋代に及ぶ歷代の僧徒、官人、衆庶間の宗教文書、世俗文書や律令、戸籍、契券といった行政社會文書等の多岐にわたる遺文が存在している。これらの各種の肉筆文書群は、西域にとどまらず、失われた中國古代の時と文化を解く貴重な資料として大いに注目される。

ところで、西域文書に關する研究は、發見の直後から、スタイン、ペリオ、ル・コック、大谷光瑞等が獲得した大量な遺文を含めて、これを手にし目睹し得た中、歐、日各國の學者によって始まっている。特に、敦煌から獲得した資料のほぼすべてを本國に送ったスタイン、ペリオのうち、ペリオが、その後北京に於いてその一部を學者らに示したことから、これを契機として、中國では羅振玉、王仁俊、將伯斧等、日本では内藤湖南、狩野直喜、羽田亨等をはじめとした人々による學術研究が促され、「敦煌學」勃興の端緒がひらかれることとなった。但し、トルファン出土文書に關しては、原資料の提示の場が少なかったためか、その學術研究が遅れることとなった。西域から發見された古代文書が目睹されるようになった當時、學者間で、主として研究の對象とされていたのは、眼前に出現した佚亡したと目されていた古書類と、古相を傳える經、史、子、集に亙る古寫本や古版本であった。また佛、道經典、注疏の抄本類も、社會經濟や法制の實態を究明するに足る諸資料も、繪畫、圖像等の古美術資料と共に矚目された。

イギリス、フランス、ドイツ、ロシア、日本、そして中國等の各國に分藏されることになった西域出土の諸資料は、その後整理公開が進むものと進まぬものとに分かれ、殊にロシア所獲のものなどは、永く匿藏されるままで實態が不明とされて、研究の素材とはされ得なかった。西域文書のより詳細な綜合的な研究は、二十世紀の八十年代より活發となった感がある。というのは、それまで各國に分藏されていたものの詳密な整理が進み、これが圖版等で正確に公表されるに至ったからであり、社會、政治、經濟、思想、文學、宗教等の各分野に於ける研究も、またそれらの多領域を含む研究も、それに從って一段と進陟したためである。

しかし、これらの西域文書群中に含まれていた識字、作文、社會規範、道德修習のための童蒙書、及び文字、音韻學習に關する小學書關係文書については、羅振玉、王國維、神田喜一郎、那波利貞氏等の個々についての斷續的研究はあるが、經書、道典等の文書に比べて、その價値の把握が遅れたためか、系統的な研究は殆ど試みられることがなかった。社會、經濟、法制や文學、史學、宗教にかかわる研究は甚だ盛んで、詳細な綜合的な研究が進められたにもかかわらず、文字文化の基底を支える小學書、童蒙書の研究、殊に原文の精密な校訂、注解を含めた成立の背景や歴史事實の剔出を企圖する研究は行なわれることは稀であった。舊來主要な貴重文書は公表されるものの、これに關わる諸資料は、公表に至らぬまま襲藏されてやや等閑に取り扱われていたことなども研究の遅れを招いていたことと思われるが、近年に至って、それらのさまざまな文書もようやく全面的に細大漏らさず公開されることとなり、また新たな出土資料の出現などがあってこの分野の研究の場が廣げられて來ている。

諸方に分藏される西域出土文書群から、繼續的に修習の對象となっていたと見られる主要な小學書及び幼學童蒙書關係文書を檢出し、これらを撰述、注疏、傳習の時代順にならべて檢討を加え、課本と注疏の實態を明かし、西域の人々、殊に初學、學童達がどのような勉學を行っていたかの考察を進めることは、西域の人々の勉學の狀況と學問のあり方を明らかにし得るばかりでなく、これを通して、西域のみならず、中國に於ける文字文化の廣がりを把握し、古代に於ける文字文化の動態の一端を明らかにし得ると考えられる。本論はこうした考えのもとで、「西域文書の基礎的な研究―中國古代における小學書・童蒙書の諸相―」と題して、文字傳習の實態とその場に用いられた代表的課本、注疏の原態と改編、流布時の內容を明らかにし、文字文化の基底を探ろうとするものである。

中國古代に於ける小學書、童蒙書は、秦漢代の『蒼頡篇』『急就篇』、六朝代の『千字文』、及び唐代の『蒙求』がその代表的なものである。これらの童蒙書類は、歷史の流れの中で、共通的な運命にさらされている。例えばそれには、成書後に、次々と大、小の改編、改竄、變質が行われつつ、ある時點まで流布して佚亡するといった姿が觀察される。こうした改編、流傳、佚亡の實態は、現存の傳世史料だけでは探ることが困難であるが、西域出土の文書群はこれを明かす緒口をもっている。西域出土の文書群の研究、分析を通して歷史事實の一齣として、古代に於ける小學書、童蒙書の流傳狀況、用字、用語の實際などを如實に知ることができるように思われる。

本論は、上述の大きなテーマを追究するものであるが、具體的には以下の構成をとって各章の主題を記述する。論中の一部では、西域文書研究上で向後不可缺となる零細な碎片、斷片として處理されてきたもの、殊に由來不明とされて來た細片の綴合も極力試み、零細な斷片をまとまりのある文書として復原して、その資料的價値を十分に考究するための道筋をつけ、また官庶一般社會に限らず佛徒達の修行、勉學の場に不可缺な文字、學習依用の文書を摘出し、舊來、不明文書とされて來たものの實態を解明することにもつとめ、學界の共通の財產とし得るものを提供することをこころがけ、さらに言及する資料本文の校異や語句の注釋も可能な限り精密に附記することとする。

さて、序章では、第Ⅰ、第Ⅱ部の序として甲骨文、金文、出土遺文、傳世文書を用いて、漢字出現以降殷周代から漢代までに漢字がどのように傳習、繼承されていったかを概觀する。この章は、以下後續の本論で各時代の各箇の小學書、童蒙書の實態を考究するためには、不可缺と思われるからである。

次に、第Ⅰ部では、西域文書の中から秦漢代の「小學書」とされる『蒼頡篇』『急就篇』の殘簡を檢出し、檢討を加え、さらに、第Ⅱ部では、敦煌藏經洞所出の『注千字文』『六字千文』と共に、近年原書の寫眞が初めて公開された敦煌研究院所藏の古注『蒙求』三種について檢討を加え、また童蒙書の撰述にかかわる注疏等の表現に關した考察を行い、第Ⅲ部では、大谷文書中に確認されたトルファン出土の小學書や經典、詩賦、音義、韻書、佛典の注疏斷片の個々について、それらを類別してその內容の闡明を進めて、本論末尾の第Ⅳ部では、大谷文書中に見られるトルファン出土の未同定の佛典、道書斷片に關して、その原據の同定、詳考を行い、また書簡文書や既同定文書名の補訂をも試みる。

大谷文書群は碎片となった出土遺墨が大半を占め、しかも各文書は發見以來、原典が同定され難く、百年この方「性質不明文書」「佛書斷片」「道教關係文書斷片」などとされるだけで、研究上の主たる資料とはされなかったものばかりである。筆者は、これらの文書群の內容特定から、西域文書の一面の研究が深まると考えて、先ず十全な釋文を作成し、加えてその文書の性質などの考定を試みることとした。本來は同一斷片でありながら別書に分載されて不分明となったものを極力確認する作業やそれにもとづく研究は、學界には益するところが大であると考える。というのも、この基礎的研究は、斷片の接合を可能にするだけではなく、これによって殘紙斷片の出土地の確定をも果たし、從來かなわなかった出土地と文書内容等を考究する綜合的な研究への道をひらくことができるように思われるからである。

本論考は、厖大な西域出土の古代文書の一部分を用いるだけの研究ではあるが、文書中から檢出できる童蒙書、小學書の個別的研究と通時的考究を通して、そのものの内容や出現の由來、背景と共に文字を傳習する各時代の人々の實狀を明らかにし、併せて中國の大地に培われた文字文化の一面を解明しようとするものである。

著　者

目　次

第Ⅲ部　大谷文書中に見られる童蒙書・經典・詩賦・音義書等斷片 ――吐魯番出土の遺文……299

〔圖版目次〕

Ⅰ部　圖版

Ⅱ部　圖版

簡牘・文書編號

〈目　次〉

簡牘編號

〔敦煌漢簡〕

〔居延漢簡〕

〔居延新簡〕

〔阜陽漢簡〕

〔尼雅漢簡〕

文書編號

〔敦煌文書〕

（イギリス藏）

西域出土文書の基礎的研究

——中國古代における小學書・童蒙書の諸相——

序章　漢字とその傳習

第一節　漢字の誕生と殷周代

〈漢字の誕生〉

中國の大地に生きる人々は、意志の疎通や物事の傳達の手段として、視覺、聽覺作用を巧みに利用する書寫言語、漢字を創出した。この漢字の創出が何時の頃であったのかについては、現在研究が進められているが、未だ正確な年代が確定されるまでには至っていない。しかし、近年來の考古發掘の成果によれば、中國獨自の文化基盤を形づくることになるこの漢字の淵源とも見られる各種の圖象、符號の類が出現するのは、紀元前三千年を前後する頃の新石器時代の文化期であるとされている。例えば、これらには浙江餘姚の姚江岸の河姆渡等や陝西、西安郊外の滻河畔の半坡、また山東莒縣の陵陽河邊の陵陽河、青海樂都縣の湟水北岸の柳灣等の各遺跡から發見された陶器上の刻畫符號や彩繪符號が多數知られている[1]。これらの符號は何を意味するのか、單なる個々人の標識なのか、所有や所屬やその他の事象を表すのか否かと言った事柄については、現在論議が重ねられている。

さて、この種の多くの符號は、單體であり、さまざまな形をもつ。書き手は單一の個人や集團に集約されるものでないことだけは知られるが、この種の符號が出現した後、しばらくの時を經て、單體符號を累積して結合させ、或いは單體のものを複數記し列べ示す遺品が出現して來る。恐らくこの頃に至ると、書寫言語としての機能を十分に具體化させる表記手段が開發されて來るらしい。この複數の符號を連書するものは、一九三〇年代から一九七〇代の間に山東省章丘縣の武源河畔城子崖遺跡をはじめに、河北省藁城縣の臺西遺跡や江西省清江縣の呉城遺跡から發掘された陶片所刻の刻字群が既知されている。そしてさらに一九九三年正月に、山東省鄒平縣の丁公村遺跡から龍山文化期の泥質磨光灰陶上の十一字に上る刻字や、同年に河南高郵縣の龍虬莊から良渚文化期の黑陶片の十數字、また江蘇呉縣の澄湖出土の黑陶魚簍形罐の腹部上の四字なども相繼いで發見されていて[2]、これらが中國の原始時代に於ける文字の發生や有り樣を考察させる實例として注視されるに至っている。

〈甲骨文字と習刻〉

ところで、現在の時點で、中國の地に生まれた書寫言語である漢字が確實に連書して運用されていたことがわかる最古で最大の資料は、史傳に記される成湯の創立した殷王朝の晩期（紀元前一三〇〇～一一〇〇頃）の文字、すなわち神意を貞う占卜に用いられていた龜甲獸骨文字である。この文字は、清朝末期の光緒二十五年（一八九九）、時の國子祭酒であった大官・王懿榮や王氏の書生となっていた劉鐵雲らによって蒐收研究された結果、世に知られるようになったもので、現在、その當初の發見地である河南省安陽市の洹河岸の殷墟を中心として、これと同時代の各地の遺跡から數萬に上るものが發掘されている。

甲骨文は、當時自然現象も含めて、人間社會の生活にかかわるすべての事象のもとにあると信じられていた「帝」意や「祖靈」等の意志を問い質すために行った占卜に用いられたものであり、これを扱うのは、神聖な靈能をもつ王と、そのもとで、占卜に專從した貞人等であったと見られる。殷代に於ける文字の使用者は、祭政の主催者である王と王のもとにあった限られた職掌者であったわけである。神の意志を問う占卜の前後に行われた文字の書刻（繇辭、驗辭）に關しては、舊來、王の占卜の補佐をした貞人がものしたと見られていたが、刻字中に見られる貞人名と刻字の字體、字樣が一致しないものがあることから、書刻者は、貞人とは別に專門職があったものと推考されている。專門職掌をもった人々の間で、文字の書刻にかかわる知識や技術が、どのような傳習を經て傳承されていたのかといったことは判然とはしないが、甲骨文の遺例中には、習字刻字にかかると見られるものが存在することが、一九七三年小屯南地から發掘した甲骨文を考釋した姚孝遂、肖丁合兩氏によってやや詳しく指摘されている。[3] 疑わしいものも含めて、「習刻」の項で示されたその實例の中には刻技（書法）を學ぶという現實と共に、書刻を通して文字を學ぶという實態があったことを容易に想像させるものが見られる。因みに記せば、習刻は、H24、H50、H99などの一定の場所から集中して發見されたといい、その習刻の中には、模範とされるものが先刻されていて、これを模倣しつつ字形を錯刻しているなどの例（2576の矢→、2697の既→、2109の受、2149の子等）がある。これらの多くは廢棄された甲骨を用いているとのことである。H99から發見された帶字甲骨十片中には、習刻のあるものが六片あったとも報告されており、[4] 習字、習刻の場があったことがここからも推測され得ることとなった。指導的役割をもつ者と習字習刻を行う未熟練者が血緣關係をもつのか、單なる師傅、徒弟關係をもつのか、どのような關係にあったものかは分明にされ得ないものの、文字を傳習する場は當時確かに存在していたのである。

〈史、尹と學〉

甲骨文中には、史という文字が見られる。「史」は「」と刻まれ、引伸假借して事、吏としても用いられているが、その字形からして、馬敍倫が説く如き「象筆形、「史」即「聿」字的倒寫」ではあり得ず、王國維の述べる「盛簡策之器」を象った文字ともかかわり、(5)白川靜氏が説くように、祭祀の際の告文を收める筐を手に捧げもつさまを示す内容を原義とし、轉じて、王命を奉ずるものを指し、さらに、冊命を奉じる内容から、書寫記錄にかかわる者を示す語と轉用されて行ったものと考えられる。或いは、使者所持の旌節を象った字形で王命を受け、派遣されるなどの内外の官職を指すものであろうかとも考證されている。(6)筆（聿）をとる者としての文字は「尹」であり、この文字は元來書記にあたる王の補佐を職掌とする官名を示すものと見られる。文字を掌るこの「尹」官については、例えば、春秋戰國期の現實の反映が含まれるかも知れぬが、『墨子』「尙賢」中に、夏王朝末期の官人伊摯（伊尹）が、有莘氏の女の師僕となったという傳説などがあるように、王族貴顯の弟子の教化者となる識字者としての内容も含まれるようで、文字知識がこのような者を媒介として修習されて行ったことが推察される。なお、卜辭中には、例えば、

「王學衆」（小屯殷虛文字丙編 上）

「丙子卜、多子其止學、疛大遘大雨」（甲骨文合集 003250）

「于大學[illegible]」（小屯南地 60）

「丁酉卜、今日丁不其學」「于來丁廼學、…」（小屯南地 662）

など、「學」「教」にかかわる事例が確認され、その「學」に於いて、射、舞、人牲等を用いた祭祀儀禮が行われていたことが知られる。『孟子』「滕文公上」、『漢書』「儒林傳上」等に傳説される夏代の「校」や殷代の「序」「庠」、及び『禮記』「王制」中に記される各種の教學の場に連なるものが存在したであろうことが類推される。

さて、殷代の占卜に用いられた文字は、殷を滅ぼした西方の國、周でも用いられていたことが岐山山麓の周原の遺跡の調査で確認された。(7)この周初の甲骨文は、微小な文字を刻む特長があり、占卜と共に記事が多出する傾向があっ

て、さらに別種な占いである易占にかかわる符號も見られるなど、刻字の様相を次第に變容させている事實があるが、これらの文字と共にあった金屬器の銘文には、殷代甲骨文中に見られる史、吏、尹等の書記、記錄に關與する職官名が、より多く出現して來る。しかし、どのような形で文字が修習されたのかは、これらからも分明にはされ得ない。革命を經た周代では、宗法制のもとで、伊尹に始まる王孫教化の傳統をより具體的な機構とした如くである。これらは周公旦が成王の太師となり、また、その弟召公奭が太保となるなどして、王の教導と輔弼を進めたとされる（『尚書』「君奭」、『大戴禮記』「保傅」等）などからも知られるところであるが、周公の目指すところは、王者への道としての六藝の修習と勤勞稼穡、明德愼罰、知人善任であり、衆庶へは、明人倫の彝敎であったとされる。しかし、これらの教化も、文字や行爲を媒介してなされたとは推測され得るものの、具體的にどのような手段によって行われたのかは、正確なところはわからない。

〈周官と史學〉

前漢の河間王劉德が民間の獻書中から得たとされる『周官』の書は、のち祕府に藏されて時を經、前漢末に至って劉向、劉歆父子によって校定され、書名も現名に改められたと傳わるが、周代の官制を記すとされる『周禮』によれば、「宗伯禮官之職」下に「大史」（掌建邦之六典…）、「小史」（掌邦國之志…）、「內史」（掌王之八枋之灋…、掌王書命遂貳之）、「外史」（掌書外令…掌達書名于四方…）があり、「御史」（掌邦國都鄙及萬民之治。…掌贊書…）などもあったとされる。また周代の金文中には、王孫養育輔弼の官の「小輔」や王の冊命賞賜にかかわる（文書の起草や天文暦法の管理、典籍の整理保存等を掌る）「大史」、及び作冊、籍書にかかわる各種の「史」（內史友、右史、御史、省史、書史、作冊尹等）官の名が刻まれている。(8) これらもまた文字を扱い、書寫、記錄、宣布に關する職掌であり、この官職に充任される人々の文字、知識を教化、修習させる場があったことは確實と見られる。また周代には國學である大學と小學が設けられていたとされる（『禮記』「王制」）。天子所設の大學には「上庠」（北）、「東序」（東）、「瞽宗」（西）、「辟雍」（中央）、「成均」（南）の五學、及び諸侯設立の大學「泮宮」等があって、これらで太子、及び王族諸侯公卿の子弟が教育されたとい（『禮記』「王制」、『周禮』「夏官」諸子等）、幼童の家庭内での教育と共に、太子は八才で、公卿大夫の高子は十三才で小學に入り、小藝と小節を學び、のち大學に入って大藝、大節を學んだとされている（『大戴禮記』「保傅」）。「學」で學ぶものは禮、學、射、御、書、數の六藝であり、文字知識を學ぶ場があったというわけである。これら大學や小學に關する『周禮』等の記述は、その内容があまりに整齊であり詳細に過ぎるため、かなりの部分に、後代から推測した理想的形が附託されているようにも見られる。ただしその記述のある部分には、過去の事蹟を包攝しているものもあるのであろう。ここで因みに記せば、後代の學校とは異質な面があるようであるが、奉牲、射、舞を含む祭祀を行い學ぶ所としての「學」の存在は、記述の甲骨文卜辭に續く時代の次のような金文の銘文中にも記されるところなどは、この一例と見做すことができる。(9)

「隹（維）九月王才（在）宗周。令（命）盂……、餘隹（維）卽小學、…」（大盂鼎　西周早期　『殷周金文集成』5　2832）

「隹（維）六月初吉、王才（在）莽（鎬）京。丁卯王令（命）靜嗣（司）射學宮。小子眔服、眔小臣眔尸（夷）僕學射。」（靜簋　西周中期　同8　4273）

「隹（維）十又（有）一年初吉、丁亥王才（在）周各（格）于大室卽立（位）。…王乎（呼）尹氏册令（命）女（汝）更乃且（祖）考嗣（司）…」（師嫠簋　西周晚期　同8　4324）

第二節　漢字の運用と先秦・秦代

〈小學と史籀篇〉

ところで、この金文の銘文に見られる「小學」の語は、漢代に至って、

「八歳入小學、學六甲、五方、書計之事、始知室家長幼之節．十五入大學、學先聖禮樂、而知朝廷君臣之禮」（『漢書』「食貨志」第四上）

「古者八歳入小學、故周官保氏掌養國子、教之六書」（『漢書』「藝文志」）

「周禮、八歳入小學、保氏教國子、先以六書」（許愼『說文解字』敍）

の如く、初等の教育機關を指す語として用いられ、また、

「至元始中、徵天下通小學者……」（『漢書』「藝文志」）

「鄴從張吉學、吉子竦又幼孤、從鄴學問亦著於世。尤長小學」（『漢書』「杜鄴傳」）

などとそこで學ぶものやその内容を示す語として用いられている。高低、大小に分けた教育機關である各種の學校も、このような語が用いられる時代に詳記されて行くようであり、實態を正確に傳えるか否かは分明でないが、傳承された周制を注解するような時代に卽應するかのように、識字教材としての『史籀篇』が作られたことが記述されて來る。

この『史籀篇』に關する記事には次のようなものがある。

「史籀十五篇。周宣王太史作大篆十五篇、建武時亡六篇矣。」（『漢書』「藝文志」）

「史籀篇者、周時史官教學童書也。與孔氏壁中古文異體。」（同）

「及宣王太史籀、著大篆十五篇、與古文或異。」（『說文解字』敍）

「及宣王太史籀著大篆十五篇、與古文或同或異。時人卽謂之籀書。」（『魏書』藝術傳「江式傳」）

周室の權力が次第に弱體化し、宗法社會が變質しかけ、かわって諸侯國の力が强大化する中、文字は政治に密接に結びつきつつ、各地で獨自な變容を遂げながら運用された。文字を扱う史官は各々の地で養成されたと思われるが、「大篆十五篇」の如き、課本童書が編成された背景には、記錄、計會、令奏傳達にと政事を荷う文字の役割の增大があったものと見られる。この史籀に關して注意すべきところは、西周末にさしかかる頃、王の史官が作ったとされるところで、「教學童書」と傳えられるところであろう。組織だった教學が生まれる時代に、その課本もまた作られたと推測されるのである。周王の治める地は、宣王の子幽王涅の代に、愛孌褒姒に絡む混亂から、西夷、犬戎の侵入を招き、狹小化される。幽王が犬戎に殺害されるや王族貴顯は東方へと奔り、國都を雒邑に定めることとなるが、この時、秦の襄公が兵をもって周を救ったことから、周の故地・岐、豐は秦に下賜され秦は諸侯の仲間入りをすることとなる。

〈大篆と小篆〉

『漢書』卷二十八下　地理志「秦地」條には、このことが次のように記されている。

「子襄公時、幽王爲犬戎所敗。平王東遷雒邑。襄公將兵救周有功、賜岐、豐之地、列諸侯」

岐、豐の地は周の故都である。大篆の識字課本が行われていた地が秦領にされていることは注目すべきことと思われる。

『說文解字』本文には、『漢書』「藝文志」で後漢建武年間までに十五篇中の六篇までが亡んだとされる『史籀篇』

の大篆（籀文）の文字が、一篇上の「旁」字の籀文をはじめとして、十四篇下の「酸」「醢」字まで、計二二三文字が收錄されている。これらの籀文は、後に始皇帝の命のもと、李斯によって作定される秦篆（小篆）のもととなったと見られるものである。『說文解字』敍には次の文が綴られている。

「其後諸侯力政、不統於王。惡禮樂之害己、而皆去其典籍。分爲七國、田疇異畝、車涂異軌、律令異法、衣冠異制、言語異聲、文字異形。秦始皇帝初兼天下、丞相李斯乃奏同之、罷其不與秦文合者。」

『史記』卷六「秦始皇本紀」始皇二十六年條には、

「一法度衡石丈尺、車同軌、書同文字」

とあり、諸國各個に字形、音聲を異にしていた文字が廢され、新たな權威ある統一文字が制定、運用されて行ったことが知られる。この新文字の弘通には、刑罰を伴う措置が嚴格に附帶させられていて、具體的には度量衡器に鑄刻した皇帝の詔文や李斯、趙高、胡毋敬といった秦朝文官の主導者の編撰による字書が模揩として用いられていたようである。この新文字が如何樣にして作られ、如何樣にして變化して行ったかが、『說文解字』敍の中に略述されている。

「皆取史籀大篆、或頗省改、所謂小篆也。是時、秦滅書籍、滌除舊典。大發吏卒、興戍役。官獄職務繁、初有隸書、以趣約易、而古文由此絕矣。」

律令による全國統治を行うにあたり、ものの基準を同一にする政策の實施の必要性があった。統一者としての權威を誇示する必要もあった。齊整な小篆の字體が定められたのはこうした事情によるわけであるが、この際に郡縣という大小の行政區畫をもって、機能的な中央集權を果す統治を實現する上で、上位者の命令や下達される律令を運用遵守し、また郡縣といった地方行政の現場から樣々な文書、報告を提出し上達する史人等の書佐、書師、書吏、獄吏をはじめとした高卑、上下に及ぶ多數の識字者の速やかな養成が求められたのである。

〈書同文字と李斯〉

秦の全國制覇、統一と統治に際する政治文化の大變革期を主導したのは、荀況（卿）に薫陶を受けた上蔡の人李斯であった。趙人の荀況は、五十になって齊の稷下に至り、淳于髡と久しく共に過ごし、學術を進め、ついには齊に於いて老師としての重きを得、のち齊人の讒に遭って楚地に赴き、春中君の信を得て蘭陵令となり、自説を展じたという。しかし、春中君の死後、排斥されて官を退き、蘭陵の地で門生を育成するばかりとなったとされる。この荀況は、人倫社會に於ける人間の利己欲求の性狀を、自發的精神の覺醒と他發的規律の運用、すなわち、健全な禮法の遵守と嚴格な刑律の施行をもって補導し、强力な社會秩序維持をはかることを說き、帝王のあり方を述べたのであるが、このもとに楚地の上蔡人の李斯は長く學んでいる(10)。この李斯自身は、年少くして郡の小吏となり、ついで楚地に居住していた思想家荀況に師事するわけであるが、學の成った後に、楚君は仕うに足らぬとして秦王のもとに至ることを決意、秦王の後楯であった呂不韋の舍人となり、ついでその才を認められて郎となって頭角を現わし、秦王政に重用され、廷尉を經て、ついには丞相にまで至り、秦王政の天下統一の事業、法治の推進役を擔っている。事を嚴格にして專一に機械的に具體化するという師法の一面の法治の理念は、李斯によってより純化されて大きな場で現實化されて行ったと言える。社會統治を進展させる場で文字運用の重要さを認識して、六國の古文を廢し、「書同文字」とするといった大事業が施行されたのもこの現れといえる。因みに記せば、荀況は『荀子』「解蔽」篇中で心を常に專一に働かせるもとで、よろずのものごとは各々そのあるべき處を得ると說き、「書」（文字）についても一例として、

「…故導之以理、養之以淸、物莫之傾、則足以定是非、決嫌疑矣。…故好書者衆矣、而倉頡獨傳者壹也。」

と述べている。この文は、『呂氏春秋』「君守」中に記される「蒼頡作書」に先立つ蒼頡創字の傳承を綴る最古のもの

であるが、天下統一の企圖を實現しようとする實務思想家李斯の案出した「書同文字」事業の根幹には、荀子が口説し口傳した蒼頡創字の專一性を求める節があるように思われる。『史記』巻六「秦始皇本紀」始皇三十四年の後續の條中に見える博士齊人淳于越の進言（古を師として輔弼を設くべきこと）への論駁の文に、李斯は次のように述べている。

「今天下已定、法令出一、百姓當家則力農工、士則學習法令辟禁。今諸生不師今而學古、以非當世、惑亂黔首。…私學而相與非法教、人聞令下、則各以其學議之、入則心非、出則巷議、夸主以爲名、異取以爲高、率群下以造謗。如此弗禁、則主勢降乎上、黨與成乎下。禁之便。…若欲有學法令、以吏爲師。」

李斯はこうして秦記、博士官所所藏のもの以外の、治世に不要な世上の詩、書、百家語等は郡主に詣上し、これを燒却すべき旨を進言している。

度量衡を統一し、法令を施行するに際して、李斯を首班とした人々は、秦國に行われていた『史籒篇』の大篆を取り、改めて小篆體を製って、これを簡、牘、帛書や度量衡器に署書、鑄刻して、全國に配し遵用させ、秦の權威を誇示すると共に書同文の實をあげようとはかった。勿論、實務の世界では、速書のために編み出された秦隸書が多用された事實もあるが、中國各地の秦代の遺跡から秦始皇帝の制詔を記刻した遺品が大量に出土しているさまは、この實態の一面を證すものであり、また當時『蒼頡篇』が李斯によって編まれたとされるのも、この現實を傳えるものと考えられる。統治手段の法令を扱い、下達、上達文書の發、受、處理に携わる多數の吏を速やかに養成しようとした現實を傳えるのが、課本の撰編の傳えであろう。新制の小篆體をもって統一帝國秦の典範の文字とした當時、實務に役する字、句を諷誦、修習出來る課本が作られた。當時の政權中樞に在った大官の丞相李斯、車府令趙高、太史令胡毋敬の各々が、口訣識字書を撰編したとされることは、偶然のこととは見られない。

〈『蒼頡篇』、『爰歴篇』〉

さて、李斯、趙高、胡母敬が各々作ったと傳わる『蒼頡篇』、『爰歴篇』、『博學篇』は、『漢書』「藝文志」小學家の書目下と後跋に次のように綴られている。

「蒼頡一篇　上七章、秦丞相李斯作。爰歴六章、車府令趙高作。博學七章、太史令胡母敬作」

「蒼頡七章者、秦丞相李斯所作也。爰歴六章者、車府令趙高所作也。博學七章者、太史令胡母敬所作也。文字多取史籀篇、而篆體復頗異、所謂秦篆者也。是時始造隸書矣、起於官獄多事、苟趨省易、施之於徒隸也。…」

この文中に見られる各人の官銜が附託や附會ではなく、また在世時の至上の官をもって記したものでないとするならば、これら識字書の初出の時期と由來の一部が蒙昧ではあるが、推測可能となるようにも思われる。

太史令とある胡母敬については、史書中には傳を缺くので不分明のままであるが、李斯、及び趙高については、次のような閲歴が傳えられている。先ず、李斯については、莊襄王が死去して秦王政が誕生した（BC.247）直後、文信侯呂不韋の賓客、游士招致の中で、その舍人となり、官歴を歩み出すが、不韋によってその賢才を認められ、拔擢されて郎となり、ついで天下統一の計（離其君臣之計）を秦王政に認められて長史、客卿、廷尉となり、二十餘年を經て天下統一が成し遂げられた後、始皇帝となった政の下で、丞相に任ぜられている。

『史記』「李斯列傳」、及び「秦始皇本紀」中の記事によれば、廷尉の官銜で李斯名が見えるのは、始皇二十六年（BC.221）であり、同二十八年（BC.219）には倫侯の末に卿李斯との名が記されている。出土遺物である始皇廿六年の紀年にはじまる權量詔板の銘文中には、「詔丞相狀綰」とあり、丞相斯（李斯）の名は見られず、始皇三十三年（BC.214）皇帝が咸陽宮に置酒した折をはじめに以後にこの名が現われている。これ以降、出土遺物にも「詔丞相李斯去疾」（二世元年（BC.210）詔板等）とその名が記されてくる。従って、丞相の官をもって、李斯の名を示す『蒼頡篇』は、その表示が正確であるならば、始皇帝の天下統一後、程經てその功と才により、丞相に任ぜられた（恐らく始皇二十九年から三十二年の間）折に、後嗣育成と官吏養成のための識字、識語の口訣教本として作られ、流布されたのではなかろうか。『説文解字』敍には、

「秦始皇帝初兼天下、丞相李斯乃奏同之、罷其不與秦文合者。斯作倉頡篇…」

とあるが、許愼が略説するところは、『史記』「秦始皇本紀」中の李斯の閲歴に關する記事とは時間的な差異が認められることである。李斯は始皇廿六年、兼幷天下の時に廷尉の官にあって、郡縣制を設け書同文字とすることを企圖したようであり、始皇廿八年の立石刻である琅邪臺石刻銘文に「器械一量、書同文字」とあるように、兼幷天下後にこの實施が進められていることが知られるため、『蒼頡篇』の成書時期とその由來も、これに従って推考されて然るべきもののようである。

趙高についても、李斯と同様なことが確認される。『史記』「蒙恬列傳」には下記の文が見られる。

「趙高昆弟數人、皆生隱宮、其母被刑僇、世世卑賤。秦王聞高強力、通于獄法、擧以爲中車府令。…」

文中の「隱宮」について、「索隱」には、劉氏の次の言が引かれている。

「蓋其父犯宮刑、妻子沒爲官奴婢、妻后野合所生子皆承趙姓、幷宮之。故云兄弟生隱宮。謂隱宮者、宦之謂也。」

宦者趙高は、強力と獄法に通ずる故に、拔擢され王室の車馬、政令を掌る中車府令に任じられたというわけである。この後、趙高は公子胡亥に私事して獄法を曲げ用い、蒙毅によって處斷されるが、諸事に敦きことをもって始皇帝から赦免され、官爵を舊に復し、次第に權勢を得て行ったとされる。謀臣趙高の官銜は、始皇帝の天下統一後も中車府令であり、始皇三十七年（BC.210）の始皇帝發病、崩御の時にも、この官名で記述されている。しかし、策謀によ

り遺詔を變え、扶蘇を葬り、胡亥を卽位させた直後に、郎中令の官名が見られ、ついで二世皇帝胡亥の三年目に、丞相武安侯となった旨が記されている[11]。

『爰歷篇』の作者とされる趙高の官名が、丞相、郎中令ではなく車府令であることは、この官名が僞りのないものであるならば、中車府令であった當時、恐らくは、始皇帝天下統一の後、李斯と同じ時期に幼童の識字識語と官吏養成の促進を目指して、この書が作られたように推考され得るのである。傳によれば、趙高もまた實務の獄法に通じていたということであり、李斯の主導で創始したと見られる法治律令の國家を運營して行く基盤を築く中で、この書が編まれていたように推測されるのである。恐らく太史令胡母敬も、この同類、同格の役割を荷う者であったように想像される。始皇帝のもとでひろめられた政策は、各地に建てられた刻石にも窺えるところがあるが、「以法爲教」「若欲學法、以吏爲師」と養成された識字者が師となり、實務的法律を運用することが重視されている。文字の習得はこの基礎を築くことであったと言えよう。

上述の課本は、官吏を目指す幼童を抱える官人、豪族の家庭や官府の學室、また初學者を集める私塾で、書師によって用いられて行ったようであるが、元來別々であったものが後、漢初に合編されて『蒼頡篇』の名で呼ばれるようになったと『漢書』「藝文志」中に次のように記されている。

「漢興、閭里書師合蒼頡、爰歷、博學三篇、斷六十字以爲一章、凡五十五章、幷爲蒼頡篇。…」

第三節　漢字の承習と漢代

〈漢代の童蒙書〉

『漢書』「藝文志」の後文によれば、先節に記述した『蒼頡篇』に續き、これにかかわりつつ識字課本が『凡將篇』〔武帝時代（BC.140～BC.87）司馬相如所撰〕、『急就篇』〔元帝時（BC.48～BC.33）宦者・黄門令史游所作〕、『元尚篇』〔成帝時（BC.33～BC.9）將作大匠李長所撰〕と作られて行ったとも、また平帝の元始年間（AD.1～5）に至って小學に通ずる者を全國に求め、數百人に朝庭中で誦記する文字を書かせたとも記されている。各朝代には、この識字書が作られる背景があったと見られるが、平帝代のこの折には、蜀の地から出て、大司馬王音に奇才文雅を認められて門下の史となり、のちに應招賦を多作して郎となり、給事黄門に任ぜられていた揚雄が、これらのものから有用なものを取り、『訓纂篇』を作ったとされている。揚雄にかかわる記事を次記しておくことにしたい。

「至元始中、徴天下通小學者以百數、各令記字於庭中。揚雄取其有用者以作訓纂篇、順續蒼頡、又易蒼頡中重復之字。」（『漢書』「藝文志」）

「（元始）五年、徴天下通知逸經、古記、天文、歴算、鍾律、小學、史篇、方術、本草及以『五經』、『論語』、『孝經』、『爾雅』教授者、在所爲駕一封軺傳、遣詣京師。至者數千人。」（『漢書』「平帝紀」）

「涼州刺史杜業、沛人爰禮、講學大夫秦近、亦能言之。孝平皇帝時、徴禮等百餘人、令説文字未央廷中、以禮爲小學元士。黄門侍郎揚雄、采以作訓纂篇。」（『説文解字』敍）

「是歳（元始四年）…徴天下通一藝教授十一人以上、及有禮、古書、毛詩、周官、爾雅、天文、圖讖、鐘律、月令、兵法、史篇文字、通知其意者、皆詣公車。網羅天下異能之士、至者前后千數、皆令記説廷中、將令正乖繆、壹異説云。」（『漢書』「王莽傳」上）

『漢書』「揚雄傳」末の論贊には、同官であった王莽、董賢の出世に對して昇任されない現實もあって勢利に恬であり、好百而樂道の意のもとに、揚雄は文章で後世に名を成すことを願い、各種の著述を殘したと記されているが、そ

の記述の中に、

「史篇莫善於倉頡、作訓纂」

の文が綴られており、揚雄自身の著作である『法言』「吾子」中には、

「或問、吾子少而好賦。曰、然。童子雕蟲篆刻。俄而曰、壯夫不爲也。」

「或欲學蒼頡、史篇。〔汪榮寶疏・多知奇難之字、故欲學之。〕曰、史乎！史乎！愈於妄闕也。」

との文が記されている。賦作の比喩として自嘲を込めて述べられる「雕蟲篆刻」の語は、鳥蟲書、篆文、刻符と言った各種書體の修習の實狀を背景にして出されたものであり、幼童がこうした奇難の字を多く知るための課本として、『蒼頡篇』『史篇』が多用されていたことが知られる。揚雄はこうした奇字難字の羅列されるものの中から、時宜に合う文字を選び、重複を避けつつ、『訓纂篇』八十九章を撰んだようである。こうした課本は、次代に班固も作ったことが、『漢書』「藝文志」小學の項末には記されている。

『蒼頡篇』は『史籀篇』の文字を採りつつ、秦の全國統一の字體である篆書で記されたものであったと見られるが、これも時の推移の中で讀誦するものが稀となり、

「蒼頡多古字、俗師失其讀。宣帝時徵齊人能正讀者、張敞從受之、傳至外孫之子杜林、爲作訓故、并列焉。」

（『漢書』「藝文志」）

「孝宣帝時、召通倉頡讀者、張敞從受之。」（『說文解字』敍）

と言った狀況を生み、また既述の如く平帝・元始年間の口傳者の博搜と所傳の採錄ともなっていることである。

〈尉律と修學〉

ところで、漢が興り、沛公劉邦が關に入った折、舊來の煩苛を除くために、民に法三章を約したが、この三章では姦犯を禦ぎ得ぬ實情があったため、國相となった功臣蕭何が、秦法をひろい、律九章を作ったとされる(12)。この九章の内容については、『唐律疏議』巻第一「名例」疏議中に次のような記述がある。

「周衰刑重，戰國異制，魏文侯師於里悝，集諸國刑典，造法經六篇：一、盜法；二、賊法；三、囚法；四、捕法；五、雜法；六、具法。商鞅傳授，改法爲律。漢相蕭何，更加悝所造戶、興、廄三篇，謂九章之律。」（長孫無忌等撰『唐律疏議』中華書局一九八三年）

このように蕭何制定の「九章之律」は、魏の里悝が諸國の經典を集めて作った『法經』六篇に里悝所造の三篇を加えたものであったとされている。この蕭何制定の「律」にかかわることは、『漢書』「藝文志」、及び『說文解字』「敍」にも記述が見られる。

「漢興、蕭何草律、亦著其法、曰、太史試學童、能諷書九千字以上、乃得爲史。又以六體試之、課最者以爲尙書御史史書令史。吏民上書、字或不正、輒擧劾。」（『漢書』「藝文志」小學條）

「尉律、學僮十七已上始試。諷籒書九千字、乃得爲史。又以八體試之。郡移太史並課。最者以爲尙書史。書或不正、輒擧劾之。」（『說文解字』「敍」）

『漢書』、及び『說文』の文は、「尉律」を略說した文のようであり、蕭何所制の律の一部に「十七才以上の學童に對して勉學の成果を確認する考核を行い、九千字を諷誦（『說文』に「籒、讀書也」とある）できる者を史となし得、またさらに八體の讀み書きを考查し、郡は太史に通達して、最も成績の良い者を尙書史となす……」とする文言があったことを傳えている。この史の選拔にかかわる律文は後漢の許愼在世當時「尉律」と稱されていたようであるが、上記の『唐律疏議』の文中にはこの名が缺けている。

ところが、この原文を推測させるに足る遺文が一九八三年湖北省江陵縣張家山で發掘された漢墓（M247墓）中から發見されるに及んだ(13)。墓中出土の大量の木簡中に「二年律令」と標記された呂后二年施行と見られる二十八種の律令が存在することが確認され、その一部に「史律」と明記された律文が見出されたのである。この「二年律令」は、「九章律」の「囚律」「廐律」を缺くものの、その律令中の「具律」「告律」「捕律」中にこれとのかかわる内容を含めもつことから、李學勤氏は、「九章律」の結構にある種の修訂を加えたのが「二年律令」であろうと考察しているが(14)、史官選任の法を定める「史律」は次のような文となっている(15)。

史、卜子年十七歲學。

史、卜、祝學童學三歲、學佴將詣大史、大卜、大祝、郡史學童詣其守、皆會八月朔日試之。

〔試〕史學童、以十五篇、能風（諷）書五千字以上、乃得爲史。有（又）以八體（體）試之、郡移其八體（體）課大史、大史誦課、取最一人以爲其縣令史；殿者勿以爲吏。三歲壹并課、取最一人以爲尙書卒史。

〔卜學〕童能風（諷）書史三千字、徵卜書三千字、卜九發中七以上、乃得爲卜、以爲官處。其能誦三萬以上者、以爲卜上計六更。缺、試脩法、以六發中三以上者補之。

以祝十四章試祝學童、能誦七千字以上者、乃得爲祝五更、大祝試祝、善祝、明祠事者、以爲冗祝、冗下。

これによれば、勉學すべき學童とは、史、卜、祝の職掌を世襲している家の後繼を擔う子弟と見え、史、卜と祝とは課される勉學の内容が異なっていることがわかる。史、卜は十七才就學で勉學期間は三年、史の學童は十五篇とある『史籀篇』を學び、諷書五千字以上であれば八月朔日の考試の後に史とし得るとされ、八體の習熟によって最良の者は縣令史となし、殿（成績最末の者）は史となすな等とその勉學、考課の詳細が記述されている。卜の學童は史書三千字、卜書三千字を課され、三萬字以上を諷誦できるものが上位職（卜の上計六更）とし得ること、祝は祝十四章の七千字以上の諷誦が課され選擇されることなどきわめて細かな漢初の文字學習の實態が綴られている。「二年律令」の「史律」は許愼の言う「尉律」に他ならず、この「尉律」は秦律由來のもの、ひいては春秋戰國期以來培われて來た史人養成の流れをもつものと見ることができるようである。

蕭何の律が秦法を攈摭し、採集したものとされ、そのもとが魏の里悝の『法經』や「戶」「興」「廄」の三篇の法にあると傳わることからも、秦、漢を通じて、例えば、『戰國策』「秦策五」に王子楚が趙國より回って秦昭王に見えた折、王が王子に習誦したものを暗誦させる條に、

「王使子誦、子曰、少棄捐在外、嘗無師傅所教學、不習於誦。」

と述べられるように、また『秦律十八種』「內史雜」(16)に、

「非史子也、毋敢學學室。犯令者有罪。」

と見え、漢代成立の『急就篇』に「宦學事師」と記されるように、頭初は專門職掌を世襲する家の後代を育成する字書教育が主體であったものが、次第次第に朝野各々に官府や閭里に設けられた學室や塾舍に於いて、書師のもとでの修學が、各様に行われるようになっていったことは事實であろう。公式の場で用いられる書體や文面を自在に操れることが繼業處世の良術となり、出世の捷徑ともなったために、その時々の時宜に適う刑獄、計會、簿書等の文書の基礎を身につけ得る學びの場が興起し、この場に於いて『蒼頡篇』を含む史篇、史書、字書の重用や改廢、續成が展開していたと見られる。

〈太學と書館〉

さて、漢興七十餘年を經た前漢の武帝代に至ると、『史記』「平准書」に記される通り、

「民則人給家足、都鄙廩庾皆滿、而府庫餘貨財、京師之錢累巨萬。」

と激動しつづけた漢初の社會も安定を見るに及ぶ。この武帝代は、董仲舒等の建言を容れた儒家重用の國策が進められて行った時である。德政をもって治國の道とし、禮樂教化を國是とし、

「立大學以教於國、設庠序以化於邑、漸民以仁、摩民以義、節民以禮、…」（『漢書』「董仲舒傳」）

を目指す具體策を、

「興太學、置明師、以養天下之士…諸侯、吏二千石皆盡心于求賢、天下之士可得而官使也。」（『漢書』「董仲舒傳」）

とした時代であるが、ここに詩、書、禮、易、春秋の研究教授にかかわる五經博士を置く中央官學の太學以下、宮廷學、鴻都門學、及び郡、國、縣、道、邑、鄉の學、校、庠、序の名をもつ地方官學が設立され、また師法、家法を受け、啓蒙の識字識語教育を受ける各種私學も生まれることとなった。そしてこれら博士、經師、書師に傳受される「學」の場の教育を通して、口訣諷誦を經て、文字、句法、經文、注詁を身をつけ得た賢材が選拔、考核されて官途に上り、刑獄、計會、禮教化民にわたる實務を荷っていった。前漢代は、公孫弘等の奏議の文、及び『史記』「儒林列傳」中の記事に見えるように、

「太常擇民年十八已上、儀狀端正者、補博士弟子。」

「郡國縣道邑有好文學、敬長上、肅政教、順鄉里、出入不悖所聞者、令相長丞上屬所二千石、二千石謹察可者、當與計偕、詣太常、得受業如弟子。」

と十八才以上の者で、條件に適う者を太常で選ぶか、地方から選擧された者が太學生となり得ていて、これが後漢代に至るやその年齢が成童の十五才以上となる。

「正旦…農事未起、命成童以上、入太學、學五經。（謂十五以上至二十也）硯氷釋、命幼童入小學、學篇章。（謂九

歳以上、十四以下。篇章謂六甲、九九、急就、三倉之屬[17]」

しかし、實際は、この時代には、これより年少の者（十二才の任延などの例）、年長の者（四十才の仇覽などの例）が太學生となっている事實が確認される。

ところで、高級官吏養成の最高學府の太學はもとより地方官學の各處も、世襲官人や貴族、權門の弟子のみの入るところではなく、入學者への身分の制約はないものの、すべて基礎學を身につけた學童の入るべきところであったため、初學、啓蒙の場は、時代を經るに從い、民間へと廣がり、各所の學塾としても生まれ變わることとなり、童蒙、初學者用の課本が編撰され、より廣く習誦されるようになって行ったようである。

因みに、王充の『論衡』「自紀篇」によれば、建武三年に生まれた王充は、六才で書を習い、ついで次のように學んだという。

「八歳出於書館、書館小僮百人以上、皆以過失袒謫、或以書醜得鞭。充書日進、又無過失。手書既成、辭師受論語、尙書、日諷千字。…」

八才から學塾での修練があり、過失があれば鞭打たれ、廢籍される嚴しさの中で、手書と口誦の基礎が培われていたことがわかる。王充は會稽上虞の人であるが、この種の光景は當時の各地で見られたものと思われる。

第四節　『急就篇』の時代とそれ以降

前漢元帝（BC.49～BC.33）代の宦者、黄門令史游の作と傳わる『急就篇』は、別記するように（第Ⅰ部 第二章參照）、この篇章學習の效用を弘宣する序を七字五句で綴り、ついで本文を示す三字句を置いて、人名羅列の本文を記し、これを一段として、次に名物を羅列する旨を示す句を置き、物名、色名、病名など類緣の物象を領域別に七字句でつらね、さらに宦者（官吏）になるために學ぶべき基本的儒家の思想や、これにもとづく社會倫理、處世訓を七字句で記して、皇漢帝國の安寧と繁榮を述べる十四の四字句等で結ぶものである。前代の『蒼頡篇』は、小吏速成目的を主とした、事歷、物象羅列の識字口訣韻文課本と見られるが、『蒼頡篇』の原文を取捨補訂して利用しつつ、より系統的に、文字知識と共に社會規範を涵養できるように編成したのが『急就篇』であったと見られる。時代の趨向を反映するように、儒家道德思想を色濃く後附させた『急就篇』は、西域各地の出土品、例えば、觚、簡、殘紙に知られるように、前漢末、後漢初以來、補訂、增補が加えられつつ、三國、南北朝と長く幼童初學の學習課本とされていったが、ついで現われた千文字の韻文、すなわち天文、人事、事象、類語を一文字の重複もない四字句に縮約して綴る、文義、音調にまさる短編の課本『千字文』(18)に次第に取って代わられ、一時、識者の注視、疏述は受け得たものの、その後姿を消すに至っている。

『急就篇（章）』については、『魏書』巻三十五「崔浩傳」に、太宗から『急就章』を首とした七經の注解を命ぜられた浩が、三年をかけてこれを完成したことや、書に工であった崔浩が、人の依賴で百首に上る『急就章』を抄寫し、賞贊されていたことが記されている。『北齊書』巻四十四「儒林傳」中の李鉉の傳中にも、九才で入學し『急就篇』を書し、月餘でこれに通曉したことが見え、『北史』巻八十一「儒林傳」上の劉蘭の傳中にも、三十餘才で始めて小學に入り、『急就篇』を書いたことが綴られている。劉蘭はいわば晩學であったが、聰敏さを覺った家人が師につき從わせて、經書を學ばせたがために、儒家となり得たという。

『急就篇』は、唐宋代にも學ばれた節があり、皇太子のために、顏師古が家學の訓詁の力をもって『漢書』と共にこれに施注し、これを流布させ、宋の太宗が親筆の『急就篇』を銭昱に賜ったことなどがあったが、文字知識を習得する面では、古舊の逑語や不急の語彙などが目立ち、羅列雑揉の感をぬぐえぬ『急就篇』は、表記の字體が隷書から楷書に、章艸、艸隷から行草書に移し變えられても、宦人登用の制度の變遷もあり、急備のものとはなり得ず、次第に用いる者が稀れとなり、ついには遺却されて埋沒することになったようである。初學童蒙の識字識語の課本として、周興嗣次韻の『千字文』が通行する六朝、隋、唐以降は科擧制の實施のもとに、貴賤こもごもの文字習得への意欲も高まり、官私にわたる學塾での修學の興隆を見て、修學の基盤を擔う文雅、通俗兩様に及ぶ課本の撰述も、數多くなって行ったように見える。『千字文』に續く童蒙書『蒙求』や敦煌所出の『太公家教』『開蒙要訓』『兎園策府』といった作が多出して來るのも、時代の流れを大きく反映した結果にほかならない。

以上、文字の傳習について、漢字出現以來の流れを追い、その實態を概觀、攷逑して來たが、次にその中の各々の時代に編述された初學童蒙書の個々について、表序、本文等、及び注疏の内容を比較、校覈、分析しながら、その具體相を把握して行くことにしたい。各時代の文字學習の場で残された遺文は、文字學習の實態とその背後にあった社會の趨勢と人々の生活の實際を明かす格好な素材である。殊に、二十世紀以降、西域地方から相繼いで發掘、發見された童蒙、幼學にかかわる書籍斷片は、この最たるものと言える。先人の研究成果を十分に踏まえ、そこに未言及のものを極力探りつつ、これら修學の場で残された遺文を究明することは、中國に息づいた文字文化の基盤を知る上でも大きな意義があると思われる。

注

（1）　饒宗頤『符號・初文與字母―漢字樹』上海書店出版社　二〇〇〇年　一三～五九頁

(2) 注（1）書　三八～五九頁參照。
(3) 姚孝遂・肖丁合『小屯南地甲骨考釋』中華書局　一九八五年　一九七～二〇六頁
(4) 注（3）書　二〇〇、二〇五、二〇六頁等參照。
(5) 于省吾『甲骨文字詁林』第四冊　中華書局　二九三三、二九四七～二九六一、三一二六～三一二七頁　他
(6) 白川靜『漢字の世界　中國文化の原點』Ⅰ　東洋文庫二八一　平凡社　昭和五十一年　一〇二頁參照。
(7) 徐錫臺『周原甲骨文綜述』三秦出版社　一九八七年參照。
(8) 張亞初・劉雨『西周金文官制研究』中華書局　一九八六年　一～三四頁
(9) 中國社會科學院考古研究所『殷周金文集成』第五册、第八册　中華書局　一九八五年、一九八七年
(10) 『史記』卷七十五「孟子荀子列傳」、同卷八十七「李斯列傳」
(11) 『史記』卷六「秦始皇本紀」、同同卷八十七「李斯列傳」、同卷八十八「蒙恬列傳」
(12) 『漢書』卷二十三「刑法志」
(13) 「江陵縣張家山三座漢墓出土大批竹簡」（『文物』一九八五年一期　一～八頁）、張家山漢墓竹簡整理小組「江陵縣張家山漢簡概述」（同九～一五頁）
(14) 李學勤「論江陵縣張家山二四七號墓漢律竹簡」（『漢簡研究の現状と展望』關西大學出版部　一九九三年）
(15) 張家山二四七號漢墓竹簡整理小組『張家山漢墓竹簡（二四七號墓）』文物出版社二〇〇一年
李學勤「試説張家山簡《史律》」（『文物』二〇〇二年四期　六九～七二頁）
(16) 睡虎地秦墓竹簡整理小組『睡虎地秦墓竹簡』文物出版社　一九七八年　一〇六～一〇七頁
(17) 『齊民要術』卷三「雜説第三十」所引の崔寔『四民月令』
(18) 本論　第Ⅱ部　第一章參照。

第Ⅰ部　簡牘紙文書から見た小學書——敦煌・居延・阜陽出土の遺文

第一章　簡・牘に記された『蒼頡篇』

はじめに

秦の李斯の撰と傳えられる『蒼頡篇』は、中國古代に於ける初學、童蒙の識字書を代表する著作で、成書以後、歴朝の人々によって利用され傳習され續けた。しかし、物名稱呼の羅列の文に終わらない『急就篇』等が出現した後には、その傳習が衰退し、ついには佚亡するに至った。ところが、その後二千餘年を經た二十世紀の初頭に、スタインなどが中央アジアで探檢活動を行った際に獲得した多數の漢簡の中から、『蒼頡篇』殘簡が檢出された。これを發端として、甘肅西部の疏勒河流域、及びその周邊地域、またエチナ河流域の居延地區、さらに中原地域の阜陽漢墓からも、これまでになかった『蒼頡篇』の殘簡が相次いで發掘されるようになり、これによって秦漢代に於ける『蒼頡篇』に關する習學の實態が徐々に窺知され出した。本章では、これらの事柄を把握しながら、具體的な出土遺文を通して、『蒼頡篇』の内容と當時に於ける學習の一面を究明することとしたい。

第一節　『蒼頡篇』の性格

周代の成立と見られる『史籒篇』について、『漢書』「藝文志」では、

「史籒篇者、周時史官教學童書也。」

と記述している。この記事に見える「史官教學童書」については、現在の時點では周時の實態を證す資料を求めることができないが、この流れを承けると思われる漢初の様が江陵縣張家山漢墓出土竹簡中の「（呂后）二年律令」下の「史律」の條文によって確認される（本著「序章」第三節〔尉律と修學〕條を參照）。こうした中で用いられていた『史籒篇』ついては、『史篇』『史書』といった呼稱があったともされるが、(1)『漢書』「揚雄傳」に「史篇莫善於倉頡」とあり、揚雄の『法言』「吾子篇」に「或欲學蒼頡、史篇」とあって、また『漢書』「元帝紀」論贊に、班彪の外祖兄弟の語として「元帝多材藝、善史書、鼓琴瑟」と見え、同「酷吏傳」の嚴延年傳中に「尤巧爲獄文、善史書」などと記されていることから、『史篇』『史書』とは言われずに存在していたことが知られる。因みに、『史篇』は、語例が示すように『史籒篇』を包攝する文字、文章の記された篇冊であり、『史書』は「善」とあるように技藝にかかわるもののことで、前漢昭帝代以前の語例が確認されぬことからも、當時史官が常用していた公式の書體、すなわち、隷書、殊に八分體を指すものと見られる。(2)

『史篇』『史書』でない史官教學童蒙書である『史籒篇』は、『漢書』「藝文志」の書目下の注によれば、西周宣王代の太史の撰とされている。『史籒篇』の書名については、この史籒なる官・人名（或は人名そのもの）を冠したものとするのが古來からの通説であり、これを否定すべき材料もないのであるが、史籒なる史官が實在し、この書を撰述し

たとしても、本來はこの書名には史官の諷籀すべき篇册、すなわち讀誦、或いは習書用の課本といった内容が示されていた可能性も排除できないようである。(3)

『史籀篇』は、「藝文志」の注によれば、後漢代初の建武の時期（二五～五七）に原來あった十五篇中の六篇までが亡佚していたといい、(4)その後、晉代に至るまでにその姿を完全に消してしまったということである。『史籀篇』の後に現われる口訣識字書も『漢書』「藝文志」では、次のように記されている。

「蒼頡七章者、秦丞相李斯所作也。爰歷六章者、車府令趙高所作也。博學七章者、太史令胡母敬所作也。文字多取史籀篇、而篆體復頗異、所謂秦篆者也。……漢興、閭里書師合蒼頡、爰歷、博學三篇、斷六十字以爲一章、凡五十五章、并爲蒼頡篇。」

『蒼頡篇』中の文字の多くは、『史籀篇』から取られているというのである。『史籀篇』の文字そのものは、紀元後百年に撰述された『説文解字』に二二三字が徴引されているので、僅かにその實像を垣間見ることはできるが、その全體像は今日では、確認することができない。

ところで、『蒼頡篇』については、『論衡』第十三卷「別通」で、

「夫倉頡之章、小學之書、文字備具…」

と記述されている。後漢代初期には、この書は「小學之書」とされている。「小學」の語は殷周代以來の流れをもつものであるが、(5)初等教育機關を指す「小學」の語から發展、派生した基礎的文字學を示す「小學」の語は、前漢代半ば以降に現われるようである。『漢書』「藝文志」に、

「古者八歳入小學、故周官保氏掌養國子、教之六書、謂象形、象事、象意、象聲、轉注、假借、造字之本也。」

と記され、また、

「凡小學十家、四十五篇」

「至元始中、徵天下通小學者以百數、各令記字於庭中。」

と記されているのは、文字の學として用いられる「小學」の語の出現を證している。文字を識り學ぶための教材は、『史籀篇』以前からあったようにも推測されるが、社會の中での文字使用の頻度が高まり、識字者が數多く求められる時代に至って、この種の識字教材がしきりに編述されるようになり、これらの課本、教材がひとまとめに「小學書」とされ、漢以降、これらの書を用いるなどして文字を學ぶ世界が展開されるにつれ、文字を學ぶことを「小學」と稱すようになった。この語は、後代になって訓詁學、音韻學なども含めもつようになり、その範疇はさらに擴大されるようになるが、識字教材、口訣課本そのものについては、訓詁書、音韻書と區別するため、異なった稱も附呈されるようになる。今日ではこれらの教材、課本を「古字書」と呼稱することが多い。

さて、『蒼頡篇』は、『急就篇』『千字文』と共に「古字書」の性格を持っている。韻語で編まれた幼學、幼童のための識字教材である『蒼頡篇』は、また識字に限らず、訓蒙の性格も備具していたと見られる。このことについて、王國維は「重輯蒼頡篇序」中で次のように述べている[6]。

「夫古字書存於今日者、在漢惟『急就』『說文解字』、在六朝惟『千字文』與『玉篇』耳。此四種中、『說文』與『玉篇』說字形者爲一類、『急就』『千文』便諷誦者又爲一類。『蒼頡』一書據劉子政、班孟堅、許叔重所說、與近出之敦煌殘簡、其與『急就』『千文』爲類、而不與『說文』『玉篇』爲類審矣。」(書名符付加は筆者)

また、漢代に於ける『蒼頡篇』の用途そのものについては、顏師古が『急就篇注』敍の中で、

「…秦兼天下、罷黜異書、丞相李斯又撰蒼頡、中車府令趙高繼造爰歷、太史令胡母敬作博學篇、皆所以啓導青衿、垂法錦帶也。……」

と言うように、同時期に作られた『爰歴篇』『博學篇』の二篇と共にやはり幼學、幼童の識字と共に初學學生の知識獲得の教材であったと見られる。清朝乾嘉期の孫星衍は、その著「蒼頡篇序」で、

「倉頡始作、其例與急就同、名之倉頡者、亦如急就以首句題篇、凡將、飛龍等皆是。詞或三字、四字以至七字、備取六藝群書之文、以便幼學循誦、故七略目之小學。」

と述べ、また、王國維や趙萬里は、

「漢時教初學之所名曰書館、其師名曰書師、其書用『蒼頡』『凡將』、『急就』『元尚』諸篇、其旨在使學童識字習字。…⑺」

「蒼頡篇者、秦相李斯所作、……與史游所作急就篇、同爲訓蒙之用、取便諷誦而矣。自梁人周興嗣著千字文、唐宋二代士人迭有蒙求之作、於是三蒼益微……⑻」

と述べている。殊に王國維は、王充『論衡』「自紀篇」の内容を下地にして論じたようである。民國代の梁啓超が『飲冰室文集』之一「變法通議」で、

「三曰歌訣書、漢人小學之書、如蒼頡急就等篇、皆爲韻語、推而上之、易經詩經老子、以及周秦諸子、莫不皆然、蓋取便諷誦、莫善於此。」

と記しているように、讀誦、諷誦の手習い書としての性格が、このものには原初から濃厚に附されていたと思われる。

第二節　『蒼頡篇』簡出土以前の先人の輯佚事業

清朝、殊に乾隆、嘉慶年間は、小學書に關する研究の鼎盛の時代で、特に佚書、佚文の輯集が盛んであった。就中、

古代小學書の一つである『蒼頡篇』の輯佚事業は空前な勢いを見せた。乾隆四十九年に、孫星衍（一七五三～一八一八）が初めて『倉頡篇』三巻を輯録した。(9) その後、任大椿（一七三八～一七八九）が『倉頡篇』續本、馬國翰（一七九四～一八五七）が『蒼頡篇』、陶方琦（一八四五～一八八四）が『倉頡篇』補輯等を編輯し、相次いで漢代以來の書物から『蒼頡篇』關係の佚文を蒐録した。このような様を『續修四庫提要』「經部・小學類」では、

「近三百年來、小學家無不以捜輯『蒼頡篇』爲當務之急。」

と言っている。孫氏をはじめ、諸家はさまざまな書物から『蒼頡篇』關係の佚文輯録に努めていたが、しかし、その殆どは佚文と言うよりも佚字であり、羅振玉・王國維が、

「國朝任孫諸家、采輯古籍所引蒼頡篇、所得皆單字、罕有成文句者…」(10)

と嘆くほどであった。因みに、孫星衍が蒐輯した三條の成句を次記しておくことにしたい。

1．幼子承詔（許君說文敍云其辭有神仙之術焉）
2．考妣延年（郭璞注爾雅）
3．漢兼天下海內並廁豨黥韓覆畔討殘滅（顏之推家訓今作滅殘非）

3の『顏氏家訓』所引の句は、顏之推自身も「皆由後人所羼、非本文也」（「書證第十七」）と述べている。これについて、王國維は、「顏氏家訓所引四句乃訓纂諸篇語」（「蒼頡篇殘簡跋」）と言っている。從って『蒼頡篇』の成句と覺しきものは、僅か「幼子承詔」と「考妣延年」のみとなる。

このように、孫星衍が四字の成文句三條ほどを僅かに輯佚鈎沈しただけで、その後、この輯佚事業はあまり成果をあげ得なかった。孫氏ののちに、馬國翰がさらに三條ほどを輯録することがあったが、このうちの二條は孫氏と重複したもので、馬氏が新たに見出したものは『說文解字』敍から引いた「神僊之術」の僅か一條だけであった。(11) これに

ついで任大椿、陶方琦も『蒼頡篇』の佚文を輯録した。殊に陶氏の輯佚は、清代末期に日本から逆輸入した『原本玉篇』『玉燭寶典』『慧琳音義』によって孫氏の遺漏を増補したものとして注目されるが、[12]この二氏には、二字句の輯録はあるものの、四字の成文句が一條もなかったのである。『蒼頡篇』佚文を輯録することの困難さがこのような事態にはよく物語られている。

輯佚の努力は、このほか、新美寛・鈴木隆一の二氏によっても拂われているが、ようやく輯録されたものも、そのほとんどは『玄應音義』『慧琳音義』からの引用であった。二氏は『原本玉篇』『玉燭寶典』『切韻』『倭名類聚鈔』『令集解』からも鈎沈しているが、本來の漢簡類は、編著の主旨外であったため、引録はされなかった。[13]

さて、古籍、出土遺文を博捜し、上述の乾嘉の學者の後をうけて、王國維（一八七七～一九二七）が『重輯蒼頡篇』（上下巻）を編述した。この書は、公刊後、研究者間に絶賛されたものであるが、王氏の『蒼頡篇』佚文收集の主要な業績は、その上巻にある。この上巻には、敦煌漢簡（『流沙墜簡』より）が採り入れられており、そこに收録された漢代簡牘は『蒼頡篇』の佚失後の千餘年ぶりの再發見品となるもので、總數は四點、遺存する文字は計四十一文字である。この文字數は從來の諸家が輯録した二句の成文の五倍にあたるだけに、大變注目されるものであった。王氏は、『漢書』「藝文志」に「元帝時黄門令史游作急就篇、成帝時將作大匠李長作元尙篇、皆蒼頡中正字也。」と記されることに基づき、『急就篇』の單字をも悉く採録した。これらが元來『蒼頡篇』中に記されていたと考えたからである。[14]しかし、王氏は、『切韻』『唐韻』『倭名類聚鈔』などに引かれた『蒼頡篇』の數條を採録することがなかった。王氏にしては手痛い見落としとなるようであるが、このことを『續修四庫提要』では、「誠有遺珠之憾」と記している。[15]また當然のことながら、當時未發見であった敦煌後出のその他の漢簡や居延漢簡、居延新簡、阜陽漢簡も採録されてはいない。

第三節　秦漢代『蒼頡篇』殘簡の輯成

本項では、これまで出土した敦煌漢簡、居延漢簡、居延新簡、阜陽漢簡、及び尼雅漢精絕故址所出の『蒼頡篇』殘簡を集成し、これらを出土年代順に配列し、出土地、發掘團體（個人を含む）、出土年代、出土數量といった事項を表記して、發見された遺文の内容を小述してみるとしたい。なお、出土遺文を採錄して編成するにあたっては、主として下記の諸文獻を參考にした(16)。

敦煌漢簡

・羅振玉 王國維編著『流沙墜簡』中華書局　一九一四年
・林梅村 李均明編『疏勒河流域出土漢簡』文物出版社　一九八四年
・大庭脩『敦煌漢簡　大英圖書館藏』同朋舍出版　一九九〇年
・吳礽驤 李永良 馬建華釋校『敦煌漢簡釋文』甘肅省文物考古研究所編　甘肅人民出版社　一九九一年
・甘肅省文物考古研究所編『敦煌漢簡』（全二冊）中華書局　一九九一年
・中國簡牘集成編輯委員會編『中國簡牘集成』3、4　敦煌文藝出版社　二〇〇一年

居延漢簡

・勞榦著『居延漢簡考釋』考釋之部　商務印書館　一九四九年
・勞榦『居延漢簡』圖版之部　臺北中央研究院歷史語言研究所　一九五七年

・勞榦著『居延漢簡』考釋之部　臺北中央研究院歷史語言研究所　一九九七年景印五版

・中國社會科學院考古研究所編『居延漢簡甲乙編』中華書局　一九八〇年

・謝桂華　李均明　朱國炤『居延漢簡釋文合校』上下　文物出版社　一九八七年

・簡牘整理小組『居延漢簡補編』中央研究院歷史語言研究所　一九九八年

・中國簡牘集成編輯委員會編『中國簡牘集成』5、6、7、8　敦煌文藝出版社　二〇〇一年

居延新簡

・甘肅省文物考古研究所　文化部古文獻研究室　甘肅省博物館　中國社會科學院歷史研究所編『居延新簡』〈甲渠候官與第四燧〉文物出版社　一九九〇年

・甘肅省文物考古研究所　中國文物研究所　甘肅省博物館　中國社會科學院歷史研究所『居延新簡』〈甲渠候官〉上、下　文物出版社　一九九四年

・中國簡牘集成編輯委員會編『中國簡牘集成』9、10、11、12　敦煌文藝出版社　二〇〇一年

阜陽漢簡

・文物局古文獻研究室　安徽省阜陽地區博物館　阜陽漢簡整理組「阜陽漢簡『蒼頡篇』」（『文物』一九八三年　第二期）

尼雅漢簡

・林永建 他『夢幻尼雅』民族出版社　一九九五年四月

・王樾「略說尼雅發現的『蒼頡篇』漢簡」（『西域研究』一九九八年第四期）

・王炳華『精絶春秋』浙江文藝出版社　二〇〇三年四月

【凡　例】

以下、原簡の釋文表記は次の記號等に従う。

・ABC：同一觚・簡の各面。
・〼：上部、或いは下部が缺損している部分。
・□：殘畫があり、釋讀不能な文字。
・……：釋讀不能な複數の文字の連なり。
・原文の斷句は筆者による。

敦煌漢簡『蒼頡篇』　―　スタイン第二次中央アジア探檢時獲得　一九〇六～〇八年〈四點〉

イギリスのスタインは、第二次（一九〇六～〇八）中央アジア探檢活動時に甘肅西部の疏勒河流域にある漢代の長城遺跡（烽燧）で、千餘點にも上る漢簡を獲得した。これらの漢簡は、のちに委託をうけたフランスの漢學者・シャバンヌが研究を行った。シャバンヌはこの研究成果を一九一三年に論著として發表した。(17)羅振玉・王國維兩氏はこの著に基づき、さらに關係の寫眞、圖版等を取得して、改めて校釋などを行い、一九一四年に亡命先の日本で『流沙墜簡』と題する大著を上梓した。(18)

『流沙墜簡』は、「小學術數方技書考釋」「屯戍叢殘考釋」「簡牘遺文考釋」、及び「補遺」と四つに類別された論文からなる。この中の「小學術數方技書考釋」「簡牘遺文考釋」は王氏の師・羅振玉が擔當している。「小學術數方技書」には六十五點の簡（紙）が收錄され解説されているが、この中に「小學類」として、『蒼頡篇』『急就篇』の遺文が載せられている。ここに收載された『蒼頡篇』の遺文は、四點四十一文字で、下記の通りである。なお、『流沙墜簡』では1、3、4、2の順番であったが、ここでは『敦煌漢簡釋文』の釋文番號に基づいて置き換えた。

1．・游敖周章、黚黶黯黮、䵴黝黭黬、黔黤赫赧、儵赤白黃、（1836）

2．〼……□寸、薄厚廣俠、好醜長短、□□□〼（1850）

3．𧺆走病狂、疵疕禿瘻〼（2098）

4．貔獙鄉殼〈以下空白〉（2129）

羅氏以降、この原蹟の文字を再點檢して新たな釋讀が行われている。今ここでそれらのうち異同を見る簡2について釋文を示しておくこととしたい。

「〼□寸薄厚廣俠好醜長短如〼」（『敦煌漢簡釋文』）

「〼……一寸、薄厚廣俠、好醜長短、明□□〼」（『中國簡牘集成』甘肅省卷上）

簡3の「疵疕禿瘻」については、『流沙墜簡』では「疵疕災殃」と釋文したが、殊に「瘻」字の下部は殘缺があり、不分明な部分があるが、阜陽漢簡のC025號簡にも同句の簡が見られる。それによれば、この「疵疕災殃」の句は「疵疕禿瘻」であることがわかる。なお、『敦煌漢簡釋文』では、「禿瘻」の二字を「灾傷」と釋文している。

また、簡4については、阜陽漢簡のC015號『蒼頡篇』簡に同樣な字句が見られる。それによれば「貍」「獙」は、阜陽漢簡では、それぞれ「貔」「獺」に作っている。阜陽漢簡整理組は、

「按：『流沙墜簡』有〝貍獙鄉殼〞四字、羅振玉釋「貔」爲「貍」、釋「獺」爲「獙」、誤」（筆者注：羅氏は「獙」とし、「獙」としてはいない。）

と述べた。しかし、2129號の原簡を確かめてみると、「貔」字の旁の上部は墨色が稍淡くなっているが、その下部には「比」字がはっきりと看取できる。從って、この文字は「貔」字である可能性が高い。但し「獙」字については、

阜陽漢簡整理組が「獺」の錯誤であると判斷しているが、原簡の文字は寫眞により、「獭」字であることは明らかである。從って、「獭」、「獺」の違いは、敦煌漢簡と阜陽漢簡との異同文字であると言えよう。なお、簡4の文字については、『流沙墜簡』では「貔獭鼬觳」、『敦煌漢簡釋文』では「貍獭鼬觳」（「獭」字のみ「獭」とする）と釋文している。

ところで、『蒼頡篇』に關しては、『漢書』「藝文志」などの史書にその書名が記載されているものの、書籍そのものは佚亡しており、その具體的な内容は不明のままであった。『蒼頡篇』は卽ち未傳の文獻、佚書なのである。上記の二十字を有する第1簡を羅氏がどのようにして『蒼頡篇』であると審定したかは、興味ある問題であるが、羅氏は『漢書』「藝文志」に、

「蒼頡七章者、秦丞相李斯所作也……漢興、閭里書師合蒼頡、爰歷、博學三篇、斷六十字以爲一章、凡五十五章、幷爲蒼頡篇。」

という記載、及びこれに續く『說文解字』『文選』『藝文類聚』等の本文や注引文に基づき、『蒼頡篇』、及びその他の書籍の章數、句數を考證、推斷し、秦漢間の字書を七字をもって一句とする『凡將篇』『急就篇』のものと、四字をもって一句とする『蒼頡篇』『訓纂篇』のものとの二系統に分類し、また『說文解字』所引の「幼子承詔」、郭璞注『爾雅』所引の「考妣延年」、及び『顏氏家訓』「書證篇」所引の「漢兼天下、海内並廁、豨黥韓覆、畔討殘滅」等を勘案して、

「今此諸簡第一簡五句、第二簡存二句並四字爲句、有韻可尋。第三簡雖不能知其韻、然四字爲句而非七言、則昭章可見。且攷第一簡凡五句廿字、合三簡則得十五句六十字、正爲一章。若以三棱之柧寫之、則一柧正得一章、與班史所記適合、則此簡之爲蒼頡殆無疑矣。」

という判斷を下したのである。(19)

これらの殘簡については、羅氏に先だって、シャバンヌ氏の釋文もあるが、しかし釋讀した文字の内容や原據については、言及されぬままであり、また、羅氏によって釋文が補正された個所も少なくない。例えば、第1簡の第二字については、シャバンヌ氏は「敎」と釋文したが、圖版をよく見れば、やはり羅氏の「敖」が正しいことがわかる。無論、兩氏が共に誤釋したものも見られる。例えば、3の「疵疕灾瘻」の「瘻」字は、シャバンヌ氏は「庾」と、羅氏は「疾」とそれぞれ釋文したが、今日になって阜陽漢簡（C025）の新出土の資料を參照し、原簡圖版を再確認すれば、「瘻」字の可能性が極めて高いことがわかる。しかし、羅氏の研究は『蒼頡篇』が遺失した後、千數百年ぶりにその原文を再確認したもので、後年の『蒼頡篇』研究の端緒をひらくものであった。羅氏は先人未踏の分野をうち拓いたと言うことができる。

居延漢簡『蒼頡篇』――ベリイマン西北科學考察團　一九三〇～三一年〈十三點〉

これらのものは、一九三〇～一九三一に、西北科學考察團を率いて、西域を調査したベリイマンが發見した居延漢簡に含まれている。『蒼頡篇』に關する殘簡を含めて、居延地區發見の簡牘は、勞榦氏が一九四三年に初めて檢討を加え、『居延漢簡考釋』として出版した。勞氏はその後、一九四九年、一九六〇年二度にわたって、その釋文の修訂を行っている。[20]この後、謝桂華等の三氏が、勞氏の釋文を原簡にあたって再考し大幅な訂正を行って、一九八七年一月に至り、新たな『居延漢簡釋文合校』（上下、以下『合校』と略す）を出版した。[21]ここでは、この『合校』本の釋文を參照しつつ、原簡の寫眞を確認したうえ、居延漢簡中にある『蒼頡篇』關係のものを摘記しておくことにしたい。

1．第五　琖表書插、顚顯重該、已起臣僕、發傳約載、趣遽觀望（9.1A）

行步駕服、逋逃隱匿、往來□□、漢兼天下、海內并廁（9.1C）

□□□類、菹⿱石皿離異、戎翟給賓、但致貢諾。（9.1B）（觚）〔Ⅰ圖①〕

Ⅰ圖①　『蒼頡篇』（第五章）觚書　（居延漢簡）

2. □功□□玕□□☐（9.2A）
☐□□□麋狖表□□□□□□☐（9.2B）
進□狎習辟愛〈以下空白か〉（9.2C）（觚）

3. 伐柃柱、馬枊六☐（31.6、31.9）

4. 痒□病任☐（59.38）

5. 蒼頡作書、以□□□（85.21）

6. 蒼頡（97.8）

7. ☐子承詔、謹愼

⧄置、苟務成史（125.38A）
⧄幼子承詔
⧄勿盡夜勿（125.38B）

8. ⧄嗣、幼子承詔、謹愼敬戒（167.4）

9. 蒼頡作書、以教後嗣、幼子⧄（185.20）

10. ⧄□□苟務
⧄[掖]、初雖勞（260.18A）
⧄計嗣幼子（260.18B）

11. ⧄仁堂庫府〈以下空白〉（282.1）

12. □嫠霿□摹妬豎奴綰勤脊蠡□□□都立其傳辭（307.3A）
□疊□慮柖編商□蓬□見□□萌□□□⧄（307.3B）

13. 蒼頡（63.19）

勞榦氏が最初に手がけた居延漢簡の釋讀作業は困難を極めたようで、當初の釋文には誤釋が多く、勞氏自身も再三釋文の補正を行っている。こうした補正を含む作業の中から、勞氏は『蒼頡篇』の遺文を確認している。[22]居延出土の大量の漢簡の中から、勞氏が『蒼頡篇』を如何樣に抽出したかは、勞氏自身が述べている。言うまでもなくこの抽出同定の根據は、「蒼頡作書」の字句、及び『說文解字』『顏氏家訓』に引用されている「幼子承詔」「漢兼天下、海内并廁」等の辭句との比較校合であった。漢簡文字の釋讀は、原蹟の文字の正確な採錄こそが肝要で、これを果たし得て佚失した古書の原文を正しく甦らすことができるのである。ここで上記一三點の『蒼頡篇』觚簡遺文の釋文について氣づいたことを記しておくこととする。

1（9.1ABC）は、これまで確認された『蒼頡篇』としては最長の文字數をもつ觚であるだけに、最も注目されているものである。その文字の釋讀については、勞榦氏以來、『居延漢簡釋文合校』、『中國簡牘集成』等に至るまで、さまざまな釋讀が行われたが、その後阜陽漢簡から同内容の簡が出土してはじめて校合、比定可能となり、胡平生氏らの論考（「『蒼頡篇』的初步研究」『文物』一九八三年第二期　初出）のように原簡に抄寫された句文の順序も補訂できるようになった。なお、この觚については、次項（第四節　二『蒼頡篇』第五章等の論考）に詳述するが、9.1Bの下半部分（『居延漢簡甲乙編』上册　乙圖版柒　掲出の寫眞圖版）は9.2Aの寫眞圖版と同一のものであり、組版時に寫眞の配置を誤ったものと見られる。從って9.1Bの下半部分の寫眞圖版は存在せず勞榦氏による釋文のみが數次にわたり公表されているだけである。この部分の勞氏の釋文は當初『居延漢簡考釋』釋文之部一（五六一頁）では「實但致貢」としているが、その翌年に刊行した『居延漢簡考釋』考證之部（七五頁下段）では「賓但致貢諾」と採錄している。本項では、暫時勞氏の後刊の釋文に從っておくことにする。この寫眞圖版の錯誤については、勞氏以降の諸研究者が氣附かなかったようで、例えば、赤井清美氏の書道資料集成　第一期『漢簡』第七卷「居延漢簡（七）」（東京堂出版　昭和五一年一〇月）などにも錯誤のままの寫眞圖版が掲出されている。

2（9.2ABC）の釋文については、勞榦氏が一九四三年にはじめて『居延漢簡考釋』で公表したものと一九八七年に謝桂華氏らが『居延漢簡釋文合校』に公刊したもの、及びこれを受けた同氏らの編になる『中國簡牘集成』等の釋文が見られる。これらの釋文を原寫眞圖版と照合してみると、勞榦氏の釋文に該當する原寫眞圖版は9.2ABCであるが、9.2Bの先端の尖った右側に配列された簡がないことがわかる。この中の謝氏らの釋文にはこの簡の文字が、

「□犯□□都立其傳辭□稾狩表□」

と採録されている。しかし寫眞の狀況からしてこの簡は、9.2Bそのものとは判斷され得ず別のものが圖版作成に際いて錯誤されて配列附番されたものと見られる。そこでこの錯誤された原簡がどこに屬するものであるかを精査したところ、307.3Aの後半部分の寫眞を截斷して並べたものであることが判明した。個々の文字についての判讀に差はあるものの、勞榦氏の釋文には謝氏らのような取り違いは見られない。恐らく謝氏らは寫眞圖版によって釋讀を行なったためこのような結果となったのではなかろうか。

また、この2（9.2ABC）については、勞榦氏が「蒼頡篇與急就篇文」中でその遺文を採録して、他のものと共に「右蒼頡篇舊文也」としている。しかし『中國簡牘集成』第五册「居延漢簡」一では、

「註釋：〔案〕本簡爲《急就篇》第十五章殘文，簡文殘甚，文意不明。」

と注記している。この注文は何を根據にしたものかは不明であるが、この文は傳存している『急就篇』の遺文には確認できない。1（9.1ABC）、及び12（307.3AB）と共に同遺跡、同地點（察汗多可　A28）の出土遺物であることを考慮し書體、書風、布置等に注意を拂えば、『蒼頡篇』の遺文と判斷するのが適當と思われる。

4（59.38）の第四字目については、勞榦氏は「汪」、謝氏らは「任」と採録しているが、扁の殘畫の狀態から見て、「任」と判斷するのが妥當と思われる。

7（125.38B）の「□幼子承詔」「□勿盡夜勿」句についても、前、後時の釋文に違いがある。この句は『蒼頡篇』第一章の部分であると見られる。ところが後半部の「□勿盡夜勿」の句については以下のような解釋が見られる。

「力盡夫□」（『居延漢簡考釋』一九四三年版）

「力盡決功」（『居延漢簡考釋』一九六〇年版）

「力盡夫□」（『居延漢簡甲乙編』一九八〇年）
「勿盡夜勿」（『居延漢簡釋文合校』一九八七年）
「勿盡夜勿」（『中國簡牘集成』居延新簡 二　二〇〇一年）

とそれぞれに釋讀されているが、同一の原文であるとは思われぬ程である。しかし一九七七年出土の玉門花海『蒼頡篇』簡（1459AB、1460AB、1461AB）には、『蒼頡篇』冒頭の八句を書寫したものが見られる。ここでその中の1460AB簡を見ると、そこには、

「蒼頡作書以教後嗣幼子承詔謹愼敬戒勉力諷誦晝夜勿置苟勉力成史計會辯治超等」

の文字が確認される。居延漢簡の擧例句は、この「誦晝夜勿」を書寫したものに他ならぬと判斷されよう。最新の釋文である『合校』表示の冒頭の「勿」字は、「勿」字そのものではなく、「誦」字の旁部の右邊の殘畫とも見え、「盡」字は「晝」であると思われる。

8（167.4）の「謹愼敬戒」の「戒」字について、勞榦氏は、當初「戒」と釋し、のちに「哉」に改めた。しかし敦煌漢簡、居延新簡などに數多くの類句が見られ、それらは例外なく「戒」字となっている。その後『居延漢簡甲編』『居延漢簡甲乙編』、及び『居延漢簡釋文合校』が相次いで補訂などを行ったにもかかわらず、なお修正されずにこの釋文が殘っているのである。

10（260.18A）の左行「捘初雖勞」の「捘」字は大字で書かれており、字間も他と異なるため、本來の『蒼頡篇』の句文に習書のため書き加えられた可能性があろう。なお、居延新簡には「…出尤別異、初雖勞苦…」（EPT50：1AB）と書寫されたものが確認されるが、この中に「捘」字は書かれていない。

12（307.3AB）は、2（9.2ABC）と同樣な觚に書かれた遺文であるが、兩者は同遺跡、同地點（察汗多可A28）の出

土遺物で書體も酷似することから、共に『蒼頡篇』の一部と推察可能である。但し、12のC面については、寫眞圖版も釋文も示されていないため、文字が書寫されているのか否かを含めて不明であり、AB面の書寫内容も判然としない。從ってここでは斷句を保留しておくことにした。

居延新簡『蒼頡篇』 ― 甘肅省文化廳、甘肅省博物館等　一九七二～七四年〈四點〉

これらのものは、一九七二年から一九七四年にかけて、甘肅省博物館等によって組織的に行われた居延地區の肩水金關、甲渠候官（破城子）、甲渠塞第四燧の三ヶ所に於ける發掘調査によって得られたものである。この調査では、總數一九四〇〇餘點に上る漢簡が發見されたが、その中から四點が檢出されている。これらの四點の材質は竹であり、すべて『蒼頡篇』の第一章を書寫したものと見られる。

1. 蒼頡作書、以教後嗣、幼子承昭、謹愼敬戒、勉力風誦、晝夜勿置＝
苟務成史、計會辨治、超等軼羣、出尤別異（EPT50：1A）
初雖勞苦、卒必有意、愨愿忠信、微密倓言、言賞賞（EPT50：1B）〔Ｉ圖②〕

EPT50.1B　EPT50.1A

Ｉ圖②『蒼頡篇』（居延新簡）

2. ☒□甲渠河北塞擧二犛燔蒼頡作書（EPT50：134A）

3. 以教後嗣、幼子承詔、謹愼敬戒、勉力諷誦、勉雖 子　幼子承（EPT56：27AB）

4. 蒼頡作書、以教後子、☒□史□□（EPT56：40）

以上、資料は、計四點に過ぎないが、このうち1は、一部速書した文字をまじえた八分體で、簡の兩面にわたって、文字を書き連ねたもので、A面には、天地に餘白なくびっしりと十句四十字が詰め込まれており、B面には、五句十八字（最末句の三字を缺く）が書寫されている。B面の末尾の二字は空白を埋めるかのように、終畫の脚部を長く垂下させている。この種の書法は當代の公式文書中にも頻見される手法で、文字の權威を誇示する働きがあるらしく、この手法を習っている感がある。兩面合わせて約一章を記すものとなっている。これはいままで確認された『蒼頡篇』の遺文としては最長のものである。なお、A面の第八句末尾にある「治」字の扁は、書き潰した痕跡が見える。恐らくは誤寫したものを後訂したのであろう。B面は、第五句目の二文字を「言言賞賞」と二度にわたって書き記していて、下部の「言賞」字の字脚は、上述した如く一藝を發揮している。この1の簡に記される句を他簡のものと比較すると、文字に異同があることが確認される。例えば、簡中の「昭」「風」「辦」字は、他簡ではそれぞれ「詔」「諷」「辯」に作る。これらについては先學の論ずるような誤字なのか否か、問題がなお存在するようであるので、これについては、次項で檢討を行なうことにする。(23)

阜陽漢簡『蒼頡篇』——安徽省阜陽地區博物館等阜陽漢簡整理組　一九七七年〈一二五點〉

一九七七年夏に、阜陽縣雙古堆一號漢墓から、『蒼頡篇』殘簡を含めて大量の文字資料が發掘された。出土した一號墓の建造の前に造られていた二號墓（M2）から出土した器物の銅器、及び漆器の銘文に「女（汝）陰侯」の文字があり、また「女陰家丞」の封泥があったことから、墓葬時期の前後等を推考して、一號墓の墓主は、西漢の開國功臣である夏侯嬰の子の夏侯灶であると考定されている。[24] 夏侯灶は漢文帝十五年（BC.165）に卒したので、その墓から出土した資料は、すべてこの年代より以前に書寫されたものであるということになる。「阜陽漢簡簡介」、「阜陽漢簡『蒼頡篇』」（『文物』一九八三年第二期）によれば、墓葬の狀態は、

「此墓已塌，且經盜擾，原來存放簡牘的漆笥已朽壞，簡牘不僅散亂扭曲……」

という。しかし、公表された『蒼頡篇』簡は、「内容、書體、字形大小、及簡的質地、顏色、形狀等加以區分、歸類」と記されるように、[25] 既出のもの等によって判別したようで、原簡の順序をなぜこのようにしたかについては、特別な說明は見られない。出土時の殘簡のとりあげが正確であっても已に盜掘を受け、混亂した狀態があったようであるから、編簡の復元には解決し難い問題が殘されるようである。ともあれ、阜陽漢簡の『蒼頡篇』には、「爰歴次貤、繼續前圖…」等の文字も見られる上、押韻の違いもあることから、『漢書』「藝文志」に記載されている車府令趙高の撰である『爰歴篇』、太史令胡母敬の撰である『博學篇』の二篇も含まれていると推考される。[26] これらの簡の材質は竹で、文字の殘畫等を含めて、確認し得る字數は計五四一文字であるが、完全な形を有する文字は、三一九字を數え、『蒼頡篇』簡としては、これまでに出土したものの中での最大規模のものと言える。

このうち阜陽漢簡整理組編の「阜陽漢簡『蒼頡篇』」には、阜陽漢簡『蒼頡篇』に關する釋文、考釋、及び簡牘摸寫とその一部の原簡の寫眞等の掲出がある〔I圖③④參照〕。この報告文は、學界に世上未傳の『蒼頡篇』の原文を提示したものとして、頗る大きな反響をもたらした。また、この報告文に續く「『蒼頡篇』的初歩研究[27]」も、阜陽

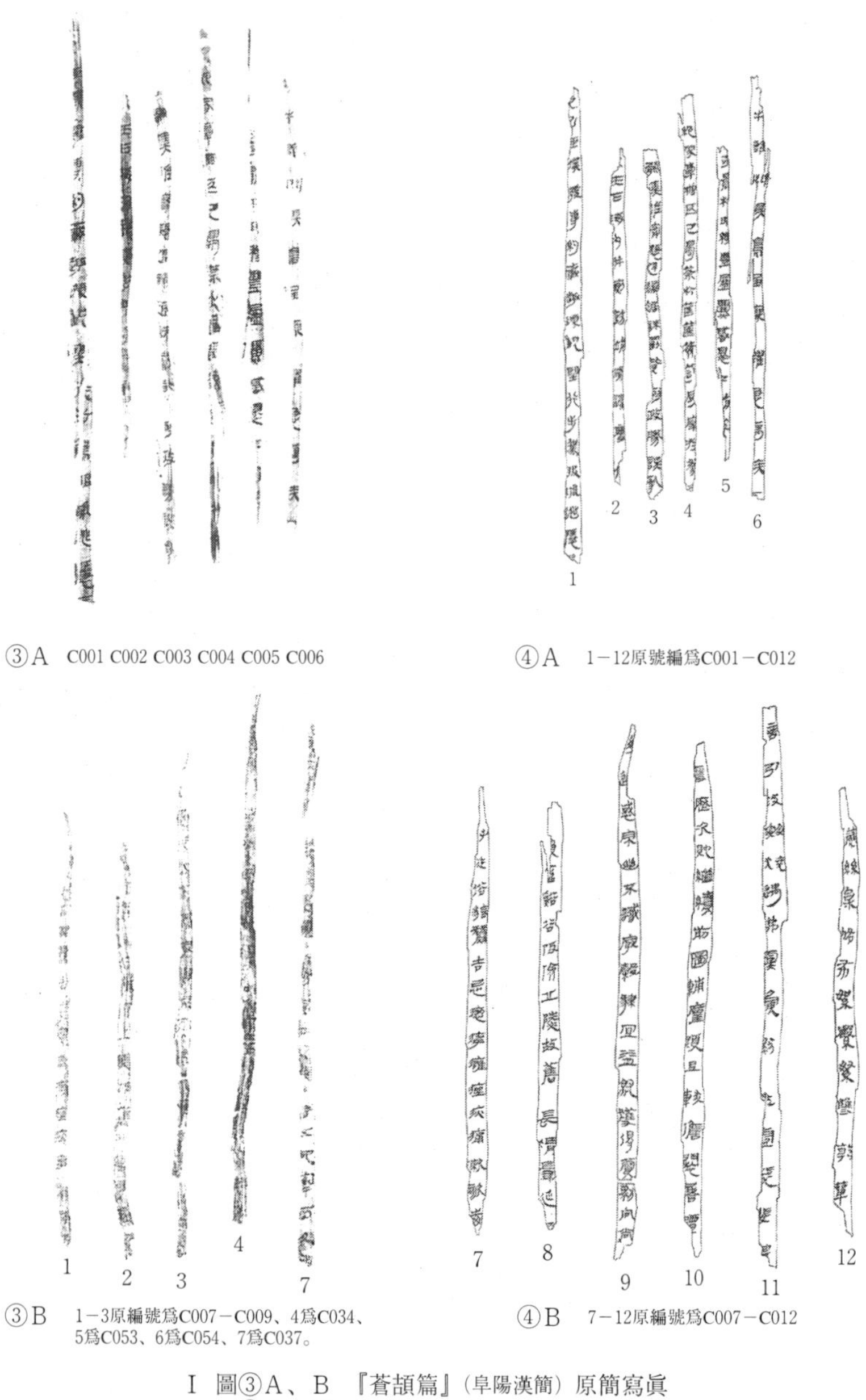

③A　C001 C002 C003 C004 C005 C006

④A　1－12原號編爲C001－C012

③B　1－3原編號爲C007－C009、4爲C034、5爲C053、6爲C054、7爲C037。

④B　7－12原編號爲C007－C012

Ⅰ 圖③A、B 『蒼頡篇』(阜陽漢簡) 原簡寫眞
④A、B　同　摹本

『蒼頡篇』についての第一の論考として極めて注目される。しかし、考釋の一部については、なお検討すべき餘地が残されているように思われる。因みに、ここでその引用文に關して、補正を要する一、二のものに限り、記しておくことにしよう。

先ず、「『蒼頡篇』的初步研究」文中に於いて、羅振玉・王國維兩氏『蒼頡篇』についての研究成果に言及し、次のような記述が見られる（この後、これとほぼ同様な見解を示す論考も見られる(28)）。

「羅、王通過對出土殘卷的研究回答了『蒼頡篇』亡佚後長期沒有弄清的幾個基本的問題：⑴四字爲句；⑵有韻可尋；⑶首句是〝蒼頡作書〞故以〝蒼頡〞兩字名篇」（筆者注：實際は『流沙墜簡』「小學術數方技書考釋」は羅氏の擔當）

羅・王兩氏によって初めて⑴⑵⑶の問題が明らかにされたと、その研究成果を高く評價しているが、これらの見解は、なお修正すべきところがある。というのも⑴の『蒼頡篇』の「四字爲句」については、已に段玉裁（一七三五～一八一五）が、その著『說文解字注』で、許愼『說文解字』敍の「又見倉頡篇中幼子承詔」句に對し、次のような注文を施しているからである。

「幼子承詔、蓋倉頡篇中之一句也。倉頡篇例四字爲句…」

この文に關して、羅氏自身も、「小學術數方技書考釋」中で、

「段氏謂、自蒼頡至彥均、章皆六十字、凡十五句、句爲四字…」

と述べている。

これと同種のことが、⑶の「首句是〝蒼頡作書〞故以〝蒼頡〞兩字名篇」についても存在する。羅・王兩氏より一世紀以上も前の學者、謝啓昆（一七三七～一八〇二）は、自著『小學考』で次のように述べている。

「李氏斯蒼頡、漢志一篇、佚。按李斯作倉頡、篇首殆有倉頡句、遂目名篇、猶史游之急就也、爰歷、博學等名放

此。」

また、この謝氏よりもやや後れて生まれた孫星衍（一七五三〜一八一八）は、乾隆四十九年（一七八四）に輯撰した『蒼頡篇』三巻の序文で、次のようなことを記している。

「倉頡始作、其例與急就同、名之倉頡者、亦如急就以首句題篇…」

博學の羅・王兩氏は、これらの説を熟知して、當時新出した『蒼頡篇』斷簡を考釋するに當って、これらを大いに參考にしていたようである。このことは、兩氏が自ら次のように記述していることからも知れるところがある。

「國朝任孫諸家、采輯古籍所引蒼頡篇、所得皆單字、罕有成文句者、此雖僅存四十言、然均文句相屬、恨任孫諸家不得見也。[29]」

文中の「任孫」は、言うまでもなく『蒼頡篇』の佚文を采輯し續輯した孫星衍、及び任大椿兩氏のことである。「この文は新出のものを先學の任孫諸家が見ることができなかったことが惜しまれる」との文であるが、羅・王兩氏はそれら諸先學の提説にはよく眼を光らせていたわけである。『蒼頡篇』「四字爲句」、及び「以〝蒼頡〟兩字名篇」の論は、上述のように羅、王が初めて提示したものではなかった。

ところで、『蒼頡篇』の佚亡時期についても、王氏の説が誤解されることが見られる。このことについても附記しておくことにしたい。先ず「『蒼頡篇』的初步研究」の文を記そう。

「過去、有人認爲『蒼頡篇』的亡佚在隋唐、這個看法不一定正確…」

胡平生胡氏らはこの文の注記中で、王國維の『重輯蒼頡篇・敍錄』を引用し、

「『訓纂』先亡、至隋而『蒼頡篇』亦亡…[30]」

と記している。しかしこれは事實とは異なる。王國維は、その著『重輯蒼頡篇敍錄』中では、次のように述べている

のである。

「…訓纂先亡、至隋而蒼頡故亦亡…」

すなわち、王國維が言ったのは『蒼頡篇』ではなく、『漢書』「藝文志」で載録される

「杜林　蒼頡故　一篇」（加點は筆者）

のことである。このことは要注意であろう。(31)

語句、釋文等に關することは、別項に記すことにするが、阜陽雙古堆一號漢墓から出土した五四一字に上る『蒼頡篇』の文字を含めて、二十世紀初頭以來、今日までに發見された延べ千字近くになる『蒼頡篇』殘簡の中には、同一部分を記す簡も複數確認されている。これらの漢簡は、誤寫の實態や異文の流布等を證し、缺字を補充させ、原文の復元を進める重要な素材となっている。例えば、阜陽漢簡C058簡「庫店」の右側に「广」のみが殘存していたが、居延漢簡282.1に「仛堂庫府」の簡があるため、これによって阜陽漢簡が「庫府」と記したものであることがわかり、このものと部首を同じくして、内容上部品貯藏保管の建造物を示す語を含むC035の句「□廥廐、囷窌廩倉、秉橙參斗、升半實當」に連なることが考證され、原文の一部が復元されるに及んでいる。(32)

敦煌漢簡『蒼頡篇』　—　玉門花海　嘉峪關市文物保管所　一九七七年〈三點〉〔Ⅰ圖⑤〕

以下の三簡は、一九七七年に嘉峪關市文物保管所の關係者が、敦煌地區玉門市花海柴墩子南墩（Y29・T44b）烽燧遺跡に於いて採集した百點ほど（この内に無字簡は十二點）の漢簡から檢出したものである。(33)

1．蒼頡作書、以教後嗣。幼子承調、謹愼敬戒。勉力諷（1459A）

書夜勿置。務成史、計會辯治。超等〈以下空白〉（1459B）

2．蒼頡作書、以教後嗣。幼子承詔、謹愼敬戒。勉力諷誦、（1460A）
書夜勿置。苟務成史、計會辯治。超等〈以下空白〉（1460B）

3．蒼頡作書、以教後嗣。幼子承詔、謹愼敬戒。勉力諷誦、晝夜（1461A）
勿置。苟勉成史、計會辯治。超等〈以下空白〉（1461B）

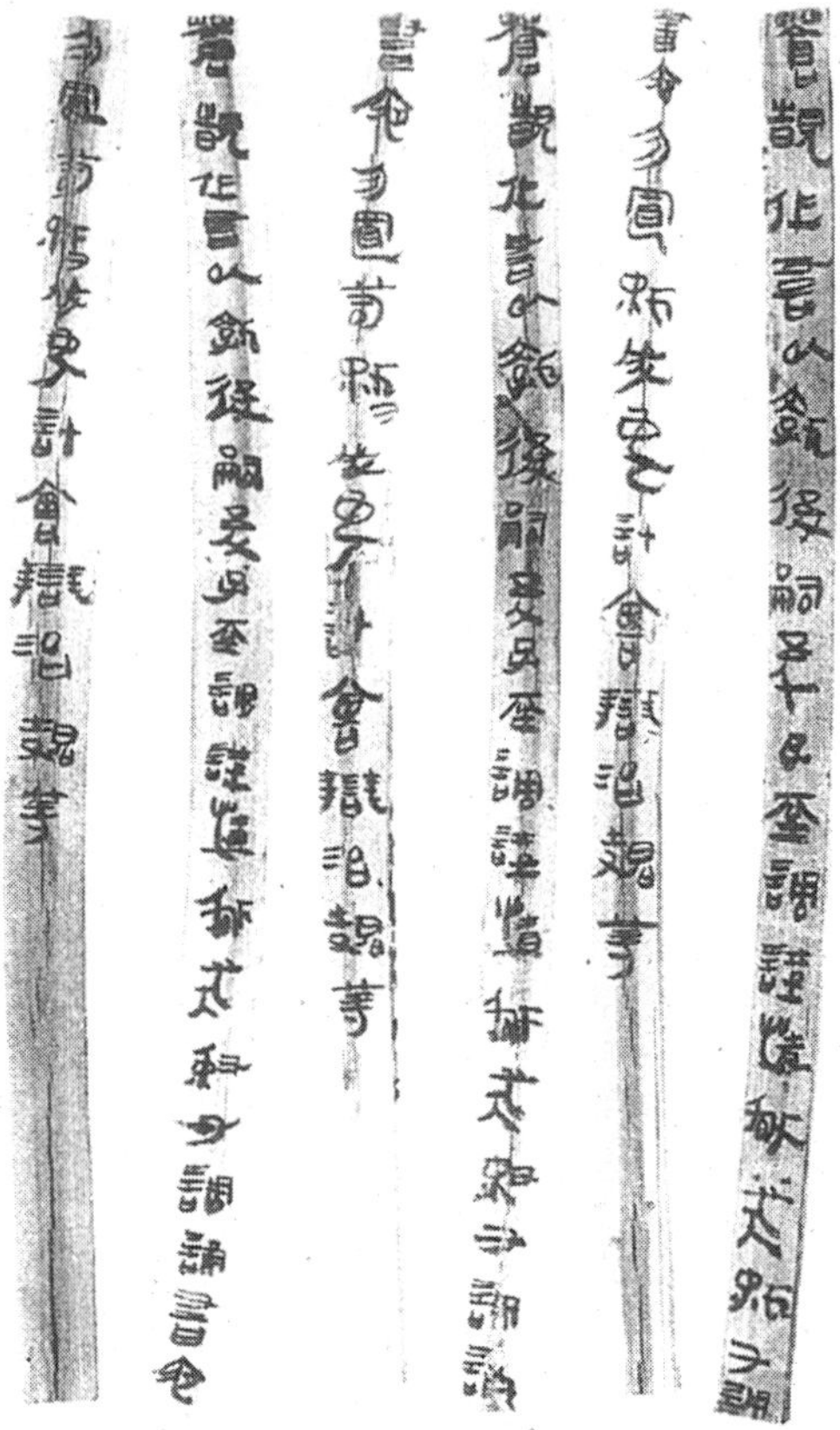

1461AB　1460AB　1459AB

Ⅰ　圖⑤　『蒼頡篇』（敦煌漢簡・玉門花海出土）

この三點の『蒼頡篇』簡は、書體などから同一人物により書寫されたものと見られる。『蒼頡篇』の第一章の内容を書寫したものである。何れもが簡の表裏に『蒼頡篇』第一章の前八句と次の第九句の前二字目「超等」までを書寫するのみで、以下を略している。1459Aは、末尾に斷缺があり、「諷」字の下部が幾分缺けていて、その下接の文字「誦」を缺き、計十九字。1459Bは、「置」の下接字「苟」を脱して、計十三字。1460Aは二十字、1460Bは十四字、1461Aは二十二字、1461Bは十二字と幾分文字數を違えてはいるが、ほぼ二十字が一簡の分量のようで、習書のため第九句の全文を書くことを意識していなかったように見られる。これらの文字は、すべて波勢を矯めながら、篆體を意識しつつ、文字を寫し習うかのように記されている。また「書」字については、縦畫を記さず、他の文字は、秦代より、漢代にかけての隷書體に近似する筆態をもちつつ、「頡」「教」「史」「子」、及び「口」部などを小篆の形になぞろうとしている幼稚さが見られる。こうした文字を一枚の簡の表裏に字を續け書きするということは、これが編簡でないこと、すなわち一册の著作を寫そうとして殘されたものでないことを證している。摸本を習書したものなのであろう。

敦煌漢簡『蒼頡篇』　―　馬圈灣烽燧　甘肅省文物工作隊　一九七九年〈二點〉

以下の二點は共に一九七九年に敦煌市馬圈灣烽燧遺跡（D21）から出土したものである。

1．出尤別　▨（249B）

2．・蒼頡作書、以教後嗣。幼子承詔、謹愼〈以下空白〉（844）

1（249B）は、僅かに「出尤別▨」の三文字が殘るものであるが、このものに先立ち一九七四年に出土していた居延新簡にも、1と同文の「…出尤別異」（EPT50：1A）の字句が見られる。このため、敦249B簡が『蒼頡篇』であることが判明する。既出簡の文字との校合によって、新出簡の原據の割り出しも可能となる場合もある。

2（844）は、『蒼頡篇』の冒頭部を習書したものと見られる。書寫は「愼」字で終わっている。「幼」字の書態は隸書の遠源の篆意を引きずるようである。

尼雅漢簡『蒼頡篇』　―　漢精絶故址　中國尼雅考察隊　一九九三年〈一點〉

この殘簡は、寫眞圖版や釋文を載せて正式に報告されてはいないが、林永建氏等が著述した『夢幻尼雅』[34]に「夢斷廢墟・文物」にスナップ寫眞として掲載されている。寫眞には二本の斷簡が寫されているが、このものはそのうちの短寸のものである（採取時の寫眞上では文字は不分明）。林氏等は採取したこの木簡について、内容、出土地、出土時間等に關することは特に説明をしておらず、ただ「斯坦因之後首次發現的漢文木簡」と記すのみである。ただし、掲出寫眞の下部に「93、9、11」との期日が寫し出されているので、もしこれが撮影の期日とするならば、この斷簡は九三年の秋の出土品であることとなる。このことは、王炳華氏が二〇〇三年四月に出版した『精絶春秋』（古代文明探索之旅叢書　浙江文藝出版社）「精絶王國面面觀」の「漢文、佉盧文中的精絶社會」中でも、一九九三年尼雅考古調査中に發見したものであることを記している。林氏らの『夢幻尼雅』所掲の寫眞からは十三個の文字がわずかに見える程度であるが、のちに王樾氏が、この斷簡の文字を下記のように判讀し、『蒼頡篇』の句を書寫したものであることを同定した[35]。

「　谿谷阪險、丘陵故舊、長緩肆延、渙□〼」　〔Ⅰ圖⑥〕

I　圖⑥　『蒼頡篇』
（尼雅出土・新疆文物考古研究所藏）

王樾氏は、論文中で、自ら新疆文物考古研究所に於いて、擴大鏡で確認した原簡の文字のことを述べ、尼雅（漢精絶故址）から出土した殘簡に、阜陽漢簡（C008簡）と同様な内容を示す上記の十三文字（末尾の「渙」字のみが阜陽漢簡では確認されない）があり、「渙」字下部に一筆の殘畫があること、また、背面上端に墨痕きわめて淡い細線の三文字「亼仝人」のようなものがあることを確認したと記している。因みに、この簡の出土地は尼雅西北區のスタイン編號N14のところ、すなわち漢代の精絶故址という。なお、本簡の寫眞については、王炳華氏著の『精絶春秋』中にも載出している。筆者は、新疆文物考古研究所での漢簡の實査ののち、王炳華氏のご配慮を得て、王樾氏から本簡の寫眞を賜った。

第四節　秦漢代『蒼頡篇』殘簡の考釋

一　『蒼頡篇』第一章の論考

ここで既發見の木竹簡中に確認される『蒼頡篇』遺文の冒頭部（第一章）にかかわるものを抽出して小攷を試みることにしたい。

現在、一五二點に上る『蒼頡篇』遺文の殘簡は、大小長短さまざまなものがあり、一文字にも滿たない剥片も多數含まれているが、篇の冒頭部の文字を殘すものは、劈頭句の一、二字や數句目の文字の一、二を記すものなどもあるものの、概して他部のものに比べ長文のものが多い。これらは文章の前部を繰り返し學ぶ確率の高い諷誦、口訣、手寫の修習の實態を反映するのであろう。この部位の殘簡の中で、文字數の少ないものは下記（本章 第四節 三「『蒼頡篇』習字簡」參照）で擧例したもののほかに居延漢簡97・8や、敦煌漢簡**249B**などがあり、これについで居延漢簡85・21、185・20などが存在している。また文字數のやや多く殘るものには、簡の表裏にわたって文字を記す敦煌漢簡**1459AB**、**1460AB**、**1461AB**などがあり、その最長のものには五十九の文字が數えられる。いま、これら二十數點の遺品のうち、冒頭章の文意を知るために、比較的文字數の多いものを例擧しておくことにする。

蒼頡作書、以教後嗣、幼子承昭、謹愼敬戒、勉力風誦、晝夜勿置、苟務成史、計會辨治超等軼羣、出尤別異（居新EPT50：1A）

初雖勞苦、卒必有意　愨愿忠信、微密倓言、言賞賞（居新EPT50：1B）

蒼頡作書、以教後嗣。幼子承調、謹愼敬戒。勉力諷（1459A）

晝夜勿置。務成史、計會辯治。超等（1459B）

蒼頡作書、以教後嗣。幼子承調、謹愼敬戒。勉力諷誦、（1460A）

晝夜勿置。苟務成史、計會辯治。超等（1460B）

蒼頡作書、以教後嗣。幼子承詔、謹愼敬戒。勉力諷誦、晝夜（1461A）
勿置。苟勉成史、計會辯治。超等（1461B）

これらのもののうち、書寫年代の推定可能なもので、最も古い時期のものと見られるものは、篆體を意識した字形をとる玉門花海漢代烽燧遺址（採方）出土の三簡である。同址出土紀年簡に、漢昭帝元平元年（BC.74）のものがあることから、これらの簡は西漢中期に至る前のものである可能性が高く、現在、文帝期のものと考定される阜陽竹簡（前章部は發見されていない）につぐものとなっている。破城子甲渠候官遺跡（EPT50 採方）の出土の竹簡は、ややくずれた八分體で速書きされた遺文で、同處より神爵三年（BC.59）から綏和元年（BC.8）に、及び紀年簡が出土していたため、西漢中期以降、王莽地皇三年（22）に至る間のものと見られる馬圈灣所出のものと共に阜陽簡、玉門簡につぐ時代のものと見られる。西漢初から新代に及ぶ數十年の間に書かれたものと推定される各簡の文字は、一部に文字の異なりを見せるものの、古舊それぞれのものは基本的に變わりなく、四字句でほぼ等しい文字をつらねている。

さて、『蒼頡篇』の第一章は居延新簡 **EPT50：1A**、**1B** によって、第一句から第十四句までと、第十五句目の一文字の計五十七文字（重複の二字を除く）が確認される。『漢書』「藝文志」の記述によれば、元來七章であった『蒼頡篇』と六章の『爰歷篇』、及び七章の『博學篇』が、漢初に閭里の書師によって合編され、六十字をもって一章とした五十五章の『蒼頡篇』に改められたとされているので、この五十七文字は、この漢初のものの第一章のほぼ全文に近い數ということになる。これらは四字一句で、基本的に偶數句押韻の諷誦に便な韻文とされている。胡平生氏は「漢簡『蒼頡篇』新資料的研究」（貳『蒼頡篇』首章研究）でこの一章を論じて、秦代韻文の通常の形である三句一韻の形が變えられたものと推斷している。秦代の韻文は始皇帝二十八年所立の嶧山刻石、泰山刻石をはじめとした六刻石などがあり、途中換韻をするものの、その何れもが基本的に三句一韻の形をもっているためである。第一章の第十四句末字が「言」であり、この文字が誤寫でないとするならば一三、一四句を一まとまりとした韻文の枠が外れることになり、餘剰十五句を含めて章末の三句が一節となり、その末に韻字を置き韻文を構成することが推考されるが、胡氏は二句ごとの押韻に破綻のあることを指摘し（第八、九句は各句に韻字を置くと説く）13、14、15句をならべ末尾で押韻すると次のようにのべている。

「末尾三句只有最後一句入韻、在『蒼頡篇』裏這是有代表性的…」

秦本の『蒼頡篇』の形を襲う部位とも推論しているのであるが、さらに、漢初の原文が三句一韻でなく、これを改編する時に押韻のため、現在の形にされた可能性もある旨をも記している。初章を記す各簡の文字の違いは、

「承調」「調（諷）誦」「苟勉」「辯治」（玉門花海出土簡）

「承詔」（馬圏灣發見簡）

「承昭」「風誦」「苟務」「辯治」（破城子甲渠候官遺跡出土簡）

とされるところがある。これらは主として諷誦、習書時の無意識の別字流用や錯誤によるものと思われるが、この「苟務」「苟勉」が習書者の隨意の變容でないならば、「勉力」の「勉」字とも累なる「苟勉」の語を用いる原態が重出字を避け、流麗さを求める表現意識のもとに「苟務」と改ためられたようにも思われる。『漢書』「藝文志」によると、西漢の揚雄が『蒼頡篇』中の重複字を易えて、『蒼頡訓纂篇』を作ったということなどがあるので、この「勉」「務」の違いもこの種の事情によるものと推考されるところがある。

李斯所撰の原文がどのようであったかは、正確なところは知り得ないが、漢初には韻文の形を整える上からも、用字用韻を揃える上からも、かなりの改編があったと見られるわけである。秦本を繼承した『蒼頡篇』の實態はどのようであるか、次に第一章の各句に見られる語彙について、類似の用例を確認しつつ、その概要を把握することとした

い。

古舊の著作は、もともと篇題がなく冒頭部の語を假に用いて、その篇題とするものが多い。この『蒼頡篇』も同時期に作られたとされる『爰歴篇』等と共に、この部類のものとなっている。

先ず『蒼頡篇』の第一句を見ることとしたい。この第一句は、文字創製の聖人蒼頡の傳説を下地に据え、新成なった秦大帝國の文化施策の一つ、書同文字の宣言を含めて、文字流通識字教化を述べるところと見られる。蒼頡の傳説については、前章にも記した通り、この篇章を撰述した李斯が、師事した荀卿の著論中に、

「故導之以理、養之以清、物莫之傾、則足以定是非、決嫌疑矣。…好書者衆矣、而倉頡獨傳者壹也。」（『荀子』巻十五「解蔽」）

と見えるのが早い例であり、このことが初句の内容の相似性として注目される。「蒼頡」（倉頡とも記す）に關する記事は、このほかに、『呂氏春秋』「審分覽」第五「君守」篇や『鶡冠子』「近迭」第七、同「王鈇」第九、また『淮南子』巻八「本經訓」、巻十九「修務訓」、巻二十「泰族訓」等にも多少のものが記されているが、これらはすべて『荀子』にかかわるもののように見られるからである。因みに、ここでこれらのものを記しておくことにする。

「奚仲作車、蒼頡作書、…此六人者、所以當矣、然而非主道者。」（『呂氏春秋』「審分覽」第五「君守」）

「蒼頡作法、書從甲子、成史李官、蒼頡不道。然非蒼頡、文墨不起」（『鶡冠子』「近迭」第七）

「不待士史、蒼頡作書、故後世莫能云其咎、未聞不與道德究、而能以爲善者也。」（『鶡冠子』「王鈇」第九）

「古者倉頡之作書也、自營者謂之私、背私謂之公。公私之相背也、乃倉頡固以知之矣。」（『韓非子』「五蠹篇」）

「昔者蒼頡作書、而天雨粟、鬼夜哭、…能愈々多、而德愈薄矣。」（『淮南子』巻八「本經訓」）

「昔者蒼頡作書、容成造曆、…此六人者、皆有神明之道、聖智之迹。故人作事而遺後世。非能一人而獨兼有之、

各悉其知、貴其所欲達、遂爲天下備。…」（『淮南子』卷十九「修務訓」）

「蒼頡之初作書、以辯治百官、領理萬事、愚者得以不忘、智者得以志遠・至其衰也、爲奸刻僞書、以解有罪、以殺不辜…」（『淮南子』卷二十　泰族訓）

上引の文を通覽すると、「公」「私」文字を解說した『淮南子』の文を除き、その何れもが、「一道を選んで、心を專一にして勉めた結果、すべての物事を治める道に通じ得て、自らが述べずとも後の世への輝きを遺している」と言った內容を潛在させて、現實的世界を評し、理想の場への導きをつけていることが知られる。『呂氏春秋』「君守」と『淮南子』「修務訓」の內容は、文化創造者の類例をあげ說く表現上から、『荀子』「解蔽」の文章と同質のもののようであり、『鶡冠子』の二文も、一道に專念する功、「知者擇一而壹焉」の實質を說く『荀子』の文と密接するかかわりのあるものであることが推測される。これらの一連のものは、『荀子』の思想に深く脈絡していた文言と言えそうであり、「蒼頡」、及び「蒼頡作書」（作法も同意）の語の背景には、解蔽修務の一事を專一にすることへの勸奬の內容が含まれるように見える。荀子から直接の薫陶を受けた李斯が、自撰著の冒頭に「蒼頡」の語を据えたことは、荀子由來のこの「壹」の思想を具體化した事實を證すように思われる。李斯自身は己を蒼頡そのものに擬えるところもあったのではあるまいか。次に二句以下の語辭を順次小攷してみたい。

【後嗣】

『尙書』「同君」「君奭」に見えるように「後嗣子孫」の意。この「後嗣」の語については『史記』卷五「秦本紀」、卷六「秦始皇本紀」に用例が多出し、その他、魯、楚、趙等の世家の文中にも語例が見える。この中で殊に「秦始皇本紀」に記されるものが注意される。

「…貴賤分明、男女禮順、愼遵職事。昭隔内外、靡不清淨、施于後嗣。化及無窮、遵奉遺詔、永承重戒。」（始皇二十六年　泰山刻石銘文）

「常職既定、後嗣循業、長承聖治」（始皇二十九年　之罘刻石銘文）

「皇帝曰、金石刻盡始皇帝所爲也。今襲號而金石刻辭不稱始皇帝。其於久遠也、如後嗣爲之者、不稱成功盛德。丞相臣斯、臣去疾、御史大夫臣德昧死言、臣請具刻詔書金石刻、因明白矣。臣昧死請。制曰、可。」（二世元年刻石銘文）

當時、臣民の後代、子孫と共に、始皇帝の後繼としての後嗣が、きわめて強く意識されていたことがこれらからも知られる。秦代の遺文の實例、兩詔權銘によれば、元年の制詔の文は、上記二世刻石銘文とほぼ同文であるが、次のようであり、ここにも「後嗣」の語が刻まれている。『蒼頡篇』撰者李斯の脳裏には、これら兩樣の語義がからみあっていたようにも思われる。

「元年制詔、丞相斯去疾、法度量、盡始皇帝爲之、皆有刻辭焉。今襲號而刻辭不稱始皇帝、其於久遠也、如後嗣爲之者、不稱成功盛德、刻此詔。故刻左使毋疑。」（『秦漢金文錄』36　兩詔權銘文　二世制詔）

【幼子】

段玉裁が『説文解字注』で説くような胡亥卽位事と解すものと共に、王筠らが述べるような學僮承師之教告と見る見方があるが[36]、「後嗣」の語義中に、二世皇帝の影がちらつくとすれば、これもまたその影を負うことにもなろう。しかし、本章中の各語から總じて見れば、後嗣、幼子の語は、子孫、幼僮を言う語であり、表面的には胡亥の影を滅殺して理解するのが妥當のように思われる。「詔」は、『戰國策』巻二十九「燕策一」に「燕王曰…今主君幸教詔之、合從以安燕…」とあり、『呂氏春秋』巻二十一「開春論」第一「賢察」に「勞首足、煩教詔、雖治猶未至也。」（この類同文が『韓詩外傳』巻二、『説苑』巻七「政理」にも見られる）とあるように「教」と同義であり、「教」字を重出させぬため、この二文字を用いたようでもある。「詔」字の表面上には、帝詔の意はないように見える。因みに附記すると、皇帝の詔敕を奉承し…の意の語例は、『史記』巻十「孝文本紀」に「大尉身率襄平侯通持節承詔入北軍」などがある。「詔」字を「調」と記す簡もあるが、この「調」字は、胡氏のように「同音相同而已」[37]と見るより、「調訓」（『史記』巻五「秦本紀」「乃妻之姚姓之玉女大費拜受、佐舜調訓鳥獸、鳥獸多馴服」）或いは「調習」（居延新簡 1530EPT43：79）「□□居延發騎馬調習者備缺頭死罪敢言之」などの「調」意に等しいものとした方がよいように思われる。

【成史】

この語は「史と成る」と讀むべきではないであろう。「成」は『周禮』「天官」「司會」の「以參王政曰成」などの「成」字の賈疏にある如く「一日之成、一日之中計算文書也」であり、『禮記』「王制」の「司會以歲之成、質於天子」の鄭注「成計要也」を内容とし、同「史以獄成告於正」の鄭注「史、司寇吏也」とある史官と合した語と見られる。『鶡冠子』巻上「近迭」第七に見える「成史李官」のことで、文書、計會を扱う獄官、法官を指すものであろう。從ってこの職事に懸命につとめるというのが、「苟務成史」の意と理解される。なお、『鶡冠子』中の「成史李官」の語は先述したように、蒼頡の語と共に綴られるものであることに注意を拂いたい。

【計會】

『戰國策』巻十一「齊策四」「齊人有馮諼者」に下記の如くある。

「後孟嘗君出記、問門下諸客、誰習計會、能爲文收責於薛者乎？」（『周禮』「司會」注、大計也。小宰要會注、計最之簿書、月計曰要、歳計曰會。）

【辨治】

この語は、『荀子』巻第十八「成相」篇、及び巻第十五「解蔽」篇に次の如く見える。

「堯舜尙賢身解讓、…以爲民、氾利愛德施均、辯治上下、貴賤有等明君臣。」

「若天非分是非、非治曲直、非辨治亂、非治人道…」

また、『史記』巻一百四「田叔列傳」中の任安の對語にも、『荀子』と同様な表現がある。

「…夫決嫌疑、定是非、辯治官、使百姓無怨心、安不及仁也。」

の表現がある。なお、『淮南子』巻二十「泰族訓」には、『蒼頡篇』の同根のものから成ったかとも思われる「…蒼頡之初作書、以辯治百官、領理萬事、愚者得以不忘、智者得以志遠」の文も見られる。

【超等軼羣】

この句は、秀れることを示す。「等」は等儔、「羣」は羣輩。『文選』巻三十五所載「漢武帝　詔」中の「異等」の應劭注に「越等軼群、不與凡同也。」の句がある。

【出尤別異】

「尤」は、『説文解字』に「尤、異也、从乙又聲。」とある。『漢書』巻八「宣帝紀」の「潁川太守黄覇、以治行尤異」とあるような「尤異」を分斷して句としたものと思われる。「超等軼羣」と同意であろう。『荀子』巻第十四「樂論」に、

「且樂也者、和之不可變者也。禮也者、禮之不可易者也。樂合同、禮別異、禮樂之統、管守人心矣。……」

とある「別異」とは内容を異にしよう。

【有意】

胡平生氏は「意」字について、二つの可能性をあげている。『急就篇』第一章に「勉力務之必有喜」とあることから、この「意」が「喜」の訛化字である可能性が考えられること、及び『漢書』「高帝紀」に「其有意稱明德者」とあり、朱駿聲が『説文通訓定聲』で説くように懿、意は雙聲で假借字であるとも考えられることを述べている[38]。前句「初雖勞苦」を受けて、「卒必有」と綴る内容からすれば、文字の訛寫と見た方がよいように思われる。

【愨愿】

『管子』『説苑』に次例がある。

「如此、則愨愿之人失其職、而廉潔之吏失其治」（『管子』巻二十一「明法解第六十七」）

「夫弓矢和調而後求其中焉、馬愨愿順、然後求其良材焉・;人必忠信重厚、然後求其知能焉。」（『説苑』巻八「尊賢」）

なお、睡虎地秦簡中の「爲吏之道」の文に、「凡爲吏之道、必清潔正直、謹愼堅固」「寬俗（容）忠義」「吏有五善、一曰中（忠）信敬上、二曰精（清）廉毋謗…」の文がある。吏人としての心得を綴るこの文は、『蒼頡篇』に記

される内容と重なるところがある。

【微密】

この語は、戰國時代より多用されたもののようで次の例が見られる。

「明主者、兼聽獨斷。」（『管子』巻第二十一「明法解」）

「獨斷者、微密之營壘也。」（『管子』巻第九「霸言篇」）

「審悉毋私、微密韱察。」（『睡虎地秦簡』「爲吏之道」）

『鶡冠子』巻上「天則第四」の冒頭に、

「聖王者、有聽微決疑之道、能屛讒權實、逆注辭、絕流語、去無用、杜絕朋黨之門…」

とあるように、當時明主たるものに求められたものと同質のものがそのもとの臣吏にも要められていることがわかる。

【倓言】

『說文解字』に「倓、安也、从人炎聲、讀若談。㑁、倓或从剡。」とある。玄應『一切經音義』巻第九『大智度論』第十巻「倓然」條に、「蒼頡曰、倓恬也。說文、倓安也。」（同音義巻第十六『大愛道比丘尼經』巻上にも「倓然」條が見られる）と說かれることからすれば、この文字を「談」とする胡氏の說は補正する餘地がある。單なる通假字ではないと思われる。『荀子』巻第三「仲尼」に「倓然見管仲之能、足以託國也、是天下之大知也」とあるように、心しずかなさまを「倓」というのであり、『睡虎地秦簡』「爲吏之道」の文中の「微察韱察、安靜毋苛、審當賞罰」

とある「安靜」の意を示すものと見られる。なお、この「倓言」の後接字は「賞」であるが、「爲吏之道」の如き語が續いていた可能性が高い。

二　『蒼頡篇』第五章等の論考

『蒼頡篇』第一章以外のまとまりのある章句は、主として阜陽漢簡、居延漢簡中に見られる。これらのものは、より古い篆隷間の書體で書かれた阜陽簡の字句と、より新しい八分、草隸、章草の書體で記された居延漢簡の字句があり、その字句には、同一の部分もあるが、異なりのあるものもあり、漢初以來、改編が行われた章句の一面が傳えられるようである。現在それらのものの歸屬する篇章については、章序が分明に記される木觚上の辭句をもとに、檢討が進められているが、元來の李斯撰の七章の『蒼頡篇』が、漢初に趙高作の『爰歷篇』六章と胡母敬作の『博學篇』七章に合編され（この時六〇字を一章とし、凡五五章）篇題を冒頭のものをとって『蒼頡篇』としていることが傳わっている（『漢書』「藝文志」小學）上、その後、揚雄が重複字を除き、『蒼頡訓纂篇』一篇八十九章を、また、これについで班固が十三章を作っているなどがあり、また民間には口傳する者もあったようであるため、何れの時の本文であったかはなかなか定め難い狀態が續いている。

胡平生氏の研究によれば、(39)現在確認される『蒼頡篇』の殘簡の文字は、概ね「之部」「魚部」「陽部」押韻をもつ句と押韻不明の殘缺があるとされ、三部に集中する押韻字は一篇一韻の實態を反映するもので、それぞれ漢初合編の『蒼頡篇』の「蒼頡」、「爰歷」、「博學」三篇の押韻に相當するのではないかとされている。表現される各書は字義と文字配列を基準に陳述式と羅列式の文型に分け、羅列式は句中の文字がすべて近似義か同義のもの、或いは近似または同類の二文字の組成をもって、上下に關連性をもたないものを並べて行くもの、また反義語を組み合わせたもの、及び同領域の類同文字を並べて事物を表わすものと四種に分類可能であるとされている。

また胡氏の論をさらに各簡のつらなりの上で追及した福田哲之氏によれば[40]、表現形態はⅠ陳述式形態、Ⅱ連文式形態、Ⅲ類義字羅列式形態の三つに分けられるとされ、表現内容を、Ⅰは冒頭に置かれたやや特殊なもので、ⅡはⅠ、Ⅱの中間的性質を有し、主題を設定して、用言を中心にして示した部分、Ⅲは體言を中心にして屬類を明示したものと説かれている。Ⅲの部類は二句八字を單位とする排列意圖をもち、末尾に押韻字を置くことから、排列の意義上の區切れがここに密接にかかわり、前接する句末部との連想的關連によって、語句を展開する手法が見出されるとされている。ⅡとⅠとの關連に於いてもこの姿が認められることを説く福田氏は、「重複字を排除しつつ、簡潔にして誦習に便であるという、學字書としての『蒼頡篇』の一面」を内容、構造上から鮮明にした上で、「多分野に亙る事物の分類體部分や、重層的な連文構造による訓詁的機能を反映した文字排列が認められ、『蒼頡篇』は、後代の訓詁字書等に通底する、字書としての多様な萌芽的要素[41]」を指摘し、學字書を含む後代の字書に展開していく中での『蒼頡篇』の位置附け、檢討の必要性を强調している。因みに、福田氏の表現形態の分類に近似する解説は、清朝の陶方琦が記す「是倉頡舊書亦有部目、以類相從……」（「倉頡篇補本」『續修四庫全書』經部　小學類　所收）との文に見ることができる。

用韻と構文の分析は、『蒼頡篇』の實態を明かす有力な手がかりと思われるが、「毎章一韻到底」はともかく、「一篇一韻」であったのか否かについては、例えば、秦代の刻石文などの實例を見ても、内容の變化部に換韻をしている事實があることから、否定的條件も存在している。完全な原句が確認されない限りは、この問題は解決を見ないようである。

さて、ここでは、このような先學の研究の流れを踏まえた上で、第五章と確認される語句を中心に小述を試みておくことにしたい。

『居延漢簡甲乙編』所収の觚9.1ABCによれば、觚頭に「第五」の文字を記す第一面(A)には、波勢を抑えた方直、謹嚴な形をとり、磔部などに拔技を見せる文字で、五句二十字の本文が、ほぼ二字分の空隙を保ちながら書き繼がれ、その左側面(C)には、同じく五句二十字（一字空格か）が、またその右側面（Aの右側に當る）には同じく五句二十字（十三字のみ採字できる）が書き記されていたことが知られる。この觚上の文字は「第五」とあるように、篇書の第五章を記したものであり、『顏氏家訓』巻六「書證」篇中の「蒼頡篇李斯所造、而云、漢兼天下、海内並廁、豨黥韓覆、畔討滅殘。」の一句文によって、漢代に流布した『蒼頡篇』中の第五章にあたるものであることが分かる。この觚面の遺文は、居延地區のA28察汗多可で發掘されたもので、他に紀年簡を見なかったため、その書寫年代の正確な推定は不可能であるが、その書態から前漢初期には遡り得ないものと見られ、漢初以來の篇文合訂を經たのちのある時期の句文が課本用として書かれたものと推定することができる。この觚面の文字は、その後、阜陽漢墓から出土した竹簡の遺文にも該當するところが見出され、書寫年代の新舊のもとに、字句に異同があることがわかった。居延出土の觚面の遺文については、既に記してあるが、阜陽簡と併記してみることにしたい。

(居) 第五　戔表書揷、顚顯重該、已起臣僕、發傳約載、趣遽觀望（9.1A）
(阜) 　　　　　　　　　　已起臣僕、發傳約載、趣遽觀望

(居) 行步駕服、逋逃隱匿、往來□□、漢兼天下、海内并廁（9.1C）
(阜) 行步駕服、逋逃隱匿、（C001）　□兼天下、海内并廁

（居）　□□□類、菹盇離異、戎翟給賨、但致貢諾（9.1B）

（阜）　飭端修灋、變仁（C002）

これらを見ると、斷缺している部分はともかく、居延觚書の第三面（9.1B）の二句に大きな異なりが確認される。阜陽簡は發掘された遺物より、文帝期のものと考定され、C010の「爰歷次貤…」簡が含まれることから、漢初の閭里書師の改編を經た秦本由來のものであると推考される。居延觚書はこれがさらに改訂されたものであることは疑い得ない。阜陽簡に見られる「□兼天下」の第一字は殘畫の存在が辛うじて見られる程度で何れの文字か不明であるが、元來、李斯が撰述した折にあったと想像される「秦」字、或いは「初」字（泰山刻石銘）、或いは「闡」字（東觀刻石銘）を「漢」に改めている個所とも見られる。というのも「飭端修灋」といった句に秦始皇の避諱を推察しても、已に漢代文帝期に至った時代に、識字字書の書冊として殊に「秦」字を置く理由を見出し難いからである〔I 圖⑦參照〕。

ところで、居延遺文の第五章については、各面二十字ずつ計六十字が存在することが確認されるので、既述、第一章と等しく、六十字をもって一章とする形式の中で、四字句二句一韻の形を踏みつつ、餘剩の出る最末尾部を三句一韻の押韻方式としていることが知られる。因みに、第一章、及び第五章の押韻部を董同龢の復原する上古音(42)にもとづき併記しておくことにする。

第一章

句順	文字	部（陰陽・開合）	復原音	聲調
2	嗣	之（陰聲・開口）	ziəg	去
4	戒	之（陰聲・開口）	kəg	去
6	置	之（陰聲・開口）	tiəg	去

句順	文字	部		復原音	聲調
7	(史)	之	(陰聲・開口)	səg	去
8	治	之	(陰聲・開口)	d'iəg	去
10	異	之	(陰聲・開口)	diəg	去
12	意	之	(陰聲・開口)	·iəg	去
14	言	元	(陰聲・開口)	iăn	去
15	□				

第五章

句順	文字	部		復原音	聲調
2	該	之	(陰聲・開合)	kəg	平
4	載	之	(陰聲・開口)	tsəg	平
6	服	之	(入聲・合口)	b'iwək	入
7	(匿)	之	(入聲・開口)	niək	入
8	□				
10	廁	之	(陰聲・開口)	ts'əg	去
12	異	之	(陰聲・開口)	diăg	去
14	諾	魚	(入聲・開口)	nak	入
15	□				

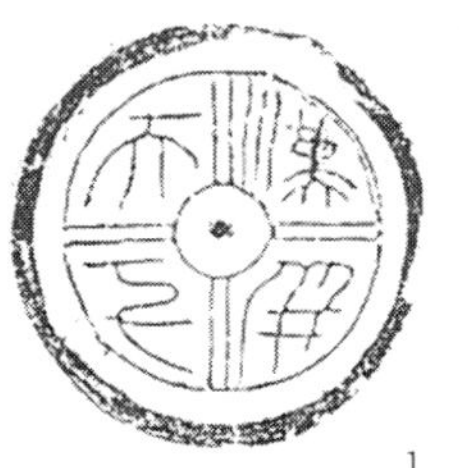

1

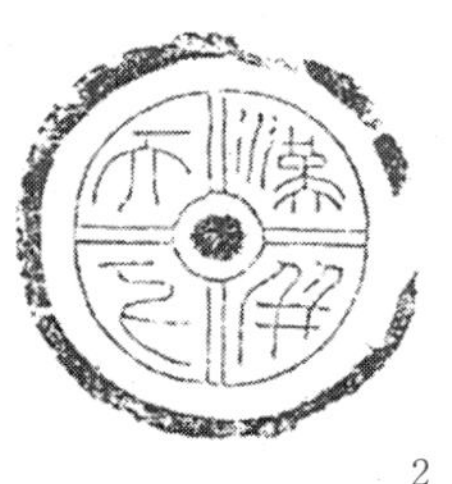

2

Ｉ 圖⑦ 「漢并天下」銘文瓦當拓影
(西安漢長安城遺跡出土)

これを見れば、ほぼ偶數句末に韻字があり、初、二句から十二句までにほぼ二句ごとに韻字を置き通押する形があって、章末近くの第十四句末尾字は何れも押韻から外される形となっていることが知られる。最末句は共に缺失しているが、おそらくは押韻字が末尾に据えられていたと思われる。この末尾三句が一團となり、內容上も第一章が史官の道德、倫理と賞罰を說き、第五章が吏官のかかわる刑政や化外の民の來賓、貢諾とその對應を示すものと見られる。このように、おそらく漢代傳習の「三蒼」中の『蒼頡篇』に關しては、他の章も二句一韻を基本にして、末尾を三句一韻として句形を誦習しやすく整えていたように推想されるのである。居延遺文は、語句の對應から、漢初の形式を襲うものと見られるが、各章を通した構文と用韻の實態は、竹簡の斷缺に災いされ、一部分しか判明しないのが現狀である。第一章では、七句目末にも同韻字が置かれているが、第五章でもこの七句目には同部韻字が置かれており、これも偶然の一致とは見えない所がある。第五章の三句目末も音の同じ字を置くが、これをはさむ前後句の末尾の文字が、韻字と聲調を異にするので、通押を意圖してのものではないように見られる。七句目末が兩章とも同韻字にされている上、この部位でならべて來た韻字の聲調が變わることが注意され、やはりこの七、八句は、諷誦の調べの變化、及び文意の變換を導くためのもののように觀察される。この他の章句の十全なものは現在確認されないが、同群の類字を並べ綴る別章でもこのような調韻の工夫はあったものと想像される。

さて、これらの遺文の各句については、同義語や類性語を重ねた二文字を連ねる句や、述語と目的語を疊み、主語、述語を綴る句等とさまざまであるが、その全體を見れば、第八句を境に上下に二分される內容をもち、その各々を四句（最末のみ三句）ごとに一まとまりにして表現する形がとられているようである。近似語を並べ陳述を進めながら、漢朝統治の中での吏の實務が記され、習字、修文が促されるようである。觀望、行步の吏の行動を示すのが前半で、漢興以後の嚴政下の胡族への對應、平撫を綴るのが後半と見られる。

　遺文中の「漢兼天下」「海内幷廁」の句は、統一帝國創立當時の統治宣言文で、「秦幷海内、兼諸侯」（『史記』「秦始皇本紀」）、「廿六年皇帝盡兼併天下」（秦始皇帝詔銘）や「初幷天下、罔不賓服」（泰山刻石銘）、「匡飭異俗、陵水經地」「人迹所至、無不臣者。」（琅邪臺刻石）、「咸服海内」（「秦始皇本紀」二世元年條）などを襲う表現であり、「漢幷天下」（陝西櫟陽出土瓦當文）、「海内皆臣」（出土塼文）等類似の句が當時の瓦塼銘文中にも頻見される(43)〔Ⅰ圖⑧參照〕。また、遺文中の「逋逃」「隱匿」などは、秦律等に見える「逋」「亡」や田、戶、錢、財の「匿」「藏」など法治にかかわる用語と見られ、「菹⿱右皿」（卽ち「菹醢」）「離異」などは、「比干菹醢」（『楚辭』九章「涉江」）、「韓彭菹醢」（李陵「答蘇武書」）などに見える「菹醢之誅」で、漢の「刑法志」にも見える「皆先黥、劓、斬左右止、笞殺之、梟其首、菹其骨肉於市」(44)の肉體をばらばらにし晒し「醢」にする酷刑を指し、この嚴罰統治による海内安寧を説く段で、舊句の「飭端修灋」を具體表現化したところと見られる。

　また、「戎翟」の語は、『史記』「秦本紀」の「昔我繆公、自岐雍之閒、修德行武、東平晉亂、以河爲界、西霸戎翟、廣地千里。…」の文中に見えてから、「秦始皇本紀」等に、「戎翟君公」「戎翟之俗」「戎翟親附」と記され、また『漢

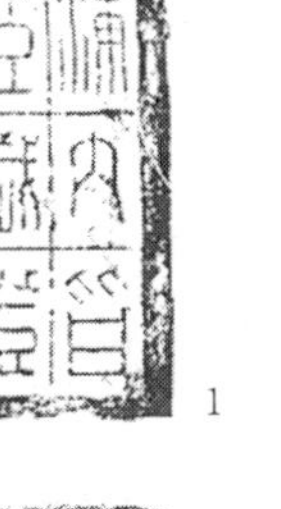
1

3

2

Ⅰ　圖⑧A　「海内皆/臣歲登成孰道/毋飢人」銘文塼影（西安漢長安城遺跡出土）

B　「海内皆/臣歲登成孰道/毋飢人」銘文塼殘缺（山西洪洞縣出土）

書』「匈奴列傳」上で、「後二十餘年、而戎翟至雒邑、…乃興師伐戎翟」などと秦漢の記事中に書かれるもので、强權統治と胡俗懷柔の政情を反映する語句と見られる。これらが當時の識字の素材とされるところに、『蒼頡篇』の一面の特質を見てもよいと思われる。

『漢書』「刑法志」によれば、漢興後、高祖が初めて關に入り、法三章を約したところ、兆民は大いに悅んだが、その後、「四夷未附、兵革未息」で、法三章では不足するため、相國の蕭何が秦法をひろい取り律九章を作ったとされている。この律九章（九章之律）は、その後ほどなく修訂されるところもあったようで、その他通行していた律も含めて、半ば秦律の流れをひいた刑事、民事、經濟、行政、訴訟にわたる律令とされ、施行されていたと見られる。このことは湖北省江陵縣張家山247號墓漢から出土した「（呂后）二年律令」と題された竹簡によって確認されるものであるが[45]、漢初の不安定な政情と法治の實效をあげようとする動向のもとで、增廣、節略を經つつ律令は仔細に體系化されて行くかにも見られる。

さて、漢初の「四夷未附」の狀態からすれば、『蒼頡篇』第五章中の「四夷來附」「戎翟給賓」の句は、秦の統一時代の表現に重ねて、西漢時代半ばに至る頃の、匈奴の來降等の事態を述べるものとも見える[46]。

『蒼頡篇』の第五章は、第一章の勸學稱宣とは異なった學字者への知識附與、いわば歷史現實や法治實務を知得させる働きを持った極めて貴重な陳述句と言うことができる。なお、「飭端修灋」の語は、秦代の文言に「以矯端民心、去其邪避」「修法律令[47]」「匡飭異俗」（琅邪臺刻石）、「作正明法、臣下修飭」（泰山刻石）、と見られるような「法」「政」の思潮を背景にした語で、「端」字は「灋」字に對應されているため、始皇帝の名の「政」字と同意で用いられるものと判斷される。この「端」字に關しては、始皇帝嬴政の避諱との見方が大半を占めるが、例えば、名詞用例ではないが、『國語』卷十四「晉語」八に「端刑法、緝訓典」とあり、『吳越春秋』卷第四「闔閭內傳」に「端於守節、敦於禮義」とあり、正すという内容で用いる場合もある。また、李斯の二世皇帝への上表文に、「飾政教、脩甲兵」（『史記』巻八十七「李斯列傳」）とあり、當時に於いても「政」字を用いていることが知られるため、これを嬴政の避諱と速斷する必要もないように思われる。

阜陽簡の「飭端修灋」の後續句は、第一文字の全體と第二文字の偏のみが判讀されているが、上引の文例などからすれば、「變民習俗」（『睡虎地秦墓竹簡』「爲吏之道」）といった語であったのではなかろうか。

李斯原撰の『蒼頡篇』の改編作と見られる遺文は、第一章、第五章の句以外にさらにいくつかのものが發見されている。いま阜陽漢簡中のもののみを記してみると、次の通りである。

絕　冢亭棺匛　巴蜀筡竹　筐篋籢笥　厨宰籢豢　（C004）

□□俗　貇鬵吉忌　瘁瘛癰痤　疢痛遬欬　毒　（C007）

これらは隔句末に置かれた「之部韻」から、第一章、第五章と一連のものと見られるが、二句を單位として連想によって脈絡をもち、巴蜀の地　→竹の產出　→竹の製品、と續け、また、俗信　→吉忌　→病患　→　その因素、と同領域の文字を羅列して展開していく構文を取っている。「竹」冠の文字、「疒」垂の文字を纏まりの中に並べているので、習字者は、よりよく文字を記誦できたように思われる。こうした同類文字の陳列方式は、のちに、部首配列の字書を生む淵源ともなるようであるが、『說文解字』等は、この手法を合理的に文字解說の場で應用したものと言うことができる。この種の陳列方式の遺文は、漢代の『蒼頡篇』の一部となっていた、「魚部韻」押韻と見られる『爰歷篇』や、「陽部韻」押韻と推定される『博學篇』にも存在したようで、阜陽漢簡にはその殘片が相當數確認されている。また、人名の羅列と言った形ではあるが、ものを配列表現する文字學習課本の姿を持った習書木簡が發見されている。これは『蒼頡篇』の一類かと考察されている玉門花海烽燧遺跡出土の「曰書人名姓」の書き出しをもつ遺文である。このものはのちの史游撰『急就篇』の一部に酷似している。

三　『蒼頡篇』習字簡

現在確認される秦漢代の簡牘と見られる遺品の中には、明らかに『蒼頡篇』の内容と認められるものがあり、これ以外にも、他のものを書寫したもの、或いは文字を手習いする中で残された『蒼頡篇』關係の句文らしきものが見られる。例えば、

敢言之之林之之之之
龍勒長林丞禹叩頭死罪死
蒲書一封龍勒長之印　（敦1975A）
吐汜[不]□□（以以）　傳子
汜當叩頭死罪□
永　永　永　蒼　へ　頡　作　（敦1975B）

「☑□甲渠河北塞擧二⿺辶⿱夆心燔蒼頡作書」　（居新 EPT50：134A）〔Ⅰ圖⑨〕

EPT50.134A

Ⅰ圖⑨　習字簡
（居延新簡）

第一簡のB面は、「永」字の連書後に、『蒼頡篇』の冒頭を書いたと見られる「蒼〻頡作」の文字を習い書きしたものである。第二簡は、前半に烽燧にかかわる上申公文書の文言（これも習書かも知れない）を書き、これに續いて「蒼頡作書」と書いたものである。

これらの簡は、『蒼頡篇』そのものの語句を諷誦手寫して學習するというものではなく、例えば、年號の「永」字などを習いながら、また邊塞の勤務にかかわる文言を書きながら、ふと思いつく字書の句を書き記したと言ったもののように見える。これらは、必死に手本を書寫して、文字を覚え、書法を習い、手習いをするという場でないところでも『蒼頡篇』の字句が記されていたことを知らせる遺品である。『蒼頡篇』の句は、人口に膾炙し、手遊びのように書き記されていたこともあったようである。因みに、この二簡と同種の習書は、居延新簡EPT43：287の「[尤]別別別異」や『居延漢簡甲乙編』所收の183．11Bの如きもの、

「火蓬以火爲火火火奉火火光地伏地地再拜一拜伏請地奉以長長蒼頡」

と文書尺牘の語句表記の練習と共に「蒼頡」の字を記したものなどがある。

むすびに

以上、見て來たように、『蒼頡篇』の第一章、第五章は、現在、西漢文帝期に書寫されたと見られる章句以下、西

漢元帝期、また新代、或いは後漢代に及ぶ時代に修習されていた遺文が發見されている。前漢初期に閭里書師による本文の改編を經た章句は、しかし、李斯原著の面影を遙かに受け繼ぐものと推考されるところがある。四字句隔句押韻を施し、二句ひとまとまりの内容を連接し、四句、さらに八句で大きな内容の塊を作り、音調を轉じながら章句を構成する姿と、その用字、用語の中に、この章句の成った秦漢時代の各々の實状が浮かび上がるかにも見える。

丞相李斯が、名實ともに政治の表舞臺で活躍していた始皇帝末年から、二世皇帝の初年當時、强化されていたのは、「咸化廉清」「皆尊度軌」「和安敦勉」（會稽刻石銘）の「後嗣」育成の施策であった。法治身分社會の安定に向けて、法治、刑名を擔う、廉潔無私の官吏殊にその後代を養成するための識字教育が推進された。李斯は、「天下之行術、以事君則必通、以爲仁則必聖、立隆而毋二也、然然恭敬以先之、忠信以統之、謹愼以行之、端愨以守之、頓窮則從之、疾力以甲重之。」（『荀子』巻第三「仲尼」）、と荀子が擧示する行術の要の各々を識字習書の場にも及ぼしたように見られる。師荀子由來の思考をもって、これを行い、「書同文字」を具體化する『蒼頡篇』を撰述して、これを流布させたように見られる。當時、李斯と共に政治の中心に在った趙高も『爰歴篇』を作ったといい、胡母敬も『博學篇』を撰したというが、これら三篇の著作は李斯によって遂行される施策の一端として密接に連携をもって同時に作成宣布されていたように考えられる。その後、秦末、漢楚の興亡の時代となると文字は火急のものとはされなかったようであるが、漢が興り、社會安定を目指す政治が行われ出すと、識字教育が再びおこされ、『蒼頡篇』も時代の波を受けて、改編されることとなったと見られる。こうした『蒼頡篇』は、その後も、時代の要請に從うかのように、揚雄の改編や班固の改修などを經ていたことは、『漢書』「藝文志」に記されるところである。

本章は、現在までに出土している『蒼頡篇』殘簡を集成し、その一部の内容の小攷を試みたものであるが、主として第一章、第五章を對象とした考察の中から、漢初の『蒼頡篇』に備わっていたと見られる四字句十五句一章の構文と當時の表現事情、また漢代識字書傳習の實狀が少しく明らかとなったように思われる。近似、類同する形、義の語を累積して羅列する句を小考し、諷誦、手寫に役するように綴られた文の中に、のちの部首類別の字書を生む淵源となっている内容があることも確認できたようである。

注

(1)『史篇』の語例は『漢書』巻十二「平帝紀」の「小學、史篇」、同巻九十九「王莽傳」上の「史篇、文字」、及び本文中に引用した「揚雄傳」の文、『説文解字』四上「皕部」下の「奭」字條等がある。王國維は『史籀篇』を考證する中で「其書亦謂之『史篇』、卽『史籀篇』之略稱。」と述べている。『史書』の語例は、本文で引用したものの他、『漢書』「貢禹傳」の「擇便巧史書、習於計簿」や同「王尊傳」に「尊竊學問、能史書」等四、五のものがある。六朝代以降になると歴史書という意味での用例も出てきている。顔師古は元帝紀の贊語中の『史書』に「應劭曰、周宣王太史史籀所作大篆。」と施注している。師古の注は大篆十五篇という書物のことを言ったものか、大篆という書のことを言ったものか判然としないが、史籀に結びつけ『史書』を解していることだけはわかる。

(2) 阿辻哲次「「史書」と「史篇」」(『人文論集』第三十三號　靜岡大學人文學部　一九八二年)參照。阿辻氏は『史篇』について『蒼頡篇』を含むものであるとし、『蒼頡篇』を中心とする一群の口訣字書で「史書」を教えるための教科書の總稱としている。「史書」は公式文書を書くのに用いられる書體としての隷書の一パターン、令史たちの用いた隷書のうちの謹飭なものと判斷している。

(3) 段玉裁は『説文解字注』で「尉律諷籀書九千字、乃得爲史。此籀字訓讀書。與宣王大史籀非可牽合。」と説いている。『説文解字』五篇「竹部」中の「籀」字には「讀書也、从竹榴聲。春秋傳曰卜籀云」とあり、「籀」の本義は「讀」「抽」と見られることから、これをもって人名、書籍名、書體名を各々に理解することも可能であるように思われる。

(4)『漢書』「藝文志」小學の項「史籀十五篇。周宣王太史作大篆十五篇、建武時亡六篇矣。」

（5）兪啓定他『中國教育制度通史』山東教育出版社　二〇〇七年七月　四七～九二頁
（6）王國維「重輯蒼頡篇序」『王國維遺書』四　上海書店出版社　一九八三年九月　三四一頁
（7）王國維「漢魏博士考」『觀堂集林』卷四　中華書局　一九九九年六月　一七九頁
（8）趙萬里跋「重輯蒼頡篇二卷」　中國科學院圖書館整理『續修四庫全書總目提要』經部・下册「小學類」中華書局　一九九三年七月　一一七八頁
（9）孫星衍　輯・任大椿　續輯・陶方琦　補輯『蒼頡篇』（『續修四庫全書』「經部・小學類」）、黃彭年の序では「首錄倉頡篇訓纂解詁三卷」とある。
（10）羅振玉・王國維『流沙墜簡』中華書局　一九九三年九月版　七八頁
（11）馬國翰『玉函山房輯佚書』（二）上海古籍出版社　一九九〇年十二月　二二二三頁參照。
（12）注（9）書參照。
（13）新美寛編・鈴木隆一補『本邦殘存典籍による輯佚資料集成』京都大學人文科學研究所　昭和四三年
（14）王國維「重輯蒼頡篇」（『王國維遺書』四　上海書店出版社　一九八三年九月所収）
（15）中國科學院圖館整理『續修四庫全書總目提要』經部「小學類」中華書局　一九九三年七月　一一七八頁
（16）その他『蒼頡篇』に關する研究、論考等を發表年次順に示すと次の通りである。
田中有「漢簡蒼頡篇考」（『實踐國文學』第五號　一九七四年）
胡平生・韓自强「『蒼頡篇』的初步研究」（『文物』一九八三年第二期）
林素清「蒼頡篇研究」（『漢學研究』第五卷第一期　民國七十六年六月）
福田哲之「蒼頡篇研究序說」（『言文』36　福島大學國語國文學會　一九八八年）
福田哲之「『蒼頡篇』の内容と構造－阜陽漢簡『蒼頡篇』を中心として－」（『日本中國學會報』第四十一集一九八九年六月）
（17）Edouard Chavannes（Les documents chinois docouverts par Aurel Stein dans les sable du Turkestan oriental. Vol. Oxford 1913年）

(18) 前揭注（10）書

(19) 前揭注（10）書　七七～七八頁

(20) 勞榦『居延漢簡考釋　釋文之部』商務印書館　一九四九年十一月

(21) 謝桂華　李均明　朱國炤『居延漢簡釋文合校』上下　文物出版社　一九八七年一月

(22) 勞榦『居延漢簡　考釋之部』中央研究院歷史語言研究所　民國八十六年六月　景印五版

(23) 胡平生「漢簡蒼頡篇新資料的研究」『胡平生簡牘文物論集』蘭臺出版社　中華民國八十九年三月四六頁

(24) 安徽省阜陽地區博物館等「阜陽漢簡『蒼頡篇』」（『文物』一九八三年第二期）

(25) 前揭注（24）論文

(26) 前揭注（24）論文

(27) 胡平生・韓自强「『蒼頡篇』的初步研究」（『文物』一九八三年第二期）

(28) 福田哲之「蒼頡篇研究序說」（『言文』36　福島大學國語國文學會　一九八八年　二一〇頁參照）

(29) 羅振玉 王國維編著『流沙墜簡』中華書局　一九九三年九月　七八頁

(30) 前揭注（27）論文　四〇頁注②

(31) 前揭注（28）論文　二一〇頁。ここでは胡氏の錯誤がさらに援用されている。

(32) 安徽省阜陽地區博物館等「阜陽漢簡『蒼頡篇』」（『文物』一九八三年第二期　二七頁）

(33) 嘉峪關市文物保管所「玉門花海漢代烽燧遺址出土的簡牘」（甘肅省文物工作隊 甘肅省博物館編『漢簡研究文集』甘肅人民出版社　一九八四年九月）

(34) 林永建 他『夢幻尼雅』民族出版社　一九九五年四月　九九頁

(35) 王樾「略說尼雅發現的『蒼頡篇』漢簡」（『西域研究』一九九八年第四期）

(36) 段玉裁、王筠の「幼子承詔」に關する解說は次のようである。

「幼子承詔蓋指胡亥卽位事……其云幼子承詔者謂黃帝乘龍上天、而少子嗣位爲帝也、無稽之談、漢人乃至於此哉。」（段玉裁

『說文解字注』）
「幼子承詔蓋倉頡篇中之一句、幼子蓋指學僮、承詔蓋謂承師之教告。」（王筠『說文解字句讀』）

（37）胡平生「漢簡蒼頡篇新資料的研究」『胡平生簡牘文物論集』蘭臺出版社　中華民國八十九年三月　四十八頁

（38）前掲注（37）論文　四十八頁

（39）前掲注（37）論文　四十五～六十九頁參照。

（40）福田哲之「『蒼頡篇』の内容と構造―阜陽漢簡『蒼頡篇』を中心として―」（『日本中國學會報』第四十一集一九八九年六月）

（41）前掲注（40）論文

（42）中央研究院歷史語言研究所單刊甲種之二十一　董同龢著『上古音韻表稿』臺聯國風出版社　中華民國六十四年十一月三版
なお、李珍華　周長楫編撰『漢字古今音表』中華書局　一九九三年十一月等も參照。

（43）殷蓀嶝編著『中國甎銘』圖版上册　江蘇美術出版社　一九九八年一〇月
張德光「山西洪洞古城的調查」『考古』一九六三年一〇期　五四七～五四九、五五二頁
『西北大學藏瓦選集』西北大學出版社　圖版18、19等

（44）『漢書』卷二十三「刑法志」夷三族之令條

（45）「江陵縣張家山三座漢墓出土大批竹簡」（『文物』一九八五年一期　一～八頁）、張家山漢墓竹簡整理小組「江陵縣張家山漢簡概述」（同九～一五頁）參照。なお、徐世虹 他『中國法治通史』第二卷「戰國秦漢」法律出版社一九九九年一月　二三九～二五七頁も參照。

（46）『漢書』卷六「武帝紀」匈奴の昆邪王の來降事件がある。

（47）『睡虎地秦墓竹簡』「語書」文物出版社　一九七八年十一月　一五～二〇頁

第二章　簡・牘・紙に記された『急就篇』

はじめに

西漢元帝期の史游の撰した『急就篇』は、漢代のみならず中國古代に於ける童蒙の小學書を代表する著作で、成書以後、歴朝の人々によって利用され傳習され續けた。しかし、物名稱呼を含めながら天・地・人の世界のさまざまな實態を美麗に表現する『千字文』等の韻文が出現した後には、その傳習が衰退し、ついには、好事者のみが古態を重んじて注視するだけの佚亡に瀕する書籍となるに至った。但し幸いなことに、このことがあってか、二千年の歳月を過ぎた現在にも、その原文が辛うじて傳わることとなった。ところで、漢代に於ける『急就篇』の書寫狀態、流布狀況などについては、この書籍の文字、文章を抄寫して傳習した遺品等が、後代に傳えられなかったため、その樣子を窺うことができなかったのであるが、二十世紀の初頭、スタインが中央アジアで探檢活動を行った際に獲得した大量な漢簡の中から、『急就篇』殘簡を檢出したのを發端に、甘肅西部の疏勒河流域、及びその周邊地域、また、エチナ河流域の居延地區などから、相次いで漢代の『急就篇』の殘簡が發掘されたことから、漢代に於ける『急就篇』に關する習學の實態が、徐々に窺知されだした。本章では、これらの事柄を把握しながら、出土遺文を通して、『急就篇』

の原句の一部を傳本と比較して校訂し、併せて漢代に於ける小學書の學習の一面を究明することとしたい。

第一節　漢代『急就篇』殘簡の發見、研究小史

先ず、はじめに、『急就篇』殘簡の發見、及び最初の檢出と釋讀にかかわる事項について、年代順に概要を記しておく。

1、敦煌漢簡　スタイン第二次中央アジア探檢時獲得　1906～08〈十點〉

〔原簡所藏、大英博物館〕

Edouard Chavannes（Les documents chinois docouverts par Aurel Stein dans les sable du Turkestan oriental. Vol. Oxford. 1913年）

2、敦煌漢簡　スタイン第三次中央アジア探檢時獲得　1914年〈二點〉

〔原簡所藏、大英博物館〕

張鳳『漢晉西陲木簡彙編』（上海中正書局　1931年）〈1のシャバンヌ掲載の部分も含む〉

Henri Maspero（Les Documents chinois de la Troisieme Expedition de sir Aurel Stein en Asie Centralel Vol. London.）（1953年）

3、居延漢簡　ベリイマン西北科學考察團　1930～31年〈三點〉

〔原簡所藏、臺北中央研究院歷史語言研究所〕

勞榦『居延漢簡考釋』釋文之部（四川南溪1943年、のち商務印書館 1949年）

4、居延新簡　甘肅省文化廳、甘肅省博物館等　1972～74年〈二十一點〉

〔原簡所藏、甘肅省文物考古研究所〕

甘粛省文物考古研究所　甘粛省博物館　文化部古文獻研究室　中國社會科學院歴史研究所 編〈秦漢魏晉出土文獻〉『居延新簡』（文物出版社　1990年7月）

5、敦煌漢簡（馬圏灣）甘粛省文物工作隊　一九七九年〈一點〉

〔原簡所藏、甘粛省文物考古研究所〕

甘粛省博物館、敦煌縣文化館「馬圏灣烽燧遺址發掘簡報」（『文物』1981年第10期）

さて、上述の發見、釋文にかかる漢簡に關する研究は、その主要なものを發表年次順にたどれば、次の如くに纏めることが出來る。

1の敦煌漢簡について、羅振玉氏は、シャバンヌ氏の釋文した十點中の六點を、「凡五章、百十九字」に基づいて考釋している。しかし、羅氏は「尚有急就篇中諸字乃兒童習字所爲不錄」と言い、これ以外の2172（第一章）、2181（第七章）、2193（第一章）、2234（第二章）（シャバンヌ編號、C.6、C.576、C.7、C.628）の四點のものを除外してしまった。2181號殘簡のような、これまで未確認であった、とりわけ重要な唯一の第七章の斷簡も採錄しなかったのである。(1)

1、2の敦煌漢簡の十二點、3の居延漢簡の三點を合わせて計十五點について、田中有氏は、「『急就篇』殘簡考」の中で章題、章數、文字、書體にわたって考察を加えている。敦煌漢簡について、シャバンヌ釋文編號、及びスタイン報告書中の出土簡號を用いている。居延漢簡については、勞氏の編簡番號と圖版番號、出土時の原簡整理番號、及び甲編番號と圖版號、これらを同時に利用している。(2)

1、2、5の敦煌漢簡、3の居延漢簡、4の居延新簡の一部、計二十八點のものについて、福田哲之氏は、「漢代『急就篇』殘簡論考」でそれらを總括し、さらに六種類の傳世本をもって殘簡の校異を行った。しかしながら、居延漢簡（N115B）の一點、居延新簡破城子探方四八所出（EPT48：78／EPT48：101A／EPT48：115／EPT48：49／EPT48：152A

B／EPT48：154A／EPT48：54A）の七點、同 破城子探方四九（EPT49：80）の一點、及び同 破城子房屋二二所出（EPF22：741）の一點、計十點のものの採錄を缺いている。(3)

その後、田中有氏は、「新出土漢簡『急就篇』考」で先論に引き續き計二十二點の資料をあげ、4の居延新簡中の二十點（EPT49：80簡のみ不採錄）、及び5の馬圈灣の一點（探方四・七出土 釋文番號28）について検討を加えている。但し、編錄中の末尾に置かれた22番目の敦煌馬圈灣所出殘簡（探方六・一一五出土 釋文番號595）については、その殘存部分の文字、內容等から『急就篇』殘簡と認め難いものである。このことはすでに福田氏も指摘している。(4)

また『急就篇』に關した出土漢簡については、漢代の書寫の實際が確認され、書法上の遺品として鑑賞されるため、古代書法關係の書籍にも多數掲出、釋讀されている。それらは雄山閣『書道全集』、平凡社『書道全集』、二玄社『書籍名品叢刊』や『中國書道全集』等々であるが、論考を伴った專著ではないので、本章ではそれらを參考にはしたが、直接的に言及することを避けることとした。

本項では、上記の1、2、3、4、5の三十七點（居延新簡EPT49：80を含む）に、居延漢簡（N115B）、の一點を加え、計三十八點の『急就篇』殘簡を集め、如上の諸氏の研究等を踏まえながら、これまでに確認された『急就篇』の殘簡と現行本との比較を行い、校異を分明にして、文字と字義、表現と句意等に關する諸問題についても、若干の検討を加えてみることとしたい。

第二節　漢代『急就篇』殘簡の輯成

西域出土の漢代の肉筆文字資料である『急就篇』の殘簡を彙集し、發見年次順に配列して、抄寫された字句の原章を同定すると、次のようになる。なお、本項を編成するにあたっては、下記の諸文献を利用した。また、先行研究(5)を參照しこれに採録漏れとなっている残簡を補って校訂した。

敦煌漢簡

・羅振玉 王國維編著『流沙墜簡』中華書局　一九一四年
・林梅村 李均明編『疏勒河流域出土漢簡』文物出版社　一九八四年
・大庭脩『敦煌漢簡　大英圖書館藏』同朋舎出版　一九九〇年
・吳礽驤 李永良 馬建華釋校『敦煌漢簡釋文』甘肅省文物考古研究所編　甘肅人民出版社　一九九一年
・甘肅省文物考古研究所編『敦煌漢簡』(全二冊)中華書局　一九九一年
・中國簡牘集成編輯委員會編『中國簡牘集成』3、4　敦煌文藝出版社　二〇〇一年

居延漢簡

・勞榦著『居延漢簡考釋』考釋之部　商務印書館　一九四九年
・勞榦『居延漢簡』圖版之部　臺北中央研究院歷史語言研究所　一九五七年
・勞榦著『居延漢簡』考釋之部　臺北中央研究院歷史語言研究所　一九九七年景印五版
・中國社會科學院考古研究所編『居延漢簡甲乙編』中華書局　一九八〇年
・謝桂華 李均明 朱國炤『居延漢簡釋文合校』上、下　文物出版社　一九八七年
・簡牘整理小組『居延漢簡補編』中央研究院歷史語言研究所　一九九八年
・中國簡牘集成編輯委員會編『中國簡牘集成』5、6、7、8　敦煌文藝出版社　二〇〇一年

居延新簡

・甘肅省文物考古研究所 文化部古文獻研究室 甘肅省博物館 中國社會科學院歷史研究所編『居延新簡』文物出版社　一九九〇年

・甘肅省文物考古研究所 中國文物研究所 甘肅省博物館 中國社會科學院歷史研究所『居延新簡』〈甲渠候官〉上、下　文物出版社　一九九四年

・中國簡牘集成編輯委員會編『中國簡牘集成』9、10、11、12　敦煌文藝出版社　二〇〇一年

〈漢簡『急就篇』の殘存章節〉

先ず、漢簡『急就篇』の殘存章節は以下のようになっている。（〔　〕の各章は、傳世本の一つである松江本の章節である）

敦煌漢簡　　スタイン第二次中央アジア探檢時獲得　一九〇六～〇八年〈十點〉

1816　〔第二章〕

1972ABC　〔第一章〕

1991　〔第廿四章〕

2130ABC　〔第十八章〕

2135AB　〔第十章〕

2172　〔第一章〕

2181　〔第七章〕

2185　〔第十二章〕

2193　〔第一章〕

2234　〔第二章〕

敦煌漢簡　スタイン第三次中央アジア探檢時獲得　一九一四年〈三點〉

2245　〔第三章〕

2356ABC　〔第十四章〕

居延漢簡　ベリイマン西北科學考察團　一九三〇～三一年〈四點〉

169.1AB、561.26AB　〔第一章〕

336.14AB　〔第十二章〕

336.34AB　〔第八章〕

N115AB　〔第一章〕

居延新簡　甘肅省文化廳、甘肅省博物館等　一九七二～七四年〈二十一點〉

EPT5：14AB　〔第一章〕

EPT6：90　〔第十九章〕

EPT6：91AB　〔第十九章〕

EPT48：49　〔第二章〕

EPT48：54AB　〔第六章〕

EPT48：78　〔第一章〕
EPT48：101AB　〔第一章〕
EPT48：115　〔第一章〕
EPT48：152AB　〔第三章〕
EPT48：154A　〔第四章〕
EPT49：39　〔第八章〕
EPT49：50　〔第一章〕
EPT49：80　〔第廿八章〕
EPF19：1ABC　〔第一章〕
EPF19：2-3AB　〔第一章〕
EPF19：7　〔第一章〕
EPF22：724　〔第十五章〕
EPF22：725　〔第十五章〕
EPF22：728　〔第廿九章〕
EPF22：731　〔第廿章〕
EPF22：741　〔第廿八章〕

敦煌漢簡（馬圏灣烽燧遺跡）　一九七九年九月〈一點〉

28　〔第十一章〕

これらを『急就篇』の章節順（松江本による）によって並べかえると、以下のようになる。

略號表示：敦　—　敦煌漢簡（スタインら所獲）
居　—　居延漢簡
居新—　居延新簡
敦馬—　敦煌馬圏灣出土簡

第一章　敦1972ABC　敦2172　敦2193　居169.1AB、561.26AB　居N115B
居新EPT5：14AB　居新EPT49：50　居新EPF19：2-3AB
居新EPT48：78　居新EPT48：101A　居新EPT48：115
居新EPF19：1AB　居新EPF19：7
第二章　敦1816　敦2234　居新EPT48：49
第三章　敦2245　居新EPT48：152ABC
第四章　居新EPT48：154A
第六章　居新EPT48：54A
第七章　敦2181
第八章　居336.34AB　居新EPT49：39
第十章　敦2135AB
第十一章　敦馬28

第十二章　敦2185　居336.14AB
第十四章　敦2356ABC
第十五章　居新EPF22：724　居新EPF22：725
第十八章　敦2130ABC
第十九章　居新EPT6：90　居新EPT6：91AB
第　廿　章　居新EPF22：731
第廿四章　敦1991
第廿八章　居新EPT49.80　居新EPF22：741
第廿九章　居新EPF22：728

そこでこれらの出土文原資料を章節順に復元すると次の通りとなる。

〔凡　例〕

以下、原簡の釋文表記は次の記號等に従う。

・冒頭の丸括弧中に整理番號を記した。
・觚の各面はＡＢＣで示し、簡の裏表はＡＢで示した。
・〼は上部、或いは下部が缺損している部分。
・□は殘畫があり、釋讀不能な文字。
・漢簡の原文については、諸本を參照し斷句した。
・殘缺文字については、殘畫から原字を考定した。

・漢簡の表裏の文字の採録には、前後の順に問題を有する場合（(8)居新EPF19：2-3AB、(12)居新EPF19：1AB、(24)敦2135AB）、傳世本『急就篇』本文に従って前後を正し表記した。

・同一簡中に見られる『急就篇』以外の文字は×を附した。

〈漢簡『急就篇』の釋文〉

第一章

(1)　急就奇觚與衆異、羅列諸物名姓字、分別部居不雜廁（敦1972A）

第一　用日約少誠快意、勉力務之必有憙、請道其章、宋延年（敦1972B）

鄭子方、衛益壽、史步昌、周千秋、趙孺卿、爰展世、高辟兵（敦1972C）

(2)　急就奇觚與衆異、羅列□〈以下空白〉（敦2172）

(3)　生死不可道者×

急就奇觚與衆異、羅列[諸]〈以下空白〉（敦2193）

(4)　☐就奇觚與衆異、羅列諸物名姓字、分別部居不雜廁☐（居169.1A、561.26A）

☐□觚與衆異、羅列諸物名姓字、分別部居☐（居169.1B、561.26B）

（5）急□（居 N115A）
急就奇（居 N115B）

（6）急就奇觚與衆異、羅列諸物名姓字、分別部
居不雜厠、用日約少誠快意、勉力務之必有憙、請道其章、（居新 EPT5：14A）
宋延年、鄭子方、衞益壽（居新 EPT5：14B）

（7）弟一急就奇觚與衆異……（居新 EPT49：50）

（8）☐第一急就☐（居新 EPF19：2-3B）
☐用日□約少誠快☐（居新 EPF19：2-3A）

（9）☐羅列諸物名姓字☐（居新 EPT48：78）

（10）☐別部居☐（居新 EPT48：101A）
☐難以學☐（居新 EPT48：101B）×

（11）☐□誠快意、☐（居新 EPT48：115）

(12) ☑誠快意、勉☑（居新EPF19：1B）

☑□益壽、史步□☑（居新EPF19：1A）

☑□者大善不之到來大☑（居新EPF19：1C）×

(13) ☑勉力☑（居新EPF19：7）

第二章

(14) 弟二鄧萬歲、秦眇房、郝☑（居新EPT48：49）

(15) 董奉德、桓賢良、任逢時、侯中郎、由廣□☑（敦1816）

(16) 桓賢良、□〈以下空白〉（敦2234）

第三章

(17) ☑□回□□□□□□□□□□[藥][禹][湯]、[淳]□☑（居新EPT48：152A）

☑……□[霍][聖]宮、[顏]文章、莞財知、篇呂張、魯□☑（居新EPT48：152B）

☑……………………………☑

（18）☐程忠信、吳仲皇、許[終]☐（敦2245）

第四章

（19）崔孝襄、姚得、燕楚☐（居新EPT48：154A）

政卿□□□文坐前湌食☐（居新EPT48：154B）×

第六章

（20）弟六褚回池、蘭偉房、減罷軍、橋竇□、□□□、宣□奴、殷滿息（居新EPT48：54A）

弟十六（居新EPT48：54B）×

第七章

（21）☐□鳳[旎]離爵、乘風☐（敦2181）

第八章

（22）絳緹纏紬絲絮（居336.34A）

量丈尺寸丁〈以下空白〉（居336.34B）

(23) 弟八絳緹纏紬絲⧄（居新EPT49：39）

第十章

(24) ⧄帬襜⧄（敦2135B）

⧄印角褐⧄（敦2135A）

第十一章

(25) □銍斧鑿鉏〈以下空白〉（敦馬28）

第十二章

(26) 第十二銅鍾鼎鈃鋗匜銚、釭鐗鍵鑽冶錮鐈　⧄（敦2185）

(27) 銅鍾鼎鈃鋗匜銚、釭⧄（居336.14A）

芼蕁萸箯□箅篝⧄（居336.14B）

第十四章

(28) 第十三承塵戸㡘條績縱、鏡斂踈比各有工、賁薰脂粉膏臎篅（敦2356A）

沐浴⿰足前搣寡合同、豫飾刻畫無等雙、繫臂琅玦虎魄龍（敦2356B）

璧碧珠璣玫瑰罋、玉玦環佩靡從容、射騎辟耶除羣兇（敦2356C）

第十五章

(29) 〼空侯琴□〼（居新EPF22：725）

(30) 〼倚庭、侍酒□〼（居新EPF22：724）

第十八章

(31) 〼蓋轑鞞䩕尼縛棠、鑾勒鞅韅（敦2130A）

〼猶黑蒼、室宅廬舍樓壂堂、（敦2130B）

〈不明〉（敦2130C）

第十九章

(32) 苐十九碓磑扇隤舂簸揚、頃町〼（居新EPT6：90）

(33) 〼□畦埒⿱穴彖、彊畔□〼（居新EPT6：91A）

〼第五十八……〼（居新EPT6：91B）×

第廿章

（34）〼䐁豬、豭豶□〼（居新EPF22：731）

第廿四章

（35）〼靁矢[藿]　〼〈以下空白〉（敦1991）

第廿八章

（36）□〼[驗][記]問〼（居新EPT49.80）

（37）〼謹慎〼（居新EPF22：741）

第廿九章

（38）〼冤忿怒仇、〼（居新EPF22：728）

第三節　漢代『急就篇』殘簡の校異、考釋

ここで、上述の漢簡『急就篇』の各簡の文字について、傳世諸本の文字との比較を試み、校異を記して、一覽表化しておくことにしたい。なお、校異するにあたっては、下記の傳世本を使用する。但し、碑本は宋太宗本（宋本と略す）を校異する文章中に記されるものより輯佚した。

・松江本 — 盧林編著　珍稀拓本碑帖系列叢書『舊拓主本急就章』遼寧美術出版社　一九九九年
・趙　本 — 『趙文敏書急就篇』天津市古籍書店　一九八七年（臺灣故宮博物院所藏影印本による）
・空海本 — 『傳弘法大師書　急就章』（讃岐　萩原寺舊藏版　一九一三年）清雅堂版　一九三七年
・碑　本 — 長澤規矩也編『和刻本辭書字典集成』第二卷『漢史游急就篇』引　汲古書院　昭和五五年
・顏　本 — 傳統蒙學叢書『急就篇』　嶽麓書社　一九八九年（『叢書集成』本による）
・宋　本 — 長澤規矩也編『和刻本辭書字典集成』第二卷『漢史游急就篇』汲古書院　昭和五五年

〔凡　例〕

・空白：當該本に缺字。
・○：漢簡と一致する文字。
・附錄※：別項に校釋あり。

〈漢簡『急就篇』と傳世諸本の異同一覧表〉

	簡牘	松江本	趙本	空海本	碑本	顏本	宋本	附録
第一章	第一	○					章第一	
	雜	○	○	○		○	離	
	憙	○	○	○	○	喜	喜	
第二章	第二	第二	第二				章第二	
	眇	○	○		○	妙	妙	
	桓	○	○	○		○	隨	

		第三章			第四章	第六章	第七章	第八章			第十章	第十一章	第十二章							
中	由	芜	知	篇	襄	弟六	離	第八	纆	丁	帬	鉏	第十二	匜	第十三	㡘	絛	繢	縱	斂
仲	田	○	曆	偏	○	弟六	○	○	繡	斤	○	○	○	○	第十四	簾	○	潰	○	籢
仲	○	○	智	偏	○	弟六	○	○	⿰糸爾	斤	裙	○	○	○	第十四	簾	○	潰	○	籢
仲	○								絓	斤		鋤		鉇		⿰巾兼	⿰巾絛	○	○	籢
仲		筦	曆	偏	○									○		簾		墤		
仲	○		智	偏	讓		○		絓	斤	○	○		鉇		⿰巾兼	○	○	總	籢
仲	○		智	偏	讓	章第六	○	章第九	絓	斤	○	鋤	章第十三	鉇	章第十五	⿰巾兼	○	○	○	籢
※			※							※										※

章	見出し字						
第十四章	踈	梳	疏	梳		疏	疏
	有	異	異	異		異	異	※
	賁	賷	賷	芬	賷	芬	芬	
	薰	熏	熏	董		○	○	
	𦢊	澤	澤	澤		澤	澤	※
	踰	楡	揄	楡		揄	揄	
	豫	橡	橡	橡		橡	橡	※
	飭	○	○	○		飾	○	
	龍	○	○			○	○	
	讋	龔	龔	○	龔	○	○	
	玦	瑨	瑨	○	瑨	○	○	
	𢅤	偑	偑	偑		偑	偑	※
	騎	鬾	鬾			鬾	鬾	※
	耶	邪	邪			邪	邪	
	兇	凶	凶	○		凶	○	
第十五章	倚	○	○	技		○	伎	
第十八章	轑	橑	橑			○	○	
	鞞	椑	椑		捭	俾	俾	
	鞔				掜	倪	倪	
	戹	○	○		○	枙	扼	
	戀	○	○			曫	曫	

章								
	勒	靮				○	○	
	猶	○	○		○	油	油	
	蒼	倉	倉			○	○	
	壂	殿	○			殿	殿	
第十九章	第十九	○	○					
	隤	○	○	隫		○	隫	
	揚	○	○	颺		○	颺	
	埒	⿰日寽	⿰日寽	⿰日寽		○	○	
	窾	窳	窳	封	窳	封	封	※
第廿章	豭	○	○	○		○	猳	
	豶	○	○	○		○	獖	
第廿四章	霝	雷	雷			雷	雷	※
	藿	藿	藿			藿	藿	
第廿八章								異同なし
第廿九章	寃	○	○		○	法	法	

〔漢簡と傳世諸本との異同〕

漢簡と傳世諸本との異なる文字について、上表からも知られるように、傳世諸本間は一致し、これと漢簡との間に文字が相違する事實がある。また傳世諸本の一部と漢簡との間に文字の相違も存在している。この漢簡肉筆と傳世諸本の文字間には、本來文字を同じくしながら、篆、隷、章草の書體を誤認し、隷定した結果による差異が顯われてし

まっているように見られるところが大であるが、その差異ある文字を抄出すれば次のようになる。（（　）は、傳世諸本の文字）

①敦 1816　〔第二章〕　中（仲）
②居 336. 34AB　〔第八章〕　丁（斤）
③敦 2356ABC　〔第十四章〕　斂（籢）
④　〃　〃　有（異）
⑤　〃　〃　臎（澤）
⑥　〃　〃　豫（橡）
⑦　〃　〃　颿（佩）
⑧　〃　〃　騎（魃）
⑨　〃　〃　耶（邪）
⑩敦 1991　〔第廿四章〕　靁（雷）

曾て羅振玉は、『流沙墜簡』で敦煌所出の殘簡の一部とその傳世諸本との比較を行い、兩者の異同を分類して、次のように六種の形態に要約したことがあった。（上は簡牘例、下は一部の傳世本例）

・改章草爲正楷　傳繕誤　フ　↓　尸　　展　↓　展
・古今字　中　↓　仲
・漢代別字　捭捝　↓　鞞、鞔
・漢人別構　戹　⇕　扼、枙　　戀、戀　↓　巒

・同音相假借　　猶 ⇕ 油
・漢時俗作　　殿 ↓ 壂

これらを一瞥すると、羅氏の分類は、なお嚴密さに缺けるところがあるようであるが、文字表現の上で、略化に從い通行されるもの、增畫添筆されて通用されるものと字音の通用による變形や略化、別字による假借のものが混然としていたことがわかる。羅氏は上述の分類を述べた後に、これを纏めて、

「由是觀之、知古人寫書、多隨意用世俗通行之字、雖字書且然、不似後人點畫之嚴矣。」

と述べている。

羅氏の文字の異同についての見解は、當時の柔軟性な現實的文字使用の實態を窺わせることにもなるようであり、上掲の①~⑩の例字は、これを具體的に示すものと言うことができる。羅氏の分類は、誤脱や寫誤によるものを含めない傾向があるようであるが、漢簡、諸本間には、この種のものも次に例示するようなものが多數出現しているように見える。

〔通假字による異同〕

「中」（第二章・敦1816）－傳世本「仲」。

羅振玉は「中、仲古今字」と述べている。この通假の例は、北齊の顏之推も『顏氏家訓』卷第六「書證」で「…又多假借、以中爲仲」と指摘している。上古音では、「中」は中部、端母、東韻、「仲」は中部、定母、東韻。兩者は近似する聲母をもち韻母を同じくする例である。

「知」（第三章・居新EPT48：152B）－傳世本の一部「智」。（松江本、空海本、碑本は「晉」に作る）。

上古音では、「知」は佳部陰聲開口、端母、支韻、「智」も同じく佳部陰聲開口、端母、支韻。兩者は同聲同韻で聲調を異にする例である。

〔部分寫脫や省略、別搆による異同〕

第十四章（敦 2356ABC）

「鏡斂踈比各有工」－「斂」、傳世本「籢」。

『說文解字』「斂、收也」、「籢、鏡籢也」とそれぞれ見られ、また顏師古『急就篇注』に「鏡籢、盛鏡之器、若今鏡匣也」、「斂」は竹冠を外し略寫したものであると思われる。

「賁薰脂粉膏臎笛」－「臎」、傳世本「澤」。

「臎」字は『說文解字』には採錄がない。羅氏の分類からは漢代別字、漢人別構、漢時俗作の何れかの文字ということになろう。顏師古『急就篇注』には「膏澤者、雜聚取衆芳以膏煎之、乃用塗髮、使潤澤也」と見える。

「豫飭刻畫無等雙」－「豫」、傳世本「稼」。

『說文解字』には「豫、象之大者、賈侍中說不害於物」、「稼、飾也」とある。漢簡の「豫」は「稼」の誤寫である可能性が大である。

「玉玦環　靡從容」－「帆」、傳世本「佩」。

「帆」字は『說文解字』に收錄されてはいないが、「佩」字には次のような說明が見える。「佩、大帶佩也、从人、从凡、从巾、佩必有巾、巾謂之飾。」羅氏の分類からすれば漢代別字、漢人別構乃至漢字俗作の何れかの文字ということになろうが、顏師古『急就篇注』は「佩」に作りこの字を注解している。漢時に「帆」と記されていたものが後世に書き改められた可能性が大である。

「射騎辟耶除群兇」－「騎」、傳世本「鬾」。（松江本のみ「魃」）

『說文解字』には「鬼服也、从鬼支聲。一曰小兒鬼」と記されており、顏師古『急就篇注』には「射鬾、辟邪、皆神獸名也、鬾、小兒鬼也、言能射去鬼」と說かれている。上古音では、「騎」は群母、歌部開口「奇」韻、「鬾」は「䰩」と同じで、「支」（奇）音、歌部開口韻である。兩者類同音のため、漢簡は後接の文字の意味に引きずられて「䰩」字を同音字の「騎」に誤録した可能性がある。また、「耶」は、今本はみな「邪」に作る。辭句上からしても今本が正しいようであるが、漢簡は書寫上の字體が「耶」に近いため「耶」と釋文される。『史晨碑』『熹平石經』等に類態が見られる漢代の俗字體と言えよう。なお『說文』には、「耶」の採錄はない。

〔一部の傳世本の誤寫、略寫と見られるもの〕

第十九章（居新 EPT6：91A）

「畦埒⿱穴㐬疆畔□□」－「⿱穴㐬」、松江本は「窳」。

「⿱穴㐬」「窳」は同韻の「yu」字である。顏本、宋太宗本、空海本は「封」に作り、これは失韻することにもなり、誤りであろう。

第廿四章（敦 1991）

「靁矢□」－「靁」、傳世本「雷」。

「靁」は『說文』に「陰陽薄動靁雨生物者也」との解說が見られる。傳世本に「雷」字に作るが、「雷」字が『說文』になく、王力氏が「說文雷作靁」と記すように「雷」字は後出の文字である（『王力古漢語字典』中華書局

二〇〇〇年六月　一六一四頁)。

〔漢簡に脫字部があると推考されるもの〕

第四章（居新 EPT48：154A）

「崔孝襄、姚得、燕楚〼」－「得」「燕」の間に「賜」字が脫しているかと思われる。

第七章（敦 2181）

「〼□鳳旌離爵、乘風〼」－「離」「爵」の間に「雲」字が脫しているかと思われる。

これらの二例は、殘存部分が傳世本の字句とほぼ一致している。但し上記のように構文からみても、各々の句中の「賜」「雲」の文字が脫落している可能性が大である。

第四節　漢代『急就篇』殘簡の攷究

一　出土漢代殘簡の概況

一九〇七年にスタインが、敦煌地區で漢簡を發見して以來、一九七九年頃敦煌馬圏灣で漢簡が發掘されるに至る七十餘年の間に、漢簡は西陲の各地から相次いで發見されることとなった。發見の回數は十數度に及び、その都度、多い時には數十點、少ない時でも二、三點の簡牘資料が出土し、殊に當時通行していた『急就篇』などの小學簡が、世上にもたらされることになったのである。羅振玉の述べた「六點、凡五章、百十九字(6)」といった發見初期の段階と比べて、現在出土漢簡に確認される『急就篇』の文字數は、延べ五百文字餘り（章題、殘畫字も含む）で、初期の四倍以上の數に增加したのみならず、點數が六倍以上の三十八點に、章節數が三倍以上の十八章にまでふくれ上ったのである。こうした狀況の中で、漢代に於ける『急就篇』の章句と、その傳習の實態の省察が進められることとなった。

現在出土漢簡から確認された『急就篇』內容は、第一、二、三、四、六、七、八、十、十一、十二、一四、一五、一八、一九、廿、廿四、廿八、廿九の計十八章にわたり、これは傳世本の中で、最も舊貌を保っていると見られる松江本の總三十一章からすれば、實に半數以上にあたるわけである。また出土した『急就篇』の三十八點の殘簡中には、第一、第二、第六、第八、第十二、第十四、第十九の章題を有するものがあり、その總數は七點にも達している。この中には第一の章題をもつものが三點含まれている。

出土した『急就篇』殘簡三十八點中の三分一强にあたる十三點、文字數にすれば、『急就篇』關係出土全文字數で、五百十六字の半分以上の二百七十五字が、第一章の語句を書寫したものである。文字の書寫が第一章に偏る點は、王國維が「古人字書、非徒以資誦讀、且兼作學書之用…」（「簡牘檢署考」『王國維遺書』六　一〇五頁）と述べたような習字目的の書寫練習があったことを推測させるに十分である。

この書寫に用いられた材は、竹、木兩種があり、その形式は簡が大多數を占めてはいるが、ほかに六點ほどの觚（敦1972ABC、敦2135AB、敦2130、敦2356ABC、居新EPF19.1ABC、居新EPT48.：152ABC）が發見されている。現在確認可能な出土『急就篇』關係の遺品の中で、これらの觚が占める割合は、その全體の十七パーセントにも上っている。六點の觚の中には、敦2135ABのような四面體であって、二面しか文字が記されないものもある。敦2356ABCのように三つに斷裂したものの、接合可能なものもあり、また敦1972ABCのようにほぼ完全な形を保つものもある。敦1972ABCは、ほぼ一章の文字數である六十五文字（章題を含め）を謹嚴な八分體で記しており、同樣な書態をもつ敦

2356ABCと合わせれば、この二點の觚の各面に殘存する文字數は、計百三十字に達している。これらは、出土『急就篇』漢簡の殘存文字數の約二十五パーセントに上るものとなっている。この觚のうち、頭部を殘すものを觀察すると、觚頭を削平して孔を穿ち、その下に章題を記し、本文を書いていることから、各々の觚は、元來紐を通して綴られていたものと推定される〔Ⅰ圖⑩〕。當時の書籍としての形態を留めるものと推察することが可能である。このため、これらに書かれた文字は、習書の遺品とは見做し得ないのである。古代當時『急就篇』は觚に書かれるのが常であった。このことは、篇の原文の冒頭句からも知られるところである。

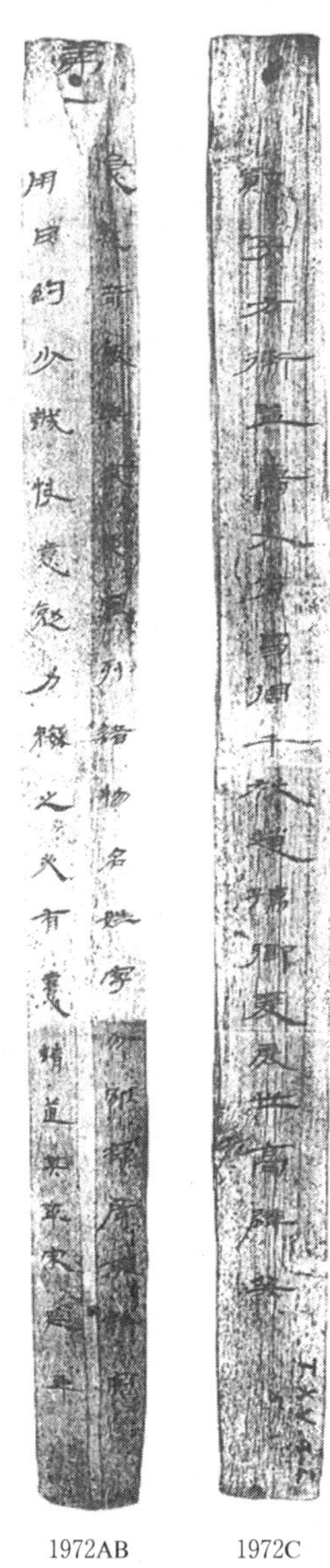

1972AB　1972C

Ⅰ　圖⑩　『急就篇（第一章）觚書（敦煌漢簡）

二　『急就篇』章節の再檢討

『急就篇』の章節については、元來何章あったかが古くから論議されている。先ず、各傳本等の章節の總數と、各本中の脱文や末二章の有無について、次表に摘記することにしたい。

諸本	總章數	焦滅胡～以下63字の有無*	末二章の有無
漢簡	未詳	無	未詳
松江本	三十一章	無	無
趙孟頫本	三十一章	無	無
顔師古本	三十二章	有	無
空海本	三十三章か	無	一章のみ有
宋太宗本	三十四章	有	有

＊この部位は、顔本、宋本の第七章に當る。以下「焦滅胡章」と稱す。

漢簡以外の傳世諸本における章節の問題は、主に「焦滅胡章」、及び末尾の二章の存否に關することである。それらが存在するか否かによって、成書の年代や改文の時期が推定可能であるため、研究者間では、これについての考察がしばしば行われている。この「焦滅胡章」の有無について、南宋の羅願（一一三六～一一八四）が次のような跋文を認めている。

「…今世有一本、相傳是吳皇象寫、比顔解本無焦滅胡章以下六十三字…」（「急就篇注跋」[7]）

その後『四庫全書總目提要』などによっても、この六十三字の有無についてのことが論じられ續けたが、近代に至って、王國維が「焦滅胡章」の有無と共に、顔本に第三十三、三十四の兩章が無いことを考逑して、

「…顔氏徧校諸家、定著三十二章。章之首不冠以第一第二等字、以晉人本、其無第卅三、卅四章蓋從皇本、而第七章（「焦滅胡章」）則取諸鍾本、然此章有「續增紀、遺失餘」二語明謂此章遺失、而自續增之、蓋亦出後漢人手。」

（「校松江本『急就篇』序」[8]）

と述べることとなった。王國維が「出後漢人手」と言ったのは、詳細な說明がないものの、傳・吳の皇象の書とされる「皇象本」（松江本）には「焦滅胡章」がなく、この部分が鍾繇本には「續增紀遺失餘」とあるため、鍾繇本が成立するまでにこの部分が增補されたと推考したためのようにも思われるところで、この「出後漢人手」と言う王國維の推定の語は、「校松江本急就篇」本文での注解では、

「然則『焦滅胡』以下六十三字、自爲後人所補」

と記されている。この文から判斷すれば、王氏の本意は「後漢人」ではなく、「後人」を述べようとしたとも見られる。「漢」字は何らかの過程で加えられたもののようにも推測できるところがある。

ともあれ、「焦滅胡章」は、この王國維によって漢代には存在しなかったことが推考されることとなった。敦煌所出の漢簡に「第十二」（敦2185）という章題の記されるものがあり、これが皇象本の第十二章の章次と一致することから「焦滅胡章」の存在する餘地のないことを推知して、王國維は「知史游原本故無此章也」との結論を出すことになった（「校松江本急就篇序」）。その後、王國維の見ることがなかった今日の居延新簡からも、この問題を分明に解く證しが發見されている。新たな斷簡、『急就篇』の章題の含まれる第六章（EPT48：54A）、第八章（EPT49：39）の兩斷簡は、共に皇象本と章題も內容も合致する。また章題こそないものの、皇象本の第七章の內容と一致する斷簡（敦 2181）も確認された。この三簡が出土したことによって、史游原撰の『急就篇』には「焦滅胡章」が無かったことが改めて證明されることになったわけである。

さて、末尾の兩章については、一覽表に示してある通り、宋太宗本（空海本は「齊國給獻」以下の一章のみ存する）以外の諸本には存在しないことが判明している。この末尾二章の增廣の時期について、下引する通り、先ずは南宋代の羅願（一一三六〜一一八四）の發言が見られる。

「國朝至道中、太宗皇帝嘗親書此篇、又於顏本外多齊國給獻以下百二十八字、凡爲章三十有四、此兩章蓋起於後漢。按舊篇末說長安中涇渭街術、故此章亦言洛陽人物之盛以相當、而鄗縣以世祖卽位之地、升其名爲高邑、與先漢所改眞定常山並列、此爲後漢人所續不疑。」（羅願「急就篇注跋」。筆者注：「至道」宋の太宗年號（九九五～九九七））

この文の最後には、「淳熙十年（一一八三）十月望日歙羅願記」との紀年が記されている。その後、王應麟（一二二三～一二九六）も「急就篇補注」の篇末で次のようなことを記している。

「齊國山陽二章、後漢人所續、御書有、顏注無、今釋其意、附篇末。」

上述の羅・王二人の「後漢人作」の發言に對して王國維は、

「末二章王深寧定爲後漢人作、別出於後。今檢有飲馬漳鄴及淸河、遼東濱西上平岡二語、乃紀魏武平冀州破烏桓事、當作於建武十二年之後。末又云、漢土興隆中國康、則又在魏代漢之前。此二章足證其出於鍾繇、蓋卽繇所續也。」[9]

と述べている。この一節は、宋太宗本等に見られる末尾二章の增廣時期などの問題を推考する上で、極めて注目される發言であるが、しかし、次のように述べる中にも補正さるべきものが含まれている。

この「建武十二年」の語は、王國維以降に輩出した諸先學にも援用され[10]、論が進められているが、諸氏はこの「建武十二年」の後に（三六）の西曆を注記するなどしている。しかし、これは誤りなのである。「飲馬漳鄴及淸河」「遼東濱西上平岡」の二句の背景を銳く抉る王國維の炯眼は、敬服に値するものであるが、「魏武平冀州破烏桓事」の史實は、「建武十二年」ではなく、「建安十二年」であり、（詳細は『漢書』卷七「昭帝紀」、及び『後漢書』卷九「孝獻帝紀」それぞれ參照）王國維の記した「建武十二年」は「建安十二年」の誤りであり、從ってこの年は西曆二〇七年にあたり、三六年ではないのである。なお、詳密に述べれば、建安十一年（二〇六）に曹操は滹沱河等の河渠を鑿溝し、先ず輸送軍需を確保したのち、建安十二年（二〇七）夏に烏桓攻伐を發しており、險難を越えて詐事を用いるなどをして、白檀、平岡等を經て右北平鮮卑庭等を渡り、白狼山下で烏桓軍を潰滅させて二十餘萬人を降し、遼東に逃亡した殘餘の樓班等を遼東太守公孫康によって打たせて、烏桓の平定を成し遂げ、降者二萬餘を鄴城附近の諸郡、及び幽、幷二州の州治に移住させるなどしている。從って、宋太宗本に見られる末尾二章の增補時期は、王國維の述べる通り「後漢」の時期、しかもその末期と見るのが最も理にかない、「此二章足證其出於鍾繇、蓋卽繇所續也」と言った推論を考述するのも妥當ではないかと考えられるのである。「建武十二年」の年號を修正すれば、建安十二年の「魏武平冀州破烏桓事」の史實から王國維の「在魏代漢之前」の推論を踏まえて、末二章の續增時期は、西曆二〇七年から二二〇年までの極めて短い十三年間と推算可能となるようである。

第五節　『急就篇』流布の實態

漢代の史游の撰述した『急就篇』は、成書以後、初學、童蒙の字書として多數の人々に諷誦、手寫され修習された。この修習の痕跡は、唐代以前の傳世文獻の中からは、例えば、次のような記事として徵されるものがある。（但し『晉書』は唐代の編纂）

・「鄉曲之徒、一介之士、曾諷急就、習甲子者、皆奮筆揚文、議制論道…」（『晉書』卷五十五「夏侯湛傳」）
・「太宗卽位元年、敕臣解急就章、孝經、論語、詩、尙書、春秋、禮記、周易、三年成訖。」
・「浩旣工書、人多託寫急就章。從少至老、初不憚勞、所書蓋以百數…」（『魏書』卷三十五「崔浩傳」）
・「九歲入學、書急就篇、月餘便通…」（『北齊書』卷四十四「儒林・李鉉傳」）

・「年三十餘、始入小學書急就篇。家人覺其聰敏…」（『北史』巻八十一「儒林上・劉蘭傳」）

・「賓僚霧集、教義風靡。乃討論群藝、商略众書、以爲小學之家、……三蒼、急就之流、微存章句、……」（『隋書』巻七十六「文學・潘徽傳」）

・「十九年、從駕東巡、道病卒、年六十五、謚曰戴。有集六十卷。其所注漢書及急就章、大行於世。」（『舊唐書』巻七十三「顔師古傳」）

これらは、各時代に於ける修學、文字教育の一面を仄かに傳えるものであるが、書寫、誦修の實際は、漢代以來の文化史の動態を示す出土文物資料に證されるところがある。『急就篇』は、文字習得のための課本として諷誦、書寫の對象とされたが、さらに通俗化して後世の『千字文』と同様に、その語詞が一種の次序を示す符號としても使用されているように見られるものが現われていることは注目すべきところである。『急就篇』は木簡、墨書のみならず、さまざまな場でさまざまな素材を用いて寫刻されて、文字文化の廣がりを作り上げていたことが知られるのである。

いまここで、これらの出土文物資料中の『急就篇』に關わるものを記しておくことにしたい。なお、採錄する原文には便宜上、數字でその行の次序を示しておく。

〈『急就篇』刻塼 ― 洛陽出土〉〔I 圖⑪〕

この塼は、後漢の鐫刻で河南省洛陽出土とされている（現在、書道博物館所藏）。塼は長さ31㎝、幅15㎝の長方形のもので、その表面に『急就篇』第一章の冒頭部の二十五文字が刻まれるものである。このうち一行目の最後の文字と三行目の最後の文字は、それぞれ殘缺となっている。書體は隸書を主とするが、八分、草隸、行、楷の各要素を含む形をもっている。因みに、刻文の釋文を示しておくことにする。

1．急就奇觚衆異羅[列]
2．諸物名姓字分別部居
3．不雜廁用日約少[誠]

なお、この刻字は今本等と比較すると、第一行の四字目と五字目との間に「與」字が寫脱されていることが知られる。[11]

〈漢墓塼券『急就篇』―望都漢墓〉〔Ⅰ圖⑫〕

この墓葬は、一九五二年、河北省西部の望都縣城の東方二里にある所薬村から發掘されたものである。墓の前室西耳室の南壁下方に、八句三十二字の四言銘讚が朱書されている。この第五句中に見える「當軒漢室」の語から、

Ⅰ圖⑪『急就篇』刻字塼（洛陽出土）

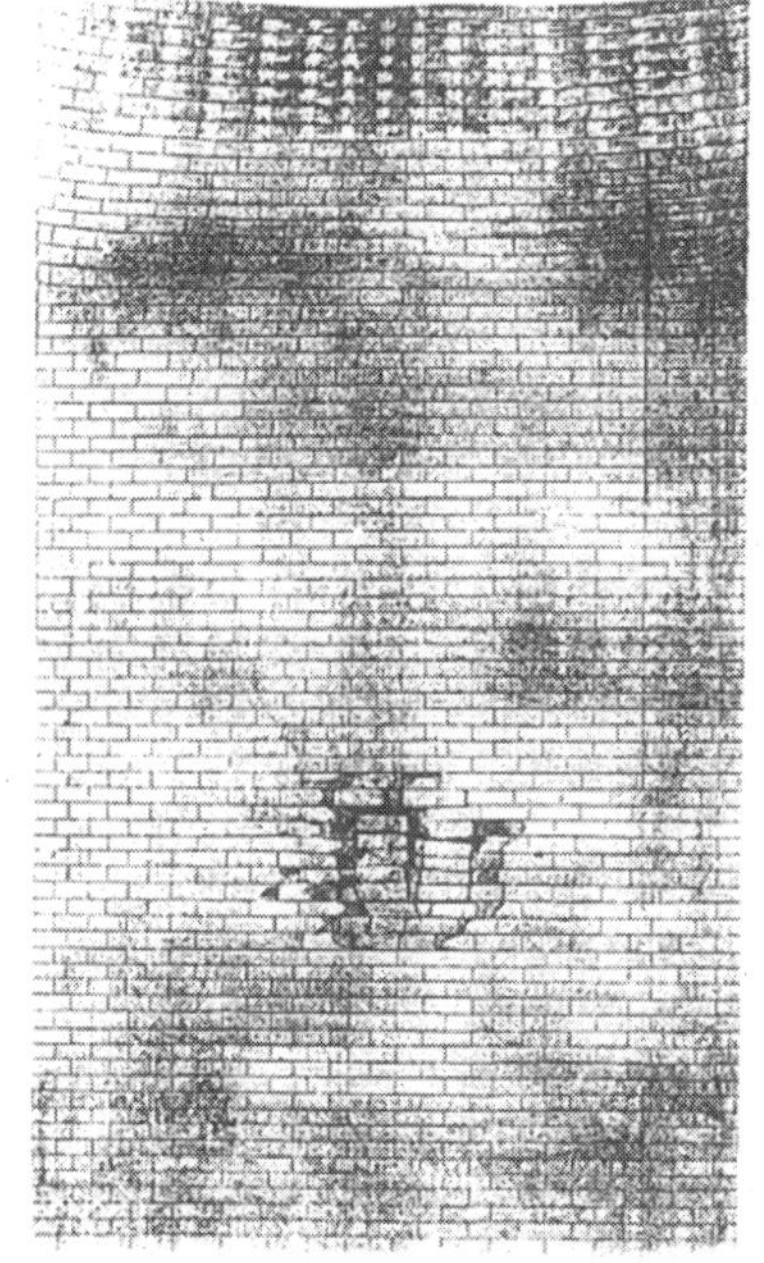

1

2

中室券頂文字摹寫

Ⅰ圖⑫『急就篇』塼券（望都漢墓）

墓葬の年代が確定したという。[12] 墓室の中室の券頂に白石灰で次の文字が書かれている。

1．孝弟之至通於神明　作事甚快與衆異
2．主人大賢賀□日千　酒肉日有師不愛手
3．孝弟堂通於神明源　急就奇觚與衆異

發掘報告書では、特に説明が見られないが、1の「孝弟之至通於神明」は、劉向『新序』「雜事第一」に見られる句であることがわかった。同1の「作事甚快與衆異」は、『急就篇』の「急就奇觚與衆異」に倣った文句ではないかと見られる。3の「急就奇觚與衆異」は『急就篇』第一章の冒頭部の部分である。これらは造墓工人中の識字者、或いはこれを監督する人士の手遊びかとも見られる。

〈漢墓塼券『急就篇』―安平漢墓〉（I 圖⑬）

一九七一年、河北省の冀中平野東南部に位置する安平縣城南東二・五キロメートルの逯家庄村から、後漢時代の塼室墓が發掘された。墓室内に「惟熹平五年」の題記があることから、この墓は、後漢靈

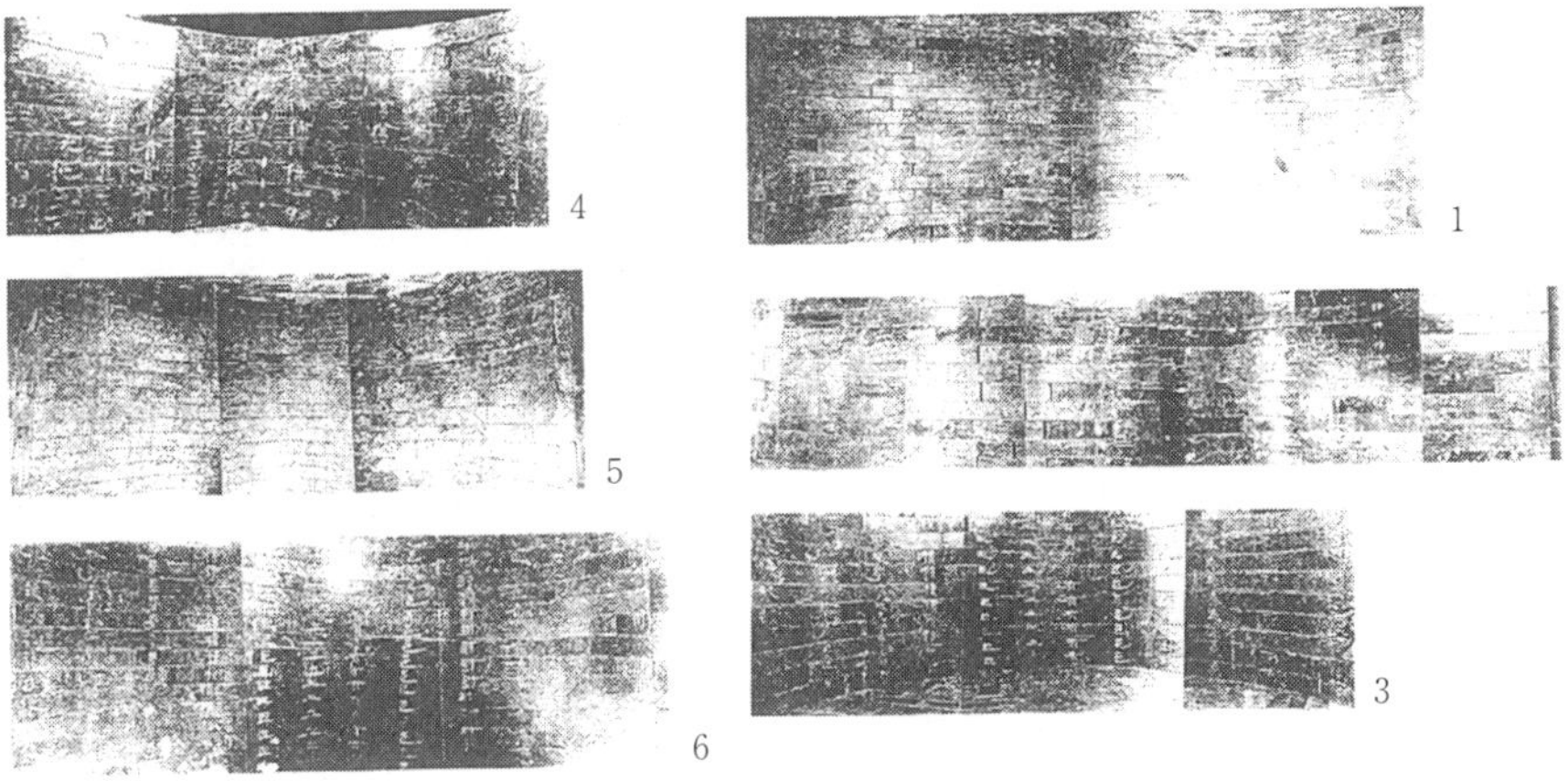

4

5

6

1

2

3

I 圖⑬ 『急就篇』塼（安平漢墓）

帝熹平五年（一七六）のものであるとされている。[13] 墓室壁面に數多くの壁畫が見られるほか、墓壁を構築する塼の表面に白粉漿で筆書きした文字が見られる。この筆書の内容には『論語』「公冶長」と『孝經』「喪親章」の文があるが、このほか、『急就篇』の句文も見られる。發掘報告書によれば、墓室の後中室の左側室壁面と北後室の頂部に各々次の文字が記されていたという。

1.「東列侯封邑有土臣　積學所致」（後中室左側室）

2.「南列侯封邑有土臣　積學所致」（北後室頂）

これらの文字は『急就篇』第二十六章（松江本。宋太宗本は第二十七章）に見られる、

「列侯封邑有土臣　積學所致非鬼神」

の部分に當るものである。同文の十二字が別々の個所に後漢代に盛行した八分體の隷書體で書かれている。後中室左側室の文字の頭部は西から東へと書かれ、その下部に同じ文字が重ねられている。北後室頂の文字の頭部は南から北へと書かれ、その下部に同じ文字が重ねて書寫されている。「列」字の前に記された「東」「南」の文字は、方向を示すものと見られる。これらの文字は、造墓の折、墓室の壁面や券頂を築成する目的でその用材である塼の累積場所を示すために一個一字ずつ記されたものと見られる。というのは、この一塼一字の文字は、墓室壁面等の上下を貫く列ごとに同じ文字となっている上、墓室壁面等が築成された後には石灰で塗沫されている事實があり、筆書した文字を壁面で示すためでなかったことが知られるからである。發掘報告書には、望都漢墓の壁面の文字と同じように「這是砌卷排磚時所寫的字號」と認めている（河北省文物研究所編『安平後漢壁畫墓』文物出版社　一九九〇年一二月　一一～一二頁

を參照)。

ところで、墓壁には何故第一章の句ではなく、二ヵ所とも第二十六章の句を記しているのか。これは單なる無作爲な亂書ではないので、何らかの理由があってこの字句が選ばれ記されていると見られる。恐らくは墓主の身分や人物壁畫の素材ともかかわるところがあってのことと筆者には思われる。同字句が方位を違えた別々の場所に累積される塼の層序に從うかのように記されていることも注目すべき點かと見られる。各方位の塼の層序を示すための便法にこの字句が用いられているとすれば、この字句は次序を示す符號として用いられているものということになり、後世の『千字文』の字句が大量の官號や標識、書籍等を分類、整理する折に利用されている樣子と等しいこととなる。

〈魏刻石『急就篇』―洛陽出土〉〔I 圖⑭〕

このものは、洛陽出土の魏石經の斷石、民國初年に山東圖書館所藏となった二十一石の中に確認されるものである。孫海波編になる『魏三字石經集錄』(14)(『魏三體石經集錄』とも稱す)に、王獻唐氏から贈られた拓本が掲出されている。これを一瞥すると、三片に斷裂した石經を接合して、ようやく八文字分の刻字が確認されることがわかる。孫氏所編『集錄』の「目錄」(三丁裏上)中の「附錄」「古文一體」條の五項目に「逨　與衆異四字」との釋文が記されているが、この他にも判讀可能な文字があり、この斷石に見られる全文字は、

1. □迪東□

I 圖⑭『急就篇』魏刻石(洛陽出土)

2．□□逨□

3．□瓠與衆異羅

と採字できる。これらの八文字は、すべて魏正始刻經に見られる古文體の刻字で、重複するものはなく各字一文字ずつ刻されている。刻字そのものは毎行の上下の芯は揃えているものの、隣り合う行の文字は前後に動きがあり、嚴格な布置のもとには刻されていず、末行の左部にもかなりの空隙があることが觀察される。刻字、布置の状況も、魏の刻經に通常見られる、縦横の方格界線中に一文字を三體ずつ記してゆくものや、二體にするもの、或いは、品字形に三體をならべるものなどとは異なっており、刻された古文の字體は頗る精妙であるため、常日親誦する字句を古文體で習刻しているように見受けられる。文字の内容からすれば、末尾の一行と前二行は脈絡がない様子であり、末尾の一行が口訣識字書『急就篇』の冒頭部の數字を刻したものであることが知られる。この一行については、孫氏は、「與衆異」とのみ採録しているので、この文字の原據については確認していなかったらしい。この文字を『急就篇』の一部とはじめて指摘したのは、書家啓功氏のようで[15]、氏の「『急就篇』傳本考」「六、傳世諸本綜述　甲、隷眞、今草寫本」）中の「四、魏刻古文殘字」にはその解説が次のように記されている。

「字作三體石經古文體、存「瓠」「與」「衆」「異」「羅」五字、首尾二字俱殘、此行之右尚有四殘字、不可辨讀。疑是刻三體石經之石工習刀法時所刻、以其左尚有空處、並無文字也。見孫海波編『魏三體石經集錄　附錄』。」

啓功氏の末行に對する釋讀は的確なものであり、「石工習刀法時所刻」と記している見解は、刻成の状況から見て頗る妥當性のあるものと判斷される。

三國時代は殊に魏の曹操のもとで文學、文章、文字が重んぜられているが、漢代から六朝初にかけて空白ともなっている文字習誦の一面を傳えるものとして、古文體で刻された『急就篇』殘字はきわめて價値高いものと言うことができる。

〈晉代殘紙 ― 樓蘭出土〉〔I 圖⑮〕

この殘紙は、スウェン・ヘディンが一九〇〇年に二回中央アジア探檢で樓蘭において獲得した文書の一つであると言う。長年未公開のまま、ストックホルム市内にある民族學博物館に祕藏されていた。一九九〇年に福田俊昭氏によって初めて日本に紹介され、のちに京都大學の研究班によって再度紹介されるに及んだ。[16]

1. 滿息充申屠夏脩俠公孫都□
2. 仁他郭破胡虞尊偃憲義渠
3. 蔡游威左地餘譚平定孟伯徐
4. 葛咸軻敦錡蘇耿潘扈褚回池
5. 蘭偉房減罷軍橋竇陽始輔福
6. 宣棄奴殷滿息充申屠夏脩俠公
7. 孫都慈仁他郭破胡虞尊偃憲
8. 義渠蔡游威左地餘譚平定孟伯
9. 徐葛咸軻敦錡蘇耿潘扈

I 圖⑮　『急就篇』晉代殘紙（第六章）（樓蘭出土）

この文書を以下の松江本、趙本、顔本、宋本（諸本について本章第三節を參照）をもって校異すると既發表の釋文、解説に不十分なところがあることがわかる。（番號は文書の行を示す）

2「他」―松江本・趙本・顔本同／宋本「化」
「尊」―松江本・趙本・顔本同／宋本「荀」
3　諸本同
4「咸」―松江本・趙本同／顔本・宋本「轗」
「錡」―松江本・趙本同／顔本・宋本「倚」
5「偉」―松江本・趙本・顔本同／宋本「倚」
「始」―松江本・趙本・顔本・宋本「原」
「福」―松江本・趙本同／顔本・宋本「輻」
6「棄」―松江本・趙本同・顔本同／宋本「弃」
「夏」―松江本・趙本同・顔本同／宋本「交」
7「仁」～9「扈」は重複書寫

第一行の殘畫については、先學らは共に表示していない。原本には明らかに殘畫があり、これによって書寫されている文字が釋文可能なので、ここで改めて補充しておくことにした。第六行の「夏」については、福田氏は「顔本」（『四部叢刊』）を底本として「交」としているが、しかし、『叢書集成』所收の「顔本」は、傳世の諸本（宋太宗本のみ「交」）と同樣に「夏」となっている。「夏」「交」兩字の草體は近似するため、この錯誤が生じているように見られる。これについてはすでに王國維が「校松江本急就篇」の注中で指摘している。

ここでこれらの校異の結果を總覽して、再度諸本と比較してみると、第五行の「始」字以外は、最も古態を保持しているとされる松江本、趙孟頫本との異同が見られないのがわかる。寫本の末字「扈」は第六章（松江本、趙孟頫本）の末尾の部分にあたるが、この字の下接部は書寫されていない。この殘紙は第六章までを書寫したものと見做せるようである。天地ぎりぎりまで文字を書き詰め、「滿息」～「耿潘扈」の文を二度にわたって繰り返し書寫しているこの殘紙は、文字諷誦や書字修練の習書のさまを明かすものと言うことができる。

〈晉代殘紙 ― 樓蘭出土〉〔Ⅰ圖⑯⑰〕

これらの殘紙計五片は、スタインが一九一四年に第三回中央アジア探檢の折、樓蘭の遺跡で獲得したものである。殘紙の編號は**LA.Ⅱ.x.04**、**LA.Ⅱ.x.05**、**LC.Ⅰ.x.017**、**LE.Ⅰ.x.4**、**LF.Ⅱ.x.07**とされる。この編號からすれば、これらの殘紙はそれぞれ別な場所からの出土品であることになる。しかし、殘紙の紙質、墨書の内容、書體、及び斷裂面の接合の狀況等からして、これらが元來一紙に書寫されていた『急就篇』の斷裂したものであることが分り、各殘紙は同一地の出土物であったことが判明したわけである。[17]復元された文書の表、裏には共に書寫された『急就篇』第一章の冒頭部分が確認される。

（表）

1. 急奇觚與衆異羅列
2. 諸物名姓字分別部居
3. 不雜廁用日約少誠快
4. 意勉力務之必有憙

5. 急奇觚與衆異羅
6. 列諸物名姓字分別□
7. 居不雜廁用日□少誠
8. 快意勉力務之必有憙
9. 鳳凰飛矣于高岡梧

（裏）

1. 急奇觚與衆
2. 異羅列諸物
3. 名姓字分別部
4. 居不雜廁用
5. 日約少誠快
6. 意勉力務之

表面には罫線が引かれ、その中に毎行やや大ぶりの文字が行七～九字で、九行にわたって（うち、二字の缺字がある）書寫されている。文字數は計七十四字である。第一行～第四行は八分體味を殘す隸書で書き記

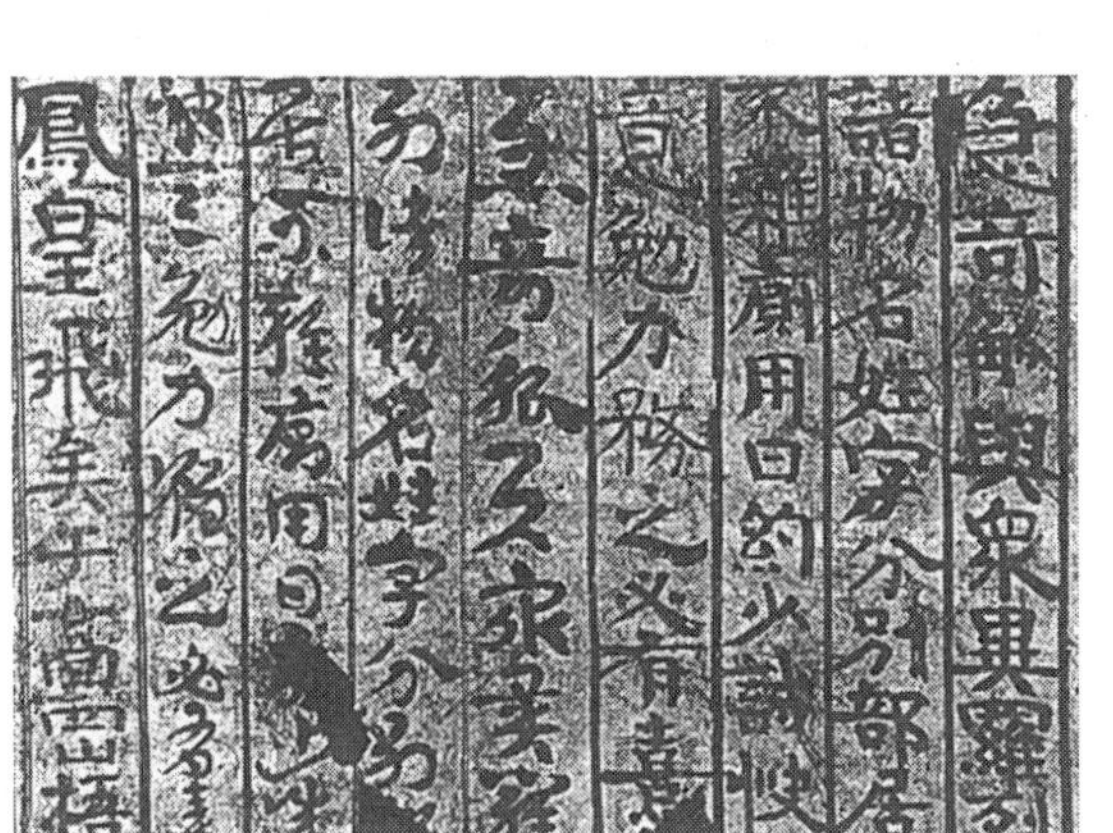

1

Ⅰ圖⑯1『急就篇』晉代殘紙（樓蘭出土）表

されているが、第五行～第八行は章草で書かれている。この様は文字と書體の修習の様子を示すものと言えそうである。なお、本殘紙の表面の末行には「鳳凰飛矣于高岡梧」（『詩經』大雅「卷阿」に「鳳凰鳴矣于高岡、梧桐生矣于彼陽」）の句が書寫されている。何故これが記されたのかは不明であるが、學書、習文の一齣を示す遺例であることは確かであろう。想像を逞しくすれば、『急就篇』の本文に附隨して施注されていた文章の中に、この句が含まれていて、これを學習している中で書寫したとも考えられるところがある。附言すれば、トルファン所出の『急就篇』注文中に類似の句などが見られる（次項のアスターナ三三七號墓（60TAM337：11）出土の麴氏高昌時代寫本古注本『急就篇』第38行注文參照）。

ところで、この『急就篇』の文字を今本と比較してみれば、表の第一行、同第五行、裏の第一行にそれぞれ「就」字が脱落しているのがわかる。この「就」字以外には異同は見られないので、忠實に『急就篇』の字句に從って書寫していることが観察可能である。

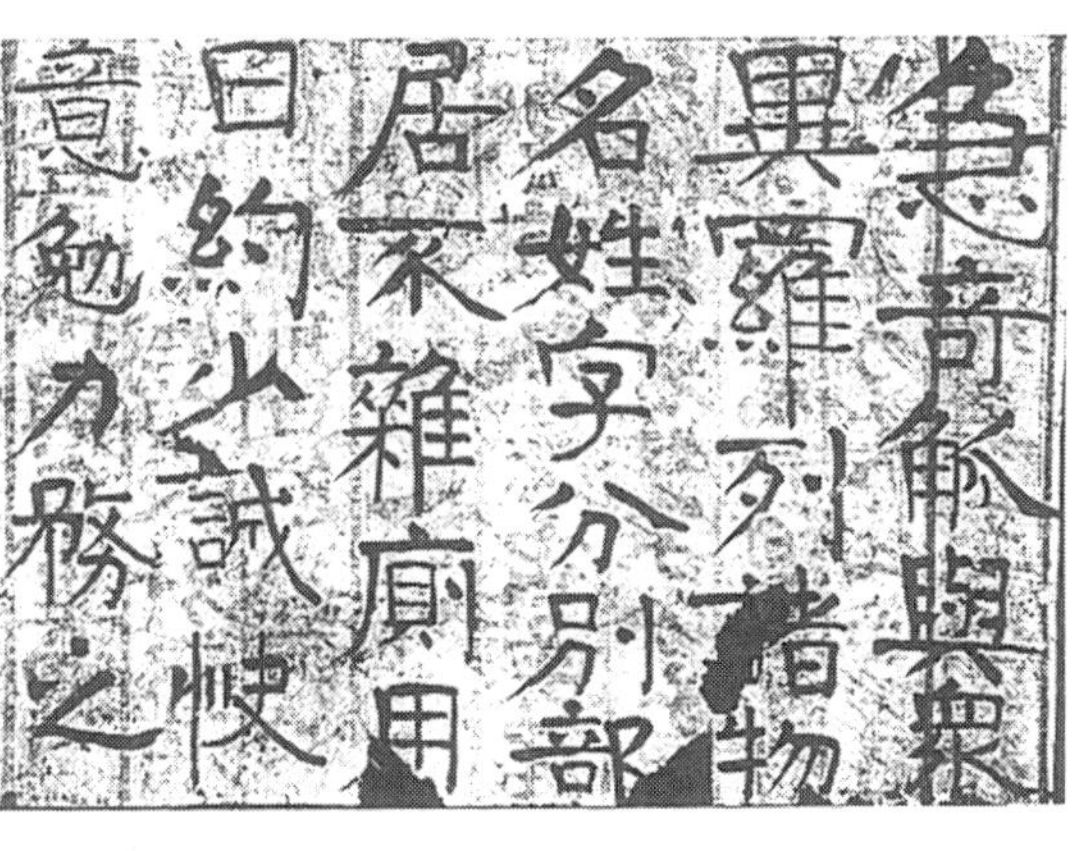

急奇觚與衆
異羅列諸物
名姓字分別部
居不雜廁用
日約少誠快
意勉力務之

2

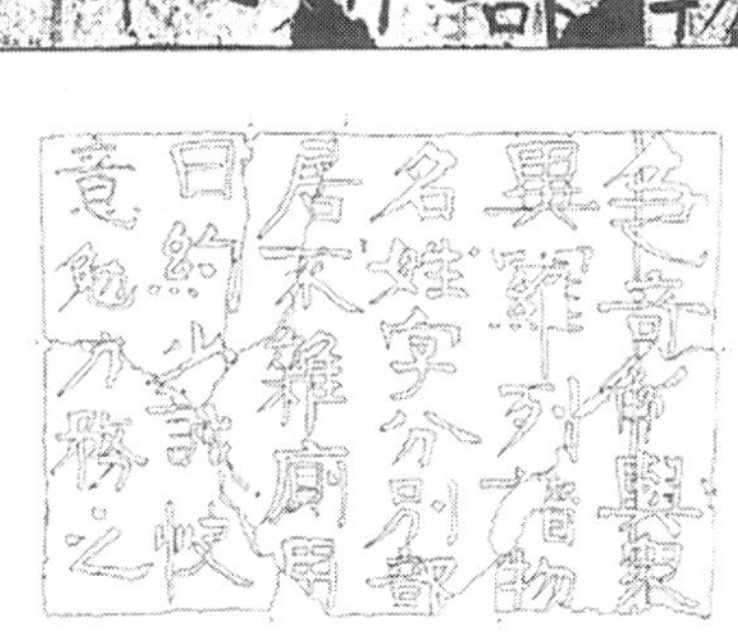

Ⅰ　圖⑯2『急就篇』晉代殘紙（樓蘭出土）裏

〈麴氏高昌時代寫本 ― トルファン出土〉〔Ⅰ 圖⑰〕

この寫本はアスターナ三三七號墓（60TAM337：11）から出土したもので[18]、寫本に「延昌八年戊子歳□寫」の題記が記されている。「延昌八年」とは、麴氏高昌國年代で西暦五六八年にあたる。從ってこの寫本は、七世紀初頭の成書とされる顏師古（五八一～六四五）注本より以前に成立したものであることは明白である。

文書は、七片に斷裂し、書寫題記を含めて計五七行を殘存させている。殘存の寫本の文字からは、漢代の簡牘、及び一部の傳世本に見られる章題は確認できず、その分章の狀況は分明にされ得ないが、現行の宋太宗本の分章狀況などからみれば、この抄本の首行は、第九章の注文の一部と見られ、中間は斷續的に缺失している。末行は第三十四章の本文の「捆泉及敦煌備胡羌」までを抄寫したものであると判斷される。末尾の內容は、松江本、趙孟頫本、及び顏師古本には見られないので、この句文の見られる第三十四章を有する宋太宗本に從って、ここで確認可能な章節を表示しておきたい。

・第一片の1～8行　→　第九章
・第二片の9～17行　→　第十一章
・第三片の18～24行　→　第十四～十五章
・第四片の25～32行　→　第十九～二十章
・第五片の33～40行　→　第二十一～二十二章

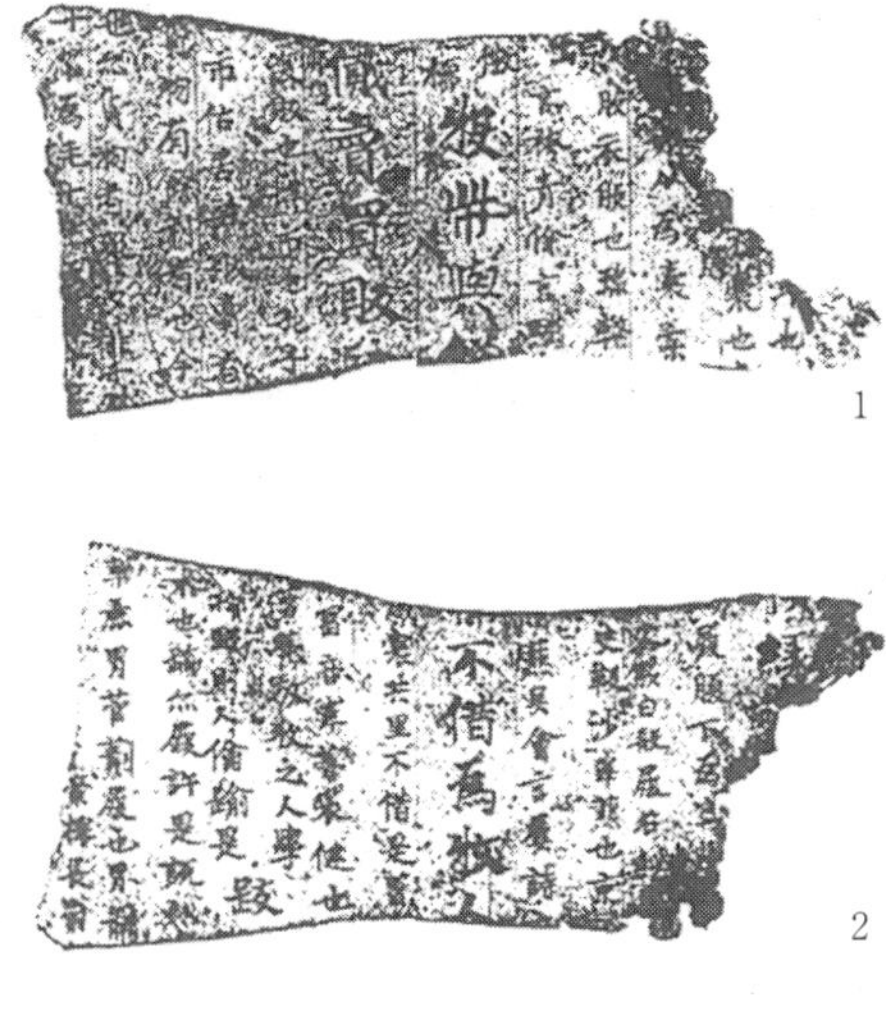

Ⅰ 圖⑰『急就篇』麴氏高昌時代寫本
（トルファン出土）

・第六片の41～48行　↓　第三十一章
・第七片の49～55行　↓　第三十四章

このものは、現存する唯一の完本である顔師注本より古い『急就篇』注本で、北朝代の崔浩の手になる注本の流れを受ける可能性がある極めて貴重な寫本である。(19)

むすびに

『急就篇』の名は、その文章の冒頭の語から附けられたものではあるが、元來「急く就る」、すなわち「識字學習の効果が速成できる」との意を示すための語であったと見られるもので、識字者の養成をはかる諷誦書寫修練の速修課本の宣揚をはかる辭であったように思われる。文字、文章による國の統御を進める法治機構の末端を擔う吏人育成は、法治を施いた秦代以來の急務であったはずで、史游はこの背景のもとに小吏養成の最も效率的な簡便な方法を案出して、この『急就篇』の名を置いたように見られるのである。

『急就篇』の辭句は、その内容上三部に分けられるが、劈頭には本文に先立ち、幼童、初學者が本文を修習すれば、容易に喜悦を味わい得ることになる、との官人登用の道にも就ける旨の推奨の文言が、序として据えられている。因みに、内容を確認する上で、この序を引き、試みに訓讀を施しておくことにする（なお、原文は上記參照）。

「急く（效を）就しむすぶ奇しき觚（に記せるこの書）は、衆（の他の書）と異なり、諸物と名姓の字を羅列ぬ。部居を分け別け、雜ぜ廁ぜざれば、用ひ（習ふ）日約め少きも、誠に意を快くせん。勉め力めて之に務むれば、必ず喜びごと有らん。」

この序段に續くところが、いわば『急就篇』の本文で、「其の章を道べんことを請はん」と答を導く問の形を襲う首句以下は、概ね三部から成っている。先ず「宋延年」以下常套の吉祥句をあしらった單字姓二字名の三文字からなる人名が、百三十二も綴記され、ついで日常頻用される器物、品種、服飾、醫藥、動植物等に及ぶさまざまな呼稱、名乘を述べる七字句が連續する。そして末尾に修學に必須となる基本素材である書籍、處世上の訓戒、行政組織、官職名等に及ぶ文言が列擧されている。それらの修學は、禮と掌故を身につけ、智慧通達を圖り、見聞を增し、官吏志望を實現させ、漢朝隆盛を來すもととしてあると斷言するのである。『急就篇』は、既述した如く、時を經て辭句の增廣、變容を見るところがあるが、何れの時にも、時流に卽した官吏養成の簡便易解の學習課本として用いられている。紙の普及以前の時代から、さまざまな形で、さまざまな土地で書寫されてきた『急就篇』の姿は、文字普及の必要性の高まりと廣がりを如實に示している。樓蘭や居延のような邊境にまで及んでいた『急就篇』の書寫のさまは、法治制を支える漢字文化の底流を明かすものにほかならない。『急就篇』に關わる觚、簡、磚、紙の遺文は、何れも零細なものながら中國に於ける文字文化を把握する貴重な資料と言うことができよう。

注

（1）羅振玉・王國維「小學術數方技書考釋」小學類（『流沙墜簡』中華書局　一九九三年九月）

（2）田中有「『急就篇』漢簡考」『大東文化大學創立六十周年記念　中國學論集』一九八四年

（3）福田哲之「漢代『急就篇』殘簡論考」『島根大學教育學部紀要』（人文・社會科學）第二十九卷一九九五年

（4）福田哲之「中華人民共和國建國後　新獲敦煌漢簡に見出される小學書殘簡」集刊『東洋學』六十九　中國文史哲學研究會　一九九三年

二頁。なお、田中有氏の論考については「新出土漢簡『急就篇』考」『中村璋八博士古稀記念　東洋學論集』一九九六年參照。

（5）前掲注（3）論文

（6）前揭注（1）論文　七九頁
（7）傳統蒙學叢書『急就篇』　嶽麓書社　一九八九年　三三六頁
（8）「校松江本『急就篇』序」（『王國維遺書』4　上海書店出版社　一九八三年九月　二六三頁所收）
（9）前揭注（8）書（二六一～二六二頁所收）
（10）前揭注（3）論文　四四頁、及び注（2）論文　六一六頁
（11）劉正成主編『中國書法全集』第九卷　秦漢金文陶文卷　一九九二年十月　九九頁參照。
（12）北京歷史博物館・河北省文物管理委員會『望都漢墓壁畫』中國古典藝術出版社　一九五五年九月　一三頁、圖版36。なお、『急就篇』文句は圖版34を參照。
（13）河北省文物研究所編『安平後漢壁畫墓』文物出版社　一九九〇年十二月　一〇～一三頁
（14）孫海波編『魏三字石經集錄』（臺灣）藝文印書館　一九七五年「附錄」九
（15）『啓功叢稿』論文卷（一九四六年初稿、一九八〇年修訂　中華書局　一九九九年七月　二三頁）
（16）福田俊昭「樓蘭文書の發見」『東洋研究』九十六　一九九〇年所收、後揭注（17）冨谷至書　一八五頁
（17）赤井清美編『書道資料集成　漢簡』第十一卷「敦煌・樓蘭漢簡（二）」東京堂出版　昭和五十二年六月、侯燦、楊代欣編著『樓蘭漢文簡紙文書集成』天地出版社　一九九九年十一月、冨谷至 編著『流沙出土の文字資料』－樓蘭・尼雅文書を中心に　京都大學學術出版會　二〇〇一年三月にそれぞれ收載されている。但し、先引の二書より『流沙出土の文字資料』の方が文書を精緻に綴合している。（同書二四八～二四九頁參照）
（18）圖版・釋文については、『吐魯番出土文書』貳　文物出版社　一九九六年一月　一三三～一三七頁、及び『吐魯番出土文書』第五冊（簡裝本）一二五～一三〇參照。
（19）周祖謨「記吐魯番出土急就篇　注」『敦煌吐魯番文獻研究論集』（二）北京大學出版社　一九八三年十二月　一七八～一八九頁。　福田哲之「吐魯番出土『急就篇』古注本考――北魏における『急就篇』の受容－」（『東方學』第九十六輯　平成十年七月）、同氏「吐魯番出土『急就篇』古注本校釋」（『中國研究集刊』第二五號　一九九九年十二月）をそれぞれ參照。

〔附記〕

小著の最終稿が完成した後、暫くしてその公刊の準備に入る中で、福田哲之氏の高著『說文以前小學書の研究』（創文社二〇〇四年十二月）が刊行されたことを知った。筆者の小著の各論で言及した福田氏の論考は、すべて同氏が諸誌上に公表されたものであるが、氏の新刊著には小著で扱った論考が一部增補、加筆、改訂されている。筆者の各論は、氏の新刊の著作の補訂等を反映しないままにしてあるため、これに關わる部分は、氏の新刊著を參看、校讀していただきたい。

第Ⅱ部　紙文書から見た童蒙書——敦煌出土の遺文

第一章　敦煌本『注千字文』論考

はじめに

『隋書』『南史』などによれば、史上には複數の『千字文』の注本があったことが知られる。しかし、現在一部のものを除けば、それらの多くは佚亡してしまっている。唐代以前の『注千字文』に關しては、僅かに日本傳存の李暹の注本とされる『上野本』[1]が見られるのみであり、『千字文』の創製地である中國では、それらの傳習の痕跡すら失なわれしてしまっていたようである。ところが、二十世紀の初頭に、敦煌藏經洞から貴重な二點の殘缺本（S.5471、P.3973v）が發見されるに及んだ。この殘缺本の遺文は、唐代までの『千字文』の流布と修習の實態を知り、また『千字文』の古注の具體的な相を理解するための重要な資料と見做される。

本章では、史書に記載される『注千字文』の撰述状況とその撰者の一人である李暹について、また、二點の敦煌本『注千字文』の遺文に對して檢討を加え、唐代に於ける『注千字文』の變容を考察しようとするものである。項末には、この注本を收錄し、全文の校異、注解をも行うことにする。

第一節　『注千字文』の撰述と撰者李暹

『千字文』は、蕭梁代の周興嗣次韻と傳わる書物で、童蒙書の一つに數えられるものである。この書も、世に出されたのち、幼學、童蒙の文字、文章修習の材として多用されるに從って、原句に解説を施す注本が數多く撰述されるようになった。この注本に關しては、例えば、次のように記されるものがある。

「千字文一卷　梁國子祭酒蕭子雲注」（『隋書』卷三十二　經籍志）

「千字文一卷　胡肅注」（『隋書』卷三十二　經籍志）

「王愛文學士、子範偏被恩遇、…使製千字文、其辭甚美。王命記事蔡薳注釋之。」（『南史』卷四十二　齊高帝諸子上・蕭子範　條）

「衆字仲師、好學、頗有文詞。仕梁爲太子舍人。時梁武帝製千字詩、衆爲之注解。」（『南史』卷五十七　沈約傳附沈衆　條）

しかしこれらの注本は、すべて佚亡しており、今に傳わるものがない。ところが、敦煌出土文獻中の『雜抄』には、

「千字文　鍾繇撰　李暹注　周興嗣次韻」

との記述が見られる。この記事は、現在のところ、中國の文獻上に確認される李暹の『注千字文』に言及する最も早い、しかも唯一の例となっている。(2)『日本國見在書目錄』にも、次の文が記されている。

「千字文一卷　周興嗣次韻撰・李暹注・梁國子祭酒蕭子雲注・東駝固撰・宋智達撰・丁覘注」

『雜抄』所錄の李暹『注千字文』のある時期の傳存を示す有力な證しとなるこの記事を裏附けるように、後年、李

暹『注千字文』が確かに日本に傳存していたことが確認された。李暹『注千字文』の日本傳存最古の寫本は、昭和五十七年にはじめて公開され、その實態が詳知されるようになった。この寫本は、上野淳一氏所藏にかかる重要文化財で、藏者に因んで『上野本』とも、また「弘安十年（一二八七）丁亥十二月　日」との抄寫紀年により『弘安本』とも稱される〔Ⅱ圖①〕。『上野本』の全面的な公開は、『千字文』の研究上、重大な意義がある。というのも、舊來不明であった様々の事柄が、これによって明らかにされることになったからである。上述したように『注千字文』が、世に出されたのち、各家が相次いでその注を作った。しかしそのほとんどは佚亡してしまい、この注本に關わる李暹その人も、その注本の成立年代等も、不明となっていた。序文を含む古態を殘す完本である『上野本』は、唯一の『注千字文』傳世本として、舊來、不明のままであったこれらの事柄を甦らせることになったのである。

この書の撰者である李暹その人については、東野治之氏が、『上野本』の序文やこれに關連する『梁書』『魏書』等の史料に基づいて考證を行い、東魏から隋初に生きたと見られる生涯とその中に興起した事件（遣使や侯景の亂等）を究明しており(3)、例えば、李暹その人の官歴や注の撰述の具體的經緯、すなわち、東魏に仕え、蕭梁に遣使し、侯景の亂に遭って、梁域より西京に逃れ、この間、東魏、北齊と移る朝代が更に激動し、北齊の滅亡もあって、舊地へは歸戻できぬまま、『千字文』の注を撰述した様が知られることとなり、『注千字文』の成立年代が、南北朝末、遲くとも隋初と考察されるに至ったのである(4)。因みに、ここでこの『千字文』の注者李暹にかかわる事を附言しておくことにする。

『上野本』の「趙𨑳人邏李」については、「𨑳」字がなぜ正字の偏旁を左右に入れ換える形をとるか不明であり、これを「郡」の誤寫と直斷することも躊躇されるが、出身の地「趙（郡）」と顚倒させた姓名「李暹」を表記するものと見られる。この李暹自身は、序文の後段に綴られるように、東朝（東魏）から楚城に使いする任を奉じた人物であ

Ⅱ 圖①　李暹注『千字文』寫本（『上野本』）

ることが知られる。當時朝使となるには、應分の學殖と人望が求められた實態があることを考慮すれば、史書には徴し得ないが、李暹は、漢代以來の山東の名族趙郡の李氏の後裔と推考可能のように思われる。『魏書』、『北史』等の記事によれば、それまで斷絶していた南朝梁との公的通好が始まった東魏天平三年（梁大同二年、五三六）一二月以降、東魏の司徒侯景が西魏に降り、さらに梁に歸す武定五年（五四七）末まで、東魏から梁への遣使は、ほぼ毎年（半年の時もある）計十三回發されているが、そのうちの半ばに、八名の李姓をもつものが加わっている。この中に、趙郡にかかわる李氏一族の名が四名ほど確認される。當代、文才に優れる北朝きっての名族趙郡の李氏は、しばしば外交に任ぜられていたことが知られる。李暹はこの趙郡の李氏の一門である可能性があり、信憑性が高い彼の自序からすれば、彼が遣使したのは、李緯の出使して歸還した天平五年夏以降のこと、恐らくは武定六年（梁太清二年、五四八）春頃のことであるように推考される。

『纂圖附音增廣古注千字文』（大東急文庫藏　元和三年二月刊〈古活字板〉、以下『纂圖本』と略す）の「梁大夫内司馬」の官銜は李暹の楚地での滞留にかかわると見るよりも『千字文』の次韻者周興嗣の官歴、例えば、安成王國侍郎（『梁書』巻四十九「列傳」第四十三　文學 上「周興嗣傳」）等に影響されて附加された名辭と見た方がよいようである。というのも、梁朝で大官の屬吏に任ぜられる暇もなく、李暹は亂を避け西行し、周地に入ったものと見られるからである。「内司馬」の用語は史書には見られぬが、王府の屬官を言ったまでのことと思われる。

さて、敦煌本『注千字文』は果たして李暹の注本であるのか否か、二種の寫本の首尾は共に闕落しており、撰者については考究する手がかりがない狀態であるが、小川環樹氏は、

「恐らく敦煌の寫本もまた李暹の注本であろうと推定する」(5)

としている。『注千字文』諸本の綜合的研究を進めた山崎誠氏もまた敦煌本『注千字文』と『上野本』を對象とした

詳考を行って、次のように述べている。

「李暹注なるものは、上野本が善くその面目を殘しているが如くに、古朴なもので（中略）敦煌本は恐らく、李暹注に基づき、その杜撰なる所、即ち典故の不確かなものについては、場合によっては注文を完全に差換えて了ったものではなかろうか。…」(6)

極めて魅力的な發言であるが、しかし、山崎氏の考究は、この『上野本』と敦煌本、日本所傳の『纂圖本』との比較であり、敦煌本そのものについての詳考を目指したものではなかった。また『上野本』の詳細な注解を行い、全面公開を行った東野治之氏は敦煌本『注千字文』を釋文、校訂してその評言を記しているが、これも敦煌本『注千字文』そのものを細考するものではなかった。これら山崎、東野兩氏の研究は、舊狀を究める細密な研究と見做すことができるものの、兩氏の未言及の事柄も存在している。ここでこれらを參照しながら、さらに敦煌本『注千字文』そのものの内容等について小考を行うこととする。

第二節　敦煌本『注千字文』の概要と實態

先ず、敦煌本『注千字文』の寫本の狀況について概觀しよう。

敦煌本『注千字文』は、二點の寫本が確認される〔附圖1參照〕。S. 5471本は册子本で、現在十八葉を存す。但し、寫本の斷缺などが隨所に見られる。一方、P. 3973v本は二片に斷裂した卷子本の部分で、前接部に大字で書寫された地志の一部があり、これに後接部に『注千字文』が書寫されている。この兩寫本は共に『千字文』句を大字一行で、注文を小字雙行割注で書いている。敦煌本『注千字文』本文、及び注文の殘存狀況の詳細は以下の通りである。

・S. 5471本：「爲夜光之寶也」（「珠稱夜光」の注文末句）～「食乳跪而飲之、人若違」（「詩讚羔羊」の注文）

・P. 3973v 本：二片に斷裂している。

A片、「推位讓國　有虞陶唐」～「舜有德妻」（「弔民伐罪」の注文前半）

B片、「知過必改」～「尺璧非寶」

S、P本の二種の遺文は、殘紙中に部分的缺失文字をもつものの、語文の異なる部位をも留めていることから、兩者を合わせて「菓珎李柰」～「尺璧非寶」（中間に殘缺の部分も含む）間の、『千字文』原句の五分の一弱にあたる計四十五句を復元することができ、併せて、原句に施された注文の實態を把握することができる。『千字文』原句の第23、24句（推位讓國、有虞陶唐）、及び37、38句（蓋此身髮、四大五常）を各々とりまとめて二句一連として附注する。これ以外の句は一句ごとに附注する形をとっている。また、敦煌本『注千字文』の兩注本は、語文を同じくする部位を留めていることから、彼此校異することができるほか、S本とP本は共に同一系統のものであることが知られる。

敦煌本『注千字文』を綜合的にながめれば、引用文の原據の範圍が頗る廣汎であることが注意される。引用文は經・史・子・集の書籍すべてにわたっており、その中でも儒家の經典からのものが最も多く、唐以前の典籍からのものも、また唐代の著錄からのものも多數存在している。

先ず、『注千字文』に引かれる文中に唐代の變文等の内容が確認されるものの一つとして「女慕貞絜」（本章の末尾にある注釋第41條參照）の句の注文を擧げることとする。

この注文は、ほぼ全面的に韓朋の故事を記した「韓朋賦」[7]の内容（詞語の一部については、傳世本と異なるところもある）を徵引している實態がある。「韓朋賦」の原形に關しては、曾ては概ね晉の干寶の『搜神記』に記されるものとされていたが、近年はその淵源をさらに溯及させる見方が出されている。舊來よりも數世紀前に韓朋の賦のもとになる故事自體の存在を確認しようとすることであるが、これは、一九七九年に敦煌地區の馬圏灣の漢代烽燧遺跡から出土した漢簡中の一部の殘存文字が韓朋の故事を記したものと認められるとした、馬圏灣出土漢簡を研究した裘錫圭氏の考證によって提出された見方である。このため、韓朋の故事は、漢代には生まれていたと見られるようになった。[8][9]

しかしながら、「韓朋賦」自體の初出年代については、定論が見られぬまま、多數の研究者が各々に論を出すのみであった。例えば、那波利貞氏は、逸早く一九三四年に論著を公にしその中で、「大體中唐の末より晩唐にかけての間に製作せられたるものかと察せられる」と述べたが、日本で那波氏の論文の發表された翌年、中國では容肇祖氏が、賦中の用韻の情況に基づいて、「從音韻去考證、可定爲初唐以前、或爲蕭梁間的作品」、或いは、「「韓朋賦」疑是唐以前的作品…」との見解を示し、さらにこの容氏の見方に對し、一部の學者は、愼重な態度を堅持し、「古（筆者注：「古」は「若」の誤植かと思われる）欲證實爲其爲晉至蕭梁作、尙需更有力之旁證」との傍證の必要性を强調し、また一部の學者は、新出資料等に基づき、先論を一歩進めて、「「韓朋賦」產生於唐之前是完全可能的」と發言することがあった。[10][11][12][13]

これら諸氏の研究は、舊說を超えるすぐれた成果をも含むもので、「韓朋賦」に對する認識を年ごとに深化させるものではあったが、現在の時點で、「韓朋賦」を唐以前の作品と論定するには、なお決定的な根據を缺くところがあるように見える。筆者は「韓朋賦」は唐代の賦と認めざるを得ぬところがあると考えているが、これは『注千字文』に引かれる「韓朋賦」の字句中に後述するように唐代以降の人の手になると判斷されるものが見られるためである。

次に、『注千字文』中に含まれる多數の唐代の方言や俗語について一瞥することにする。この具體資料には、例えば、「恭惟鞠養」の句の注文がある。この注文は、直接的に書籍に由來する文言を引くものではないが、記述される孝悌の故事の文中に、當代の術語が確認されるのである。故事中の主人公は張禮と言い、その母は「阿孃」「孃」と稱されており、母に別れを告げ、死に就こうとするとき、「好住」との語が用られている。「阿孃」「孃」「好住」は何れも唐人の習慣的述語であり[14]、これらが次のように唐代、及びそれ以降の詩詞、變文、傳奇故事の文中に多見されるのである。

「阿爺惡見伊、阿孃嫌不悅」（寒山「我有六兄弟」）（『全唐詩』卷九千九十三）
「阿孃何必到如斯、盖是逆兒行事拙。」（『漢將王陵變』）
「舜子抄手啓阿耶、阿耶若取得計阿孃來、也共親阿孃無二」（『舜子變』）
「項託入山游學去、叉手堂前啓孃孃…」（『孔子項託相問書』）
「好住好住王司戶、珍重珍重李參軍」戎昱「送李參軍」（『全唐詩』卷三千二十五）
「子胥別姊稱好住、不須啼哭泪千行」（『伍子胥變文』）
「正當七日、正是往者二人來前、母曰、使人已來、並皆好住。聲絕卽死」（『太平廣記』卷一百九「李氏」）

また「女慕貞潔」の句についても、注文中には貞夫が宋王に對えて辨駁する時に出したことばとして、「一馬不被二鞍、一車不串四輪…」との句が記されているが、この句の後半の句が頗る注意されるのである。出典は未詳ながら、「秋胡變文」を檢すると、そこにもまたこの句と同樣な內容を表現する「一馬不被二鞍、單牛豈有雙車並駕」の句が確認される。「秋胡變文」の句については、項楚氏が「這也是當時的俗語」[15]と當時の俗語と解く旨を述べている。上記の二句は比喩表現の形式から見ても表現の內容から見ても、用語から見ても本質的な部分を同じくするものと推考されるので、「一車不串四輪」も唐代の極めて平易な俗語と見做し得るように思われる。

なお、「女慕貞潔」の句の注文に引かれる「韓朋賦」には「韓朋須賤、結髮夫婦、宋王雖貴、非妾獨有」の一文が見えることも注目される。この文中の「須」字は「必須」の「須」ではなく、句意からしてその義は「雖」であり、近似する發音からの通用字と見えるが、唐代の西北方言が反映したものと言えるようである。これと同じ用例が次のようなものに存在している。

「王陵須是漢將、住在綏州茶城村。」（『漢將王陵變』）

「梧桐樹須大裏空虛、井水須裏無魚。」（『晏子賦』）

「人定亥、君子須貧禮常在。」（『十二時・發憤勤學』）

以上見て來た通り、各種の用字表現の實態からして、敦煌本『注千字文』は、唐人の增删を經て舊貌を變容させていることが明白である。從って、敦煌本『注千字文』はすべて李暹の原注とは見做し得ないのである。

第三節　『千字文』とその注本の流布

本項では、『千字文』『注千字文』の流布にかかわり、これらが後世に與えた影響について考述することにしたい。先ず『千字文』について一瞥する。『千字文』は成書以來、南方から北方に至る廣汎な範圍に急速に流布して行った。すなわち中原地區は言うに及ばず、遠くは西域、甚しくは外域に至るまで、この書が傳播された。この書は識字の教材として、また書法手本として、宮廷から民間、貴人から庶民に至るまでの人々の間で大いに學ばれ、流傳して行った。しかしながら、中國の數多くの典籍の中にあっては、この書は「小學」部門に歸屬させられるだけで、その價値は一段と低く見られ、儒家の經典とも、また六藝の科本とも見做されることがなかった。このため、一般には、この書は、正規の詩詞の文典とも、注疏の根據として用いられる篇籍ともされることがなかったのである。但し、この書の字句の巧妙さや整齊さ、また音韻の諧和の美しさや簡潔な言辭に集約された意趣の深遠さなどは、しばしば文章撰述上の模楷とされることがあり、墓誌、碑碣等の銘文中に次のような模倣表現を殘すこともなった。

「玉出崑阿　有華谷皎然之質　金生麗濱　有榮波潔潤之彩」〔楊厲墓誌　隋大業十二年〕(16)

「策功茂實　賜信牒而光榮　好爵自縻　上帝聞其雅譽」〔敦煌碑銘・沙州釋門索法律窟銘〕P. 4640本（S. 530本）

「寸陰是竟　窮八藏於心源　尺璧非珍　達五乘於性府」〔敦煌碑銘・賈僧正清和尚邈影贊并序〕P. 3556本

科擧制度による官吏選任の影響を受け、文學表現である詩文が空前の發達を遂げた唐代に在っては、『千字文』は往々詠諧や嘲弄の言語遊戲の材料としても徴引され、或いは、これになぞった改作が行われることがあった。例えば、この實情は次のような遺文から知られる。

「進士周逖改次千字文、更撰天寶應道千字文、將進之請頒行天下、先呈宰執。…」〔『封氏聞見記』巻十「慙悚」〕

「帝詔四海贊諸賓　黃金滿屋未爲珍　難煞某乙無才學　且聽歌舞說千文　…天地玄黃辨清濁　籠羅萬載合乾坤
日月本來有盈昃　二十八宿共參辰　…劍號巨闕七星文　珠稱夜光蛇報恩　菜重芥薑續所實　李奈甚珍獻聖君」
〔敦煌雜曲・皇帝感「新合千文　皇帝感辭」〕

「敬白社官三老等、切聞政本於農、當須務茲稼穡、若不雲騰致雨、何以稅熟貢新、聖上臣伏戎羌、愛育黎首、用能閏餘成歲、律呂調陽、…酒則川流不息、肉則似蘭斯馨、…」〔『太平廣記』巻第二百五十二引『啓顏錄』「千字文語乞社條」〕

因みに記せば、「新合六字千文」（S. 5961本）もまたこの一類の背景をもって出現した作品であるが、ただ、このものは、『千字文』の壓縮された内容の平明易化を目指すところがあるので、他のものとは表現事情をやや異にし、その性質も幾分相違するように見える。(17)

このほか、『千字文』は、韻文童蒙書とされるものに引用されることもあった。『太公家教』中の次の句例がこれを示している。

「知過必改、得能莫忘。」（『太公家教』P. 2564本）

「罔談彼短、靡恃己長。」（　同右　）

「女慕貞潔、男效才良。」（　同右　）

「女慕貞潔、男效才良。知過必改、得能莫忘。罔談彼短、靡恃己長。」（『千字文』原文）

次に『注千字文』の後世への影響を見ると、『千字文』の後世への流傳に比べ、極めて僅微であることが知られる。注文自體が早期に散佚したこともあってのことと思われるが、しかし、小さく僅かではあっても、童蒙通俗の教化を企圖する文章の中には、その影響を蒙った句文が確認されることである。『注千字文』と酷似の語句は、初唐の杜正倫の『百行章』(S. 1920本)[18]に次の如く見える。

「雖遭亂代、不爲强暴之勇、俗有傾移、不奪恭美之操」（『百行章』貞行章第十三）

「縦逢哀乱、不爲强暴之勇、俗有傾移、不奪恭美之操」（『注千字文』「形端表正」注文）

また、『太公家教』の中にも、『注千字文』とかかわる次のような表現があることが検出される。

「立身之本　義讓爲先」（『太公家教』P. 2564本）

「立身之道　義讓爲先」（『注千字文』「罔談彼短」注文）、

「近鮑者臭　近蘭者香　近愚者闇　近智者良」「近賢者德　近聖者明」（『太公家教』P. 2564本）

「近愚（者）闇　近聖者明　近穢者晁　近蘭者香」（『注千字文』「墨絲悲染」注文）

これらのものが出された後、『注千字文』の影響の痕跡は見られなくなるが、それは概ね宋代以後のことのようである。『千字文』『注千字文』は後世の著録に對して、ある一定の影響を與え續けた事實がある。しかし後世の著録は、『千字文』『注千字文』の原文の引用をかなり自由に自在に行っていることも確かである。「千字文に曰く」、或いは「注千字文に云く」などと格式ばった言い方を拔きにして、句文が隨意に引用されることも、『千字文』、及びその注文自身のもつ通俗性と該博性に由來することと思われる。

むすびに

以上を總括すると、『注千字文』には已に後人の增補が含まれ、その句文の原態が改變されている箇所があるということになる。結局のところ、何れの時代に補作され、また抄寫轉傳されたのかは、なかなか解き明かし得ないが、抄本の第十八句中の「潛乑（逃）于泉也」（『詩經』では「潛逃于淵」に作る）[19]を見ると、「淵」字が「泉」と改められており、第二十七句の「子雖有道、終是朕人、……何人之有哉」（傳世本『神仙傳』「河上公」條ではこの「人」字を「民」に作り、『太平廣記』卷第十引『神仙傳』「河上公」條でも「民」に作る）、及びその他の數ヶ所でも、同じく「民」字の忌避を行って、かつまた「治」字を忌避していない實態があることから、この寫本の抄寫が唐の太宗の時期に限られるように推考されることになる。それゆえ、本文の補作は、抄寫時期と見られる唐の太宗期、乃至その前と言うことになろう。

史上の典籍の多くは、長久な時の流れの中に於いて、常に變遷の波浪を受けている。典籍の多くは作爲、無作爲にかかわらず、破壞され、遺棄され、焚燒されて、散佚消亡するに至ることが屢々であった。このさまは決して特殊な文化現象ではなく、『注千字文』もまたこうした時の流れのもとにあったと言うことができる。しかしながら、この書は敦煌石窟の中に封藏され、數百年年を經て再び世に現われることとなった。石窟の中にあったことが幸いしたわけである。佚亡の危機を脱して再び世に現われた『注千字文』は、片言を留める殘片ではあったが、童蒙書研究上、俗語、俗文考究上、この上ない貴重な資料と見做されるのである。

なお、敦煌本『注千字文』については、すでに東野治之氏の良好な釋文、校異が公表されているが、原文の内容についての注解は、研究者間では行われていないので、ここで改めて釋文と校異を含めて、出來得る限り内容の注解を試みておくことにする。

〔敦煌本『注千字文』釋文、校異、注解〕

〔凡　例〕

・釋文はS.5471を底本とし、殘缺個所はP.3973により補った。なお、東野治之氏校錄（『上野本 注千字文 注解』和泉書院一九八九年一七二～一八二頁）の原文も參照し、その中の必要なものについては、補校、校異に表記した。

・原文中に倒置符號等がある場合は、その符號に従って語順等を訂正して表記した。

・各句前の數字は、『千字文』原句の順序を示す。なお、雙行割注式表記の原注は、組版の都合上本釋文では單行に改めた。

〔前缺〕

為夜光之寶也

15 ［菓珎李柰］

詩云①、丘中有李、彼留子起1。世説曰②、燕國高道縣③王豊④家好李2、大如鵝3、恐人得種、鑽其核、破而賣之。涼州⑤出柰、堪爲脯、菓中美好者、李柰也。

〔校異〕1子起、『詩經』には「之子」とある。　2好李、『世説新語』「儉嗇二十九」には「有好李」とある。　3鵝、この後に脱字があるか。『上野本』には「鵝卵」とある。

〔注〕①『詩經』王風「丘中有麻」には「丘中有李、彼留之子」とある。　②『世説新語』「儉嗇二十九」には「王戎有好李、賣之、恐人得其種、恆鑽其核、」とある。　③高道縣、通行の『世説新語』諸本には「高道縣」の語が見られない。なお、燕國産出の好李に觸れる記述は、例えば、明代の『珊瑚網』巻十五所收「衡山書拙政園記柄詩長巻」中の詩句に「珍李……其地高阜自燕移好李植其上」「珍李出上都……却笑王安豐家有好李鑽核」などのものが徴され、燕國と好李の關連などがある時代に評言されていたことが知れるので、この句もこのような背景をもって綴られたものと見られる。　④王豊は「王戎」のこと。『晉書』巻四十三「吳平、進爵安豐縣侯…」參照。小川環樹氏は「王戎は安豊侯に封じられたことから、王安豊とも呼ばれた。李注の「王豊」は「王安豊」の誤りであろう。」と述べている[20]。しかし、これは誤りではなく、「諸豊」→諸葛豊（『蒙求』）の例などのように句形を整え字數を調える上での略記表現で、當時の一般的な表現の一つと見てよいであろう。なお、元代の「王氏農書」巻九所載の「李」條には「昔王安豊家有好李鑽核……」などの文があり、「家有好李」の句が節略され「家好李」とされる可能性があることも指摘できる。

⑤涼州、現在の武威縣。『初學記』巻二十八「柰第二」所引の『廣志』には、「柰有青白赤三種。張掖有白柰、酒泉赤柰、西方例多柰。家以爲脯數十斛、以爲蓄積、如收藏」とある。張掖は西漢に置かれた郡で、現在の武威市東南張義堡を中心とした地域、西晉にはその名が廢され、隋代大業二年（六〇六）に酒泉縣（現、張掖市）と改められている。

16 〔菜重芥薑〕

趙國出芥、食之香美、子①可為醬、論語曰②、魚膾芥醬之屬、不1云③、不徹2薑食、曰此二物皆好也。

〔校異〕1不、「又」の誤寫であろう。　2徹、傳世本は「撤」に作る。『論語集解』（敦煌本P.3305）「鄕黨」第十には「不徹薑食（孔曰）徹、去。齊禁薰物、薑辛而不臰、故不去也」と記す。

〔注〕①子、植物の種、果實の意。『世説新語』「雅量」に「樹在道邊而多子、子必苦李」とある。②『論語集解』「鄕黨」に「不得其醬、不食。（馬曰）魚膾非芥醬不食」と見える。③『論語集解』「鄕黨第十」に「不徹薑食」と見える。

17［海鹹河淡］

吳賦都1曰①、煮海成塩、故曰海鹹、不論煮河、故宜河淡也。

〔校異〕1吳賦都、「吳都賦」の誤寫であろう。

〔注〕①『文選』巻五　左太沖「吳都賦」に「煮海爲鹽〈善曰、史記曰、吳有豫章郡銅山、吳王濞則招致天下亡命者、盜鑄錢、煮海爲鹽、國用富饒〉」が見える。

18［鱗潛羽翔］

鱗者黿龜鼉之屬、有冀翔於林野、故詩①、匪鶉匪鳶、翕1飛戾天、匪鮪匪鳶、潛北2于泉3也。

〔校異〕1翕、傳世本『詩經』には「翰」とある。敦煌本伯2978にも「翰」とある。『詩經』小雅「小宛」、及び同「四月」の「翰飛戾天」句參照。「翰」は或いは「⿰龺翕」と作る。「⿰龺翕」の左邊の脫略があって「翕」となったのではないか。2北、「逃」の誤寫であろう。『詩經』は「逃」に作る。32句の校異1參照。3泉、『詩經』には「淵」に作る。「淵」を「泉」に換えるのは唐諱（高祖の名を忌避）と見られる。

〔注〕①『詩經』小雅「四月」には「匪鶉匪鳶、翰飛戾天、匪鱣匪鮪、潛逃于淵」とある。

19［龍師火帝］

春秋傳曰①、伏羲氏之王天、以龍治事、龍瑞以龍記、火帝氏、以火記事。

〔注〕①『春秋左氏傳』「昭公十七」條の傳、及びその注には次のように見える。「郯子曰、吾祖也、……炎帝氏以火紀、故爲火氏而火名。（杜注）〈炎帝、神農氏、姜氏之祖也。亦有火瑞、以火紀事、名百官〉……大皥氏以龍紀、故爲龍氏而龍名。（杜注）〈大皥、伏羲氏、風姓之祖也、有龍瑞、故以龍命官〉

20〔鳥官人皇〕

春秋曰①、人皇之時、以鳥記官、祀[1]鳩氏為司徒、鴡鳩氏為司馬、尸[2]鳩氏為司空、爽鳩氏爲司寇、以鳳皇知天時、故鳥名暦正之官也。

〔校異〕1祀、『左傳』には「祝」とある。　2尸、『左傳』には「鳲」とある。

〔注〕①『春秋左氏傳』「昭公十七」條の傳、及びその注には次のように記されている。「我高祖少皥摯之立也、鳳鳥適至、故紀於鳥、爲鳥氏而鳥名、鳳凰氏、暦正也。杜注：〈鳳鳥知天時、故以名暦正之官。〉…祝鳩氏、司徒也。鴡鳩氏、司馬也。鳲鳩氏、司空也。爽鳩氏、司寇也」

21〔始制文字〕

昜[1]曰①、上古之時、刻木結繩、三丈二寸、而後世聖人易之以書契。皇帝史官蒼頡②、見鳥跡[2]、而造文字、自斯之後、文字漸興、故記之也[3]。

〔校異〕1P本はこの注を「推位讓國、有虞陶唐」條下に収めている。　2跡、P本には「赫」とある。　3之也、P本にはこれを缺く。

〔注〕①『周易』「繫辭下」には「上古結繩而治、後世聖人易之以書契」とあり、『尚書』序には「古者伏羲氏之王天下也、始畫八卦、造書契、以代結繩之政、由是文籍生焉」とある。②『呂氏春秋』審分覧「君守」には「蒼頡作書」とあり、その高誘注には「蒼頡生而知書、寫倣鳥跡以造文章」とある。『說文解字』敍にも「黃帝之史蒼頡、見鳥獸蹏迒之迹、知分理之可相別異也、初造書契…」との文が見える。

22〔乃服衣裳〕

自伏義[1]氏以前、人代[2]淳朴、無其文字、唯尅木結繩①、以記其日、至伏羲[3]氏王天下、人氏奸[4]僞[5]、故計教而用、治之十言、謂八卦、与消自[6]、昜曰②、古孝[7]伏羲[8]氏王天下[9]、始畫八卦、由此言、又[10]藉之字、始制、昜曰③、古者結縄而治、後世由此、文藉制、易聖王、易曰[11]之以書契、以服衣裳、始皇帝舜也。易曰④、黄皇帝[12]尭舜、垂衣裳、以始[13]天下、蓋取諸乹坤、繫辞詳之矣。

〔校異〕1義、「羲」の誤寫であろう。以下3、8も同じ。　2代、恐くは「民」の避諱（太宗の名を忌避）であろう。　4氏奸、原本は「奸氏」に作るが、「奸」の右側下に倒置符があるため、改めた。なお「奸」は『玉篇』「女部」には「奸、同姦、俗」と見える。　5僞、原本には「為」に作るが、誤寫であろう。　6自、文意上「息」の誤寫か。なお『易經』「坤」には「天地盈虚、與時消息」の句がある。　7孝、「者」の誤寫か。『尚書』序では「古者」に作る。　9王天下、『尚書』序には「之王天下」とある。　10又、「文」の誤寫であろう。　11易曰、「易」は「易」の誤寫、「曰」は衍字であろう。注③の内容參照。　12黄皇帝、『易』「繫辭下」には「黄帝」とある。　13始、文意から恐くは「治」の誤寫であろう。

〔注〕①21條注①參照。　②「易曰」以下の内容は『尚書』序に見える、21條注①參照。　③『周易』「繫辭下」には「上古結繩而治、後世聖人易之以書契…」とあり、原本中の「後世由此」～「始皇帝舜七」にはかなりの錯亂があると見られる。　④『周易』「繫辭下」には「黄帝堯舜垂衣裳而天下治、蓋取諸乾坤」とある。

23　24［推位讓國、有虞陶唐］[1]

史記曰①、帝尭、名放勛、黄[2]帝之玄孫、舜名重華、尭年十六、封為唐侯[3]、故号陶唐、虞芮[4]之地、号曰有虞、尭聞舜有聖[5]徳、妻其[6]二女、推位与之、舜復推禹、故言推位讓國、有虞陶唐二君。

〔校異〕1唐、P本には「堂」とある。　2黄、P本には「皇」に作る。　3P本の「爲唐侯」～「德妻」までの22字は「弔民伐罪」句中に見られ、「始制文字」句の注文をここに記している。恐らくは錯亂によることであろう。　4芮、東野氏は「芮」に採字。　5聖、P本にはこの字を缺く。　6「其二女」～「二君」、P本にはこの注文を缺く。

〔注〕①『史記』「五帝本紀」には「帝堯者、放勳。…虞舜者、名曰重華。…舜年二十以孝聞。三十而帝堯問可用者、四嶽咸薦虞舜、曰可。於是堯乃以二女妻舜以觀其内、使九男與處以觀其外。…自黄帝至舜、禹、皆同姓而異其國號、以章明德。故黄帝爲有熊、…帝堯爲陶唐、帝舜爲有虞」とある。

25〔弔民伐罪〕

弔者怜恤之義、紂王無[1]道、百姓困苦、周武王[2]愍[3]百姓之酷暴、興盟津之上、八百諸侯[4]①、不期而主自咸討可伐也、伊尹相湯、伐桀之、走鳴條之野②、亦為弔人[5]、伐其有罪之君、八百諸侯、於甲子日、同志討之、率其旅、若林會於牧野③、紂之兵人、干戈自口（繫?）、血流漂杵[6]、一着戎衣、天下定、万姓得君、武王若早苗之蓬滋雨、悉皆蘇耳、故書曰④、待我舌[7]之来其蘇息、此其事也。

〔校異〕1無、P本は「无」に作る。　2、P本は「周武王發」に作る。　3『玉篇』心部には「愍、同慜」とあり、陳垣『史諱舉例』第三には「〝慜〟字作〝愍〟爲避諱借用」と説かれる。　4「八百諸侯」〜「男效才良」までの本文とその注文は、P本にはこれを缺く。　5人、「民」の避諱であろう、但しこの句の標題では「民」に作る。　6杵、東野氏は「并」に採字。　7舌、「君」の誤寫であろう。『尚書』では「君」作る、本條注④參照。

〔注〕①『史記』「周本紀」には「九年、武王上祭于畢。…是時、諸侯不期而會盟津者八百諸侯…」とあり、同記事は『史記』「殷本紀」にも見える。　②『尚書』「湯誓」には「伊尹相湯伐桀、升自陑、遂與桀戰于鳴條之野、作湯誓」とある。　③『尚書』「武成」には「甲子昧爽、受率其旅若林、會於牧野、罔有敵于我師、前徒倒戈、攻于後以北、血流漂杵、一戎衣、天下大定」とある。　④『尚書』「仲虺之誥」には「攸徂之民、室家相慶、曰、徯豫后、后來其蘇。孔傳〈湯所往之民皆喜曰、待我君來其可蘇息〉」とある。

26〔周發殷湯〕

周發者、武王之名、殷湯者①、成王[1]之号、桀無道、湯湯[2]伐之、紂無道、周武王伐之②、此二君、皆為怜[3]恤養生、伐無道之君。

〔校異〕1成王、史書では「成湯」に作る。　2湯湯、「成湯」或いは「殷湯」（殷の成湯）の誤寫であろう。　3怜、東野氏は「怜（矜）」に採字するが、「憐」の俗字「怜」であろう。『箋注本切韻』には「憐、愛。俗作怜」、『干祿字書』には「怜憐：上俗下正」と見える。

〔注〕①『史記』「夏本紀」には「湯修德、諸侯皆歸湯、湯遂率兵以伐夏桀。桀走鳴條、遂放而死」とある。②『史記』「殷本紀」には「周武王於是率諸侯伐紂。紂亦發兵距之牧野。甲子日、紂兵敗。紂走、入登鹿臺、衣其寶玉衣、赴火而死」とある。

27〔坐朝問道〕

昔尭舜帝①有天下、舉十六族、任以為政、並得其人、故端坐朝堂、垂拱無為、問主治道之事、一解云、漢孝文帝②時、合国朝臣、皆誦老子道德経五千文、不解數字之義、天下莫能知者、問河上公、暁於老子之義、文帝造使、往諮請不解者、河上公曰、道德貴重、安遙問、帝駕從而往問、文帝曰、普天之下、莫非王土、率土之人、莫非王臣、子雖有道、終是朕人、不能自屈、何乃高乎、朕足1使公富貴貧賤、只可須臾、何得寛漫、要朕自至也、何2上公忽然從坐、躍身苒々在虚、昇雲而去、々地十丈、答於帝曰、上不至於天、下不復地、中不累人、逍遙而自安、何人之有哉、能令余富貴貧賤、帝見於此、恐懼下車、稽首拜謝、摧肝膽而請問道德之義、故曰、坐朝問道、坐朝於国、問道於何濱也。

〔校異〕1足、東野氏は「呈」に採字するが、字形、文意上からも「足」であろう。（張涌泉『敦煌俗字研究』五六七頁、「足部」參照）。　2何、「河」の誤寫であろう。

〔注〕①『史記』「五帝本紀」には次のような文が見られる。「昔高陽氏有才子八人、世得其利、謂之「八愷」。高辛氏有才子八人、世謂之「八元」。此十六族者、世濟其美、不隕其名。至於堯、堯擧八愷、使主后土、以揆百事、莫不時序。擧八元、使布五教于四方、父義、母慈、兄友、弟恭、子孝、內平外成」　②漢孝文帝と河上公のことは、敦煌本「老子道德經序訣」（S.75）や文淵閣『四庫全書』本『神仙傳』「河上公」條、『太平廣記』卷十引『神仙傳』「河上公」條等參照。但し、現行本『太平廣記』には「朕足使公、富貴貧賤、只可須臾、何得寛漫、要朕自至也」文が見られない。

28〔垂拱平章〕

書曰①、九族已睦、平章百姓、昭明邕々、而化天無為、端拱無事②、故平章百姓、尭舜如此也。

〔注〕①『尚書』「堯典」には「克明俊德、以親九族、九族既睦、平章百姓、百姓昭明、協和萬邦」とある。②『周易』「繫辭下」には「黃帝堯舜、垂衣裳而天下治」、『尚書』「武成」には「惇信明義、崇德報功、垂拱而天下治」とある。

29〔愛育黎首〕

礼記曰①、愛育万物、詩云②、公能遵百（伯）禽之法、捨（儉）以足用、寛愛人黎、務香国1、至於坰野。黎者衆人也、首者渠師者大也、令之合長、明王治道、尭舜禹湯、并周武、悉皆愛育蒼生故。

〔校異〕1務香國、至於坰野、『詩經』には「務農重穀、牧于坰野」の句があり、これに基づくが、誤寫、脱字があると見られる。「務香國」は元來「務農重穀」とあるべきもので、「農」が書き落され、「重」が書寫される中で「香」と訛誤されたものと見られ、さらに、「重」の字義と熟字用例に影響されて「穀」の同音字である「国」が抄寫されてしまったものと見られる。なお、「牧于坰野」の原句を原本では「至於坰野」としているのは、『尚書』「仲虺之誥」の湯の故事に關わる文中の「至于大坰」の語に影響を受けたためであろうか。

〔注〕①『禮記』「哀公問」には「古之爲政、愛人爲大」とある。②『毛詩詁訓傳』魯頌「駉」には「駉、頌僖公也。僖公能遵伯禽之法、儉以足用、寛以愛民、務農重穀、牧于坰野」とあり、また『藝文類聚』第九十三巻「獸部上」等にこの文が引かれている。

30〔臣伏羗戎1〕

明王治道、遐荒慕化①、梯山海2、貢寶輸琛而祀、戎羗敢不従命②、又武王伐紂之時、有庸蜀羗3微盧彭濮③人等八國、皆羗之國、不伐不許、皆来臣伏之也。

〔校異〕1羗戎、「戎羗」の誤寫であろう。注文には「戎羗」と見える。「羗」は「羌」の俗字。　2梯山海、梁の簡文帝「大法頌并序」には「航海梯山」とある、本項注②參照。　3「羗」のあと「髳」字を脱すか。『尚書』「牧誓」に「庸蜀髳羗微盧彭濮」が見える。

〔注〕①『詩經』商頌「殷武」には「昔有成湯、自彼氐羌、莫敢不來享、莫敢不來王、曰商是常」とある。　②梁の簡文帝「大法

并序」には「…航海梯山、奉白環之使、戴日戴斗、靡不來王、太平大蒙、無思不服…」とある。③『尚書』「牧誓」には「及庸蜀羌髳微盧彭濮人」とある。④『尚書』「旅獒」には「惟克商、遂通道于九夷八蠻。孔傳〈四夷慕化、貢其方賄、九八言非一、皆通道路、無遠不服〉」、「嗚呼、明王愼德、四夷咸賓、無有遠邇、畢獻方物…〈天下萬國無有遠邇、盡貢其方土所生之物〉」とある。

31［遐迩壹體①］

遐之言遠、迩之言近、明王治道、万国来賓②、伯来朝、歳星③入出、呪於之類、能不一幹、帰仁也④。

〔注〕①司馬相如「難蜀父老」には「以偃甲兵於此、而息討伐於彼、遐邇一體、中外禔福、不亦康乎」とある。②万国来賓、『樂府詩集』巻一六「郊廟歌辭・周朝饗樂章・康順」には、「鴻鈞廣運、嘉節良辰。列辟在位、萬國來賓、干旌屢舞、金石咸陳。禮容既備、帝履長春。」の句が見える。

③歳星、『史記』巻二十七「天官書」「歳星順逆」の句の正義には〈天官（占）云〉:「歳星者…其色明而内黄、天下安寧。…見則喜。其所居國、人主有福、不可以搖動。人主怒、無光、仁道矣。歳星順行、人德加也…」とある。④『尚書』「舜典」には「柔遠能邇、惇德允元、而難任人、蠻夷率服」とある。

32［率賓帰王］

王者往也、聖人受命、何不帰往也、文王在岐州①之日、徳化慈愍、名流四表②、紂之無道、百姓兆1亡、皆来奔周、赴其仁聖、負其子而至者、有八十万戸、皆来帰往③、王有埋蔵枯骨之功、湯王有開恩之恵、以此慈流、九夷帰往、故彦云、湯繫解、四海帰仁④、周骨見埋、九夷内附也。

〔校異〕1乖、「逃」の誤寫であろう。18條の校異2參照。

〔注〕①岐州、或いは岐周。『淮南子』「要略訓」には「文王四世纍善、修德行義、處岐周之閒、地方不過百里、天下二垂歸之」とある。②四表、『尚書』「堯典」には「光被四表、格于上下」とある。③『詩經』大雅「文王有聲」には「鎬京辟廱、自西自東自南自北、無思不服。（鄭箋）…自由也、武王於鎬京行辟廱之禮、自四方來觀者皆感化其德、心無不歸服者」とある。④四海、

『爾雅』「釋地第九」には「九夷、八狄、七戎、六蠻、謂之四海」、『詩經』小雅「蓼蕭」序には「蓼蕭、澤四海也。（鄭箋）九夷、八狄、七戎、六蠻、謂之四海。〔孔疏〕正義曰、作蓼蕭詩者謂、時王者恩澤被及四海之國也」とある。

33〔鳴鳳在樹〕

詩云①、鳳皇鳴矣、于彼高崗、梧桐生矣、于彼朝陽、鳳皇非梧桐不栖、非竹實不食、周文王在岐州之日、有鸑鷟鳴岐②、武之時、集於豊③戸、明王聖主、鳳皇而来也④、見於道有王。

〔注〕①『詩經』大雅「巻阿」には「鳳皇鳴矣、于彼高崗、梧桐生矣、于彼朝陽。（鄭箋）…鳳皇之性非梧桐不棲、非竹實不食」とある。②『竹書紀年』巻上「殷文丁」には「十二年（原注周文王元年）、有鳳集于岐山」とあり、『國語』「周語上」には「周之興也、鸑鷟鳴于岐山。（韋昭注）鸑鷟、鳳之別名也。」とある。③豊、『尚書』「武成」には「王來自商、至于豊。（孔疏）豊、文王所都也。」とある。④『論語』「子罕」には「子曰、鳳凰不至、河不出圖、吾已矣夫。（孔安國訓解）孔曰、聖人受命則鳳鳥至、河出圖、今天無此瑞、吾已矣。夫者、傷不得見也、河圖八卦是也。」とある。

34〔白駒食場〕

白駒者即騏驎也、明王之時、有聖人、乘白駒来朝、詩云①、皎々白駒、食我場苗、縶之維1、以永今朝、縶猶伴2也。

〔校異〕1『詩經』によればここに「之」の脱字が見られる。　2伴、鄭箋には「絆」に作る。

〔注〕①『詩經』小雅「白駒」には「皎々白駒、食我場苗、縶之維之、以永今朝。（毛傳）縶、絆維繋也。（毛傳）宣王之末、不能用賢、賢者有乘白駒而去者。（鄭箋）願此去者、乘其白駒而來」とある。

35〔化被草木〕

周家恵1厚、仁及草木、故能内2九族、以成福禄①、漢書曰②、沈豊字聖通、呉人也、作冷陵太守、甘露降五縣、芝草七十株、景帝暢3黄金百溢4③曽④百疋、張衡京都賦曰⑤、澤祲（浸）昆虫、振威八寓故也。

〔校異〕1恵、『詩經』大雅「行葦」序には「忠」に作る。　2内、抄寫時「睦」を脱したか。『詩經』大雅「行葦」序には「内睦」に作る。　3暢、「賜」の誤寫であろう。　4溢、「鎰」の同音の通用字。『戰國策』「秦策」一には「黄金萬溢」（宋の鮑彪注本には「鎰」に作る）、『史記』「平準書」には「黄金以溢名、爲上幣」（裴駰〈集解〉所引の孟康の語には「二十兩爲溢」と記す。）とある。

〔注〕①『詩經』大雅「行葦」序には「周家忠厚、仁及草木。故能内睦九族、外尊黄耇、乞言、以成福祿焉」とある。　②班固『漢書』、范曄『後漢書』の傳世本にはこの句が見られないが、『養老東觀漢記』卷十九「沈豊」條には「沈豊、字聖達、爲零陵太守、…到官一年、甘露降、芝草生」とある。　③溢は「鎰」、「二十兩」、或いは「二十四兩」を指す。『國語』「晉語」二「黄金四十鎰、…請納之左右」の文の韋昭注には「二十兩爲鎰」とあり、『孟子』「公孫丑」下「於宋、餽七十鎰而受」の文の趙岐注には「古者以一鎰爲一金、一鎰是爲二十四兩也」と見える。　④曽、同音字「繒」の誤寫、或いは略字か。『説文解字』「繒、帛也」、『急就篇』顔師古注「繒者、帛之總名、謂以絲織者也」と見える。　⑤張衡「京都賦」には「澤侵昆蟲、威振八寓。（李善注）毛詩序曰、文王德及鳥獸昆蟲焉。」とある。

36〔頼及萬方〕

賴者被也、及者至也、萬方万国也、文王之時、及万國万方、百姓無不被恩及者①、又雲1禹察塗山②、執王2帛者、万国孝也。

〔校異〕1雲、「云」の同音字の誤寫であろう。　2王、「玉」の誤寫か。『左傳』「哀公七年」の同文に「玉」が見える。

〔注〕①『尚書』「呂刑」には「一人有慶、兆民賴之」、同「大甲」には「天監其德、用集大命、撫綏萬方」とあり、司馬相如「難蜀父老」にも「…六合之内、八方之外、浸潰衍溢、懷生之物有不浸潤於澤者、賢君恥之」とある。　②『左傳』「哀公七年」には「禹合諸項於塗山、執玉帛者萬國。（杜預注）諸侯執玉、附庸執帛」とある。

37　38〔蓋此身鬚、四大五常〕

盖者語之端、八尺之身惣1名、四大五常者、仁義礼智信。孝経曰①、人懐五常之性、常者恒也、在天為五星、在地為五常。四大者即肉為地大、血為水大、暖為氣2火大、冷氣為風大、此置3四大②。五星者、東方歳星、南方熒或4、西方太白、北方辰星、中央鎮星也。五岳者、東有太山、南有霍山、一名衡山、西有華山、北有恒山、中有嵩山、此皆恒常之故也。

〔校異〕1惣、「總」に同じ。 2為氣、「氣為」を前後顚倒していると判断される。後接句中の「冷氣」に對應する部分と見られる。 3置、「此」「四」の間の右側に添書して、「胃（謂）」の俗字の誤寫か。45句〔罔談彼短〕校異3、5參照。 4或、「惑」の通用字。『易經』「乾」には「九四、重剛而不中、上不在天、下不在田、中不在人、故或之。或之者、疑之也、故無咎。」、『漢書』「霍去病傳」には「青之與單于會也、而前將軍廣、右將軍食其將軍別從東道、或失道。（顔師古注）或、迷也。」とある。

〔注〕①この句は通行本『孝經』には見られないが、『孝經述義』には「人有五常、仁義禮智信、法地之五行也」の句がある。 ②『纂圖本』には「四大者地水火風 乃然成□、地爲骨肉大、水爲血大、火爲氣大、風爲金氣大、此四大成身也。」とある。

39〔恭惟鞠養〕

夫王1身之道、惟恭与孝、色養二親、雖遭凶年、父母不之、昔孝巳2、一夜視衣厚薄、枕之高下①、此恭於二見3、敬上愛下、此施於他人、欲敬其親、先敬他人、此名恭惟鞠養②、□□離在家、竭力以養老母、時有羌賊、在田捉□□之礼叩頭曰、戎4有老母在家、我為取菜供養、君若煞我、老母交闕朝飡、願君放我、作羹与母食訖、我即自来就死、終不失信、賊遂放還家、礼入門、歡悦怡咲4、作羹与母食訖、母問礼曰、於今飢饉、使子辛苦、何有歡楽、忽然怡咲、礼曰、児向者在田取菜逢賊、欲煞児、々為阿孃未朝飡、乞命少時、若欲愁憂、恐孃不楽、是以歡悦見、今就死、好住、母曰、即免賊手、何乃自去、礼曰、児若不去、賊就家取児、賊若来、驚恐阿孃、即非孝子、其弟滈𡌴聞兄此言、密自走出、而至賊所、謂曰、向来③仁者、是我之兄、君即須肉、我肥肉多、我兄孝養羸弱、宍5少、今代我兄取死、願君煞我、莫煞我兄、須臾之間、張礼走到、本許煞我、何為煞第（弟）、賊見張礼兄第（弟）如此、悉皆流涙、遂赦二人之命、使送還、而乃遺米一斗、令与老母④、鞠養之道、其由如此也。

〔校異〕1王、「立」の誤寫であろう。　2孝巳、「孝子」の誤寫ではない。注①參照。　3親、原本には「見」に作るが、「親」の誤寫、或いは略書か。　4戎、「我」の誤寫であろう。　5咲、「笑」の古字「咲」の俗書。　6宍、「肉」の俗字。

〔注〕①薛道衡『典言』殘卷には（『吐魯番出土文書』第五冊　九五頁）「尸子曰、昔孝巳事親、一夜而五起、視衣之厚薄、枕之高卑」とある。また『藝文類聚』卷二十　人部四「孝」には『尸子』を引くが、「昔孝巳事親」の句は見られない。②鞠、養、『詩經』小雅「蓼莪」には「我母兮鞠我、拊我畜我、長我育我、顧我復我、出入腹我。（毛傳）鞠養、腹厚也。」とある。③向来、「たった今」（現代漢語の「剛才」）の意。『顏氏家訓』「兄弟」には「沛國劉璡嘗與兄瓛連棟隔壁、瓛呼之數聲不應、良久方答。瓛怪問之、乃云：‘向來未着衣帽故也’」とあり、敦煌變文「燕子賦」には「…‘阿你莫漫輒藏、向來聞你所說、急出共我平章。…’」とある。④『東觀漢記』卷十五「趙孝」には「趙孝、字長平、沛國蘄人。王莽時、天下亂、人相食、孝弟禮爲餓賊所得、孝聞、卽自縛詣賊、曰：「禮久餓羸瘦、不如孝肥」餓賊大驚、並放之」とある。『後漢書』卷三九にも同內容の文があるが、「張禮」の文字は見られない。

40〔豈敢毀傷〕

孝経曰①、父母巳生、亦當自全而帰之、又曰、父母之躰、不敢毀傷、孝之始也②、孝子之法、外不為非、內能行孝、不犯三千之罪、豈有鞭杖加之、子遭鞭杖、父母憂之、父母既憂、即非孝子、ゝ之法、莫使父母憂、唯疾痛何使父母憂之、論語曰③、唯其疾之憂、此其義。

〔注〕①この句は通行本『孝經』に見られない。『禮記』「祭義」には「曾子聞諸夫子曰、天之所生、地之所養、無人爲大、父母全而生之、子全而歸之」とある。②『孝經』「開宗明義」には「身體髮膚受之父母、不敢毀傷、孝之始也」とある。③『論語』「爲政」には「孟武伯問孝、子曰、父母唯其疾之憂」とある。

41〔女慕貞潔〕

礼記曰①、女子出門、心1擁遮其面2、夜以燭、無燭則不行、恭姜嫁於衞世子恭伯②、早亡、姜遂守志、一心不二、父毋欲奪其志嫁之、然姜誓不許。喩貞夫之事韓朋③、宋王聞其姜3、聘以為妃捨賎、曰、卿庶人之妻、今為一国之毋、衣即綾羅、食則沓口、何有不楽、而不歡喜、貞夫曰、妾本辞家別親、出適韓朋、生死有疋、貴賎有殊、雙孤有黨、不楽神龍、魚鼈水居、不楽高堂、鷦雀有群、不楽鳳皇、庶人之妻、不楽大王、韓朋須4賎、結髮夫婦、宋王雖貴、非妾獨有、又辞曰、盖聞、一馬不被二鞍、一車不串四輪④、妾既一身、不事君、乃投朋廣5而死、此貞潔之志全也、斯之者、世代之所希奇、當今之時、未見也。

〔校異〕1心、必の誤写であろう。『禮記』「内則」に「女子出門、必擁遮其面」が見える。2而、「面」の誤写であろう。前記の『禮記』「内則」の文を参照。3姜、「美」の誤写であろう。4須、「雖」の意、西北方言と見られる。本章 第二節参照。5廣、句意上「壙」の誤写であろう。

〔注〕①『禮記』「内則」には「女子出門、必擁遮其面、夜行以燭、無燭則止」とある。②『詩經』鄘風「柏舟」序には「柏舟、共姜自誓也、衛世子共伯蚤死、其妻守義、父母欲奪而嫁之、誓而弗許、故作是詩以絶之」とある。③韓朋、『捜神記』、敦煌本「韓朋賦」、本章 第二節参照。④敦煌原本「韓朋賦」(P. 2653)には「一馬不被二鞍、一女不事二夫」とある。

42 〔男效才良〕

世説曰①、魏武帝曺操、与揚修字徳祖二人、常共遊、見曺娥碑、皆1有八字、題云、黄絹幼婦外孫齏臼、然帝莫暁其意、徳祖可然解之、帝胃2祖曰、不可解不也、祖曰、解也、帝曰、勿□思之、遂行卅里、帝問祖前□曰、黄絹色ゝ絲々者絶字也、□者妙字、外孫者女子、□者受ゝ辛ゝ者辤字□辭、帝曰、朕向思之、□無智、隔行卅里、□曺操為帝、陳思□□而欲煞之、令遣□□不却煞、陳思王七□□箕釜下然、豆子釜□同根生、相煎何太急、□煞、彦云、才慙七歩、學愧3三冬、由此言之、七歩者即陳思王曹揁4也、三冬②者即東方朔也、學問三冬、文章足用、授号三冬七歩之才、此三人者、人倫之中軌範、邦家之内羽儀、男子之中量5、若此故也。

〔校異〕1皆、「背」の誤寫であろう。　2胃、『世説新語』の原本や文意から見て「謂」の同音異體字であろう。3愧、原本には「忄」のみが殘存する。句意により補入した。　4捐、「植」の誤寫であろう。　5「量」字の前後には脱字の可能性がある。

〔注〕①『世説新語』「捷悟」には次のような逸話が記されている。「魏武嘗過曹娥碑下、楊修從、碑背上見題作黄絹幼婦外孫虀臼八字、魏武謂修曰、解不、答曰、解、魏武曰、卿未可言、待我思之、行三十里、魏武乃曰、吾已得、令修別記所知、修曰、黄絹、色絲也、於字爲絶。幼婦、少女也、於字爲妙。外孫、女子也、於字爲好。虀臼、受辛也、於字爲辭。所謂絶妙好辭也、魏武亦記之、與修同、乃歎曰、吾才不及卿、乃覺三十里」　②『漢書』巻六十五「東方朔傳」には「東方朔字曼倩、…朔初來、上書曰：臣朔少失父母、長養兄嫂。年十三學書、三冬文史足用…」とある。

43〔知過必改〕

論語曰①、過則勿憚改、又云、有過能改与無道1者同、道2而不改、斯3道4矣。春秋曰②、昔秦穆公亡駿馬、有道偸煞之、公見更賜酒、恐駿馬之肉發病煞5、五人悔過、自念以報恩、後秦被音6敗、此五人併以報穆公、ミ7得免難也、一解云③、秦穆公遣三師8伐鄭、路由音9界、其臣蹇・百里10等陳11曰、不可也、必亡於三崤之間、公不聽、遂引君東襲、晉臣先軫及姜之奇等、致兵三崤之中、滅秦三軍侯、輪不返、疋馬不歸、穆公聞之、深自悔責、恨不用賢之言、尚書有秦穆公12悔過之篇④、故之知過必改13。

〔校異〕1、2、4「道」、『論語』の原文からして「過」の誤寫であろう。　3斯、P本に「期」と作るのは誤寫であろう。　5煞、P本に「然」と作るが、『春秋左氏傳』の原文からして「然」は誤寫であろう。　6、9音、『呂氏春秋』等の文からして「晉」の誤寫であろう。　7ミ、P本になし。　8三師、『春秋左氏傳』「僖公三十二年」等の記事によれば秦の穆公が派した三人の將軍のことであるので、「三師」は「三帥」の誤記と見られる。　10蹇・百里、蹇叔と百里傒のこと。　11陳、S本にも「陳」と作るが、『公羊傳』『穀梁傳』は「諫」に作る。『春秋左氏傳』「僖公三十二年」等の記事の内容からも「諫」とすべきであろう。　12公、P

本は「公」字下に「有」あり。13改、P本は「改」字下に「也」あり。

〔注〕①『論語』「學而」には「子曰、…過則勿憚改。（正義）曰、言誰無過、過而不改是謂過矣、過而能改、善莫大焉。」とあり、また『論語』「衛靈公」には「子曰、過而不改是謂過矣」とある。②この逸話は『呂氏春秋』「愛士篇」、『淮南子』「氾論訓」、『韓詩外傳』卷十、『説苑』卷第六「復恩」、『史記』卷五「秦本紀」等に見られるが、各々異同あり。③一解云、『春秋左氏傳』「僖公三十二年～三十三年」、『呂氏春秋』先識覽第四「悔過」、及び『史記』卷五「秦本紀」等の何れかに基づくもの（注解を含む）であろう。④『尚書』「秦誓」の冒頭には「秦穆公伐鄭、晉襄公帥師敗諸崤、還歸作秦誓…」とある。

44〔得能莫忘〕

夫人立身之道、必須尅己行仁①、博學六藝②、所得所能、終始勿忘[1]之③。心府曰③、益知新月無怠、切ゝ而問之、近ゝ而思之、在於在於外思之、在於心也。

〔校異〕1忘、P本には「恕」に作る。

〔注〕①『論語』「顏淵」には「顏淵問仁、子曰、克己復禮爲仁、一日克己復禮、天下歸仁焉」とある。②『漢書』「儒林傳」には「古之儒者、博學乎六藝之文。六學者、王教之典籍、先聖所以明天道、正人倫、致至治之成法也。」とある。③『論語』「子張」には「子夏曰、日知所亡（孔曰）〈日知其所未聞〉月無忘其所能、可謂好學也已矣。子夏曰、博學而篤志、切問而近思、仁在其中也」とある。③心府、未詳。

45〔罔談彼矩[1]〕

罔者無也、立身之道、謙讓為先、推直与人、抱曲向己①、莫論他人之矩[2]、自肴[3]己之[4]有長②、自胃[5]己之有長、故記云[6]③、君子不以所能於衆、不以所長於義、皆不自代其功、遏悪而揚善、君子之道、不以視之也。

〔校異〕1、2矩、「短」字の癖書と見られ、「短」の誤寫であろう。敦煌寫本では「矩」「短」の書寫上の混用が見られる。3肴、「謂」を表す當時の俗字。校異5參照。4己之、P本には「足」。5胃、「謂」の省略體と見られる。この「胃」字を含む

「自胃己之有長」の句が重複して書寫されているため、3の文字も「胃」字であることがわかる。　6記云、P本には「礼記云」に見える。「礼」を脱字したと見られる。

〔注〕①『文選』題五十六巻　誄上「潘安仁楊荊州誄」には「君子之過、引曲推直、如彼日月、有時則食」とある。②『文選』題五十六巻　銘「崔子玉座右銘」には「無道人之短、無說己之長」とある。③『禮記』「表記」には「是故、君子不以其所能者病人、不以人之所不能者愧人」とある。

46〔靡恃巳長〕

君子之人、不論巳、是聞人之善傾喜之、聞人之悪惨感之①、聞人有失為憂之、卑人之長、自取其矩1②、小人不能然也。

〔校異〕1矩、「短」の誤寫であろう。45條の校異1、2參照。

〔注〕①『晉書』列傳「孫晷傳」には「兄嘗篤疾經年、晷躬自扶侍、…而聞人之善、欣若有得、聞人之惡、慘若有失。」とある。②『禮記』「表記」には「卑人之長、自取其短」とある。

47〔信使可覆〕

論語曰①、信近於義、言可覆、君子之言、無不近信義者、故云②、君子一1諾、千金不移2。昔魏文侯③与楚王期獵、至期日雨甚、文侯置雨赴、左右3諫曰、雨甚不可進、文侯曰、与人期、何4得不赴而失信、一解云④、昔尾[生]与女子期於梁下、須臾水至、[尾][生]恐失期所不避、溺抱梁取死、表5我之信也、橋梁（ママ）若非橋梁何6、[得]水至而溺水也。一解云、漢時、郭細侯⑤任7并州刺史8、年滿下官、乃有群小児、皆乗竹弓、来至其門曰、府君何日還、某等欲送府君、然細侯与期於路、自至其日、細行其日、細行至期所、停車息馬而待之、左右曰、何故也、細侯曰、吾与童児期此、左右曰、童児之言、何可信也、細侯曰9、与人期、豈可失也。須臾之間、有數十小児、皆乗竹馬而至因而10歡曰11、竹馬之信、尚不12[可]欺、况13乃士人君子乎。一解云、昔張14元伯・范巨卿⑥、千里赴、期15時猶不失。邢16高与呂安為友⑦、亦千里命駕。元伯17・巨卿千里命駕、即邢高・呂安是也18、詩云、誓将抱死還、同竹馬期、縱使風不雲19、避雨沾衣、此信使可覆20驅也21。

〔校異〕1一、P本になし。　2移、P本にはこの後に「也」字あり。　3赴左右、4与人期何、5取死表、6梁何、P本によりこれらを補う。　7任、P本の「住」は誤寫であろう。　8史、P本の「吏」は誤寫であろう。　9細侯曰、P本はこの後に「不也」が見られる。　10因而、P本により補う。　11曰、「悦」の同音字の誤寫であろう。　12之信尚不、S本缺失のため、P本によりこれを補う。　13況、P本には「兄」部のみが見える。　14解云昔張、S本缺失のため、P本によりこれを補う。　15期、P本には「其」と作る。　16時猶不失邢、17里命駕元伯、18高呂安是也、19竹馬期縱使風不雲、20信使可覆、S本缺失のため、P本によりこれを補う。　21驅也、P本は「駈」と作る。「駈」は「驅」の異體字。

〔注〕①『論語』「學而」には「有子曰、信近於義、言可復也。（集解）、復、猶覆也。」とある。　②『史記』巻一百「季布列傳」には「楚人諺曰『得黄金百（斤）、不如得季布一諾』」とある。　③『戰國策』「魏策一」には「魏文侯與虞人期獵、是日、飲酒樂、天雨。文侯將出、左右曰、今日飲酒樂、天又雨、君將焉之?文侯曰、吾與虞人期獵、雖樂、豈可不一會期哉。乃往、身自罷之、魏於是乎始强」とある。『韓非子』外儲說左上 第三十二「說六」も參照。　④『莊子』「盜跖篇」には「昔尾生與女子期梁下。女子不來、水不去、抱梁柱而死」とある。この話は『史記』巻六十九「蘇秦列傳」にも見える。　⑤『東觀漢記』巻十四「郭伋」條には「郭伋、字細侯、河南人也。在幷州素結恩德、行部到西河美稷、有童兒數百、各騎竹馬、於道次迎拜。伋問曰、兒曹何自遠來。對曰、聞使君到、喜、故迎。諸兒復送到郭外、問、使君何日當還。伋語別駕從事計日告之。行部還入美稷界、先期一日。伋念負諸童兒、遂止于野亭、須期乃入」とある。またこの内容は『後漢書』巻十三「郭伋傳」にも見える。　⑥『後漢書』巻八十一「范式傳」には「范式字巨卿、山陽金鄉人也、一名氾。少遊太學、爲諸生、與汝南張劭爲友。劭字元伯。二人幷告歸鄉里……」とある。　⑦『太平御覽』巻四〇六 人事部「交友」所引の『郷子』には「昔邢高呂安飲於市、仰天泣、二子非有喪之哀傷、相知之晩耳」とある。これと同文が『廣博物志』巻二十に引かれる。

48〔噐欲難量〕

雜說云①、郭林[1]宗[2]②遊於汝南、過袁奉高、不[3]宿而退遻、或人[問曰]、[奉]高何如[4]也、宗曰、奉高之才器、辟千千[5]之深溪、萬[6]傾之池沼、澄之不清、撓之不濁、其器深廣、難惻難[7]也、我之[8]於彼、何能比擬也。

〔校異〕1雜說云郭林、S本缺失のため、P本によりこれを補う。　2宗、S本、P本共に異體字「宋一」に作る。　3袁奉高不、S本缺失のため、P本によりこれを補う。但し「袁」はP本に「表」に作るが、謝承『後漢書』により「袁」と補入した。　4何如、原本には「如何」とあり、「如」の右下に倒置符かとも見られる符號が記されているため、「何如」とした。なお、P本には「何如」となっている。　5千千、P本も同じ。　6萬、S本にはこの字を缺くが、P本により補う。なお『後漢書』には「千頃之陂」とあり、『世說新語』には「萬頃之陂」とある。　7難、『後漢書』『世說新語』によれば、「量」の誤寫であろう。なおP本はこの部分を缺失。　8之、P本には「知」とある。

〔注〕①『雜說』佚書か。『隋書』「經籍志」には「雜說　二卷　沈約撰」と見える。　②郭、袁の傳は『後漢書』卷六十八「郭太傳」所引の「謝承書」に次のように記されている。「…初、太始至南州、過袁奉高、不宿而去、從叔度、累日不去。或以問太。太曰、奉高之器、譬之(泛)〔氿〕濫、難清而易挹。叔度之器、汪汪若千傾之陂、澄之不清、擾之不濁、不可量也。已而果然、太以是名聞天下」。『世說新語』「德行第一」にも同種の文が見える。

49〔墨悲絲染[1]〕

墨子者①、梁惠王時人也、[盖有]冐道之士、与莊周[2]同遊、著書卅篇、号曰道家、□素書煞同聖躰、為居悪俗染之成、墨悲其失所見、枉沈倫[3]。尭舜染□□染崇侯②而成闇主、近愚者[4]闇、近聖者明、近穢者臰[5]、近蘭者香③、人之善□云、楊珠泣岐路、墨子悲染絲④、如何失本性、識道更何時也。

〔校異〕1墨悲絲染、兩寫本共に缺失のため、通行本により補う。　2周、これより以下S本に缺失多きため、P本により校異を行う。但し、S本に個別の文字があるものを校異の對象とした。　3倫、P本には「淪」に作る。意味上からも「淪」の誤寫であろう。　4愚、この後に「者」を脫字したか。P本にはこれを缺く。　5臰、「臭」の俗字。

〔注〕①『淮南子』「說林訓」には「楊子見逵(岐)路而哭之、為其可以南、可以北。墨子見練絲而泣之、為其可以黃、可以黑」とあ

る。②崇侯、崇侯虎のこと。『史記』巻四「周本紀」には「崇侯虎譖西伯於殷紂」と見える。③『説苑』巻第十七「雜言」には「與善人居、如入蘭芷之室、久而不聞其香、則與之化矣。與惡人居、如入鮑魚之肆、久而不聞其臭、亦與之化矣」とある、また『孔子家語』巻四「六本」にも同種の逸話が見える。④阮籍「咏懷」其十二には「楊珠泣岐路、墨子悲染絲」とある。

50 [詩讃羔羊[1]]

［　　　］□羔羊①、邵南之国被文王之化[2]、在位節儉如羔羊、食乳跪而飲之、人若違[3]此、不之如此、僕[4]感傷懷、因而詩曰羔羊［　　　］解有心悲可歎、人繇無若此、申辭命筆、作斯詩也。

〔校異〕1詩讃羔羊、S本、P本に缺失のため、通行本により補う。2被文王之化、S本には僅かに左側の殘畫しか殘らぬため、P本により。3違、これより以下S本には全缺。4僕、「嘆」の誤寫であろう。

〔注〕①『詩經』召南「羔羊」序には「羔羊、鵲巣之功致也。召南之國、化文王之政、在位皆節儉正直、德如羔羊也」とある。『公羊傳』莊公二十四年條の何休解詁に「羔取其執之不鳴、殺之不號、乳必跪而受之、死義知禮者、此羔羊之德也」とある。

51 [景行維賢]

景之言大、有大德［　　　］□君也、昔周[1]①相成王攝政七年②、制礼作楽、天下大定、四海歸仁、公避流言之謗、東征［　　　］□侯、故作鵄[2]鴞之詩③、以遣王、成王不敢請公、此由景行高遠、惟賢惟聖也。

〔校異〕1周、P本はこの後に「公」を脱す。本項注①參照。2鵄、「鴟」の異體字。

〔注〕①『漢書』巻二十五上「郊祀志」には「周公相成王」の文があり、『漢書』巻九十六下「西域傳」の顏師古注に「昔周公相成王」とある。②『韓詩外傳』巻三には「周公踐天子之位七年…」とある。③『尚書』「金縢」には「武往既喪、管叔及其羣弟、乃流言於國、曰、公將不利於孺子、周公乃告二公曰、我之弗辟、我無以告我先王、周公居東二年、則罪人斯得、乃爲詩以貽王、名之曰鵄鴞、王亦未敢誚公」とある。

52 [尅念作聖[1]]

尚書曰①、克勤於国、克儉於家、不自盈大、功高由志念、業廣由積勤②、有志則功□、能勤則業廣、又云③、惟聖罔念作狂、惟狂克念作聖、實狂愚由不［　　］善□［　　］亡国破[2]家、文王本非聖人、由勤念於善、得枝連八百、号曰聖人也。

〔校異〕1尅念、P本に缺失のため、通行本により補う。　2破、P本は「破」に作るが、字義上から補入した。

〔注〕①『尚書』「大禹謨」には「克勤于邦、克儉于家、不自滿假、惟汝賢。（孔傳）滿謂盈實假大也」とある。②『尚書』「周官」には「功崇惟志、業廣惟勤。（…功高由志、業廣由勤）」とある。③『尚書』「多方」には「惟聖罔念作狂、惟狂克念作聖。（孔傳）惟聖人無念於善則爲狂人、惟狂人能念於善則爲聖人、言桀紂非實狂愚以不念善故滅亡」とある。

53〔徳建名立〕

礼記曰①、徳聞[1]身、富潤屋、論語曰②、君子之徳風、故言高遠之君子、能徳立言③、立美名於後世、揚高徳於将来、以夫子為立[2]言、以文王為立徳、萬代而傳之、明同日月者故也。

〔校異〕1P本には「聞」に作るが、『禮記』からして「潤」の誤寫であろう。　2立、東野氏は「其」に採字するが、原本は「立」であり、構文上も「立」字が妥當。なお『左傳』「襄公二十四年」に同文が見られる。

〔注〕①『禮記』「大學」には「德聞身、富潤屋」とある。②『論語』「顔淵」には「季康子問政於孔子曰、…孔子對曰、子爲政焉用殺、子欲善、而民善矣、君子之德、風、小人之德、草、草上之風必偃」とある。③『春秋左氏傳』「襄公二十四年」には「太上有立德、其次有立功、其次有立言。…」とあり、『禮記』「中庸」には「大德必得其位、必得其祿、必得其名」とある。

54〔形端表正〕

雜語曰①、夫形正者影必端②、表斜者影必曲③、君子之人、不受斜僻之言、抱志守貞、不虧二行、縦逢哀乱、不為強暴之勇、俗有傾移、不奪恭美之操、柳下恵・顔叔子是也、叔子在室、夜逢滞雨、隣家有一女、其舎為雨□損、女奔叔子[1]、ゝゝ怨人疑之、遂令女秉明、々盡撤[2]草屋草、時明至暁、不虧其志④。柳下恵、朝參不逮門、遂宿於門側、時有一女、亦不及門、同宿於門內、其時極寒、惠恐女凍死、以抱覆之、不虧其行⑤。此二人、形性正直表正、如斯故也。

〔校異〕1叔子、「叔」の下部右側から「子」の上部右側にかけて重複符號が記されている。このため下接字を「ここ」とした。2撤、P本は「徹」に作るが、意味上からも「徹」は妥當であろう。なお本項注④所引『語對』中の語例參照。

〔注〕①『雜語』、『隋書』經籍志 子「雜家」には「雜語 三卷」、『隋書』經籍志 子「小説家」には「雜語 五卷」、『舊唐書』卷四十六 志經籍上「雜史類」には「春秋前傳 雜語 十卷 何承天撰」、姚振宗『隋書經籍志考證』には「疑爲白侯撰?」、『通志』には「雜語三卷」とそれぞれ見える。②『太平御覽』卷二四四「職官部四二」所引の晉の傅玄の文に「太子少傅箴曰、聲和則響清、形正則影直」とある。③『後漢書』卷六十三「李固傳」には「夫表曲者景必邪、源清者流必絜」とある。④顏叔子、『詩經』小雅「巷伯」には「哆兮侈兮、成是南箕。（毛傳）…昔者顏叔子獨處於室、隣之釐婦又獨處於室、夜暴風雨至而室壞、婦人趨而至、顏叔子納之而使執燭、放乎旦而蒸盡、縮屋而繼之、自以爲辟嫌之不審矣…」とある。なお敦煌類書『語對』中にも次のような文がある。「顏叔子、魯人也、獨居一室、夜大雨、北舍屋崩、有女子來投宿、顏秉燭坐、燭盡、撤屋續火、至曉明已、不二、周時人。」⑤柳下惠、『孔子家語』卷二「好生」には「…婦人曰…〝子何不如柳下惠然?嫗不逮門之女、國人不稱其亂。〟魯人曰〝柳下惠則可、吾固不可…〟」とある。なお、柳下惠のこの話題は、史實は未詳、類書、語對等の文獻に頻記されている。

55〔空谷傳聲〕

説苑曰①、昔陳思王、登於魚山、臨於東河1、忽聞巖岫之中、有誦經聲、青2麗□婉、流響肅然、有雲氣、不覺衿（ママ）袍敬而習此聲、傳之後人、即今梵音是也、一解云②、昔晉文公、於釜山求介子推、不得於山中、使人乎3推、響應甚審、終自不見其身、文公以火埜4之、推抱樹焼死、谷之響自此有之、故空谷傳聲之也。

〔校異〕1東河、『異苑』卷五には「嘗登魚山、臨東阿」とある。「河」は「阿」の誤寫の可能性も大であるが、「東河」は東側の黄河を指す可能性も否定できないところがある。暫時寫本のままとする。　2青、P本には「靑」に作る。同音字の「淸」の誤寫か。　3乎、P本には「乎」に作るが、「呼」の誤寫であろう。　4埜、P本は「埜」の書寫體に作るが、劉向『新序』卷第七「節士」等の字句からして「焚」の誤寫であろう。

〔注〕①説苑、「異苑」の誤写か、『異苑』巻五には「陳思王曹植字子建、嘗登魚山、臨東阿、忽聞巖岫里有誦經聲、清通深亮、遠谷流響、肅然有靈氣、不覺斂衿祇敬、便有終焉之志、即效而則之。今之梵唱、皆植依擬所造」とある。なお陳思王曹植は黄河西岸の東阿の地に封ぜられ、その地で沒しその地の魚山の麓に墓が營まれている。②劉向『新序』巻第七「節士」には「…遂去而之介山之上、文公使人求之不得、爲之避寢三月、號呼期年、…文公待之、不肯出、求之、不能得、以謂焚其山宜出、及焚其山、遂不出而焚死」とある。介之推の逸話は『春秋左氏傳』「僖公二十四年」、『呂氏春秋』季冬紀「介立」、『史記』「晉世家」等にも見えるが、「焚山」のことは劉向『新序』以降の諸書に記されるものである。

56〔虚堂習聴〕

書曰①、昔魯恭王、懐1孔子宅、以為2、恭王聴之、使□得先王之典籍、遂3不壊宅、此謂4虚堂習聴□悉虚堂静聴者□□□之□。

〔校異〕1懐、P本は「懐」に作るが、『尚書』序等の文からして「壊」の誤写であろう。　2以為、この後接部には脱文があろう。本項注①『尚書』序、及び『文選』の字句參照。　3遂、P本はこの前接部に「樹」を記すが、その右側に抹消符が見られるため、「樹」字を削除した。　4謂、P本は「謂」を表す當時の通俗字に作る。

〔注〕①『尚書』序には「至魯共王好治宮室、壞孔子舊宅、以廣其居、於壁中得先人所藏古文虞夏商周之書、及傳論語孝經、皆科斗文字、王又升孔子堂、聞金石絲竹之音、乃不壞宅。（正義）共者恭、亦作龔、又作恭。共王漢景帝之子」とある。また『文選』第四十三巻「劉子駿移書讓太常博士 序」には「及魯恭王壞孔子宅、欲以爲宮、而得古文於壞壁之中」との文が見られる。

57〔禍因悪積〕

積悪①□□□□過則至也。

〔注〕①『周易』巻一「坤文言」には「積不善之家必有餘殃」とある。『上野本　千字文』には「言、受禍由其悪積」が見られる。なお『隋書』巻七十七「李士謙傳」には「士謙喩之曰、積善餘慶、積悪餘殃」とある。

58［福縁善慶］
積福善之家、必有餘慶①、故福及子孫也。
〔注〕①『周易』巻一「坤文言」には「積善之家必有餘慶」とある。
59［尺璧非寳①］
〔注〕①『淮南子』「原道訓」には「聖人不貴尺之璧、而重寸之陰、時難得而易失也」とある。
〔後缺〕

注

（1）中國國内に於いては『注千字文』に關して專論する論考が未だ見られないが、『千字文』に關して考察する論文は數篇確認される。但しそれらは、概ね『千字文』と『注千字文』とを區別せずに混合して論ずる傾向が見られる。『千字文』と『注千字文』とは原句と注解の關係をもつものであり、それらの研究に當っては各々を峻別して論考すべきである。このことは『水經』と『水經注』や『老子』と『老子注』とを考究する場合と同種の要素がある。

（2）『大谷文書集成』貳に載錄される3910號紙背文書にも「千字文　李暹注」が見られるとされる。しかしその文書の圖版は未掲出である。他日、原文書の內容の確認をはかりたい。（『大谷文書集成』貳　龍谷大學佛教文化研究所　平成二年　一七一頁參照）

（3）東野治之他『上野本　注千字文　注解』和泉書院　一九八九年六月一〇日　一八六～一八七頁

（4）同　注（3）書　一八六～一八七頁、及び次章　第二節參照。

（5）小川環樹「千字文について」『書道全集　中國5南北朝Ⅰ』平凡社　昭和五十三年四月一日初版第一六刷　一六頁

（6）山崎誠「本邦舊傳注千字文攷」『平安文學研究』第六十九輯　平安文學研究會　昭和五十八年七月　但し兩氏はS.5471本によるのみである。

（7）韓朋は韓憑或いは韓馮とも書かれる。韓朋の故事は『搜神記』『法苑珠林』等に見え、また敦煌變文に詳細に綴られているが、次のような内容である。韓朋は、昔時の賢士で、母や妻を故郷に殘し出遊、たまたま宋國で仕えていたところ、その王が妻貞夫の賢明さと美貌知るところとなり、これを求める事態になった。韓朋は佞臣梁伯の言で王からの苛酷な處置を受けるに至り、これを聞いた貞夫は、王の許しを得て、韓朋の勞役するところに赴き、堅固な貞節を確かめ合った。その後、韓朋が自殺すると、貞夫は、王の許しのもとで、地下深い大きな墓を築き、朋を葬り、遂には、ここに跳び下り死んでしまった。その後、宋國は亡び、梁伯父子は邊疆に配流された。　暴君、佞臣の蠢く封建社會の中で、「不須再取」「死事一夫」の貞節の主題を説く物語りは、變文の末尾に見えるように「行善獲福、行惡得殃」の内容を弘宣するものとなっている。　黃征・張涌泉『敦煌變文校注』卷二「韓朋賦」中華書局　一九九七年　二一三〜二二二頁等參照。

（8）『敦煌漢簡』中華書局　一九九一年六月　簡號 496A 上冊圖版 52　下冊釋文 二三三頁參照。

（9）裘錫圭「漢簡中所見韓朋故事的新資料」『復旦學報』（社會科學版）一九九九年　第三期　一〇九〜一一三頁

（10）那波利貞「韓朋賦攷」『地理と歷史』第三十四卷　第四・五號　一九三四年　一九一頁

（11）容肇祖「敦煌本『韓朋賦』考」周紹良・白化文編『敦煌變文論文集』下冊　上海古籍出版社　一九八二年四月　六七九〜六八〇頁

（12）張鴻勳「敦煌　話本詞文俗賦　導論」新文豐出版公司　中華民國　八二年二月　頁一九〇

（13）程毅中「再論敦煌俗賦的淵源」　郝春文 主編『敦煌文獻論集』——紀念敦煌藏經洞發現一百周年國際學術研討會論文集　遼寧人民出版社　二〇〇一年五月　二五一頁

（14）「好住」の語、『南史』「任忠傳」にも一例が見られる。但し『南史』は唐初の李延壽の撰述で、唐代の語句が參入される可能性も否定できない。

（15）項楚『敦煌變文選注』巴蜀書社　一九九〇年二月　二九四頁

（16）伏見沖敬『千字文詳解』中で指摘される。なお、楊厲墓誌について、新文豐出版公司『石刻史料新編』第三輯　四　二五五頁參照。

（17）本論の第Ⅱ部・第二章參照。
（18）『注千字文』と『百行章』との間には影響と被影響の關係はあるか否かについては、今後の檢討に俟つことになるが、或いは雙方共に注文所引の『雜說』の書によるものか、この書は佚書であるため、確認できない。
（19）東野治之氏もこれを指摘している（「訓蒙書」講座敦煌5『敦煌漢文文獻』大東出版社　一九九〇年一一月　四一七頁所收）。
（20）小川環樹・木田章義　注解『千字文』（岩波文庫版）岩波書店　一九九七年一月　三八頁

敦煌本『注千字文』(S. 5471)

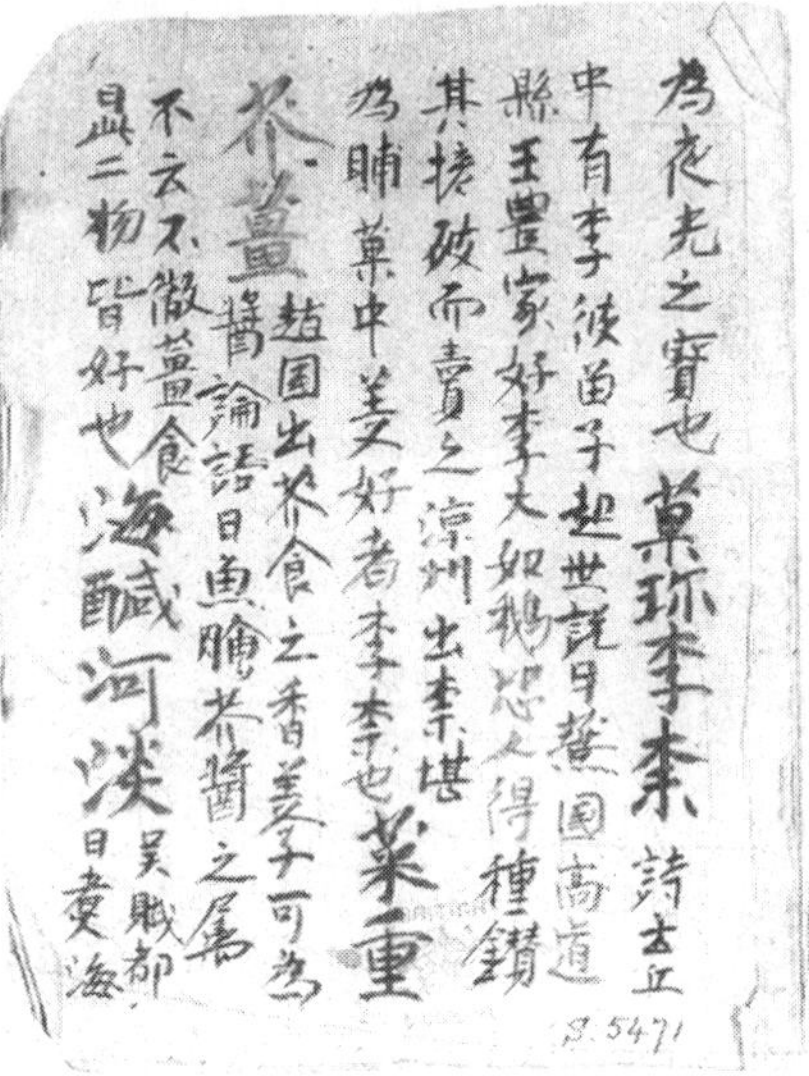

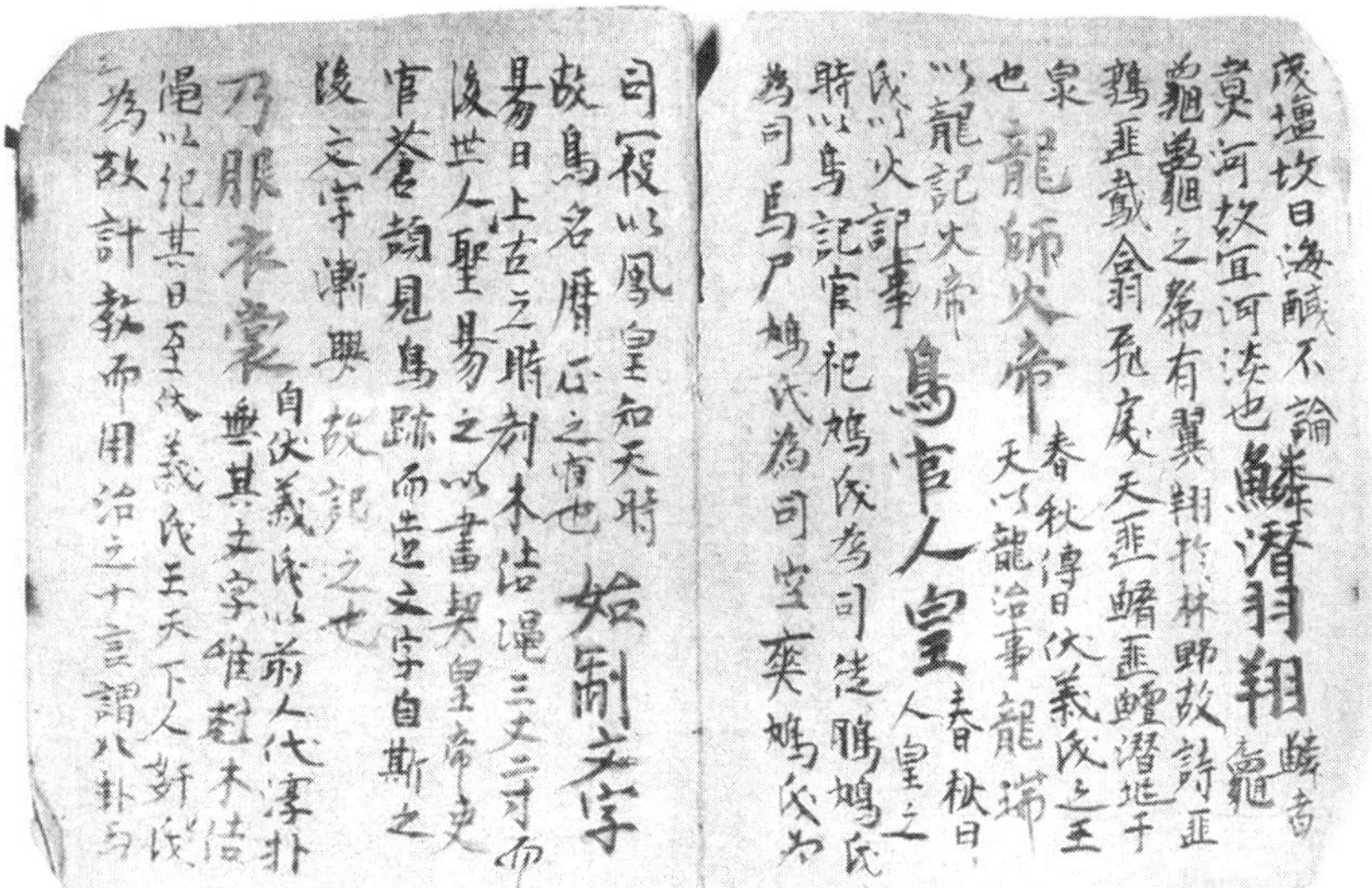

附圖 1 ①

渭自易曰古者伏犧羲之天下始畫八卦
由此言文籍之字始制易曰古者結
繩而治後世由此文籍制易聖王
易曰之以書契以服衣裳始皇帝
舜也易曰黃皇帝堯舜垂衣裳
以始天下蓋取諸乾坤繫辭詳之矣
推位讓國有虞陶唐　史記曰
帝堯名放勛皇帝之玄孫舜名
重華堯年十六封為唐侯故号
陶唐虞万之地号曰有虞堯聞
舜有聖德妻其二女推位与之舜
讓推帝故言推位
讓國有虞陶唐二君
弔民伐罪
弔者恤也之義紂王無道百姓困苦
周武王愍百姓之酷暴與盟津之上
八百諸侯不期而至自咸討可伐也
伊尹相湯伐桀之走鳴條之野然而

弔人伐其有罪之君八百諸侯於甲
子日同志討之卒其旗若林會於牧
野紂王兵人干戈自縈血流漂杵一
着戎衣天下定万姓得君武王若
旱苗之遇雨而悉皆蘇自故書曰
待我君〻來其蘇息此其事也
周發殷湯　周發者武王之名殷湯
者成王之号桀無道湯
湯伐之討無道周武王伐之此二
君皆勿怜恤養生伐無道之君
坐朝問道　昔堯舜帝有天下舉
十六族任以為政並得
其人故端坐朝堂垂拱無為問主治道
之事一解云漢孝文帝時含国朝臣皆
誦老子道德經五千文不解數字
之義天下莫能知者聞河上公曉於
老子之義文帝遣使往詣請不解
者河上公曰道德貴重安遥問帝駕從
而往問之帝曰普天之下莫非王土

②

率土之人莫非王臣子雖有道終
是朕人不能自屈何乃高乎朕是
決公富貴貧賤只可須臾何得寬
傷要朕自至也何上公忽然躍坐
躍身舞舞在虛空雲而去去地十
丈答於帝曰上不至於天下不履
地中不累人道逕而自安何人之有
哉能令余富貴貧賤帝見於此

怨懼下車稽首拜謝擢眄矕而請
問道德之義故曰坐朝問道坐朝
於國問道於河濱也　垂拱平章
書曰九族已睦平章百姓昭明邕邕而化
天無為端拱無事
故平章百姓堯舜如此　愛育黎首
礼記曰愛育万物詩云　公能遵百禽
之法捨以足用寬愛人慈務香国至

於埛野知希衆人也首者渠師若
大也令之合長明王治道堯舜禹湯
并周武悉皆愛育蒼生故
臣伏戎羌　明王治道遐荒慕化捧
山海貢寶輸琛而紀
戎羌敢不從命又武王伐紂之時
有肩蜀羌微盧彭濮人等八国
皆羌之国不伐不討皆来臣伏也

遐迩壹體　遐之言遠迩之言
近明王治道万国来
肩伯来朝歲星入土既於之類能不一
率帰仁也　率賓帰王　聖人受命王者往也
何不帰往也文王在岐州之日徳化
慈愍名流四表紂之無道百姓地
云皆来奔周赴其仁聖　負其子
而至者有八十万户皆来帰往

③

7

王有埋蔵枯骨之功湯王有閑恩
之恵以此慈流九夷帰往故彦云
湯埋骸四海帰仁周聞見埋九歳
内附也　鳴鳳在樹　詩云鳳皇鳴矣
于彼高崗梧桐
生矣于彼朝陽鳳皇非梧桐不栖
非竹實不食周文王在岐州之日有

鸞鸞鳴岐哉之時集於豐广
王聖主鳳皇而来也見於道有王
白駒食場　白駒者即騏驎也
明王之時有聖人乘白駒来朝詩
云皎皎白駒食我場苗縶之維之以
永今朝縶猶伴也　化被草木

8

周家恵厚仁及草木故能内九族以伐福
漢書曰沈豊宰聖通是人也作零陵
太守甘露降五縣芝草七十株景帝賜
黄金百溢曽百足張衡京都賦曰澤
假見虫振威　頼及萬方　頼者被
寓八故也　也及者
至也萬方万国也文王之時及万国
万方百姓無不被恩及者又雲鳥樂鸞
山執玉帛者万国孝也　蓋此身髮

四大五常　蓋者語之端八尺之身總
名四大五常者仁義礼
智信孝経曰人懐五常之性常者恒
也在天為五星在地為五常四大者即
肉為地大血為水大暖為火大気
為風大此四大五星者東方歳星南
方熒惑西方太白北方辰星中央鎮
星也五岳者東有太山南有霍山右
衡山西有華山北有恒山中有嵩山

皆恒衆之故也　恭惟鞠養　夫主
身之道惟恭与孝色養二親雖遭
凶年父母不乏昔孝已一夜視衣厚
薄枕之高下此恭於二見敬上愛下
此施於他人欲敬其親先敬他人此名
恭惟鞠養　雖在家竭力以養
老母時有羞賊在田捉　之礼卯
頭曰我有老母在家我為取菜供
養君若煞我老母交朝飡頓
君放我作羹与母食訖我即自
來就死終不失信賊遂放還家
礼入門歡悅飴朕作羹与母食訖
母問礼曰於今飢饉使子辛苦何
有歡樂忽然怡悅礼曰児向者在
田取菜逢賊欲煞々々為阿孃未

朝飡乞命以時若欲愁憂恐孃
不樂是以歡悅見今就死　好往無
日既免賊手何乃自去礼曰児若不
去賊並家取児賊若來驚恐阿
孃即非孝子其弟禮墻聞兄此言
密自走出而至賊所曰向來仁
者是我之兄君既須肉我肥肉
多我兄孝養羸弱　出今代我
兄死兄梟君煞我莫煞我兄須臾
之間張礼走到本許煞我何為煞
弟賊見張礼兄弟如此悲哀流淚
遂赦之之命使送還而乃遣米一
斗令与老母鞠養之道其由如此也
豈敢毀傷　孝經曰父母已生息當
自全而帰之又曰父母之体不敢毀傷
孝之始也孝子之法外不為非内能

⑤

行孝不把三千之罪豈侑鞭杖加之
子遺鞭杖〻父母憂之〻父母既憂即
非孝子〻之法莫使父母憂唯疾病
何使父母憂之論語曰唯其疾之憂
此其義　女慕貞絜　礼記曰女
子出門必擁遮其面夜以燭無燭則
不行恭姜嫁於衛世子恭伯早亡姜
遂守志一心不二父母欲奪其志嫁之
然姜誓不許聘　貞夫之事韓朋宋
王聞其美貌以為妃捨賤日卸本
庶人之妻今為一国之母夫即淩
羅食則螫曰何有不樂而不歡喜
貞夫曰妾本辞家別親出適韓
朋生死有延貴賤有殊蔑孤有
黨不樂神龍魚鼈水居不樂高堂
鷰雀有群不樂鳳皇庶人之妻

不樂大王韓朋洵賤浩歎夫婦
宋王雖貴非妾獨有又辞曰蓋
聞一馬不被二鞍一車不串四輪妾
既一身不事二君乃投朋廣而死此
貞絜之志全如斯之者世代之所
希奇當今之時未見也
80.VII.41
男効才良　世説曰魏武帝曹操
与楊修字德祖二人常共遊見曹娥碑
背有八字題云黄絹幼婦外孫虀臼
然帝莫曉其意德祖可然解之帝
冒祖曰可不解不也祖曰解也帝曰勿
思之遂行卅里帝问祖前
曰黄絹色絲〻者絕字也
者妙字外孫者女子〻
臼受辛〻者辭字
拜帝曰朕向思之
無智猶行卅里

曹植也三冬者卿東方朔也學
同根生相煎何太急
其釡下燃豆子泣
不卻飲飲之令盡
敢言又七歩為詩陳思王
冒操為帝陳思

問三冬文章呈用授等云冬七歲
之中亦三人儀男子
家之內羽儀男子　執載郡
之中量若此故也　知過必改
論語云過則勿憚改又云有過能
設与無道者同道而不設其道美
春秋曰昔秦穆公之駿馬有道偷敢
云公見更賜酒及駿馬之肉甍

病継五人悔過自念何報恩後秦
被音敗此五人併以報穆公但
免難也一解云秦穆公遣三師伐
鄭路由音界其侵妻百里等陳
曰不可也必三拵三峙之間公不聽
遂引君東龔晉長先軒及美久
奇等致彼於三峙之中盛秦三軍
佳輪不逯返馬不歸穆公聞之

漢自悔青恨不用其之言當書有
秦穆公悔過之篇荻之知過必改
湏社已行仁博學六藝所得所能
終始勿忘之心有日蓋知新月無忘
故切不而聞之近而思之在於
能其忘　夫人立身之道必
作在於外思之在於心也國謀彼矩

⑧

⑨

附圖2　敦煌本『注千字文』(P.3973v)

第二章　敦煌本『新合六字千文』論考

はじめに

敦煌藏經洞發見の『新合六字千文』（以下、『六字千文』と略す）は、蕭梁代に成立した『千字文』を母體として、その四字一句の上に新たに二文字を加えて六字句を構築した訓蒙用の童蒙書である。この『六字千文』については、これまでに、「敦煌本『六字千文』初探」（邰惠莉『敦煌研究』一九九七年第一期所收）の文が公表されているが、この文は、敦煌本『六字千文』の全文を採錄し、その辭句の表現の特長と共に作者等の問題を講述している。

本章では、上記論文中の見解に對し、問題のある部分を確認して私見を呈し、また所錄の寫本本文について、文字の考證、校釋を施し、獨自の釋文を進め、改めて『六字千文』の內容と『千字文』注本にかかわる事柄の闡明をはかり、併せて初學書の通俗化についても小述を試みる。

第一節　『新合六字千文』巻首の考察

〈巻首の辭句について〉

敦煌本『六字千文』は、現在僅かに二巻（S.5961本、S.5467本）が殘存するに過ぎないが、それらは共に劈頭を留める殘巻である（S.5467本には巻首の三句が缺けている）。この二巻の寫本は、首題を除く外は、S.5961本では序文と本文の一部分、全一八〇句（缺字部分も含む）、一〇二一字、S.5467本では序文と本文部分、全二二一句、一三三三字が遺存している。S.5467本の本文部分は、「衆水海鹹河炎（淡）」一句を除き、内容上S.5961本とほぼ一致している。[1] ここでは以下S.5961本（附圖2參照）にもとづいて小論を進めることとする。

『六字千文』は、上述したように『千字文』の四字一句の上に新たに二文字を加えて、句を構築している。このことを除けば、『千字文』との最大の相違點は、八句四十九字に上る序文をもつところである。これは、現存の敦煌本『千字文』寫本や一般に傳世する『千字文』諸本には見られぬものである。いまこの部分を抄出してみる。

新合六字千文一巻
鍾銖?撰集千字文　唯擬教訓童男?
石勒稱兵失次　梁帝乃付周興　貟外依文次韻
連珠貫玉相系　散騎傳名不朽　侍郎万代歌稱

上句中の「石勒稱兵失次」の一句を郜氏は次のように解釋している。

「石勒以一外族奴隷的身份、取代漢族政權而建立國家、在作者看來、有損封建正統觀念、故曰〝失次〟、〝失次〟

者乃喪失次第、…」

（石勒は漢民族ではない一胡族の奴隷の身分をもって、漢民族の政権に取ってかわり、國家を建立している。作者からみれば、封建の正統観念を損じるところがあるゆえに、〝失次〟と言うように思われる。〝失次〟とはすなわち次第を喪失するということである。…）

この解釋については、頗る首肯し難いところがある。「石勒」は史書に記載される人物であり、その傳はやや詳細に確認できるところがある。然らばその「石勒」にかかわる「稱兵」と「失次」はどのような内容を示す語なのであろうか。この語を解くにあたっては先ず『千字文』そのもの、及びその有注本の問題の検討が必要となる。

〈日本傳存『千字文』諸本とその撰注者〉

『千字文』が世に出されて以來、その傳本は、中國國内は言うに及ばず、遠く日本や朝鮮半島等の中國周邊の國々にまでもたらされている。小島憲之氏の研究に據れば大よそ六世紀末にはこの書が島嶼國日本に傳えられているという[2]。また、藤原宮遺跡出土の『論語』や『千字文』の習書殘簡は「少なくとも八世紀初頭には、『論語』・『千字文』が下級官人間で學ばれていたこと[3]」を示すこととなる。これのみならず日本ではさらに數多くの『千字文』の注本例えば『上野本[4]』等が傳えられている事實がある。このことは前章で觸れた通りであるが、矚目するに値する事柄である。因みに、九世紀末の藤原佐世所撰の『日本國見在書目錄』の記述を下記しておこう。

千字文一巻　周興嗣次韻撰・李暹注・梁國子祭酒蕭子雲注・東駝固撰・東駝固撰・丁覘注

こうした『千字文』の注本の他に日本ではさらに、『纂圖本[5]』等がある。ところで、日本傳存の『上野本』と『纂圖本』には共に冒首に次のような「李暹注」（「暹李注」）といった首題が記されている。

「千字文　　　　　趙髒人暹李序注」（『上野本』）(6)

「註千字文序　　　梁大夫内司馬李邏（暹）」（『纂圖本』）

『千字文』李暹注本に關しては、中國では言及、論考されることが稀であった。これは、中國文學者である小川環樹氏が、

「李暹の注本は明刊本が存すると聞くが、中國においては早く跡を絶つたもののようである。蒙求の舊注とともに本邦佚存書の一に數えてよいであろう。(7)」

述べているような事情があったからと思われる。四十年ほど前、著名な語言文字學者の張志公氏が『千字文』編著の問題に附隨して次のように李暹注本に僅かに言及したことがあるのみであった。

「…此外、日本存有一種李邏（暹）注本『千字文』。序里說、原有鍾繇『千字文』、晉末播遷、載書遇雨、几至靡爛、『千字文』亦在其中。于是命王羲之重爲編綴繕寫。但是文理、音韻不順。至梁武帝、乃命周興嗣重爲次韻。此本書沒有刊刻年號、李邏也不知何許人。(8)」

張氏のこの文は、恐らく『纂圖本』（或いはその同一系統の注本）についてのものと見られる。というのも『上野本』は當時まだ公開されておらず、『上野本』に明記される抄寫年代に關する言及がないからである。張氏の文は『纂圖本』等の千字文注本の序文に對する概要を記すものと見て誤りはなく、またその文から張氏のもった日本殘存の注本に關する見解や李暹その人の未解明であったさまを窺うことができる。

張氏の發言があってから三十餘年後、中國の敦煌學者周丕顯氏が「千字文考」の論考の中で、また間接的に日本殘存の千字文注本に次のように言及した。

「『日本國見在書目』著錄李進（暹）注『千字文』、注本序說：原有鍾繇『千字文』晉末播遷、載書遇雨、几至靡

爛、『千字文』亦在其中。肖子範據鍾繇書所編『千字文』、由此失佚、再不得見。」

この文は、周氏の自注(9)により張志公の文を引記したものであることが知られる。このように張、周の兩氏は、僅かであるが、同様に『千字文』李暹注本に言及している。しかし、これ以降、この注本については、論及する者はなかったと見られる。

さて、敦煌遺書中からも、二種の『注千字文』（S.5471、P.3973）が發見されている（詳細は第一章參照）。殘念ながらこの二種はそろって殘巻であり、その撰注者を考察する術がない。現在、敦煌遺書中には分明に「李暹注」と寫記された『千字文』注本は見出されていないが、微かに、

千字文 鍾繇撰 李暹注 周興嗣次韻

との文字が見られる敦煌寫本の『雜抄』（P.2721、P.3393等）が發見されている。果たして小川環樹氏が説くように李暹注千字文本が中國で佚失しているとすれば、『千字文』注本研究上、二十世紀初頭に發見された敦煌『千字文』注本の資料的價値は極めて大きく、これに關連する諸本、例えば、日本に流傳した『上野本』『纂圖本』といった『千字文』の注本もまた見逃すことができない資料的價値をもつことは明らかである。

〈日本傳存『注千字文』序文と『六字千文』初句〉

ここで『上野本』、『纂圖本』の李暹注『千字文』の序文部分を錄出してみることにする。ただし、序文はやや長文なので、暫時、傳本、撰述に係わる事情の表記される前半部分のみを抄記する。なお、序文後半部分は、李暹の半生の回顧と施注撰述の經緯を詳述したもので、記述される事件や用語の點からも、李暹その人の在世年代を證す手がかりを提供するものとなる。

千字文　　趙脁人暹李序注

千字文者、魏大尉鍾繇之所作也。梁邵王蕭綸評書曰、鍾繇之書、如雲鵠遊天、群鴻戲海、人間難遇。王羲之書、字勢雄强、如龍跳淵門、虎臥鳳閣、歷代寶之、永以爲訓、藏諸祕府。逮永嘉失據、遷移丹楊。然川途重阻、江山遐險。兼爲石氏逼逐、驅馳不安、復經暑雨、所載典籍、因茲靡爛、千字文幾將湮沒。晉中宗元皇帝、恐其絶滅、遂敕右軍瑯琊之人王羲之、繕寫其文、用爲敎本。但文勢不次、音韻不屬、及其將導、頗以爲難。至梁武帝受命、員外散騎侍郎周興嗣、令推其理、致爲之次韻也。…（上野本『注千字文』冒頭部）

註千字文序　　梁大夫内司馬李暹（暹）

鍾繇千字文書　如雲鵠遊飛天　群鴻戲海　人間茂蜜（密）　實亦難遇　王羲之書　字勢雄强　如龍躍渕門　虎臥鳳閣　故歷代寶之　傳以爲訓　藏諸祕府　逮于永嘉年　失據遷移丹陽　然川途阻　江山遐險　兼爲石勒逼逐驅馳　又逢暑雨　所載典籍　從茲靡爛　千字文幾將湮沒　晉末宋（中宗）元皇帝　恐其絶滅　敕遂令右將軍　王羲之繕寫其文　用爲教授　但文勢不次　音韻不屬　及其奬導　頗以爲難　至梁武帝受命　令員外散騎侍郎　周興嗣推其理致爲之次韻（大東急文庫藏『纂圖附音增廣古注千字文』元和三年二月刊（古活字板））

この二種の注本の序文は、第一行目、及び一部の文字を除き、大差は見られず、表述する内容はほぼ同様であるが、修文、措辭の狀況からして、『上野本』序文をやや節略した形が『纂圖本』序文と見做せる。文意の明快さは『上野本』にあるように觀察される。文中に見られる「晉中宗元皇帝」とは、卽ち東晉第一代皇帝の司馬睿（在位三一七〜三二二）である。『上野本』の「逮永嘉失據、遷移丹楊…」、及び『纂圖本』の「永嘉年　失據遷移丹陽…兼爲石勒逼逐驅馳…」とは、西晉末の永嘉五年（三一一）、劉曜等が洛陽に入り、官吏百姓三萬餘人を慘殺し、洛陽を焚燒したため、晉の懷帝が平陽に逃れるということがあり、その後七年二月に至って懷帝が殺害され、西晉王室が崩壞に向かう中、中原の夥しい人士が南遷を迫られた、史に言う「永嘉南渡」の事件を指している（詳しくは『晉書』卷五「孝懷帝紀」、及び『晉書』卷五「孝愍帝紀」參照）。石勒はこの時、劉曜等と共に攻洛を行い、かつまた南征し、豫州諸郡を寇略して江に至ってのち歸還（永嘉五年冬十月）している。

『六字千文』のいわゆる「石勒稱兵」（石勒 兵を稱げ）とはまさにこれらの歷史事實を言う。「失次」（次（つづき）を失なふ）とは、すなわち上掲序文中の「文勢不次、音韻不屬」を指し、このゆえに下接の文が「梁帝乃附周興 員外依文次韻…」と綴られ行くことになると見られる。これら彼此を校覈すると、『六字千文』の第一句「鍾銖撰集千字文」（鍾銖は恐らく鍾繇の誤寫であろう）から「侍郎萬代歌稱」までの部分は、『千字文』李暹注序文の序の部分に該當し、ここには、『上野本』『纂圖本』等の『千字文』注本中の序文部分の內容が凝縮され、かつ『千字文』撰述の社會的背景やその由來、撰寫の意圖、及び撰述者、次韻者（再修者）等の實態が深々と表現されていることが知られる。

第二節　『千字文』の撰者と次韻者

さて、『六字千文』のもとである『千字文』の撰者に關しては、數世紀にわたって、論議され續けて來たが、極めて複雜な問題があり、現在に至ってもなお定論が見られず、これについての論述が後を絕たない。[10] 一般的には、『千字文』の撰者は、梁の武帝代の周興嗣（?～五二一）とされている。しかしながら史書に記される『千字文』と周興嗣との關係は、大よそ下記の如きものなのである。

經籍志、藝文志類から

『隋書』「經籍志」　千字文一巻　梁給事郎周興嗣撰

『舊唐書』「經籍志」　千字文一巻　周興嗣撰

『新唐書』「藝文志」　周興嗣　千字文一巻

『宋史』「藝文志」　千字文一巻　梁周興嗣次韻

傳記類から

「是時高祖以三橋舊宅爲光宅寺、敕興嗣與陸倕各製寺碑、及成倶奏、高祖用興嗣所製者。自是銅表銘、柵塘碣、北伐檄、次韻王羲之書千字、並使興嗣爲文、毎奏高祖輒稱善、加賜金帛。」（『梁書』文學上）

「上嘗臨幸祕閣、出草書千字文爲賜、至勒石、上曰「千文乃梁武帝得破碑鍾繇書、命周興嗣次韻而成、理無足取。若有資於教化、莫孝經若也。」乃書以賜至。」（『宋史』李至傳）

上引文から知れるように、正史中の「經籍志」に於いては、著録の體裁や撰述との關連があろうが、「撰」と表記され、「藝文志」、及び傳記類では、ほぼ「次韻」と記述されている。ところで敦煌出土の『千字文』の寫本類は、實に四十三點に達するものがあり[11]、冒頭部の缺失した寫本は確認の術がないものの、それ以外のものはほぼ例外なく「敕員外散騎侍郎周興嗣次韻」と明記され、また『雜抄』所錄のものも「千字文鍾繇撰李暹注周興嗣次韻」と表示されている。また、『大日本古文書』十一も「周興嗣次韻」とある（『日本國見在書目錄』では周興嗣次韻撰となっている）。さらに、上掲した『上野本』『纂圖本』にも、その序文の首部に「周興嗣次韻」の文字が据えられている。従って、『千字文』は、「周興嗣次韻」の書であるとするのが古來から今に至るまでの主たる表示法であるわけである。

ところで、『千字文』と王羲之、鍾繇等との關係については、今後檢討を經るべき問題が殘されているが、北朝中期から末期に生きた李暹の原序と見られる『上野本』序文の内容の信憑性の高さからすれば、原『千字文』は、鍾繇の手になるもので、西晉末の混亂時に、暑雨を經て碎殘し、のち、王羲之の手を經て繕寫され、さらに梁代に至り、敕命を受けた周興嗣によって語序、語韻が整えられ、現行のものとなったとする當代の説は、なおざりにできぬところがあるように思われる。「実は梁の周興嗣より前に「千字文」という一篇の文が存在していたろうとの想像は、多分「周興嗣次韻」とある題の誤解から生じたであろう。」とする小川環樹氏の見解は、(12)中唐以降の「次韻」という熟字の内容とそれ以前の用例を分明に截斷したものであるが、しかし、東魏、北周間に在世していた李暹が、鍾繇所作を記述していることは、重い意味があるように思われる。鍾繇千字文がどのようなものであったかは闡明し難いものの、文意なき鍾繇の斷に、寫誤されたようにも思われる。『六字千文』冒頭の「鍾鉄」は「鍾繇」の字が轉傳する中裂した筆跡千文字をもとにのちに文意あるものを作ったとする見方は、李暹の序を見る限り、後代に起されたもののようにも思われる。

ここで「次韻」の二文字について、諸氏の見方を記しておくことにしたい。

先ず、清の汪嘯尹は次のように釋している。

「次、比也；韻、聲之諧者。蓋以此千字編集成文、而比之於韻、使讀者諧於口也。」

續いて、小川環樹氏は次のように記している。

「文字を韻文になるように配列した。(13)」

また、周丕顯氏は下記のように解說している。

「在著作方式上、有曰〝編次〟、有曰〝次韻〟、意義實一、謂按韻編著之意。(14)」

さらに、尾形裕康氏は、

「千字文の開巻劈頭に「梁員外散騎侍郎周興嗣次韻」とあるが、その「次韻」は他人の詩韻を次ぐという意味ではなく、韻礎を整理し次第順序して、千字文を作りあげたという意味である。[15]」

と述べている。「次韻」の語例は初唐に沒した姚思廉の編（梁～隋代に生きた父・察の遺稿による）『梁書』巻四十九　列傳第四十三「文學」上の周興嗣傳中の記事、

「次韻王羲之書千字、並使興嗣爲文」

と見えるものが最も早いようであるが、これは後代の次韻應酬の詩の如く韻字を同じくして詩作するとの意味のものとは異なり、李暹『千字文』注の序文に見られるように、「次」は「文勢不次」「音韻不屬」の「次」「屬」の意で、「次韻」は「令推其理、致爲之次韻」の實例の通り、文意を通らせ（脚韻を含めて）ひびきある文字をならべ綴る内容を示す語であったもののように推考される。

ともあれ、梁代の周興嗣が、舊書をならべ綴り、『千字文』を完成して以來、この書は、幼學、初學者の口誦や手書きの對象とされ、かつまた、この千字の背景に潛む縮殺されたさまざまな事象を詳細に注解しようとするものが多作されたが、後に幼童・初學の修學を易化する『六字千文』の出現を促して行ったと見られる事實がある。このことは次章で『注千字文』と『六字千文』の字句の相關を詳記しながら考述する。

第三節　『六字千文』と『注千字文』との關係

一文字の重複もなく異字千文字によって綴られた四字句の『千字文』は、古今を問わず世間の絶賛を受けている。この『千字文』とこの各句に二文字を加えて六字句の文とした『六字千文』を詳細に比較すると、『六字千文』中に

新たに加えられた文字は（殘卷現存個所）三六七文字であり（その中には上古の傳說上の人物も含めて人名が最も多く三十四個所にも上り、この他、地名、官職名なども確認される）、これらの文字については、『千字文』とその選字の基準が全く異なる實態がある。文中には同字の重出が大量に見られるのである。中でも「帝」「人」字の重出は最も多く七回にも及び、その他は各々六～二回となっていることがわかる。こうした文字を含む『六字千文』の文については、研究諸家が、文字やその内容から見て次のような見解を示している。

「これらは極めて俗な文章で文人の手に成るものとは思われない。」（小川環樹氏(16)）

「『千字文』が增益された結果、本來の意味はともかく、『千字文』の内容が極めて具體的となり、單獨で簡單な類書的性格さえ備えるようになっている。」（東野治之氏(17)）

「此所稱〝新合六字千文〟是就周興嗣本原句在四字之外增加兩個字、使原句意思稍稍顯豁、學者易于理解、因此題爲〝新合六字〟。這可能是鄕里塾師所爲、詞句不免拙劣。」（周祖謨氏(18)）

これらを見ると小川氏、周氏の批評には一面に雅文重視のもとから導かれる嚴格な姿勢があるようで、東野氏の見解には雅俗を超えた文字修習の場へ近づこうとする柔軟な姿勢があるように見受けられるが、學習者に理解し易さをもたらすため、二文字を增加して内容の具體化をはかり、類書的性格をも具えさせた實情は十分注意してよいことと思われる。

そこで、これら『六字千文』中に增加された二文字と『敦煌注本』『纂圖本』、及び『上野本』の字句についての關係を字句ごとにその來源を追跡してみると、『千字文』の原文に新たに加えられた二文字の大多數は、直接的に或いは間接的に、現在見られる『千字文』の注本、殊に北朝末の李暹の注になる『上野本』の字句に該當するところが多く確認されるのである。

一　『新合六字千文』と日本傳存諸注本との比較

今ここで、『六字千文』と濃密にかかわる『上野本』の注文を四類に分けて擧例し、『纂圖本』と同樣の部位を表示しておくことにしたい。

1、『六字千文』と注本の語句が完全に一致するか、或いは酷似、類同するもの。（加點は新增加の二文字）

『六字千文』	『上野本』（李暹注）	『纂圖本』
雖狂克念作聖	尙書曰、雖狂克念作聖、罔念作狂哉。	尙書云、惟在尅念作聖、雖狂妄之人。
受禍因其惡積	言、受禍由其惡積、	易云、積惡之家必有餘殃、咎漸致衰禍。
享福實緣善慶	享福寔因善慶也。	易云、積善之家必有餘慶、……積善成慶、積惡成患。
如松柏之茂盛	若松柏之茂盛欝々狀也。	然後知松柏之後凋也。……如松之經霜雪不見其改、
百川東流不息	百川東流、不舍晝夜。	論語曰、孔子在川上嘆曰、逝者如斯乎、不舍晝夜。言其不息也
愼終如始宜令	愼終而如始、即无敗事也。	謹愼其終、終始惟一、誠乃爲善也。
絕高東西二京	絕高謂京也。	京者大也、師者衆也。故云京師。
東西（京）背芒面洛	言、東京後背芒山也、南臨洛水也。	東都洛陽後背邙山、前面洛水、

西京浮渭據涇	西京北帶渭水、越據涇水也。禹貢曰、謂於浮水、亂於河也。	渭涇皆水名、長安城後有八水、……皆遶長安城、言京城據此如浮在渭水上也。
圖寫奇禽異獸	圖寫奇禽異獸、似聖皃、畫於帝王宮殿之内、令人君觀之、自省進德也。	言、帝王之宮殿、樓觀、皆圖寫珍禽異獸、及綵色、畫出神仙靈異人物、以爲美觀也。
高冠執戟陪輦	衞士皆著高冠執戟而陪輦也。	大子冠高七寸、輦者天子所乘車輅也。
税熟貢新于君	新熟必先貢于君。	古者公田上熟、畝税三升、中熟、畝税一升、

2、『六字千文』に加えられた語が注本の辭句二文字を斷取するか或いは數字を二文字に節録しているもの。

『六字千文』	『上野本』	『纂圖本』
詩讃跪乳羔羊	羔羊、裘翔之姓、孝順有禮、跪而飲乳也。	羔羊飲乳、跪飲不違於人飲乳、猶懷於愧。
人君容止若思	人君容儀進止、必須安審智有所思也。	君子容止儼然、若有所思、非禮勿動、
言辭和雅安定	言辭和雅可爲法則也。自安其身而後動易心而語之也。	言辭不可妄發、須當安定、
男八外受傳訓	男子八歲、外受就師訓。	男子七歲、出外以受師之教訓、
女十入奉母儀	女子十歲、在於内宮奉之傅也、教習於婦之禮事也。	女子十歲、不出門、母教之婦禮、以事於人也。
衢路使俠槐卿	於其京師衢、兩傍皆使蒔槐樹、以擬九	京師道兩邉種槐象天子宮内有二槐九棘像三公九

	卿三公之次、來去逐陰也。	卿。
三公驅轂振纓	三公以下大夫以上、皆乘車而朝之。驅謂轂也。	轂而使行、振其纓而、結就也。
桓公匡合天下	桓公小白、致覇功、九合諸侯、一匡天下。	匡正也、合會也、言、齊桓公治國會諸侯、一正天下。
百郡秦皇呑并	昔秦始皇、既滅六國、呑并四海、…并諸侯之國、以爲百郡。	秦始皇姓嬴名政、…大王若納臣、則大事可濟、併呑六國、不難也。……爲併六國歸秦、天下始一統。始皇然後、分天下爲百郡也矣。
其間曠遠綿邈	重理說云、五嶽至於洞庭、其間曠闊、形勢遼遠哉。	曠闊也、緜邈並遠也。
孟軻性敦朴素	孟軻者齊人也。敦厚朴素之行。	孟子名軻、爲人敦厚朴素、皆敬之。
人行殆辱近恥	人有犯害以殆之行者、必近辱之醜也。	凌人則必招恥辱。

3、新たに加えられた二文字が注本の長文の内容を要約し、『千字文』の表述内容を一目瞭然とさせているもの。

『六字千文』	『上野本』	『纂圖本』
鉅野帝戰洞庭	鉅野澤在涿縣。南北三四百里、東與海接、西與山連也。昔皇帝與蚩尤戰於此野。洞庭者、大湖名之。	鉅埜者鉅鹿郡之埜、屬魏地。洞庭者彭蠡澤、一名洞庭湖。……楊州記、太湖一名震澤、一名洞庭。

4、新増加の人名（實在、傳説上の人物を含む）と諸注本との比較一覧

人名	上野本	纂圖本	敦煌本
太昊	×	△大皞	×
少昊	△少皞	×	×
伏羲	○伏羲	×	×
皇帝	△黄帝	○黄皇帝	△黄帝
堯舜	○堯舜	○堯舜	○堯舜
三郎	×	△漢文帝	×
閔騫	×	×	×
曾參	×	×	×
恭姜	△恭伯英妻	○恭姜	×
曹植	△陳思王植	△曹子建	○陳思王曹植
顔回	×	×	×
子夏	×	○子夏	×
郭伋	×	△郭細侯	△郭細侯
袁奉	×	△遠高鳳	△表（袁）奉高
墨子	○墨子	○墨子	○墨子
文王	×	○文王	×
子推	×	○介子推	○介子推
陳王	×	×	×

人名	上野本	纂圖本	敦煌本
子罕	×	×	缺
大禹	×	×	〃
董永	×	○董永	〃
紀信	×	○紀信	〃
張儀	×	×	〃
蘇秦	×	×	〃
邵伯	○邵伯	△召公名奭西伯	〃
伯鸞	×	×	〃
武帝	○漢武帝	○漢武帝	〃
宣帝	×	×	〃
漢（靈）帝	×	○漢靈帝	〃
韓越	×	○韓信彭越	〃
班超	×	×	〃
周公	○周公旦	○周公	〃
張良	×	×	〃
傳説	○傳説	○傳説	〃
秦皇	△秦始皇	△秦始皇	〃

『千字文』の注本である『上野本』、すなわち李暹注本や『敦煌注本』、また『纂圖本』について附言すると、既に諸先學が論及し、本論の第Ⅱ部・第一章で述べた通り、『太公家教』等の唐末以後の俗文を注文に加えた『纂圖本』や唐代の「韓朋賦」や當時の俗語（「一馬不被二鞍、一車不串四輪」「阿孃」「好住」等）を援引する『敦煌注本』は、『上野本』の出現以降に增訂改補されて一書となったものと推考されるところがある。『敦煌注本』と『上野本』は、例えば、第四一、四二句等の注のように『敦煌注本』が典據を明示し詳細な内容の解説を記すのに比べ、李暹注が典據を記さず、句の依據する故實の要旨のみを綴り示し、また第五五句の注文のように、敦煌本が『説苑』の文やその他の傳、解を詳引記述するのに對し、李暹注が語釋のみを簡潔に記すといった違いが顯著である。李暹注は注文の長條化をなるべく避け、しかも内容を平易に理解し得るように腐心していたかにも見える。

『上野本』李暹注では、一句一連の原句に施注する方式をとっているが、『敦煌注本』、『纂圖本』は、一部例外はあるものの、句ごとに詳密な注解を施す形を採っている。東野氏が指摘するように[19]、『敦煌注本』のもとには（第二句の注）、『注千字文』が流布增訂されて行く過程で、本來の形式が破られた結果を反映する部位が殘されているが、『敦煌注本』も『纂圖本』も、概觀すれば、授學、精説の志向の强さが眞っ先に滲み出すかのようである。『六字千文』の新增の二文字は『千字文』の注文から採ることが多い。殊に内容の明確化のための補充の語として選ばれた語句が、北朝末成立と見られる李暹の注文中の語にかかわることが確認されるのである。『六字千文』の撰述時、李暹注本の一種は、まだ轉傳、閱讀されていた可能性があるように見られる。しかしながら、新添の人名に關しては、李暹注の他、『注千字文』の原注を流布增補したものと見られる『纂圖本』や『敦煌注本』ともかかわりをもちつつ、これらの注以外の著名な著述や故實、傳承からも多數採り入れている現實が窺えるので、當時『千字文』にかかわる各種の類書が通讀されつつあったことが推察される。

『六字千文』は『千字文』の一種の簡便な注釋書と見做し得る。『六字千文』の文言、殊に附加增字された部位の語辭は、『千字文』のような嚴格な基準の下に用いられたものではないが、難解な原文中に壓縮された内容を、より平明に卑近に理解し易くする働きを荷わせられていたことである。『六字千文』は『千字文』にかかわる注解や修習の實態を證す重要な資料なのである。

二　新確認の文字とその語解

『六字千文』原寫本を釋讀、研究する過程で、前記の邰惠莉氏の釋文に多くの未釋文字があることに氣づいた。そこで、筆者は、東洋文庫所藏のマイクロフィルム（燒附け）、及び『英藏敦煌文獻』第九册所收圖版に基づき、改めてその原文の判讀を行った。その結果、同氏の採錄した文字以外に、さらに三十七文字が確認出來ることとなった。これらの文字は、『六字千文』の内容構成等を解明するうえで、看過できない重要な部分と看做される。『六字千文』寫本のすべての釋文提示に先立ち、これらの三十七文字を示すと次のようになる。下線部が新たに確認できた文字であり、その中の二十二文字は、『六字千文』撰述時に『千字文』原文に附加された文字である。それらは「閔騫（閔子騫）」等を除き、概ね典據を尋ね出し得るものばかりである。この典據については、採錄原文の後に語注の形で記すことにする（數字は、敦煌本『六字千文』本文の行數を示す）。

11·伏羲始制文字　12·有虞堯舜陶唐　13·三郎坐朝問道　14·臣伏四夷戎羌　15·鳴鳳梧桐在樹

17·閔騫恭惟鞠養　18·曹植男效才良　20·袁奉器欲難量　23·受禍因其惡積　24·大禹寸陰是競

25・董永孝當竭力　31・八佾樂殊貴賤　32・伯鸞夫唱婦隨　37・守眞志意盈滿　38・尊官好爵自縻
39・東西背芒面落　40・樓觀飛峻側驚　41・丙舍第三傍啓　58・□□之本於農　61・聆音察其理□
64・□□□姪見機　65・□默性愛寂寥　66・憂戚謝去歡招

〔語　注〕

13・三郎

これは恐らく漢の孝文帝のことであろう。『漢書』巻三十八「高五王傳」第八によれば、漢の孝文帝劉恆は高祖の第三子（母は薄氏）である。『敦煌注本』「坐朝問道」條には次のように記されている。「…一解云、漢孝文帝時、合国朝臣、皆誦老子道徳経五千文、不解數字之義、天下莫能知者、問河上公、暁於老子之義、文帝造使、往詣請不解者、…帝見於此、恐懼下車、稽首拜謝、摧肝膽而請問道徳之義、故曰、坐朝問道、坐朝於国、問道於何（河）濱也。」

18・曹植

『敦煌注本』「男效才良」條に、「…陳思王七□箕釜下然、豆子釜□同根生、相煎何太急、□□煞、彦云、才慙七歩、學□三冬、由此言之、七歩者即陳思王曹掮（植）也。…」と見える。

20・袁奉

後漢人袁閬のこと。字は奉高。『世說新語』「德行第一」參照。なお、『敦煌注本』「器欲難量」條に、「雜說云、郭林宗遊於汝南、過表（袁）奉高、不宿而退還、或人問曰、奉高如何也、宗曰、奉高之才器、辟千千之深溪、萬頃之池沼、澄之不清、撓之不濁、其器深廣、難測難也、我之於彼、何能比擬也。」と見える。

24. 大禹

『纂圖本』「寸陰是競」條に次のように見える。「…晉書陶侃常語、人曰、大禹聖者乃惜寸陰、至于衆人常惜分陰、豈可逸遊・荒醉生無益於時、死無聞於后、是自棄也、…」

25. 董永

『纂圖本』「孝當竭力」條に「…昔董永事父母至孝、家貧父母亡、乃於富家擧錢四十貫以葬之、契約三年備無錢還、卽投身爲奴、遂得錢葬父母…」と見える。

31. 八佾

『上野本』「樂殊貴賤」條に「公穀梁說曰、天子八佾之。諸侯六俏（ママ）之。丈（ママ）夫四俏（ママ）之。士二俏（ママ）之。」と見える。

32. 伯鸞

後漢人梁鴻のこと。字は伯鸞。『後漢書』卷八十三「逸民列傳」參照。『纂圖本』「夫唱婦隨」條に「夫行善道、婦必隨之。後漢梁鴻、慕道不仕、納孟氏女爲妻、經年不共妻語、或問之鴻曰、見其身衣羅綺、面施紅粉、豈鴻之妻也、妻曰妾觀先王之禮故施此也、既不稱先生之願、妾自有隱遁之衣、遂脫去著布衣、荊釵而出、鴻曰、眞吾妻也、故曰、夫行善道、婦必隨之也。」と見える。

38. 尊官

高官のこと。『上野本』「好爵自縻」條に「其忠義之功者、尊官好爵朱（來?）、継其身耳也。」と見える。

39. 東西背芒面落

「西」は恐らく「京」の誤寫であろう。「東京」は洛陽のこと。『上野本』に「言、東京後背芒山也、南臨洛水也。西京北帶渭水、越據涇水也。禹貢曰、謂於浮水、亂於河也。」と見える。

64.□□□姪見機

缺失している三文字中には『千字文』原句中の「兩」「疏（踈）」の二文字が含まれると見られる。殘りの一文字は增加された文字と判斷されるが、いずれの文字なのか不明。なお、『千字文』原句の「兩踈（疏）」は、「疏廣」「疏受」の二人のこと。新增の「姪」は、「疏受」のこと。『漢書』卷七十一「疏廣傳」によれば「疏受」は「疏廣」兄の子。『上野本』「兩踈見機」條に「兩踈者謂踈廣・踈受。東海人也。受是廣之兄子也。…」、『纂圖本』に「言、疏受爲疏廣之子」と見える。

蕭梁代の成立と見られる現行の『千字文』は、頭初王族貴顯の初學の課本とされたようであるが、陳、隋を經る間に廣く流布し、舊來使用されていた識字課本の『急就篇』にとってかわり、身分を超えて廣く學ばれて行った。王羲之七代の孫と稱される僧智永などによって手習いの教本として眞草にわたる書寫本が多數製られたこともこの時代のことである。『千字文』學習の流れは唐代に至っても衰えを見せなかった。當時、文字知識をもつものは、初學識字課本としての『千字文』を記誦していたようで、宛陵の人であった顧蒙のように變亂に遭遇して江浙、廣州へと避難する間、旅食に困窮して『千字文』を書き聾俗に授け、斗筲の資に換えるということを行う人物も現われる程となっている（王定保『唐摭言』卷十　顧蒙の條）。官吏登用の科擧制の展開と共に學字、學書者の增大があって、これに沿うように鄉里の學塾でこのものが用いられる事實があったことは、敦煌發見の習書『千字文』などによって確認されることである。

こうした『千字文』の流布に伴って、『千字文』そのものを利用し、或いはこれを模してさらに文字故事易解を企った通俗的書册が作られるようになった。『千字文』乃至「千字」を冠する著作は『續千字文』（宋・侍其瑋撰）、『敍古千文』（宋・胡寅撰）、『稽古千字文』（元・許衡撰）、『別字續千字文』（明・陳鎏撰）等多作されている。敦煌藏經洞から發見された『六字千文』もこの流れのもとに生み出されたものの一つであったと認められる。

むすびに

『六字千文』は前述した通り『千字文』そのものの内容を鮮明化させ讀誦、書寫に役する書とする目的をもって、『千字文』原句の一句四文字を忠實に利用し、新たに『千字文』原句を詳解する『注千字文』の注文中の二文字を採り入れて綴りあげたものである。六字句を綴るにあたっての基本的な姿勢は各句を通覽すればわかるように、『千字文』原句の前半部分に天、地、自然にかかわる語彙、例えば、「二儀、六合、陰陽、四季、五穀」などといったものを加え、ついで事物、人事、故事にわたる樣々な語を添えるといったものであり、その技法は、首句にこれを冠し、或いは句中にこれを挿入するかの何れかを用いている。因みに、『千字文』原句の首句に二文字を置くもののうち人名を附加する例は總計三十四個所にも上っている。こうした增添の文字に關しては、『千字文』原句中の文字をさらに增廣して補足を果す傾向も強く、例えば、川→百川、流→東流、禽獸→奇禽異獸、柏→松柏、盛→茂盛などと一層の易化を圖るところが見られる。こうした易解の志向は風雅な韻文を通俗化させることにも繫がり、一面で沈約との關係のあった周興嗣が一夜で頭髮を白ませるほど苦心して、對句、調聲の妙を具體化したという風趣豐かな『千字文』の姿を墜しかねぬところもあるように思われる。『六字千文』の作者は通俗化による風韻の失墜をある程度は顧慮していた節がある。增廣附加した二文字を概ね句首か句中に据える方式をとり句末にはこれを置くことを避けている事實があるからである。恐らく『千字文』原句の脚韻を壞さず、これを十全に維持する配慮をしていたのであろう。

『六字千文』の撰者は未詳である。その姓氏については、現在手がかりとなる片言隻語も見出し得ないが、周祖謨氏も「這可能是鄉里書師所爲」[20]と推考するように、地方在地の塾の教師の所作、言わば、擧人になり得ず地方鄉閭で幼童教育の學塾の師となっていたような或る程度の讀書知識をもっていた者の手になったもののように推測される。

唐末、五代を經る頃、西域の敦煌地方で流行していた『太公家教』『武王家教』等の通俗訓戒教學書と同様に、識字者の裾野に加わる幼童や初學者への教材として、このものもまた編述、利用されていたのである。『六字千文』の劈頭に記されている「鍾銖撰集千字文」から「侍郎萬代歌稱」の部分について、その内容等を考慮すれば、當時敦煌地方に流布していた『注千字文』本には、日本傳存の『上野本』や『纂圖本』に見られるような序文があったようにも想像される。

上記の「敦煌本『六字千文』初探」には敦煌所出の『新合六字千文』(S. 5961 本) 原文の釋文が見られるが、その釋文には誤釋と未錄部分が相當數見られる。このため、ここで改めて獨自の判讀を行ない、釋文を記し、文字の考異も加えておくことにする。

〔敦煌本『新合六字千文』釋文、考異〕

〔凡　例〕

・釋文はS. 5961 本を底本とした。
・寫本中に消去符のある文字は採錄しない。
・加點は『六字千文』の追加文字、＊印は考異表示の文字。

・□は缺字を表す。
・諸本は現在通行する『千字文』諸本のこと。
・『六字千文』の追加文字についてはその前後の文意により判断し考異した。

1. 新合六字千文一巻
2. 鍾銖※(?)撰集千字文　雌擬教訓童男
3. 石勒稱兵失次　梁帝乃附周興　貟外依文次韻
4. 連珠貫玉相承　散騎傳名不朽　侍郎万伐※歌稱
5. 天地二冝※玄黄　宇宙六合洪荒　日月滿虧盈昃
6. 陰陽辰宿列張　四時寒来暑往　五穀秋収冬蔵
7. 三年閏餘成歳　十二月律呂調陽　神龍雲騰致雨
8. 露結九月為霜　黄金生於麗水　白玉本出崑崗
9. 劒号一名巨闕　随侯珠稱夜光　燕國菓珎李奈
10. 蜀郡菜重芥薑　太昊龍師火帝　少昊鳥官人皇
11. 伏羲始制文字　黄帝乃服衣裳　若論推位讓國
12. 有虞堯舜陶唐　開羅弔民伐罪　雌有周發殷湯
13. 三郎坐朝問道　無為誰※拱平章　愛育北人黎首
14. 臣伏四夷戎羌　萬國遐迩壹體　八萬率賔帰王

15. 鳴鳳梧桐在樹　賢人白駒食場　仁慈化被草木
16. 恩徳頼及萬方　盖此八尺身髮　四大四支五常
17. 閔騫恭惟鞠養　曽衆豈敢毀傷　恭姜女墓※貞潔
18. 曹植男效才良　顏迴知過必改　子夏得能莫忘
19. 罔談彼人之矩※　靡侍※己徳之長　郭汲※信使可覆
20. 袁奉器欲難量　墨子感悲絲染　詩讃跪乳羔羊
21. 人君景行維賢　雖狂尅念作聖　文王徳建名立
22. 形端無移表正　子椎※空谷傳聲　陳王虚堂習聴
23. 㓙禍因其悪積　享福寔縁善慶　子罕尺璧※非寶
24. 大禹寸陰是競　若論資父事君　無過曰嚴與敬
25. 董永孝當竭力　紀信忠則盡命　忠臣臨深履薄
26. 孝子夙興温清　芬芳似蘭斯馨　如松百※之茂盛
27. 百川東流不息　宜郡渕澄取映　人君容㔾若思
28. 言辞和雅安定　若能篤初誠美　慎終如始宜令
29. 懃懇榮業所基　萬古藉甚無競　張儀學優澄※[仕]
30. 蘇秦攝職従政※　邵伯存以甘甞※　帰思去而益詠
31. 八佾樂殊貴賤　五礼分別尊卑　居上寛和下睦
32. 伯鸞夫唱婦随　男八外受傳訓　女十入奉母儀

33. 親・時・諸※姑伯叔　姪・□・※猶子比児　孔懐朋・友・兄苐※
34. 昆・李・※同氣連支※　交友礼・義・[投][分]　切瑳・琢・磨箴規
35. 都・督・仁慈隱側　哀・愍・造次弗離　懐・忠・節義廉退
36. 抱・信・顛※沛匪虧　志・性・安・靜情逸　心員・豊・動神疲
37. 守真志意・盈・滿　必・※無・逐物意移　堅持四・知・雅操
38. 尊・官・好爵自縻　君・王・都邑華夏　絕・高・東西二京
39. 東・西・背芒面落※　西・京・浮謂據經※　宮殿嶸・盤鬱
40. 樓觀飛峻・側・驚　圖寫奇・禽異・獸　畫彩前・聖・仙霊
41. 丙舍苐・三・傍啓　武・帝・甲帳對楹　鴻・臚・肆筵設席
42. 太・常・鼓瑟吹笙　公・卿・昇階納陛　弁轉奝・※ゝ・疑星
43. 右通達・於・廣内　左達通・於・承明　宣・帝・既集墳典
44. 亦聚碩・學・郡※英　杜蒿鍾隷草・嘉・　漢・帝・漆舒※壁經
45. □[府]羅[將]相　衢・路使・狹※槐卿　韓・起・※戶封八縣※
46. □　□[冠]執・戟・陪輦　三・公・驅轂振纓
47. □　□肥馬・衣・輕　班・超・策功茂實
48. □　□文・※列・伊尹　二・賢・佐時阿衡
49. □　□周・公・熟※營　恆※公匡合天・下・
50. □　□能・迴漢恵　悅※感傳・說・武[丁]

51．〔　　〕〔　　〕士寔寧　晉楚二・君・更覇

52．〔　　〕〔　〕［使］・假途滅虢　迴・至・踐土會盟

53．〔　　〕〔　　〕酷・弊煩形※　張・良・起翦頗牧

54．〔　　〕〔　　〕漠之・地・　馳譽表・於・丹青

55．〔　　〕〔　　〕秦皇・吞・并　五・岳最・宗恒岱

56．〔　　〕〔　　〕□盧・紫塞　鷄田河・岸・赤成※

57．〔　　〕〔　　〕帝・戰・洞庭　其・問・※曠遠綿邈

58．〔　　〕〔　　〕［之］・本於農　當・須・務茲稼穡

59．〔　　〕〔　　〕［我］藝黍稷　税熟貢新於・君・

60．〔　　〕〔　〕軻性・敦朴・素　吏※魚如・矢・秉直

61．〔　　〕〔　〕［謙］謹勑自・約・　聆音察其・理□・

62．〔　　〕〔　　〕胎※厥嘉猷　誡・歡・※勉其祗植

63．〔　　〕〔　　〕寵憎※抗極　人・行・殆辱近恥

64．〔　　〕〔　　〕姪・見機　解組是・誰造・逼

65．〔　　〕〔　〕黙性・愛・寂寥　陳・鑛・求古尋論

66．〔　　〕〔　　〕塵・累自・遣　憂・戚※謝去・歡招

67．〔　　〕〔　　〕莽卉・抽條　枇杷仲・秋・晩翠

68．〔　　〕〔　　〕多・委翳　落葉飄逐・風・颻

69. □ 負天絳霄 □

70. □ 易輶攸畏 □

71. □ 適口 □ □

〔考異〕（番號は釋文順である。）

2 銖―「銤」の轉寫上の誤寫か。

4 伐―「代」の筆寫上の通俗的增畫表記、或は誤寫であろう。

5 宜―「儀」の同音字の錯覺による誤寫であろう。

10 蜀郡菜重芥薑と太昊龍師火帝の間に「海鹹河淡 鱗潛羽翔」の脫文がある。

13 誰―諸本「垂」、當時西北地方で「垂」字と通用するか。『敦煌注本』に「昔堯舜帝、有天下、擧十六族、任以爲政、並得其人、故端坐朝堂、垂拱無爲問主治道之事。」と見える。

17 墓―諸本「慕」。姜―「美」とも採られるが、原字は「姜」字である。「恭姜」は『敦煌注本』に「…恭姜嫁於衞世子恭伯、早亡、姜遂守志、一心不二、父母欲奪其志嫁之、然姜誓不許……」と見える。

19 矩―諸本「短」。恃―諸本「侍」。汲―「伋」の誤寫であろう。

22 椎―「推」の誤寫であろう。「子椎」は「子推」のこと。「推」は當時「椎」と混用して書寫されることが多い。『敦煌注本』に「…一解云、昔晉文公、於釜山求介子推、不得於山中、使人乎（呼）推響應甚審、終自不見其身、文公以大焚之、推抱樹燒死、谷之響自此有之、故空谷傳聲之也。」と見える。

23 壁―諸本「璧」。

26 百―「栢」の省記、或は同音字の錯覺による誤寫であろう。

29 澄―諸本「登」。

30　政－この下にも衍字の「邵」あり、消去符により消去。甞－諸本「棠」。

33　諸姑－「諸」は邰氏が、施萍婷氏の採錄したДx. 11092『千字文』等の殘片（施萍婷「俄藏敦煌文獻經眼錄（二）」『敦煌吐魯番研究』第二卷　北京大學出版社　一九九七年一〇月 所收）に基づいて、「諸」字を「舅」字と判じていて、さらにその內容上の合理性を特別に强調している。しかし、筆者の確認したところによれば、施氏の筆錄文中の「舅」字は、不明文字とした□の右側に小さく書かれている。この字は、恐らく施氏本人が最終的に確定できず推定の文字として表示したところと見られる。現在公刊された當該の文書の寫眞を確認すると、「姑伯」の上擦部は全く缺失しており、施氏の「舅」字と判斷した根據が缺けることがわかる。

34　李－「季」の誤寫であろう。攴－諸本「枝」。

□－判讀不能の文字。苐－諸本「弟」。

36　顛－諸本「顚」。

37　必－「心」の誤寫であろう。『上野本』に「心守眞理、則得志滿也。逐物飄揚、則移萬起也」と見える。

39　落－諸本「洛」。經－諸本「涇」。

42　奣ゝ－「奣」は『廣韻』「梗韻」に「奣、六合清朗」、『集韻』「梗韻」に「奣、明也」とある。『上野本』に「言、天子皮辨以玉飾之、洛々明如星……言、諸侯朝天子之所時、禮容俯仰折旋進退、辨隨身轉、望之如星。故曰疑星也。詩曰、繪辨而星也。」と見える。

44　郡－諸本「群」。舒－諸本「書」。

45　狹－諸本「俠」。起－「越」の誤寫であろう。「韓起」は「韓越」の誤寫であろう。卽ち「韓信、彭越」のこと。『纂圖本』に「漢高祖既定天下有功者封八縣之邑、有德者家給千兵……蕭何功第一封爲酇侯、張良爲留侯食邑萬戶、陳平爲戶牖侯、韓信、彭越、英布皆封諸侯王也。」と見える。『漢書』卷十六「高惠高后文功臣表第四」參照。

懸－諸本「縣」。

48　文－「丈」に採るものもあるが、原文は「文」である。「文」は「文王」のこと。なお、この「文」字の上接部は、「千字文」

原文に従えば、「磻溪」となろう。「磻溪」は呂尙の釣魚した場所（或いは呂尙自身のことを指す）。『上野本』には次文が見える。「世說云、磻溪谷、在渭水上源也。太公望、避紂之亂、居於北海之濱矣。聞文王作興而來歸周、釣於磻溪之谷焉。文王遊獵得之、知其賢載與歸、而之師事之。」

49　熟―諸本「孰」。恆―諸本「桓」。

50　悅―諸本「說」。なお、武丁、傅說のことについては『尙書』「說命」、『淮南子』「求人」、及び『史記』「殷本紀」等を參照。

53　形―諸本「刑」。

56　成―諸本「城」。

57　問―「間」の誤寫であろう。『上野本』に「重理說云、五嶽至於洞庭、其間曠闊、形勢遼遠哉。」と見える。

60　吏―諸本「史」。すなわち「史魚」のこと。

62　胎―諸本「貽」、歡―「勸」の誤寫であろう。『上野本』に「祇、敬也。植、置也、君子以善道遺於人之、恐其不愛教敕、敬勉置其忠孝行也。」、『纂圖本』に「勉、勸也。祇、敬也。植、置也。君子之人以善道相勸勉、使其敬愼而行、置夫忠孝之心也。」と見える。

63　憎―諸本「增」。

66　戚―諸本「慼」。

注

（1）S.5961本には「衆水海鹹河淡」句は缺落している。また『六字千文』が書寫されるS.5467本のうち、本文の記される部分には「梁遺乃附周興」（邰氏は「梁帝」と採るが、原文は「梁遺」である）から「衆水海鹹河炎（淡）」までの句が見える。邰氏はこのものについて「中間缺二句〝寒來暑往、秋收冬藏〟」と記しているが、筆者が確認したところでは、「四、寒来」の三文字はやや耗損しているが、「四時寒来暑往、五穀秋収冬藏」の二句はほぼ看取することができる。

（2）小島憲之氏によれば、天平勝寶二年三月三日造東大寺司牒案紙背（『大日本古文書』十一）、及び天平十五年十月八日寫疏所充紙帳案（『大日本古文書』二四）の奈良朝の遺文には各々「千字文敕…敕員外散騎侍郎周興次嗣韻」（小島氏注：「周興次嗣韻」は「周興嗣次韻」の誤りである）、や「千字文　敕員外外散散摩音第一…巻天地玄…千字文敕員外散騎…」といった文字が記されているのが知られる。（『上代日本文學と中國文學』上　塙書房　昭和五二年九月　八二～八三頁）

(3) 東野治之『正倉院文書と木簡の研究』塙書房　昭和五二年9月一〇日第一版　一二九頁

(4) 東野治之他『上野本　注千字文　注解』和泉書院　一九八九年六月一〇日

(5) 大東急文庫藏『纂圖附音增廣古注千字文』元和三年二月刊（古活字板）

(6) 東野治之氏は、「髝」は「趙」の偏旁を左右入れ換えたもの。このような文字が挿入された意味は不明であるが、下文の「遲李」も、「李遲」を轉倒して記している。」としている（前揭注（3）書の五六頁注①參照）。

(7) 小川環樹「千字文について」（『書道全集　中國5南北朝Ⅰ』平凡社　昭和五三年四月　一六頁）、伯希和「千字文考」（『圖書館學季刊』六巻一期　一九三二年三月　馮承鈞譯　八〇頁～八二頁）をそれぞれ參照。

(8) 張志公『傳統語文教育初探』上海教育出版社　一九六二年一〇月　七頁

(9) 周丕顯『敦煌文獻研究』甘肅文化出版社　一九九五年六月　一九五頁參照。但し、周氏の引用文と張氏の原文は大きく距っているところがある。周氏はどのようなことでこの文を綴ったか不明であるが、この文は、後學に正確な情報を提供しているものとは見做し難いと言わざるを得ない。

(10) 前揭注（9）書　一九一～一九七頁、及び黃家全「敦煌寫本『千字文』試論」（『一九八三年全國敦煌學術討論會文集』文史・遺書編下　甘肅人民出版社　一九八七年　三五二～三五七頁參照。

(11) 鄭阿財「敦煌蒙書析論」『第二屆敦煌學國際研討會論文集』民國八十年六月　二一六頁參照。

(12) 小川環樹・木田章義注解『千字文』（岩波文庫版）　岩波書店　一九九七年二月　三九二頁

(13) 前揭注（7）論文一六頁參照。

(14) 前揭注（9）書　一九三頁參照。

(15) 尾形裕康『我國における千字文の教育史的研究』（本編）大空社　一九九八年四月　二九頁

(16) 前掲注(7)書　一一頁
(17) 東野治之「訓蒙書」(講座敦煌5『敦煌漢文文獻』　大東出版社　一九九〇年一一月所收)四二三頁
(18) 周祖謨「敦煌唐本字書敍錄」(『周祖謨學術論著自選集』北京師範學院出版社　一九九三年七月所收)四一四頁
(19) 前掲注(4)書　一八八頁
(20) 前掲注(18)書　四一四頁

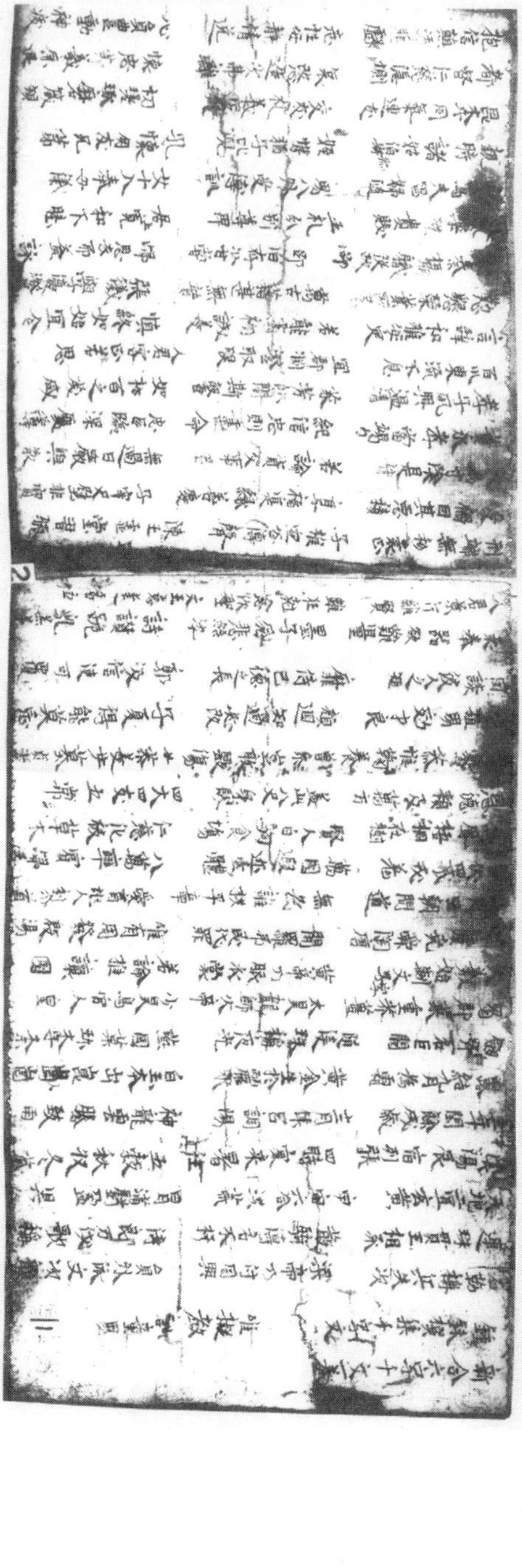

敦煌本『新合六字千文』(S.5961)

附圖3①

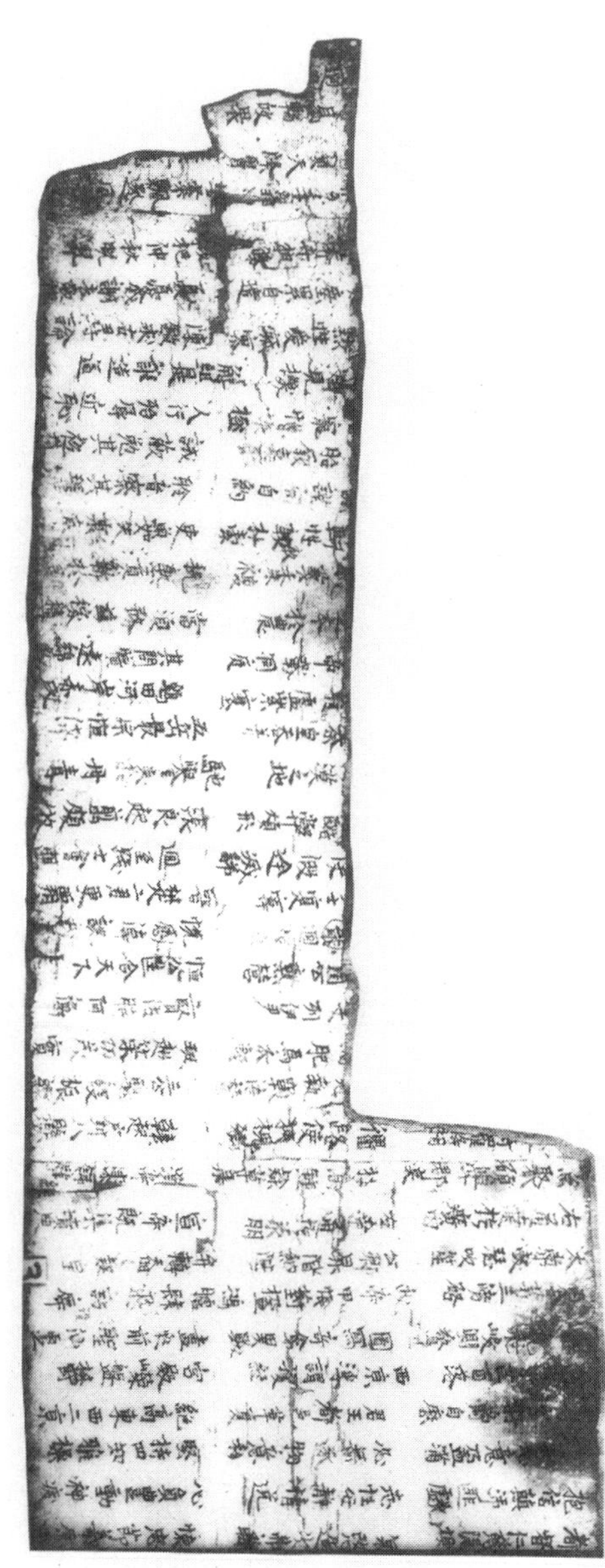

②

第三章　敦煌研究院藏 李翰『蒙求』論考

はじめに

識字、學習のために編まれた『千字文』が久しく流布し、初學童蒙の間に學び繼がれた時代を經て、幼學、童蒙のために歴史故事を教授する目的で編まれた『蒙求』が出現する。この『蒙求』は、採錄表現する素材の內容を理解させるために、當初より注が施されて、またこの書の流布を目指すためにか、卷首には當時の文名豊かな官人の推薦文の表序が冠せられていた。しかし、これらの表序、自序を含めた本文及び注は、その後永く教學の場で用いられたため、その形を變容させた如くである。そうしたさまは、その時々に傳寫された寫本の違いによって知ることができる。近年、敦煌研究院所藏の『蒙求』寫本（敦研095、以下この抄本を「敦研本」と略稱）の全體が公表されるに及んで、時の推移の中で變容した『蒙求』の實狀、殊により古相をもったその注の形が考察可能となった。本章では、この敦研本の表序と本文の實態をその注文と共に把握し、李翰『蒙求』の成書年代を考究して、表序、本文の配列の背景に潛む作者李翰や表序の書寫、李良、李華等の閱歷を證し、表、序配列浮動の由來を探ることにする。

第一節　敦研本『蒙求』と日本傳存本

敦煌研究院所藏の李翰注『蒙求』寫本は、一九七七年刊行の『敦煌文物研究所藏敦煌遺書目錄』[1]上に、はじめて記錄され學界に知られるようになったが、その後長く原本の詳細は紹介されなかった。一九七七年から二十二年を經た藏經洞發見一百周年記念にあたる一九九九年九月に至って、ようやく『甘肅藏敦煌文獻』第一卷[2]に收められて、その全貌が詳報されるに及んだ。研究者にとっては久しく待ち望んだ事であった。（附圖3參照）

敦煌藏經洞發見の『蒙求』は、現在僅かに三件の殘卷が確認されたにすぎず、上述の敦研本以外は、フランス國家圖書館所藏殘卷二卷（P. 2710本、P. 4877本）があるのみである。『蒙求』に關わる出土文獻は、この他、スタインが第三次中央アジア探檢時に、黑城子（カラホト）遺跡から獲得した『蒙求』殘卷一件が存在するが、これは現在大英圖書館東方部（Or. 8212/1344/kk0149a）[3]に所藏されている。

さて、ペリオ所獲の**P. 4877**は、薦表、序文、首尾を缺くものであるが、詳密な注文を遺存させている。**P. 2710**本が薦表の後半部を留め、序文部分を缺き、無注の本文二十八句のみを殘存させるのと對照的である。この二本に對して、敦研本の現狀は、首部に十六字を缺く以外は、薦表、序文を共に留め、概ね完好で、本文五十句とその注文を遺存させている。敦研本は、中國に於ける古注蒙求の唯一の遺品で至寶と稱し得るものである。

李翰撰述の『蒙求』、いわゆる古注蒙求は、世に出されて以來、唐宋の間に殊に流布し、初學の教材として重用されたが、その後、次第に閱讀の場に上されなくなり、中國大陸ではその姿を消すに至っている。しかしながら、幸いなことに、中國文化の受容國である日本には、つとにこの抄本が舶載され、遞傳轉寫されている。光緒六年（一八八

○）清國政府の公使・何如璋の隨員として着任した楊守敬は、日本に滯留する間、中國大陸で佚亡した古典籍を索捜する中でこの古寫本も索得し、これを中國に携え歸ったが、その後數次の戰亂を經て、この『蒙求』古抄本は、臺灣に搬送され、現在、臺灣故宮博物院に所藏されるに至っている〔Ⅱ 圖②參照〕。

さて、『蒙求』は何時頃日本に傳えられたのであろうか。このことについては、文獻には具體的記述が見られないが、菅原道實等奉敕撰の編年史書『日本三代實錄』巻三十四　元慶二年（八七八）八月二十五日「陽成天皇」條下に、

「是日、皇弟貞保親王於披香舍始讀蒙求。」

との記事があり、これが日本での『蒙求』に關する正史上の初出の記録とされている。『蒙求』に關する記事には、この他『扶桑集』巻九所載の都良香の詩等が確認される。(4) 日本に於ける『蒙求』の習誦は上述のほか、弘仁十二年（八二一）藤原冬嗣が同族の弟子教育のために設けた私學「勸學院」に關わり、「勸學院雀囀蒙求」（『八幡愚童訓』下）と俗言されるように、初學童蒙の學習の場で頗る重視されたことが知られる。王族の課本でもあった『蒙求』自體は、その後貴顯から上下官人衆庶に至るまでの人々に長く傳抄され續け、數多くの寫本、版本を生むこととなった。

ところで、日本に現存する最古の古注『蒙求』は、宮内廳書陵部所藏の上巻本（一般に「書陵部本」（轉寫本）という）である。この寫本は、その巻末に、寛政六年（一七九四）の紀年をもつ法眼謙宜の鑑定に際しての識語が次のように見られる。

「此蒙求上巻一册者弘仁之比渡候書歟　左大史小槻敬義朝臣家本所書寫也(5)」

この寫本の巻首にある題字が一字缺失し、また薦表の首部も十九字を缺損しているが、序文は概ね完好で、本文は上巻のみを存し、結尾は「蔡邕倒屣」までで、それ以下を缺いている。楊守敬の取得した巻子改裝本の概況が『日本訪書志』巻第十一に次のように記述されている。

Ⅱ 圖②　臺灣故宮博物院藏古鈔本『蒙求』（日本舊藏）

「有「禰家藏書」印、亦不知爲何人。首李良『表』…次李華序、而不出華名、但題「『蒙求』本序」。…首題『蒙求』上卷」、自「王戎簡要」起、至「蔡邕倒屣」止、蓋通爲上、下兩卷。…」(6)

これらの概況は、上述した宮內廳書陵部所藏の轉寫本『蒙求』上卷の狀態と完全に一致しており、楊守敬が獲得した卷子改裝本は、書陵部本の依據した原卷本であることがわかる。さすがに古文字、古籍研究の大家である楊守敬の選眼の鋭さが輝くところである。楊守敬取得（臺灣故宮博物院現藏）の古鈔本やその轉寫本である宮內廳書陵部本は、現在『蒙求』古注本を集成した池田利夫氏編の『蒙求古註集成』(7)中に共に影印覆刻され、收錄されている（以下、楊守敬所獲本、宮內廳書陵部本を一括して「古鈔本」と稱す）。

第二節　中國に於ける敦煌本以外の諸本

李翰所撰の『蒙求』は新舊の『唐書』には共に記載されていない。これについて楊守敬は、「『唐志』有王範『續蒙求』三卷　則知必有李翰書」として「傳刻者脫之」（『日本訪書志』卷十一）と斷じている。正史中での初見は『宋史』「藝文志」「類書類」の條下で、正史以外でも『崇文總目』、『郡齋讀書志』、『直齋書錄解題』等にその書名、解說等が見られる。李翰の『蒙求』は童蒙書の一つとされ、唐宋の間に大いに風靡した事實がある。そうした流れのもとで、宋代は孝宗の淳熙十六年（一一八九）十一月に至って、徐子光が經籍等によって改めて新たな注解、補釋を行った。これによって世に言う徐子光『補注蒙求』が出現することになるが、徐子光は『蒙求』を補注する意圖をその序文中の「子光序」に次のように認めている。

「…然鮮究本根、類多舛訛。覽者病焉。豈瀚之所載然歟、抑亦後世傳襲之誤也。豫嘗嘉其用意、而惜其未備。於是漁獵史傳、旁求百家、窮本探源、摭華食實。大抵傳記無見、而語淺謬妄者、就加是正。…」

徐氏は、原來の舊注に疏證を加え、これを擴大し、考證を緻密にすることによって、『蒙求』そのものの廣汎な流布、傳寫を引き起こす大きな功績を殘したのであったが、徐氏の施注した『蒙求』が後に『蒙求』に關する一連の著作の主流となるに及んで、古注の『蒙求』は次第に等閑に附され、注意されることがなくなってしまったのである。「徐注本」はおおよそ鎌倉時代の末期に日本に轉傳されたようで、その後このものが日本國内で廣く流傳している。但し、日本に於いては、古く傳わった「舊注蒙求」がその價値を失い消亡に向かうということはなかったようである。なぜなら、舊注中には、唐代の古注や逸聞などが保存され、また已に散逸してしまった書目等が引き記されており、古籍や逸文の鈎沉に對して高い資料的價値があったからである。これら『蒙求』にかかわる諸本を概括すれば、日本に於いては、上述の「書陵部本」等の古鈔本を除けば、主要な傳世本は「徐注本」であり、その種類は殊に多く、早川光三郎氏の論考によれば、それらを、「抄本」と「刊刻本」の兩大系に大別することができるという(8)。これに對して、中國大陸、殊に中原地區では、抄本は殆ど傳わらず、數種の刊本が確認できるのみである。しかし、現在は、敦研本が公表され、古抄本の一部が知られ出している。ところで、中國では、李翰の原注（古注）と徐子光の補注（新注）に對する認識の錯誤と、日本の傳本を含めた諸本に對しての誤認(9)があるため、ここで改めて、中國國内で見られる敦煌本以外の諸刊刻本について記しておくことにする。

①遼代刻本（三卷）　無注本、首題・表序共に無く、殘存部分は「燕昭築臺」から卷末に至る部分である。卷後には音義七行が記されている。この刻本は一九七四年七月に山西省應縣所在の佛宮寺木塔から發見されたもので、中國現存最古の『蒙求』刊本である(10)。

②萬曆重刊本（三卷）　萬曆初年　吳門顧編になるもので、表序がなく、新刊の序が載出されるもの(11)。

③『四庫全書』本（二卷）　『蒙求集注』と題するもので、卷首に「四庫全書提要」を置き、その中で『蒙求』の撰者が晉の李翰とされている。表序が無く、劈頭を『蒙求』の本文とし、ついで『蒙求集註』巻上として、「晉・李瀚撰　宋・徐子光補注」と署記する。

④『學津討原』本（二卷）　この本と上述の「四庫全書」本の構成は同じで、卷首には「晉・李瀚撰　宋・徐子光補注　昭文・張海鵬校」と記されている。この本には表序が無く、巻末に清・嘉慶甲子（一八〇四）の張海鵬校訂の跋文が筆寫體で載せられている。

⑤『畿輔叢書』本（二卷）　この本は、もと江戸時代の儒學者林述齋（天瀑山人）が準古注本として自らが編録する『佚存叢書』中に收め入れたもので、中國で再錄したものである。清の王灝所編の『畿輔叢書』に再收錄されたのでこの名がある。この本には表序があり、卷首に「唐安平李瀚撰註」の語を記し、ついで本文を掲げ、一句ごとに注を施す形式をとっている。注文は比較的に舊注に近い。卷末には「文化三年（一八〇六）龍集丙寅九月三日天瀑山人識」の跋文がある。

なお、この他『全唐詩』には『蒙求』の全文が收錄されるが、これは萬暦重刊本から採錄したものと見られ、表序が無く、また注文も無い上に、撰者の李翰を唐末五代人と誤記するなどの問題がある。年代の錯誤は『四庫全書』の記述によってもたらされたものである。(12)また中國では『蒙求』について、紀昀等纂「蒙求集註提要」、余嘉錫著「四庫提要辨證」、及び胡玉縉「四庫提要補正」等が出現している。

第三節　李翰『蒙求』の成書年代

李翰『蒙求』の成書の年代に關しては、日本傳存の古鈔本中に殘される李良「薦表」末に次のような紀年と説明が見られるのが有力な手がかりとなっている。

「天寶五年八月一日　饒州刺史李良上表　良令國子司業陸善經爲表　表未行而良授替　事因寢」

しかし、**P.** 2710本には「天寶五年八月一日」の紀年が見られず、僅かに紀年を省略した「月日」の二字が記されるだけである。**P.** 2710本の後接部は、古鈔本と等しく、これらが**P.** 2710本の抄寫の背景を證すかのように觀察されるのである。ところで、敦研本のこの箇所には、元號や年次のみならず、月日の文字さえも見られない。この様もまた敦研本の出現の由來を暗示するかにも見られるのである。

ここで、これら各種の抄本を總覽しても、敦煌本からは、李翰『蒙求』の成書年代や纂集年代を確定することができない。また視座を變えて、「表序」撰述にかかわる人物の來歴に基づき、李翰『蒙求』の成書年代を探ろうと試みても、李良に關しては史書に記載が缺け、陸善經その人や逸話等も新舊の『唐書』にはすべて傳えるところがなく、その成書年代を詳考することができないのである。ただし、陸善經については、『日本國見在書目錄』中にその撰になる『周易』『尙書』『論語』『孟子』等の注本が採錄されていて（『孟子註』を除きすべて傳わらない）、彼の著作歴を幾分窺うことができる。[13] また**P.** 2710本に記される彼の官職である「國子司業」に關しては、『元和姓纂』巻十の記事、及び『白氏文集』巻四十一所載の「唐贈尙書工部侍郎吳郡張公神道碑銘」中の文に裏附けを取ることができるのである。いまこの二種の資料を下引しておこう。なお、『元和姓纂』巻十の記事については、この書を、傳承文獻、刻字資料等を博抄して校記した岑仲勉氏の詳注も併記しておく。

「齊度支郎中陸匡丞、晉太常卿始後、元孫敬。唐蘇州刺史陸孜兄元孫善敬、國子司業」

〔岑校〕「唐蘇州刺史陸孜兄元孫善敬國子司業　唐會要一三、開元二十七年有集賢學士陸善經。會稽掇英總集二、天寶三載送賀監致仕、陸善經有和詩。五載刊定月令、集賢直學士陸善經與修撰（石刻及新書五七）、其官爲河南府倉曹參軍。元龜一五二、國子司業陸善經。……是善敬與善經同音、同官、同時、「敬」字訛也。」

「公（張誠）三子、曰：平仲、平叔、平季。夫人陸氏、卽國子司業、集賢殿學士善經之女、賢明有法度。」

これらによれば、陸氏は、當時著名な學者で、河南府倉曹參軍、集賢院學士、國子司業等の職を歴任し、開元から天寶年間にかけて活躍していた人物であることが知られる。從ってこの陸氏の來歴からすれば、古鈔本に記される「天寶五年八月一日」に國子司業陸善經が李良の請託を受けて「薦表」を作った様を推考することは可能である。『蒙求』成立の經緯を知る手がかりは、その冒頭に置かれる表序群にあることは疑いないことであるが、この問題については、その配列の順序の考察をも含めて後述することにして、ひとまず次項を述べることにする。

第四節　敦研本『蒙求』と日本古鈔本との比較

通常『蒙求』の劈頭に据えられている「薦蒙求表」の四文字は、敦煌發見の諸本では皆缺失しており、日本傳存の古鈔本もその首字「薦」字を缺いている。「薦表」の本文は敦研本では前部の十七字が缺け、古鈔本では斷裂缺損による文字の斷續があり、合わせて十九字が缺けている（本書二二二頁及び二七六頁圖版參照）。「薦表」に後接する「序」文の「安平李翰著蒙求一篇～不出卷而知天下」の部分は、敦研本、古鈔本共に缺失している。古鈔本のこの部位の缺失に對して、曾て楊守敬は次のように指摘したことがあった。

「其序文又截「『周易』曰」以上不錄。按李良『表』明稱有李華序、此本截去之、當是抄者省略。…」（『日本訪書志』巻十一[14]）。

P.2710本にはこの部位が残存しているので、楊氏の推測には一定の合理性があるようである。しかしながら、何ゆえ兩寫本がともにこの部位を闕失させているのであろうか。「抄者省略」（抄寫した者が省略した）とは言っても、二者共に抄寫者が随意にその部分のみを省いたとは見做し難く、説明がつきかねるようにも見える。或いは、この部位を缺いていた祖本によって別々に抄寫したものが同じ形になったという可能性もないとは言えないように思われる。現在、僅かに残存する抄本ではあるが、それらの状況から見れば、當時通行していた『蒙求』には、多種類の型をもった巻本があったようにも考えられる。

さて、「薦表」文中の「漢朝王子淵」の句は、「淵」字を古鈔本では「泉」に作っており、敦研本では「渕」に作っている。この「泉」も「渕」も何れも李淵の名の避諱によるものと思われるところがある[15]。もしこれが確かに避諱による文字の改修とすれば、敦研本、古鈔本のこの部位の状況は類同であるということになり、その抄寫年代についてもある限定された時期が推考され得るのである。ただし、敦研本の「世」字は、「周嵩狼抗」條の注文には原字の「世」のままの表記があるが、他は多く「廿」に作り[16]、古鈔本は皆「世」に作るといった状況があり、兩本の避諱に關わるとも推測され得る用字はすべてにわたって一致するものでない現状がある。

注文の引書については、例えば、「伏波標柱」、「袁安倚頼」の句のように、敦研本では「後漢」と作るが、古鈔本は「後漢書」とするようなところがあり、またこれとは逆に「桓譚非讖」の句では、敦研本は「後漢書」とし、古鈔本では「後漢」と記すようなところをもちながら、その他については、兩本の引書の状況は一致するといった實態がある。しかしその引用内容については、敦研本、古鈔本にきわめて大きな相違が見られる部位が存在する。抄寫本一般に見られるように、敦研本と古鈔本にも共に個別の文字の脱落や誤字が認められるところがあるが、しかしこれを越えて、例えば、下表のように、第17、18、41、48の各句には相當の差異が現われている。

なお、ついでに述べれば、「莊子畏義」句に關する注文で、古鈔本に引記されるものは、『孟子』とされているが、これについて早川光三郎氏は「誤記」であると斷じている。[17] しかし敦研本と古鈔本にも同じ『孟子』とされているので、早川氏の推斷はなお再考の餘地があるようである。今本の『孟子』には諸書に引用される字句が採錄されていないことがあるのは事實であるが、諸本共に『孟子』と記すからには、『孟子』の佚文、或いは『孟子外書』（僞書ともされる）等の散佚部分を考慮してもよいようにも思われるのである。

さて、ここで、敦研本、及び古鈔本中に見られる文字の異同や文章の差異について、その差の著しいもの中の第17、18、41、48の四句を順次擧例して確認しておくことにする。

句	敦研本	古鈔本
伏波標柱	後漢　馬援為伏波将軍、征南蠻、遂鑄銅柱、以極漢南之界、薏以興謗者、援為人患氣好食薏苡、迴載薏以帰、人以真誅此興訪（謗）。	後漢書　馬援字文泉、爲伏波將軍、征南蠻迴遂鑄銅爲柱、以極淮（漢）南之界。
博望尋河	漢書　張騫、漢中人、曽奉使西域、回窮河源、武帝封爲博望侯、得織女林（枝）機石、安石榴等、嚴君平識此石也、願生入玉關也。	漢書　張騫、漢中人、曾奉使西域、回窮河源、武帝封爲博望侯也。

燕昭築臺	後語　燕昭王即位。為斊閔王所殺、得賢士與之同謀、以報先君之耻、即郭隗曰、宜先尊隗、況賢於隗者豈遠千里哉、昭王於是築臺造碣石室而師事隗、樂毅聞之自魏而往、鄒衍聞之自斊而往、劇辛聞之自趙而往、賢士竟至、昭王以樂毅為将、合趙秦晉楚之兵、以伐斊、〻大敗、殺閔王、此大郭隗謀用賢之力也。	後語　燕昭王郎位、(孤)卑身厚幣、以禮賢者、後語　燕昭王郎位、(孤)卑身厚幣、以禮賢者、是築臺而師事隗、樂毅自魏而往、鄒衍自齊□往、劇辛自趙而往、遂破齊。
王符縫掖	後漢　王苻字莭信、安定人、度遼将軍皇甫曽謁、皇甫規解官帰安定、郷人有以貨賣鴈門守云(亦)去官、書刺謁規、規不迎、問在郡食鴈美乎？　頃、苻在門、衣不衣帯規、規不礼鴈門守、乃倒屣出迎苻、時人曰、徒見三千石、不如一絳掖、著潛夫論之甘篇。	後漢書　王符字節信、安定人、着大腋衣、曾謁皇甫規、規不禮鴈門字(守)而乃屣履迎符、時人曰、徒見二千石、不如一縫腋、符著潛夫論二十篇之。

表中の下線を施す部分は、古鈔本には存在せず、敦研本と古鈔本の注文を比較すると、古鈔本の注文は簡約を旨として、一つの主題について論旨を絞るかのように多般にわたる枝節をより少なくしていることが知られる。敦研本はと言えば、各注文間に詳疎の差はなく、一つの事柄について多くの論説を収め、詳密を心がけているさまが確認される。しかしそのためもあってか、やや整合性に欠けるきらいがある。現在敦研本には後代に増補された痕跡が發見されないので、この寫本は日本傳存の古鈔本と等しく、紛れなき唐代抄寫にかかるものと見做なせるようである。また古鈔本は李翰原撰の『蒙求』の部分的な節略がある鈔本の可能性があるように見える。少くとも上表に擧例した四句

の注文の下線を施した部位を原注から删去したとも見做すことができるように思われる。ここで注文そのものの内容を一瞥しておくことにする。注文の表記の狀況が『蒙求』抄寫の實態を明かすようにも思われるためである。

「伏波標柱」句の「鑄銅柱」の事柄は、正史である『後漢書』には見えないが、同書の唐の李賢の注には次のような形で記されている。

「廣州記曰、援到交阯立銅柱、爲漢之極界也。」

この他この銅柱にかかわる事柄は『水經注』巻三十六「溫水」條の注文に長文の引用記事として留められている。

「兪益期《牋》曰：馬文淵立兩銅柱于林邑岸北、有遺兵十餘家不反、居壽冷岸南、而對銅柱。…山川移易、銅柱今復在海中、正賴此民以識故處也。『林邑記』曰：建武十九年、馬援樹兩銅柱于象林南界、與西屠國分漢之南疆也。…」

「伏波標柱」句の注の後半部に、記される事柄は、徐注等の新注『蒙求』の五三八句である「馬援薏苡」の注文にも記されている。『蒙求』全文にわたって擧例載出される事柄は、概ね一人の者についての一件の事柄であるが、中には一人のものについて、二件の事柄或いは三件の事跡などが記される場合もある。例えば、それらには次のようなものが見られる。

・馬援（「伏波標柱」、「馬援薏苡」）
・楊震（「楊震關西」、「震畏四知」）
・曹植（「子建八斗」、「陳思七步」）
・孫敬（「孫敬閉戶」、「文寶緝柳」）
・諸葛亮（「孔明臥龍」、「諸葛顧廬」、「亮遺巾幗」）

ところで、これにかかわる内容に關して、南宋の王觀國は、『學林』の中で、一人一事の内容を三句或は二句に分け綴るさまを次のように述べている。

「唐李瀚撰蒙求五百九十八句、每句著一人、每人著一事、非博學不能爲此、然其疵在於一人而分作二句或三句…」

王觀國は南宋初期の人物で、彼が閲讀したものは徐子光の新注が出來る前の舊注であるため、上述の敦研本等「一人二事」等の状況は、已に舊注の中にも存在していたことが推測される。

さて「馬援薏苡」の句は、敦研本、古鈔本、及び**P.**2710本共にみな佚失している。それゆえ、その確實な内容は未詳のままとなっている。しかしこの句の内容ともなる馬援と薏苡の故事は、『後漢書』巻二十四「馬援列傳」に次のように綴られている。

「初、援在交阯、常餌薏苡實、用能輕身省慾、以勝瘴氣。南方薏苡實大、援欲以爲種、軍還、載之一車。時人以爲南土珍怪、權貴皆望之。援時方有寵、故莫以聞。及卒後、有上書譖之者、以爲前所載還、皆明珠文犀。馬武與於陵侯侯昱等皆以章言其狀、帝益怒。…」

因みに記せば、徐子光の注の殆どは、范曄の『後漢書』からの逐字採録である。この「馬援薏苡」の事は、『本草綱目』巻二十三　穀之二「薏苡」本經に引かれる陶弘景『別錄』の文にも記されている。この文もここに引いておくこととする。

〈集解〉「別錄曰、薏苡仁生眞定平澤及田野、八月采實采根無時。弘景曰 眞定縣屬常山郡近道、處處多有人家種之、出交阯者子最大、彼土呼爲幹珠、故馬援在交阯餌之載還爲種、人讒以爲珍珠也。…小兒多以線穿如貫珠爲戲…」

「薏苡」の語については、敦研本の「伏波標柱」句の注文中に連續して三度記述されるが、そのうちの二ヶ所は「薏以」の文字に作っている。しかし文意上三ヶ所共に「薏苡」を示すものと見られ、「以」は「艸」を脱したものと判斷される。また敦研本で「眞誅」と記されるものは「眞珠」のことで、「珠」字を誤寫したもの、『後漢書』「馬援列傳」で「明珠文犀」とあり、『本草綱目』で「珍珠」「珠子」と記されるものにかかわるものである。『本草綱目』には「色形如珠子而稍長、故人呼爲薏珠子。」との說明もある。しかし注文中の「眞珠」の語は、援を譖る內容を表わした語で、馬援のもち歸った薏苡實を眞珠と考えて讒訴した當時の故實を示したものであることは『後漢書』「馬援列傳」の文から明らかである。因みに、交阯等の南方遠征より歸った馬援は、薏苡の實を一車に載せてもち歸ったが、時の人々はこれを南土の珍怪と思って、權門貴人がしきりに得ることを望んだというのである。援の生前は寵恩のゆえにこれを口にするものもなかったが、援が沒するとたちまちある者が上書して援のもち歸ったものはすべて「明珠文犀」と譖ったというのである。

敦研本の注文の「薏以興謗者」、及び「人以真誅此興訪」はこのことを言い、「興訪」の「訪」は「謗」字の誤寫と考えられる。結局のところ、「伏波標柱」句にかかわる敦研本の注文の二十六字は、簡略な表現ではあるものの、『後漢書』や『本草綱目』の記述、傳承と內容上同じものであることがわかる。なお、「薏苡」の語は、『說文解字』艸部に「蘱、草也。从艸、蘱聲。一曰薏苡。」と記されている。

「博望尋河」の句については、下線を施した部分が古鈔本には見出せない。ただし、龜田鵬齋校訂の『舊注蒙求』では、僅かではあるが、「得織女支機石」の六字が殘されている（早川光三郎氏の研究では、龜田本は「古注」と「徐注」の間にあるもので、「準古注本」と類別するとしている。なお、「織女支機石」の考證に關しては、龜田鵬齋校訂『舊注蒙求』寛政十二年（一八〇〇）刊本參照）。

「安石榴」以下の文字は敦研本に遺存している。この「安石榴」のことは、現行の『漢書』には記述がないが、『初學記』卷二十八「石榴」第十一には『博物志』の次文が引かれている。

「『博物志』曰：張騫使西域還、得安石榴、胡桃、蒲桃。」

「安石榴」は「石榴」とも記される。このものは果たして傳承通り張騫によって西域からもたされたものであるか否か、現行の『漢書』にはこれに關する記載がないばかりか、『博物志』中の關係文も已に散逸してしまい、具體的な狀況が蒙昧としたままである。ただし、この事柄は、李翰の生きていた唐代前後に在っては、かなり敷演、傳承、口說されていた樣子で、例えば、下記のような詩文中に類似する內容が留められている。

○梁・蕭繹「賦得石榴詩」「西域移根至、南方釀酒來」

○唐・孔紹安「咏石榴」詩「可惜庭中樹、移根逐漢臣」

○宋・歐陽修「千葉紅梨花」詩「從來奇物產天涯、安得移根植帝家、猶勝張騫爲漢使、辛勤西域徙榴花」

「嚴君平」の件については、『漢書』「王貢兩龔鮑傳」第四十二に記事が見られるが、『漢書』中には「織女支機石」についての記述が見られない。ただし、「織女支機石」については、『太平御覽』卷八所引の劉義慶『集林』中に次のような記事として綴られるものがある。

「昔有一人尋河源、見婦人浣紗、以問之、曰：此天河也。乃與一石而歸。問嚴君平、云：此織女支機石也。」

この內容は當時頗る流布したようで、これを詠み込んだ唐宋間の詩文が多數確認される。ここで、その二、三を擧げておくことにする。

○唐・宋之問「明河篇」詩「明河可望不可親、願得乘槎一問津、更將織女支機石、還訪成都賣卜人」

○唐・趙璘『因話錄』卷五「徵部」「…后人相傳云、得織女支機石、持以問君平、都是虛之說、今成都嚴眞觀有一石、俗呼爲支機石…」

○宋・陸游『老學庵筆記』卷二「李知幾少時、祈夢於梓潼神。是夕、夢至成都天寧觀、有道士指織女支機石曰、以是爲名字…」

○宋・劉秉「戊申年七夕五絶其二」詩「世間縱有支機石、誰是成都賣卜人」

○宋・晁說之「夢斷詩」「麻姑嫁時泣未息、織女支機石豈安」

ここに見える「賣卜人」は嚴君平を指す。事は『漢書』「王貢兩龔鮑傳」第四十二「蜀有嚴君平…君平卜筮於成都市…」とあるが、このため、嚴君平識支機石の傳承は、成都という土地柄に關わりを持ちながら廣く流布して行ったようである。

「願生入玉關也」については、『後漢書』巻四十七「班超傳」にその記事が見られる。敦研本のこの注文は、この班超の記事をもって張騫の傳の上に附會したものと言える。抄寫者が附會したか、取り違えたか、或いは別傳のその種のものを抄寫者が引記したのか不明であるが、何れにしても史書に見える記事の主人公とは異なりをもって記されている。因みに、敦煌變文『前漢劉家太子傳』には、漢武帝が張騫を派遣して盟津河の上源を尋ねさせた一件が記される記述がある。その中に綴られる「…帝乃大悅龍顏、封張騫爲定遠侯」の文も、博望侯に封じられた張騫と定遠侯に封じられた班超を混じて一話と化している。張、班兩人がみな西域に使節として赴いた事柄が有名であったため、この種の混亂が後人の間に起こっていたのかも知れない。「博望尋河」の句の注文はこのように確かにいくつかの事柄の錯綜交淆があり、混成された記述となっている感がぬぐえないものであり、これが李翰の舊注を傳えたものなのか、また鄕人俗者の增删が加わった姿を傳えるものであるのか不明なところがある。

「燕昭築臺」の句に關する注文では、「築臺」(「臺」は「黄金臺」とも稱す)の語は、敦研本、古鈔本ともに同じく記されている。但し、その他の傳本では、これに續く「造碣石室」の句が見えない。この「造碣石室」乃至「造碣石宮」については、『史記』「孟子列傳」第十四には、

「（騶子）如燕、昭王擁彗先驅、請列弟子之座而受業、筑造碣石宮、身親往師之。」（張守節正義：「碣石宮在幽州薊縣西三十里寧臺之東」と記す）

とあり、また『文選』巻二十八 樂府下「放歌行」李善注所引の文に、

「『上谷郡圖經』曰「黄金臺、易水東南十八里、燕王置千金於臺上、以延天下之士。」」

と見え、さらに『水經注』巻十一「易水」條に、

「北有小金臺…訪諸耆舊、咸言昭王禮賓、廣延方士、至於郭隗、樂毅之徒、鄒衍、劇辛之儔、宦游歷説之民、自遠而屆者多矣」

と綴られている。これによれば「黄金臺」も「碣石室（宮）」もみな燕の昭王の賢士を褒賞する説と關係するものであることがわかり、唐代の陳子昂が「薊丘覽古 贈盧居士藏用七首」其二「燕昭王」で賦詠する「南登碣石館（坂）、遙望黄金臺、丘陵盡喬木、昭王安在哉。」の句もこのことを述べ寫したものと知れる。

このように、敦研本の注文中には、史書に來源し、史實に遠源する個々人の逸話がさまざまな形で留め殘されている。

第五節　李翰『蒙求』表序群の再檢討

『蒙求』成立の經緯等を知る唯一の資料はその表序群（李良「薦表」、李華「序」、李翰「自序」）である。しかし、從來その表序群は、種々な形で傳わっていて、必ずしも『蒙求』成立究明の上に有力な資料と見做されていたわけではなかった。諸種の傳本には「薦表」「序」「自序」と三篇が十全に揃っているわけではなく、その配列の順序もさまざま

であったことが災したと言っても過言ではないようである。

さて、現在通行している徐子光の注本、いわゆる「徐注本」には、徐子光序を除いて、李良「薦表」に續くものは、李華「序」しか存在しない。これは果たして本來の形であろうか。李翰「自序」はなかったのであろうか、表序はこの形であったのだろうか等の問題については、日本所傳の平安朝の寫本である古鈔本、及び敦煌所出の敦研本の内容が大きな解への手がかりを與えてくれるように思われる。本項では、これらの傳抄本を用いて『蒙求』の冒頭に置かれた表序自序の配列の原態を追究し、『蒙求』成立時の様子の可能な限りの解明を試みる。先ず、諸本の表序群の有無の状況を一覧表に示しておく。

表序群＼諸本	敦研本 有無	敦研本 順序	P.2710本 有無	P.2710本 順序	古鈔本 有無	古鈔本 順序	徐注本 有無	徐注本 順序
李良表 a	○	(b)	○	a	○	(b)	○	a
李華序 b	×	a	○	b	×	a	○	b
李翰自序 c	○	c	○	c	○	c	△ 子光序	

（ ）は、以前存在したことを想定し、假に加えた。△は、李翰自序が李華序の一部とされたことを示す。

一　李翰「自序」の有無

先ずは敦研本の表序群をその前後關係からＡＢの二つの部分に分けて示しておくことにする（本項末に示した敦研本釋文參照）。

Ａ「士、[義][國]可稱、爰自宗周、逮茲炎漢、竟徵茂異、咸重儒述。」～「臣誠惶誠恐、頓首頓首謹言」

Ｂ「周易曰、有童蒙求我之義、李子以其文碎、不敢輕傳達識、所務訓蒙而已。」～「安平李翰撰并注」

Ａの部分は、古鈔本などに據れば、李良「薦表」と見なしてよいものである。問題はＢの部分である。ここで、敦研本と古鈔本の當該部分を併せて抄出しておく。

周易曰、有童蒙求我之義。李子以其文碎不敢輕傳達識、所務訓蒙而已。故以蒙求名題其首、毎行注兩句人名外、傳中別事可紀記者、亦此附之。雖不配上文、所資廣博。從切韻東字起、毎韻四字。　安平李翰撰并注

（敦研本）

蒙求本序　安平李瀚撰幷注

周易曰、有童蒙求我之義。李子以其文碎不敢輕傳達識、所務訓蒙而已。故以蒙求名題其首、毎行注兩句人名外、傳中有別事可記、亦此附之。雖不配上文、所資廣博。從切韻東字起、毎韻四字。

（古鈔本）

この部分の字句は、兩本に於いて若干の異同が見られるものの、内容上の大差は認められない。ところで、この部分の内容については、これまでに様々な見解が見られた。その中には、李良「薦表」の一部である[18]という見解もあったが、現在ではこの部位は、李華「序」である[19]という見方が大半を占めている。しかし、このＢの部分は、李良「薦表」でも、李華「序」でもなく、李翰「自序」である[20]という大變注目すべき見方が舊來から存在していた。

この部位が李翰「自序」であると推考するものに、金末の元好問（一一九〇〜一二五七）の『十七史蒙求』序[21]があるが、そこには、

「案李瀚自嫌文碎、此特自抑之辭、…」

との文が記されている。これはBの部分に見える「李子以其文碎不敢輕傳達識」について言及したもののようで、ここにこの部分が李翰の自説であるとしている様子が強く感取される。

また、別本により李華の「序」（次項で記述）の末尾に綴られた「不出巻而知天下、其蒙求哉」という句は、過褒の修辭とは見えるものの、『蒙求』流布の實態とその文名の廣馳の現實を幾分誇示しようとする文言のように思われるところがある。曾て清原宣賢（一四七五〜一五五〇）はその著『蒙求聽塵』で、

「蒙求也ナド、カヽズシテ蒙求哉トカケルガ筆力ナルベシ」

といってこの文の筆者の筆力を稱したが、これを受けて早川光三郎氏は次のように文を綴っている[22]。

「確かにこの筆力は一文を結ぶ筆力に見なされる。しかるに、その後に續き、しかも文勢が變わって、「周易曰云々」と來るのはいかにも突飛不自然である。…私はむしろこれを以て自序説にまで進みたいのである。」

ところで、清原宣賢も早川光三郎氏も別本にある李華「序」の結末と「周易曰云々」、つまり上述のBの部分との繋がりが不自然であると表明している。殊に早川氏はBの部分は「自序説」、つまり李翰の自序であると一歩進んだ見解を示そうとしている。

さらに、池田利夫氏は古鈔本をもって、Bの部分に對し次のような見解を述べている。

「…自序として文義上にいかなる疑義もなく……他の諸傳本の殆んどすべてが李華序後段として著録するのが誤りであり、（二）は今や自序と斷定して何ひとつ憚る點はあるまいと思う。[23]」（筆者注：（二）は、Bの部分のこと）

これは極めて明快な論述となるわけである。ところが、上述した早川氏は、Bの部分が李翰の自序であろうとしながらも、徐注本の序文中に見られる「李公子」の語[24]にかかわり、

「しかるに、ここに自序の斷定を躊躇させる一つの障壁がある。B中の「李公子」の語である。自序に李公子という呼び方はおかしい。…」

と述べた[25]。早川氏の指摘する「李公子」云々の語文は、宋代の徐注本に頻見される。やはり「李公子」という言葉の壁が重くのしかかって、「序」の實態を隱し去るかに見えるのである。しかしこのような發言をする一方、早川氏は、諸本の「李子」の例を以って「李公子」の「公」は衍字であり、「公」字を添増したものであると力說した。元來「李子」とあったはずであると力說された部位が、「李子」であるのか「李公子」であるのかについては、從來から激しい論議があった。しかし「李公子」に作るものは、徐注本系に集中している實態がある。この狀況を理解しながら、ここでこの「李子」「李公子」にかかわる論議の例を下記しておくこととした。

先ず、宇都宮由的〔遯庵〕（一六三三～一七〇九）の發言である。彼はその著『蒙求詳說』で次のように述べている。

「按、先輩曰、此序李翰自序也、李公子之公衍字也、一本無公字、子男子通稱也、李子翰自言也、一說別人序也。然序中有謙辭、當以自序爲正。」

この一節を讀めば、宇都宮由的は「序」（つまりBの部分）は李翰の自序であると明言していることが知られる。「李公子」の「公」字は衍字で、「一本」には「公」字がない。「子」は男子の通稱である。從って、これは李翰の自言であるとしている。別人の序という說もあるが、序文中には謙辭があるから、當然これは自序であるとするのが正しいと記している。

次に『舊注蒙求』を考注した龜田鵬齋（一七五二～一八二六）の言である。彼はその著で、

「朝鮮本宇本、周易下有曰字誤也、又宇本以周易曰以下爲李瀚自序、而以下李公子之公字爲衍、不知何所据、(26)」と述べている。文中の宇本とは上述の宇都宮由的著『蒙求詳説』のことで、宇説に對し、何によるものかと疑問を呈している。

古鈔本では「李子」に作ることがあるにもかかわらず、日本で鎌倉時代以來通行していた數多くの徐注本系に「李公子」とあったことが、Bの部分を解く道筋を退化させていたように見える。ここでさらに、上述のような諸説を念頭に置きながら、近年公開された敦研本を一讀すると、

「周易曰、有童蒙求我之義。李子以其文碎不敢輕傳達識、所務訓蒙而已、故以蒙求名題其首……」

これまで問題とされた個所が「周易曰」「李子」となっていて、古鈔本に等しいことが知られる。『蒙求』成書時には「李公子」の語はなく、「李子」の語であったと見る見方を支える有力な證據が確認されるわけで、さらに「李子以其文碎不敢輕傳達識」の句も古鈔本と同形となり、これも謙遜の意を表わすものであることが分明となり、「謙詞」を綴る李翰の「自序」としてのBの部分がより鮮明に理解されて來る。

長年にわたって、Bの部分についての見解が混亂し續けているのは、ほかにも事情があるからのようである。というのは、古鈔本には、「周易曰」～「安平李翰撰并注」、つまりBの部分以外に、本來あるはずの李華「序」が見出されていなかったからである。この問題については、次項で小攷を試みる。

二　李華「蒙求序」の有無

さて、李華の「序」の存在を考える場合、先ず李良の「薦表」を仔細に省察する必要がある。というのも、李良の表中には、李華の「序」に言及した箇所が存在するからである。比較的古態を留めると見られる敦研本と古鈔本の該

當箇所を記すことにする。

「司封貟外李華、當代　宗、名望夙著、與作序云、不出巻而知天下、其蒙求哉。」（敦研本）

「司封貟外郎李華、當代文宗、名望夙著、与作序云、不出巻而知天下、其蒙求哉。」（古鈔本）

兩本のこの部分には一部に文字の出入がある。すなわち李華の官銜では敦研本が「郎」字を落しており、また崇敬表現のためか皇帝名の「文」字を空格としていることである。しかし、雙方の文章の措辭、用語は等しく共通している。從って、兩本は同一の祖本（原本）から出ていることは疑う餘地がない。こうした李良の「薦表」の文に基づけば、「與作序」とある通り、李華が李翰のために「序」を作ったことが知られる。

では、この李華「序」の存在が具體的に確認できるものはないのであろうか。李華「序」は確かに存在した。そこで敦研本と同じ出自をもつ敦煌藏經洞所出の**P.2710**本が注意される。因みに、この**P.2710**本の冒頭部を記せば、次のごとくなる。

「蒙求序　趙郡李華撰　安平李翰著蒙求一篇、列古之人言行善惡、參之聲律、以授童幼、隨而釋之、比其終篇、則經史百家之要奥、十得其四五矣。推而引之、源而流之、易於諷習、形於章句。不出巻而知天下、其蒙求哉。」

この「蒙求序」は、表題についで明記される通り趙郡の李華の撰である。**P.2710**本ではこの部位が劈頭に掲げられているわけである。では傳世本では如何であろうか。傳世本では李華の「序」と李良の「薦表」が共に存在している。しかしその「序」は「薦表」に前後して、置かれる位置を變えることがあるのである。表序の順序が前後に顚倒される理由は、文中の記述内容の時間的背景を整合させるためのように見られるところがあるが、傳世本より古態を留めると見られるペリオ本等は、書籍の體裁上巻首を飾るにふさわしい文名の高い者の序を劈頭に置くといった著作問世にかかわる企圖が根本に据えられているように觀察される。ともあれ、傳世本にも表序は存在するのである。しかしながら、本來あるはずのこの李華「序」は、敦研本にも古鈔本にも缺けている。

さて、弘仁年間頃の抄寫と見られる古鈔本は、敦煌諸本が發見されるまでは、傳世する唯一の『蒙求』の古寫本とされていた。楊守敬がこの古鈔本に李華「序」が缺けていることを確認して、これについてその著『日本訪書志』巻十一で次のように述べている(27)。

「首李良『表』…次李華序、而不出華名、但題「『蒙求』本序」。下題「安平李瀚撰幷注」。其序文又載「『周易』曰以上不錄。按李良『表』明稱有李華序、此本截去之、當是鈔者省略。」

楊守敬の述べている「『周易』曰以上不錄」とは、傳世本に見られる李華「序」のことである。古鈔本にこれが缺けているのは、抄寫者がこれを省略したからに違いないというのである。楊守敬より以降、この古鈔本に關する李華序の問題については、ほとんど論じる者がなかったが、近年に至って、池田利夫氏が、『蒙求古註集成』の「解題」中で古鈔本の李華序について、次のような見解を示した(28)。

「故宮本（一）に當る李華序が見られないのは殘念であるが（中略）巻頭部が破損した結果の脫落かと推定させる書誌學上の證左がないわけではない。」（筆者注：「故宮本」はすなわち「古鈔本」指す）

この見解は楊守敬氏の「當是鈔者省略」という見方とは視點の異なるものであるが、原資料を精査した上での大變注目すべき發言と言える。というのも、古鈔本の巻頭部は確かに破損している事實があり、その部分には李華序が存在した可能性があると考えられるからである。

この巻首部の破損、缺失は敦研本（095）にも存在した。この事實はきわめて大きな意義をもつが、李翰自注『蒙求』の巻頭が破損している事實が敦研本にもあったことは、近年公開された『甘肅藏敦煌文獻』第一巻の「敍錄」から確認できる(29)。いまこの文を記すことにする。

「…現存五葉、最前面的一葉、入敦煌研究院前被撕掉、痕迹猶存…。」

敦研本には、現存の李良「薦表」の前にさらに一葉の抄寫があったことが分かる。古鈔本等によれば、現存の形で敦研本の第一葉にあたる部分の初行第一、二、三字は「士義　或」の三字と判讀されるため、李良「薦表」の書き出しの部分ではなく、敦研本の缺失した第一葉にはこの三字に上接する文章が記されていたことは疑いない。すなわち少なくとも「薦表　臣良言、臣聞建官擇賢、其來有素、抗表薦」との文字が記されていたであろうことが推測可能なのである。破損して缺失したと見られる敦研本の舊態上の第一葉は、明らかに無文字の表紙等ではなく、その末行に李良「薦表」の頭部が記され、その前接部に李華「序」が綴られていた可能性が極めて高い。敦研本と古鈔本に共に李華「序」が確認できないのは、偶然とも言うべきであるが、この偶然を出現させたのは、その「序」が抄本の巻首に書寫されていたからと考えられるのである。『蒙求』の冒頭に据えられた李華の「序」部は破損によって失われてしまったもので、元來なかったとは到底考えられない。

三　表序群の配列

上述した各本の實態を考慮すれば、李翰『蒙求』の巻頭部に於ける表序群の姿が把握可能となろう。では、その古來の姿は如何であったのか。李華「序」、李良「薦表」、李翰「自序」の先後關係は、李翰「自序」が常に後末に置かれることが明白なので、これを除けば李華「序」、李良「薦表」の先後關係が何れであるかとなるわけであるが、この表序群の順序の問題について、曾て早川光三郎氏は、

「蒙求は李良の表にもある通り、李瀚の撰者に対し、まず李華が序を書いた。それに李良が価値を認めて薦表を書いた。故に薦表が先に置かれるのが当然である。古注たる敦煌本・書陵部本・楊守敬本など皆そうなっている。(30)」

と指摘したことがあった。早川氏が言及した「敦煌本」とはP.2710本のことである。敦研本に言及していないのは當時それが全面的公開とはなっていなかったためでもある。早川氏の言は、敦研本を除き考察した場合に到る當然の歸結とも見えるが、しかし書陵部本も楊守敬本も（卽ち古鈔本のこと）上述した通り、本來存在した前接する巻首部が缺失していた狀況が確認されるので、現在からすれば、早川氏の見解は、なお修正すべきところがあるように思われる。P.2710本と敦研本とは表序群の配列を異にする形をもっていることも注意を要することである。

早川氏の後に、池田利夫氏も李翰の自序を解説しながら、その表序群の順序に問題があることを述べ、次のように記している。[31]

「そもそも、李良表は李華序（一）に言及しているので、李良が見た蒙求では（一）と（二）とが竝記されており、そこに李良表草案が冠せられたと推定するのが最も自然なので、原形は、李良表・李華序（一）・自序（二）の順であった筈である。…」（筆者注：（一）はA、（二）はBの部分のこと）

しかしながら、敦研本も古鈔本も池田氏の述べた形と異なる形をもっている。これはどのような原因から起こったことなのであろうか。池田氏の言では「薦表」「序」が入れ替わり、李良の「薦表」が李華の「序」と李翰の「自序」との間に割り込む隙がないように見られるが、しかし李良が見た『蒙求』が單に李翰の「自序」のみをもつもので、別に求められて寄せられていた李華の「序」を知っていたとしたならば、この見方は成り立ち難くなる。李翰の「自序」の前に李良の「薦表」を置く形が敦研本から確認され、さらにこの前接部に李華の「序」が置かれた可能性が指摘され得る現實に注意を拂うならば、李翰所撰の『蒙求』の巻頭を飾る「薦表」「序」をめぐる問題は、舊來よりも幾分整理が進むこととなろう。『蒙求』巻頭の「薦表」「序」「自序」の配置が元來はどのようであったのか。これはなかなかに論斷できぬところではあるが、少なくとも「序」「薦表」「自序」に關っては、次の事柄が確認可能である。

表序の順序は二系統が認められる。一つは撰者の名望、文名による冠序の順を意圖した様子が伺えるもの、すなわち敦研本、古鈔本を代表とした李華「序」李良「薦表」李翰「自序」の順をもつもので、もう一つは撰述者の官歴を重んじた配列を企圖したもの、すなわち「薦表」「序」の順をもつものである。但し、南宋代以降に流布する「徐注本」は、李翰「自序」を李華の「序」に混じて區分せずすべてを李華の「序」としており、李良の「薦表」をこの前に置いている。現在一般的に通行している『蒙求』はこの「徐注本」に従うものが多い。なお、因みに記せば、從來諸傳本の形態から「周易曰～」以下の文を李華序の後半としていたのは誤りであり、これは李翰「自序」とすべきである。また、李良表が言及した李華序は、諸本共に本來これを具備していたが、現在古鈔本にも敦研本にもこれを確認できないのは兩者ともにその當該部分の記される巻首部を缺損して佚失していたからである。

『蒙求』の巻首に置かれる表序群の配列の問題の解明は、表序の撰編の年代の確定と共に李翰撰述の『蒙求』の成書年代の推定にもかかわる問題である。筆者は、現在、上述した様々な條件のもとで、古鈔本乃至無注本、及び敦研本に見られる李華「序」、李良「薦表」(陸善經作)、李翰「自序」の配列がより古態を留めたものと考え、この形の成立を天寶五年(載)秋以前と推考している。皇室の一族の枝裔であったと見られる高位者の李良の經歴(次項で記述)の急轉にも係ってか、李良が陸善經に作らせた「薦表」文は、これ以前に撰述されていた李華の「序」や李翰の「自序」に加えられる形で、配列の位置を浮動させたために、現在見られる二種の表序配列の形が出現することになった如く推考されるのである。

四　李良「薦表」の實態の檢討

古鈔本の李良「薦表」末に次のような紀年と説明が見られる。

「天寶五年八月一日　饒州刺史李良上表　良令國子司業陸善經爲表　表未行而良授替事曰寢」(32)

李良の表文の配列場所の移動に關しては、李良自身の閲歴にかかわるものがあるようにも推測される。表文末の李良自述と見られる注文の中に「天寶五年八月一日」の期日を記した上表が、實際は沙汰やみとなった旨が記されているが、その文では「良授替事因寢」と記されている。單に補任の官職が變わり、任地が異動するだけであったならば、上表そのものが取りやめられることはないはずである。上表の取りやめは「授替事因寢」の背景に極めて重い現實があったことを物語るかのように見られる。臆測を逞しくすれば、筆者には、この極めて重い現實は、「天寶五年八月一日」直前の李良本人等の貶職、左遷であったように想像される。因みに、『舊唐書』等によれば、天寶五年には政爭絡みの大規模な貶官人事、すなわち自らの權力增强に障碍となる聲望家を排除しようとした李林甫の狡計による一連の事件があり、皇族とも濃密な關係をもち、能吏としても力を得ていた韋堅、及びその一族とその交友者である皇族の末裔李適之達が次々と配流、貶黜されて、在地で賜死、自殺に追い込まれていた事實がある。

ここで韋堅、李適之のことを記しておく。韋堅は、『舊唐書』「韋堅傳」によれば、京兆萬年人、父は銀靑光祿大夫に至った人物で、姉は贈惠宣太子妃、妹は皇太子妃。自らの妻は楚國公姜皎の女といった閨閥の中にあり、長安令等を經て江淮の租賦を轉運する官につき、在地に吏を置き、督察するなどをして、國の公廩を裨し、歲入を鉅萬に益やし、帝意を得、併せてその權勢も高めた人物である。天寶元年には陝郡太守、水陸轉運使に拔擢され、水路を整備して、廣陵、丹陽、京口、長陵、會稽、南海、宣城、始安、吳郡等の郡船による珍寶、珍貨の京師への洽進を可能とさせた才幹をもっている。韋堅の嶽父楚國公姜皎の壻であった皇族の末裔李林甫は、この堅の詭計求進のさま、日增しに帝恩を受けるさまに妬心を起こし、また、恆山王承乾の孫である李適之と親しいことにも怒りを强め、腹心の者と事を謀り、彼らを陷れる機會を狙った。天寶五年(載)正月望夜、堅と河西節度鴻臚卿の皇甫惟明が夜遊し、共に景龍観の道士房を過ぎたことを幸いに、李林甫は、兩人が立太子を構謀したと玄宗帝に上訴して、邪魔な存在の彼らを除こうとした。この折、玄宗帝は李林甫の言に惑わされて、正月癸酉（二十一日）に刑部尙書の堅を遽に括蒼太守（「韋堅傳」では縉雲太守）に、隴右節度使皇甫惟明を播川太守に左降、直後に惟明を黔中で殺害し、資財を抄沒している。四月庚寅（八日）には左相であった李適之を太子少保にし、政治の場から除き、その後六月には、堅を江夏員外別駕として李適之を宜春太守に貶し、七月に入って堅を嶺南臨封郡に流し、その弟蘭、冰、芝、その子諒もことごとく遠貶。七月丙子（二十六日）には堅は配流先で賜死となり、堅の妹も皇太子妃を去らせられ、外甥の嗣薛王琄も夷陵別駕とされ、女婿の盧幼臨も合浦に流されるといった事態となり、十月に至って監察御史の羅希奭によって堅の弟達や子供、及び一族の者達が殺されるに及んでいる。この時殺害された者の中に裴敦復や李邕等も含まれており、希奭が宜春郡を過ぎったことを聞いた李適之は服毒死をしている。ところで、こういった記事を綴り記す『舊唐書』巻一百五「韋堅傳」末には、次のような文が記されている。少し長文であるが、極めて重要な内容が見られるので記しておくことにする。

（五載）（至十月）……
倉部員外郎鄭章貶南豐丞、殿中侍御史鄭欽說貶夜郎尉、監察御史豆盧友貶冨水尉、監察御史楊惠貶巴東尉、連累者數十人。又敕嗣薛王琄夷陵郡員外別駕長任、其母隨男任；女婿新貶巴陵太守、盧幼林長流合浦郡。肅宗時爲皇太子、恐懼上表、稱與新婦離絕。七載、嗣薛王琄停、仍於夜郎郡安置、其母亦勒隨男。堅貶黜後、林甫諷所司發使於江淮、東京緣河轉運使、恣求堅之罪以聞、因之網典船夫溢於牢獄、郡縣徵剝不止、隣伍盡成裸形、死於公府、林甫死乃停。

すなわち、江淮の租賦の徵收や南地の物產の漕運の官職にかかわった韋堅由緣の者は、盡く口實によって罪を着せられ、貶謗され、ついには抹殺されている。

ここで李良の官銜や李良の依頼を受けて表を實作した陸善經の官銜、及び李翰の官銜を一瞥すると、それらはすべて、江南、河南の地の民衆統治、聚貨、漕運に關わる刺史、司倉、倉曹の官であり、何れも地縁、職縁、文縁共に韋堅の來歴にかかわる要素を含んでいる。『舊唐書』巻一百五末の論贊では、「括戶取媚、漕運承恩、聚貨得權」であった韋堅、楊矜らは、「因利乘便」の結果一時の寵榮は得たものの、後患を招くこととなったと記されるが、李良、陸善經の間柄は官職を通してかかわる可能性があり、李翰がなぜ當時文名燦然としていた李華と共に官位の高いこの兩人とのかかわりをもったか、また著に冠する「薦表」「序」を得ることになったのか、そしてその著の世評と評價を導く基ともなる験、證である「薦表」「序」の配列を浮動させることになったのか。これらは策謀渦巻く當時の政情下の入り組んだ人脈と複雑な地縁とを解きほぐすことによってのみ理解可能となるように思われる。

李林甫の策謀によって官を追われ肅清された人物の中に李良などが含まれ、その經歷も幽暗裏に抛棄されることはなかったか。現在その傳が傳わらないのは、こうした事柄の影響もあった如くに思われる。陸善經によってものされた李良の表は、このため極めて微妙な扱いをされていたようにも見えるのである。

李良の「薦表」は**P.**2710本、及び日本傳存の古鈔本、無注本によれば、表本文の末尾に、元來紀年と官銜を含めた上表者の氏名が記されていたようで、この後接部に、さらに表文の撰出の經緯と上表に至らなかった事情を記した注記があったようである。本來この注記部分は不要である上、上表は「未行」に終わったため、實紀年を記さないものが傳わり、またこの表文自體もその配列の部位を巻頭巻中に前後するものが現われてしまったように觀察される。古鈔本等に見られる「天寶五年八月一日」の紀年は李良の上表時そのものを示す年月ではなく、上表を豫定していた年月を示すものと理解できそうである。李良の「薦表」については、なお今後山積する問題の檢討と共にその實態の究明を進めたい。

むすびに

以上、敦研本と日本傳存の古鈔本の比較の結果、『蒙求』「表序群」の配列の變遷の背景、李翰の出自に關して考述して來たところをここで總括する。

敦煌研究院所藏の第九五號本は、最近になってようやくその全貌が公にされた李翰注『蒙求』の寫本であるが、この本は、古鈔本と同様に首尾を缺いている。しかしながら「薦表」「序」を殘しており、遺存する本文、及び注文には、他本に徴證できない辭句が傳えられている。古注『蒙求』の原形の一斑をよりよく窺わせる素材が含まれていると認められるもので、その辭句を通して、構文、内容上の分析も可能となる現狀がある。このため、敦研本は、日本傳存の古鈔本にとって、比較、研究上の唯一の對象遺文となるものといえる。

敦研本と古鈔本の兩本は、避諱や書籍引用、及び「薦表」「序」の構述狀況がほぼ一致することから、精粗の差はあれ、均しく李翰原注の姿を留める抄本と推察できる。敦研本と古鈔本を並閲すると、例えば、敦研本には「王戎簡要　裴楷清通」句の注文以外は、みな長文で詳密であり、後代の增補を窺わす語辭を含まぬ實態があり、古鈔本には、敦研本注文のもとづく原典を删略併合する狀況が數多く觀察される。こういった差は、楊守敬が『日本訪書志』巻十一で、

「余意此書在唐時必童蒙誦習、鄉俗鈔寫、憚其煩文、遂多删節。」

と記すように、誦習、抄寫に不都合な繁雜さを除く志向が働いたためと判斷される。端的に言えば、現在確認可能な

『蒙求』注本の中で、敦研本は、李翰の原注の形を最もよく傳えるものと考察される。

『蒙求』「表序群」の配列の變遷については、その各々の撰者の閲歴にかかわる事柄、殊に李良、陸善經に關しては、李林甫の肅清に遭った韋堅、李適之とかかわる可能性が高い。天寶五年を前後する政情に絡む動向を解くことが、『蒙求』、及びその「表序群」の撰編由來を理解させることになることは確實である。本章では、舊來、研究上に缺落していたこのような視座を補い得たことである。

ところで、蒙求の作者李翰に關しては、考證可能な確實な資料が甚だ少ない。現在確實に依據可能と見られる資料は、僅かに李良の「薦表」と李翰の「自序」と見られる部分だけである。李翰については、新舊『唐書』の記述があるが、しかしながら兩書の記す李翰の出自、鄕貫、職位等とこの「薦表」、「自序」の述べるところには内容上かなりな距りがある。楊守敬が『日本訪書志』卷十一の中で、

「『提要』與此書多誤、今爲辨之於下、李翰爵里雖未詳、而首有李華一節、卽李良之『表』亦明著天寶〔八〕年…」

と述べたものも尤もなことである。これに對し余嘉錫氏は、理解し難いことに『四庫提要辨證』（卷十六　子部七）中の引用文中で、その文を論駁して、

「…是翰之爵里皆有可考、而楊氏顧以爲未詳、所謂楚則失矣、齊亦未爲得也。」

と記している。その後にさらに、

「…黄氏（廷鑑）僅知李翰嘗作張巡傳、而不知其人於兩唐書皆有傳、則考證亦尙粗疏。」

と述べている。この文によって、余氏が『唐書』の李翰と『蒙求』の作者の李翰を同一人物と見なしていることが知られる。また、『續修四庫全書總目提要』（經部・小學類）では「蒙求二卷」（王重民氏の解說文）の條下に引く資料をすべて新舊『唐書』から採っているが、これもまた余氏と同樣に『唐書』の李翰を『蒙求』の作者の李翰と同一人と確

信して文を綴っていることを知らせている。

これに対し、日本の研究者[33]は蒙求の作者李翰に言及して、「序」「薦表」の文に依據するのみで、或いは「未詳」と言い、新舊『唐書』の李翰傳を引くことがない。これは一部に二者の判斷を中止しているところもあろうが、概ね二者が同一人物でないという認識を示しているかのように見える。自序で「安平」と貫籍を明示するからには、李翰は趙郡や隴西の李氏の一族ではあり得ないと見るのが正論であり、例えば、隋末唐初に政名、文名を馳せ安平の名を朝下に響かせた李德林、李百藥父子などにかかわる同族、同統と見るのが妥當なところと思われる。李翰の在世年代は李良の「薦表」中の紀年を信頼すれば、天寶年間を前後する頃と概ね把握できる。しかし、李翰の經歷、出自等については不明なところが多く、現在の時點ではそれらに關する疑問を氷解することはできない。今後、新資料の出現を待ちつつ後考を期すこととしたい。

敦研本『蒙求』については、未だにその釋文が見られない。このため、ここで細心の注意を拂いつつ釋讀を行ない、釋文を記し、諸本との校異も試みておくことにする。

〔敦煌研究院藏　李翰『蒙求』釋文、校異、注解〕

〔凡　例〕

・釋文は敦煌研究院所藏095號本李翰『蒙求』（「敦研本」と略す）を底本とし、宮内廳書陵部舊藏古注『蒙求』上卷（「古鈔本」と略す）、**P.**2710本（「P本」と略す）を校本として、校異を行った。

・採錄した原文は獨自に斷句を試みた。

・校異は、1、2、3…、注釋は①、②、③…で示した。
・寫本原文の表、序部については改行箇所は／で示したが本文の句及び注については改行箇所の表記を略した。
・『蒙求』本文の句はゴチック體で示し、そのもとの注は明朝體で示した。なお、原注は雙行割注になっているが、釋文では組版の都合で單行に變え示した。
・寫本中の重複記號の部位は、記號の指示する文字に改めて表記した。

〔前缺〕

士、[義]或可稱、爰自宗周①、逮茲炎漢②、竟[1]徵茂／異、咸重儒述[2]。竊見臣境内③寄住客、前信州④／司倉參軍⑤李翰[3]、學藝淹通、理識精究、撰／古人狀跡、編成音韻、屬對類事、無非典實、／名曰蒙求。約三千言、注下轉相敷演、向萬餘事、／翰家兒童三數歳者、皆善諷讀、談古策事、無／減鴻儒、素不諳知[4]、謂疑神遇。司封員外[5]⑥李華⑦、／當代□[6]宗、名望夙著、與作序云、不出巻而知天／下⑧、其蒙求哉。漢朝王子淵⑨製洞簫賦、漢帝／美其文、令宮人誦習。近代周興嗣撰千字文、／亦頒行⑩天下、豈若蒙求哉。錯綜經史、随便／訓釋、童子則固多弘益、老成亦頗學[7]起予⑪。／臣屬忝宗枝、職侔藩翰⑫、每遠視廣聴[8]⑬、採異訪／奇、未曾遺一才、蔽片善、有可甄録、不敢[9]具状／奏聞、陛下察臣丹誠、廣遠聴之義[10]、念[11]翰志學、開／奬善之門、伏願依資[12]量授一職、微示勸誡[13]、臣[14]誠惶／誠恐、頓首頓首謹言。／

周易曰、有童蒙求我之義。李子⑭以其文砕、不／敢輕傳達識、所務訓蒙而已。故以蒙求名題／其[15]、每行注兩句人名外、傳中別事可紀記者、亦／此附之。雖不配上文、所資廣博。從切韻東字起、／每韻四字。

安平李翰撰并注／

〔校異〕

1覓、「競」の俗字と見られる。『干祿字書』には「覓競：上俗下正。」とあり、『龍龕手鏡』「立部」には「覓、俗、競、古。競、正」とある。　2翰、古鈔本は「瀚」に作る。以下に見える「翰」も同じ。　3述、古鈔本は「術」に作る。　4素不諳知、古鈔本は「不素諳知」に作る。　5司封貟外、古鈔本は「司封員外郎」に作る。　6□、古鈔本は「文」となっている。　7學、P.2710本と同じ。古鈔本は「覽」に作る。　8遠視廣聽、古鈔本は「廣聽遠視」に作る。　9不敢、P.2710本は「不敢不」に作る。文意上からも「不」字を脱したと見られる。　10廣遠聽之義、P.2710本は「廣達聽之義」に作り、古鈔本は「廣達聽之義」に作る。　11念、古鈔本は「令」に作る。　12依資、P.2710本も同じ。古鈔本には無し。　13誡、古鈔本も同じ。P.2710本は「戒」に作り、その後接部を「以將□示」と記す。　14臣、P.2710本、古鈔本共に「臣良」に作る。　15其、P.2710本は「其首」に作る。この「其」字のあとに「首」字を脱すと見られる。

〔注〕

①宗周、周王朝を指す。『詩經』小雅「正月」には「赫赫宗周、褒姒威之」とあり、『史記』巻四「周本紀」には「宣王即位、二相輔之、脩政、法文、武、成、康之遺風、諸侯復宗周」とある。

②炎漢、漢王朝を指す。漢は「火德」を以て王となったとして、「炎漢」と稱した。曹植「徒封雍邱王朝京師上書」には「篤生我皇、奕世載聰……受禪炎漢、臨君萬邦」とあり、『文選』序の「自炎漢中葉、厥塗漸異」の文には李周翰の「漢火德、故稱炎」との注が見える。

③境內、古鈔本に「內」字無し。

④信州、江南道の行政區中に屬する地。州府は上饒に所在した。現在の江西省上饒市にあたる。但し「州」の設置は唐の肅宗の乾元元年（七五八）であるので、「薦表」文の紀年（七四六）とは齟齬する。

⑤司倉叅軍、唐の杜佑『通典』巻三十三には「大唐亦掌倉廩、庖廚、財物、廛市之事。」とある。

⑥司封貟外郎、官名。唐の高宗龍朔二年（六六二）に職方員外郎を改めたもの。官署である吏部諸司の一の司封の次官。位は從六品上。封爵、命婦、朝會、賜豫等の事を掌る。司封の官は中宗の神龍元年（七〇五）に主爵と改められ、さらに玄宗の開元元年

（七一三）に再び司封と改められた。なお『新唐書』巻二百三 文藝 下「李華傳」には「…上元中、以左補闕、司封員外郎召之。…稱疾不拜。」とある。肅宗の上元年は七六〇～七六一年にあたり、司封員外郎の官を拜していないので、薦表に記される事とは異なるところがある。

⑦李華、玄宗代の人。『舊唐書』文苑下、『新唐書』文藝下 にそれぞれ傳が記される。

⑧不出巻而知天下、『老子』第四十七章に「不出戸知天下、不窺牖見天道。」と見える。

⑨王子渕、王褒のこと。字は子淵、漢の元帝代の人である。古鈔本は「王子泉」に作る。「泉」も「渕」も唐の高祖李淵の避諱と見られる。

⑩頒行、敕令や法令を公布し執行すること。『隋書』巻二十五「刑法」志に「隋高祖爲相、又行寛大之典、删略舊律、作刑書要制。既成奏之、靜帝下詔頒行。諸有犯罪未科決者、並依制處斷」とあり、唐の趙元一『奉天禄』巻一に「王命頒行、分路一齊進」と見える。

⑪起予、自己啓發の意。『論語』「八佾第三」に「子曰、起豫者商也、始可與言詩已矣。」とあり、何晏の『集解』に引く包咸の語に「孔子言子夏能發明我意、可與共言詩。」と記されている。

⑫藩翰、P.2710本も「藩翰」に作る。古鈔本は「藩捍」に作り、徐注本は「藩扞」に作る。みな王室を守る重臣の意。『詩經』大雅「板」には「介入維藩、大師維垣、大邦維屏、大宗維翰。」とあり、『毛傳』に「藩、屏也、翰、幹也」と說かれている。また『三國志』「蜀志」「先主傳」には「宗子藩翰、心存國家、念在弭亂。」の文が見える。

⑬遠視廣聽、『後漢書』「賈琮傳」には「刺史當遠視廣聽、糾査美惡、何有反垂帷裳以自掩塞乎。」とある。

⑭李子、古鈔本も「李子」に作る。李翰を指す。P.2710本は「李公□」に作る。

1．王戎簡要　2．裴楷清通　晉書①、王戎字濬沖、裴楷1字叔則、為束2部郎闕、晉文公問其人於鍾會、會申曰、裴楷清通、王戎簡要、其3選也、於是用楷4。

〔校異〕1揩、古鈔本「楷」に作る。　2束、「吏」の誤寫であろう。　3其、古鈔本前接部に「皆」字あり。　4用揩、古鈔本「用裴楷」に作り、この後に次文を記す。「時世祖探得丁(十)策而得一、大不悦、群臣失色、楷賀曰、臣聞天得一以清、地得一以寧、主大悦、群臣眾喜、皆奇恠之」

〔注〕①『晉書』列傳第十三「王戎傳」には「王戎字濬沖、琅邪臨沂人也…」、同書列傳第五「裴楷傳」には「楷字叔則。……武帝爲撫軍、妙選僚采、以楷爲參軍事。吏部郎缺、文帝問其人於鍾會。會曰、「裴楷清通、王戎簡要、皆其選也。」於是以楷爲吏部郎」とある。

3．孔明臥龍　4．呂望飛熊　蜀志曰①、諸葛亮字孔明、諸豊1之後、漢末従叔父玄向襄州、徐庶見之謂先主曰、諸葛孔明臥龍也、將軍豈欲見之乎。後為蜀承相、先主曰、孤之有孔明、猶色2之有水也。　六韜曰②、周文王卜田、吏扁為卜、田渭之陽曰、將得吏曰、非熊非羆3、天遣我師4天5、文王齋三日6、田于渭陽7、果見呂望坐茅、又云、坐磻石以魚8、遂共車載而帰9、之王師也10。

〔校異〕1諸豊、「諸葛豊」のこと。本項の注①參照。　2色、「魚」の誤寫であろう。　3非熊非羆、古鈔本「非熊、丶、丶」とある。　4我師、古鈔本「汝師」に作る。　5天、原本には「天門」とあり、「門」右側に抹消符があるため、これを削除した。但し文意から見て「天」も衍字の可能性が大であるが、暫時これを殘しておく。　6齊三日、古鈔本「齋戒七日」に作る。　7渭陽、古鈔本「渭濱之陽」に作る。　8磻石以魚、古鈔本「釣與論道德」に作る。　9遂共車載而帰、古鈔本「遂同載而歸」に作る。　10之王師也、古鈔本になし。

〔注〕①『三國志』卷三十五「諸葛亮傳」には「諸葛亮字孔明、琅邪陽都人也。漢司隷校尉諸葛豐之後也。父珪、字君貢、漢末爲太山郡丞。亮早孤、從父玄爲袁術所署豫章太守、……徐庶見謂先主、先主器之、謂先主曰、「諸葛孔明者、臥龍、將軍豈願見之乎？」……先主曰、善。於是與亮情好日密。關羽、張飛等不悦、先主解之曰、「孤之有孔明、猶魚之有水也。願諸君勿復言。」羽、飛乃止。」とある。②『六韜』卷一には「文王將田、史編布卜曰、田於渭陽、將大得焉。非龍非彲、非虎非熊、兆得公侯。天遺汝師、以之

佐昌、施及三王。文王曰、兆致是乎。史編曰、編之太祖史疇、爲禹占得臯陶、兆比於此。文王乃齋三日、乘田車、駕田馬、田於渭陽。卒見太公坐茅以漁、……乃載與俱歸、立爲師。」とある。『史記』「齊太公世家」、及び『宋書』「符瑞志」にも同種の逸話が見える。

5．楊震關西　**6．丁寛易東**　東觀漢紀①、楊震字伯起、儒學博通五經、時1人号為關西孔子。漢書②、丁寛字子襄、善易、常2東帰、門人曰、易東帰矣。

〔校異〕1時、古鈔本はの前接部に「居關西」あり。　2常、古鈔本「嘗」に作る。

〔注〕①『東觀漢記』卷十七「楊震」條には「楊震字伯起、少好學、受歐陽尚書於太常桓郁、明經博覽、無不窮究。諸儒爲之語曰、關西孔子楊伯起。」とあり、また『後漢書』卷五十四「楊震列傳」にも見える。　②『漢書』「儒林傳」第五十八「丁寛字子襄、梁人〔也。初〕梁項生從田何受易、時寛爲項生從者、讀易精敏、材過項生、遂事何。學成、何謝寛。寛東歸、何謂門人曰、易以東矣」〔師古曰〕〈言丁寛(行)〔得〕其法術以去〉とある。

7．謝安高潔　**8．王道1公忠**　晉書①、謝安石、家於會稽上　二縣2、優遊山林六七年間、徵召子至3、雄彈秦4相、屢継以禁固、晏然不屑。　晉書②、王道字茂弘、覽之孫也、与中宗契同布衣、毎拜山陵哀慟左右、百官拜山陵自導始、中宗嘗詔導升御床共同坐、道辞曰、若5太陽下同万物、蒼生何由仰照玄黄者也。

〔校異〕1道、『晉書』「導」に作る。　2上　二縣、中間に「虞」を脱字したであろう。古鈔本「上虞縣」に作る。　3子至、古鈔本「不出」に作る。　4秦、古鈔本「奏」に作る。　5若、古鈔本「王若」に作る。

〔注〕①『晉書』列傳第四十九には「謝安字安石、尙從弟也。父裒、太常卿。…寓居會稽、與王羲之及高陽許詢、桑門支遁遊處、出則漁弋山水、入則言詠屬文無處世意…有司奏安被召、歷年不至、禁錮終身、遂棲遲東土」とある。　②『晉書』列傳第三十五には「王導字茂弘、光祿大夫覽之孫也。…時元帝爲琅邪王、與導素相親善。導知天下已亂、遂傾心推奉潛有興復之志。帝亦雅相器重、

契同友執。每拜山陵哀慟右右、百官拜山陵自導始、及帝登尊號、百官陪列命導升御床共同坐。導固辭、至于三四、若太陽下同萬物、蒼生何由仰照。帝乃止」とある。

9．匡衡鑿壁　**10．孫敬閉戸**　西京新1記①、匡衡字稚圭2、東海承人3、好讀書、家貧無油燭、穿隣壁映孔讀書4、後位至承（丞）相。　楚國先賢傳②、孫敬字文寶、恒閉戶讀書、睡5以繩繫頭、縣於樑上、常入市。市人見之皆曰閉戸先生来、帝時徵不就也。

〔校異〕1新、「雜」の誤寫であろう。　2匡、「圭」の誤寫であろう。『西京雜記』では「圭」となっている。　3東海承人、古鈔本「東陽人」に作る。　4穿隣壁映孔讀書、古鈔本「每穿隣壁孔、映光讀書」に作る。　5睡、古鈔本「拒睡則」に作る。

〔注〕①『西京雜記』巻二には「匡衡字稚圭、勤學而無燭、隣舍有燭而不逮、衡乃穿壁引其光、以書映光而讀之。…」とあり、『漢書』「匡張孔馬傳」には「匡衡字稚圭、東海承人也…」と見える。　②『太平御覽』巻六百十一　學部五「勤學」所引『楚國先賢傳』には「孫敬好學、時欲寤寐、懸頭至屋梁、以自課、常閉戸、號爲閉戸先生」とある。

11．郅都蒼鷹　**12．甯成乳虎**　史記①、郅都1河東人、敢直諌、面折大臣於朝、時人見都側月2、号曰蒼鷹、遷鴈門太守、威震匈奴、匈奴為偶人像都、令騎馳射之莫能中、見憚如此。　史記②、甯成為漢中威尉、嚴酷、語3曰、寧見虎4、無値甯成一恕5、成6上操下、成如束濕新7、言急也。

〔校異〕1郅都、古鈔本「郅都字巨中」に作る。なお『史記』『漢書』には「郅都」の字は見られない。　2月、「目」の誤寫であろう。　3語、古鈔本「時人語」に作る。　4虎、古鈔本「乳虎」に作る。　5恕、「怒」の誤寫であろう。　6成、古鈔本は「成」の後接部に「爲人小吏、必凌其吏、爲人」と記す。『史記』の文に類似。本項注②參照。　7新、古鈔本「薪」に作る。

〔注〕①『史記』「酷吏列傳」には「郅都者、楊人也。（集解）〈徐廣曰、屬河東。〉（索隱）〈漢書云、河東大陽人〉以郎事孝文帝。

孝景時、都爲中郎將、敢直諫、面折大臣於朝。…致行法不避貴戚、列侯宗室見都側目而視、號曰、蒼鷹」…孝景帝乃使使持節拜都爲鴈壇太守、而便道之官、得以便宜從事。匈奴素聞郅都節、居邊、爲引兵去、竟郅都死不近鴈壇。匈奴至爲偶人像郅都、令騎馳射莫能中、見憚如此」とある。②『史記』「酷吏列傳」には「寧成者（徐廣曰、寧、一甯）穰人也。以郎謁者事景帝。好氣、爲人小吏、必陵其長吏；爲人上、操下如束溼薪。（徐廣曰、「一無此字。」）〈駰案、韋昭曰、言急也〉…於是上召寧成爲中尉。……寧成居家、上欲以爲郡守。御史大夫弘曰、臣居山東爲小吏時、寧成爲濟南都尉、其治如狼牧羊、成不可使治民。上乃拜成爲關都尉。歲餘、關東吏隸郡國出入關者、號曰、寧見乳虎、無值寧成之怒」とある。

13. **周嵩狼抗**　14. **梁冀跋扈**　世説①、周嵩字仲智、伯仁之弟、毋1冬至日舉酒曰、本為渡2江託足無所、今尓等並羅列、予復何憂、嵩起曰、伯仁志大才短、名重識闇、好乘人之弊、非自全道。嵩性狼抗、亦不容於廿。後漢3梁冀字伯卓②、質帝善封4之為跋扈將軍、四方貢獻先輸於冀、乃乘輿一家三皇后、云貴人、及冀被誅、賔客5黜者三百餘人、朝庭為空。張網奏6収冀財、充王府庫7、減天下祖8賦之半也。

〔校異〕1毋、古鈔本「伯仁毋」に作る。　2為渡、古鈔本「謂度」に作る。『世説』に同じ。　3後漢、古鈔本はこの前接部に「唯阿奴庶當在阿母目下耳」と記すが、『世説新語』と小異あり。　4善封、古鈔本「目」に作る。　5賔客、古鈔本はこの前接部に「故吏」と記す。『後漢書』に同じ。　6張網奏、古鈔本に無し。　7庫、古鈔本に無し。　8祖、「租」の誤寫であろう。

〔注〕①『世說新語』「識鑑」には「周伯仁母冬至舉酒賜三子曰、吾本謂度江託足無所、爾家有相、爾等並羅列吾前、復何憂。周嵩起、長跪而泣曰、不如阿母言。伯仁爲人志大才短、名重而識闇、好乘人之弊、此非自全之道。嵩性狼抗、亦不容於世、唯阿奴碌碌、當在阿母目下耳。」とある。②『後漢書』「梁統列傳」には「冀字伯卓、…少爲貴戚、逸游自恣。…沖帝又崩、冀立質帝。帝少而聰慧、知冀驕横、嘗朝君臣、目冀曰：〈此跋扈將軍也〉…永興二年、封不疑子馬爲潁陰侯、胤子桃爲城父侯。冀一門前後七封侯、三皇后、六貴人、二大將軍、夫人、女食邑稱君者七人、尙公主者三人、其餘卿、將、尹、校五十七人。…其它所連及公卿列校刺史二千石死者數、故吏賓客免黜者三百餘人、朝庭爲空。…收冀財貨、縣官斥賣、合三十餘萬萬、以充王府、用減天下稅租之半」とある。

15·郄超鬚叅　**16·王珣短薄**　世説曰①、王珣字元琳1、郄超字景興2並有奇才、為大司馬桓温所眷、珣為主薄、形狀短小、超為記室叅軍、為人多鬚、荊州3為之語曰、鬚叅4、短主薄、能令公喜、能令公怒也。

〔校異〕1字元琳、古鈔本に無し。　2字景興、古鈔本に無し。　3荊州、古鈔本「荊州人」に作る。　4鬚叅、「軍」を脱す。『世説新語』「寵禮」に「髯參軍」が見える。

〔注〕①『世説新語』「寵禮」には「王珣郗超並有奇才、爲大司馬所眷拔、珣爲主簿、超爲記事參軍、超爲人多須、珣狀短小、于時荊州爲之語曰、髯參軍、短主簿、能令公喜能令公怒」また「王珣字元琳、郗超字景興」とある。またこの内容は『晉書』「王導傳」、同書「郗鑒傳」にも見える。

17·洑波摽柱　**18·博望尋河**　後漢、馬援①1為伏波将軍、征南蠻、遂鑄銅柱2、以極漢南3之界、薏以4興謗者、援為人患氣好食薏苡、迴載薏以歸、人以真誅此興訪5。　漢書②、張騫、漢中人、曽奉使西域、回窮河源、武帝封為博望侯、得織女6林7機石、安石榴等、嚴君平識此石也、願生入玉關也。

〔校異〕1馬援、古鈔本「馬援字文泉」に作る。　2遂鑄銅柱、古鈔本「迴遂鑄銅爲柱」に作る。　3漢南、古鈔本「淮南」に作る。　4薏以、これ以降「…誅此興訪」まで古鈔本に無し。　5訪、「謗」の誤寫か。『本草綱目』所引『別錄』中の陶弘景の語「人譏以爲珍珠也」參照。　6得織女、これ以降「玉關也」までは古鈔本に無し。　7林、「枝」或いは「支」の誤寫か、「林機石」は「支機石」のことと見られる。本章の第四節參照。

〔注〕①「馬援」のことは本章の第四節參照。　②『漢書』「張騫李廣利傳」には「張騫、漢中人、建元中爲郎。…騫以校尉從大將軍擊匈奴、知水草處、軍得以不乏、乃封騫爲博望侯。」とある。本章の第四節參照。

19．李陵初詩[1]　**20．田横咸歌**[2]　漢書①、李陵字少卿、為逮章監、後為将軍失利、降3匈奴。与蘇武詩云、携手上河梁4、遊子暮何之、五言詩自此始。　漢書②、田横5、秦末自立為齊王、後居海島、高帝得天下、召横、横至尸鄉自殺、従者不敢哭、而不敢6哀、故為戚7歌以寄哀者音8焉、今之挽歌是9自田横10之始。

〔校異〕1李陵、原本「陵李」、倒置符により改む。　2咸、「感」の誤寫であろう。　3降、古鈔本「遂降」に作る。　4河梁、原本「梁河」に作る。倒置符により改む。　5田横、古鈔本「田横齊人」に作る。　6「敢」、古鈔本「勝」に作る。　7戚、古鈔本に無し。　8哀者音、古鈔本「哀音」に作る。　9是、古鈔本に無し。　10田横、古鈔本「横」に作る。

〔注〕①『漢書』「李廣蘇建傳」には「陵字少卿、少爲侍中建章監。…陵在匈奴二十餘年、元平元年病死」、『文選』巻四十一「李少卿答蘇武書」には「携手上河梁、遊子暮何之、徘徊蹊路側、悢悢不得辭」とある。　②『漢書』「魏豹田儋韓〔王〕信傳」には「而横聞王死、自立爲王、…漢滅項籍、漢王立爲皇帝、彭越爲梁王、横懼誅、而與其徒屬五百餘人入海、居嶋中。…至尸鄉廄置、横謝使者曰、人臣見天子、當洗沐。止留。謂其客曰、横始與漢王倶南面稱孤、今漢王爲天子、而横乃爲亡虜、北面之事、其媿固已甚矣。…遂自剄、令客奉其頭、從使者馳奏之高帝。…既葬、二客穿其冢旁、皆自剄從之。高帝聞而大驚、以横之客皆賢者、吾聞其餘尚五百人在海中、使使召至、聞横死、亦皆自殺」とある。

21．武仲不休　**22．士衡患多**　後漢、傅毅字武仲①、魏文帝典1論曰、文人相輕自古而然、傅毅之2班固伯仲之間耳、而固小之。与弟超書曰、武仲以能屬文為蘭臺令吏3、下筆不能自休。　晉書②、陸機字士衡、身長七尺、其聲如鍾、少有異才、文章冠世、張華為4之曰、人患才少、子5患才多、弟雲文6不及機、談論過之也7。

〔校異〕1典、古鈔本「曲」に作るが、誤寫であろう。　2之、『文選』巻五十二「典論」（論文）に「之於」に作る。　3吏、「史」の誤寫であろう。　4為、古鈔本「謂」に作る。　5子、古鈔本「尓」に作る。　6文、古鈔本はこの後接部に「字士龍」と記す。　7談論過之也、古鈔本「論道過其兄、號曰二陸」に作る。

〔注〕①『後漢書』「文苑列傳」第七十上に「傅毅字武仲、扶風茂陵人也。…建初中、肅宗博召文學之士、以毅爲蘭臺令史、拜郎中、與班固、賈逵共典校書。…」、『文選』卷五二「典論・論文」「文人相輕自古而然、傅毅之於班固伯仲之間耳、而固小之。與弟超書曰、武仲以能屬文爲蘭臺令史、下筆不能自休。」とある。②『晉書』「陸機傳」には「陸機字士衡、吳郡人也。…機身長七尺、其聲如鍾。少有異才、文章冠世、…機天才秀逸、辭藻宏麗、張華嘗謂之曰、人之爲文、常恨才少、而子更患其多」とあり、また同「陸雲傳」には「雲字士龍、六歲能屬文、性淸正、有才理。少與兄機齊名、雖文章不及機、而持論過之、號曰、二陸」とある。

23. 桓譚非讖　24. 王商止訛　後漢書①[1]、桓譚字君山、沛國人、小好學治五經。光武即位拜朝議郎、詔會[2]靈臺位[3]詔曰、以[4]讖决之何如？譚曰、臣生不讀讖、頗有是非、由是失旨、出為六安郡承、之官不樂、中道病卆。漢書②、王商字子威、有威重、身長八尺[5]、身體鴻大、單于来朝、望見遷延却退、曰、真漢相矣。京師[6]相驚[7]以[8]水至、天子及大臣將營舟楫、商曰、必此[9]訛言、衆心稍息水亦不至。

〔校異〕1後漢書、古鈔本「後漢」に作る。2會、古鈔本「會議」に作る。3位、古鈔本「所」に作る。4以、古鈔本「欲以」に作る。5八尺、古鈔本「八尺八寸」に作る。6京師、古鈔本「京師」の前接部に「建始三年秋」とある。7相驚、古鈔本「無故相驚」に作る。8以、古鈔本「言大」に作る。9必此、古鈔本「此必」に作る。

〔注〕①『後漢書』「桓譚馮衍列傳」には次の如くある。「桓譚字君山、沛國相人也。…博學多通、徧習五經、…世祖即位、徵特詔、上書言事失旨、不用。後大司空宋弘薦譚、拜議郎給事中、…其後有詔會議靈臺所處、帝謂譚曰、吾欲〔以〕讖決之、何如。譚默然良久、曰、臣不讀讖。帝問其故、譚復極言讖之非經。帝大怒曰、桓譚非聖無法、將下斬之。譚叩頭流血、良久乃得解。出爲六安郡丞、意忽忽不樂、道病卒、時年七十餘」。またこの記事は『東觀漢記』卷十四「桓譚」にも見える。②『漢書』「王商史丹傅喜傳」には次の文が見える。「王商字子威、涿郡蠡吾人也、徙杜陵。…建始三年秋、京師民無故相驚、言大水至、百姓奔走相蹂躪〔老弱號呼〕、長安中大亂。天子親御前殿、召公卿議。大將軍鳳以爲太后與上及後宮可御船、令吏民上長安城以避水。群臣皆從鳳議。左將軍商獨曰、自古無道之國、水猶不冒城郭。今政治和平、世無兵革、上下相安、何因當有大水一日暴至？必訛言也、不宜令上城、重驚

百姓。上乃止。有頃、長安中稍定、問之、果訛言。…爲人多質有威重、長八尺餘、身體鴻大、容貌甚過絶人。河平四年、單于來朝、引見白虎殿。丞相商坐未央廷中、單于前、拜謁商。商起、離席與言、單于仰視商貌、大畏之、遷延卻退。天子聞而嘆曰、此眞漢相矣。」

25·嵆呂命駕　26·程孔傾蓋　世説①、嵆康1与呂安為友2、甚善、毎一相思、千里命駕。家語②、孔子之郯、遇程子於途、傾盖而語、終日甚相悦、顧謂子路曰、取束帛以贈先生、傾盖駐車3、白頭4新、傾盖若舊。

〔校異〕1嵆康、古鈔本はこの後接部に「字叔夜」を記す。　2為友、古鈔本「友善」に作る。　3傾盖駐車、古鈔本「不如傾盖駐車也」に作る。　4白頭、このあと「若」字を脱すと見られる。「白頭若新、傾盖若舊」は古鈔本に無し。

〔注〕①『世説新語』「簡傲」には「嵆康與呂安善、毎一相思、千里命駕。…」とある。②『孔子家語』巻二「致思」には「孔子之郯、遭程子於途、傾蓋而語、終日甚相親、顧謂子路曰、取束帛以贈先生、子路屑然對曰、由聞之、士不中間見、女嫁無媒、君子不以交、禮也。有間、又顧謂子路、子路又對如初、孔子曰、由、詩不曰乎。有美一人、清揚宛兮、邂逅相遇、適我願兮。今程子天下賢士也、於斯不贈、則終身不能於見也。小子行之」とある。

27·劇孟一敵　28·周處三害　漢書①、劇孟、以任侠顯1、大將2得孟若一敵國。晉書②、周處隱3年十八、縦情肆慾、忤意輒殺4。謂郷人曰、今歳豊熟以5何不樂、衆人歎曰、三害未除何樂之有、南山6有白額虎、長橋下有蛟、并子為三害、處於是刹7虎及8蛟、言忠信、行篤敬尅日9、暮年州郡礼命也。

〔校異〕1顯、古鈔本「顯名」に作る。　2大將、古鈔本「大將軍」に作る。　3隱、古鈔本「字子隱」に作る。　4殺、古鈔本「煞」に作る。　5熟以、古鈔本に無し。　6南山、古鈔本はこの前接部に「處曰、何謂也、答曰」を記す。　7刹、原本「殺刹」と作るが、「殺」右旁に抹消符があるため、これを削除した。　8乃、古鈔本「及」に作る。　9日、「己」の誤寫であろう。

〔注〕①『漢書』「游俠傳」第六十二に「劇孟者、洛陽人也、周人以商賈爲資、劇孟以俠顯。…得劇孟、喜曰、吳楚擧大事而不求劇孟、吾知其無能爲已。天下騷動、大將得之若一敵國云」とある。②『晉書』「周處傳」には次の文が見える。「周處字子隱、義興陽羨人也。…不修細行、縱情肆慾、州曲患之。處自知爲人所惡、乃概然有改勵之志、謂父老曰、今時和歲豐、何苦而不樂耶。父老嘆曰、三害未除、何樂之有。處曰、何謂也。答曰、南山白額猛獸、長橋下蛟、幷子爲三害矣。處曰、若此爲患、吾能除之。處乃入山射殺猛獸、因投水搏蛟、蛟或沈或浮、行數十里、而處與之俱、經三日三夜、人謂死、皆相慶賀。處遂勵志好學、有文思、志存義烈、言必忠信克己」。同種の記事は『世說新語』「自新」にも見える。

29．胡廣補闕　30．袁安倚賴　後漢、胡廣字伯始①、為太尉、在朝無[1]蹇直之風、而有補闕之益、故語曰、万事不理間[2]伯始、天下中庸有朝公[3]。　後漢、袁安字邵公②、汝南人、為司徒、每言及國朝故[4]事、未常[5]不嗚咽流涕、天子及大臣皆倚賴[6]公力也[7]。

〔校異〕1無、古鈔本「雖無」に作る。　2間、「問」の誤寫であろう。　3朝公、「胡公」の誤寫であろう。『後漢書』「鄧張徐張胡列傳」では「胡公」となっている。本項注①參照。　4故、「政」の誤寫であろう。古鈔本では「政」に作る。なお本項注②參照。　5常、「嘗」の誤寫であろう。古鈔本、及び『後漢書』「袁張韓周列傳」では「嘗」に作る。　6賴、原本は「来賴」に作るが、抹消符により「来」字を削除。　7公力也、古鈔本「之」に作る。

〔注〕①『後漢書』「張徐張胡列傳」には「胡廣字伯始、南郡華南人也。…質帝崩、代李固爲太尉、錄尙書事。…雖無蹇直之風、屢有補闕之益。故京師諺曰、萬事不理問伯始、天下中庸有胡公」とある。　②『後漢書』「袁張韓周列傳」には「袁安字邵公、汝南汝陽人也。…安以天子幼弱、外戚擅權、每朝會進見、及公卿言國家事、未嘗不噫嗚流涕。自天子及大臣皆恃賴之。四年春、薨、朝廷痛惜焉」とある。

31．黃霸政殊　32．深習治宜　漢書①、黃霸字永公[1]、為潁川太守、仁風大行、治殊[2]政嘉、禾生於府、鳳凰集其境、帝[3]美之、賜黄金[4]冊[5]斤。 魏志②、梁習字子虞、為并州刺史、政治為天下㝡[6]。

〔校異〕1字永公、古鈔本に無し。『漢書』には「字次公」とある。 2治殊、古鈔本に無し。 3帝、古鈔本「宣帝」に作る。 4黄金、原本「金黄」と書き、倒置符を加う。いまこれにより改む。 5冊、古鈔本「卌」に作る。 6㝡、古鈔本は「最」の後接部に「帝甚美之」を記す。

〔注〕①『漢書』「循吏傳」には「黄覇字次公、淮陽陽夏人也、…有詔歸潁川太守官、…是時鳳皇神爵數集郡國、潁川尤多。…其賜爵關内侯、黄金百斤、秩中二千石。…」とある。 ②『三國志』魏書「劉司馬梁張溫賈傳」には「梁習字子虞、陳郡柘人也、爲郡綱紀。…習以別部司馬領并州刺史。…政治常爲天下最」とある。

33. 翟[1]子悲絲 **34. 楊朱泣岐** 淮南子曰①、翟墨子見練絲而泣之、為其可以黄、可以黒。楊朱見岐路而哭[2]之、為其可以南、可以北。高誘曰、憫其別也[3]。

〔校異〕1翟子、古鈔本「墨子」に作る。 2哭、原本「哭泣」、「泣」は抹消符により削除。 3憫其別也、古鈔本「憫其本同末異」に作る。

〔注〕①『淮南子』「説林訓」には「楊子見逵路而哭之、爲其可以南、可以北。墨子見練絲而泣之、爲其可以黄、可以黒」とある。但し傳世本には「高誘曰、憫其別也」の文は見られない。

35. 朱博烏集 **36. 蕭芝雉随** 漢書①、朱博字子元、為御史大夫。府中列柏樹、常有野烏數十[1]栖其上、朝去暮来、集因名烏臺、号朝夕烏。蕭廣濟孝[2]傳②、蕭芝字英旄、至孝、除常[3]書郎、有雉數十頭、飲啄宿止、當有[4]、送至雌路、及下[5]直飛鳴車前。

〔校異〕1十、古鈔本「千」に作る。 2孝、このあと「子」字を脱す。『藝文類聚』所引の『蕭廣濟孝子傳』に「孝子」が見える。

3常、「尙」の誤寫であろう。　4堂有、古鈔本「常隨當上直」に作る。『藝文類聚』所引の『蕭廣濟孝子傳』には「當上直」に作る。これらによれば原本には誤脱のある可能性が大。　5及下、古鈔本「下及」に作る。

〔注〕①『漢書』「薛宣朱博傳」には「朱博字子元、杜陵人也。…又其府中列柏樹、常有野烏數千棲宿其上、晨去暮來、號曰、朝夕烏」とある。②『藝文類聚』卷九十「蕭廣濟孝子傳」には「蕭芝至孝、除尙書郎、有雉數十頭、飮啄宿止、當上直、送至歧路、下直入門、飛鳴車側」とある。

37・杜后生齒　**38・霊王出髭**　晉書①、成帝杜后、諱陵陽、預之曽孫、父又1、見外戚2。后少有姿色、然長猶無齒、有来求婚者、輒中3止、及4納綵之日、一夜齒盡生出、在位六十年5無子、廿一崩、先是三越6女子、相与簪白花、望之如素傺、傳言、天公織女死7、為之着服、至是而后崩。　皇覽曰②、周霊王諱泄心、生而有髭、望明聡睿也8。

〔校異〕1父又、「又」は「乂」の誤寫。これより以降「傳」まで古鈔本に無し。　2外戚、このあと「傳」字を脱す。下記の注①『晉書』參照。　3中、古鈔本はこの後接部に「道」を記す。　4及、古鈔本はこの前接部に「成帝」の語を記す。　5六十年、「六年」の誤寫であろう。『晉書』、及び古鈔本には共に「六年」に作る。　6三越、古鈔本「三吳」に作る。　7天公織女死、古鈔本は「天子吳女將死」に作るが、龜田本は敦硏本と等しい。　8望明聰睿也、古鈔本「故號靈王也」に作る。

〔注〕①『晉書』「后妃下」には「成恭杜皇后諱陵陽、京兆人、鎭南將軍預之曾孫也。父乂、見外戚傳。…后少有姿色、然長猶無齒、有來求婚者輒中止。及帝納綵之日、一夜齒盡生。…七年三月、后崩、年二十一。外官五日一臨、內宮旦一入、葬訖止。后在位六年、無子。先是、三吳女子相與簪白花、望之如素柰、傳言天公織女死、爲之著服、至是而后崩。」とある。②『皇覽』には「周靈王冢、在河南城西南柏亭西周山上、蓋以靈王生而有髭而神、故謚靈王。其冢民祀之不絕」とある。

39・賈誼顒鵩　**40・疰周畏犠**　史記①、賈誼洛楊1人、年十八能誦詩屬文2、帝3甚悅之、趉4遷中散大夫、絳灌、馮敬之[5]等宮之、天子後亦踈之[6]、不用其議、乃以誼為長沙[7]太守、三年、有鵩飛入誼舍、止于坐隅、誼以鵩不祥鳥也、賦以自廣。孟子[8]、症周楚人、為人大賢、楚王聘以為相、謂使者曰、子不見犠[9]牲乎、衣以繒綵、詞[10]以葭蒭、牽入太廟之時、欲作狐犢、安可得哉、遂不授。

〔校異〕1楊、「陽」の誤寫であろう。 2能誦詩属文、古鈔本「能誦詩書」に作る。 3帝、古鈔本「漢文帝」に作る。 4趈、古鈔本は「召」に作るが、『史記』「屈原賈生列傳」には「超」に作る。 5馮敬之、古鈔本に無し。 6亦踈之、古鈔本に無し。 7長沙、古鈔本は「長沙王」に作り、「王」の右側に抹消符を附す。 8孟子、古鈔本に同じ。 9犠、古鈔本「犧」に作る。 10詞、古鈔本は「飼」に作るが、『莊子』は「食」に作る。構文上は「詞」は誤寫であろう。

〔注〕①『史記』「屈原賈生列傳」には「賈生名誼、雒陽人也。年十八、以能誦詩屬書聞於郡中。…孝文帝說之、超遷、一歲中至太中大夫。…絳、灌、馮敬之屬盡害之、乃短賈生曰、雒陽之人、年少初學、專欲擅權、紛亂諸事。於是天子後亦疏之、不用其議、乃以誼生為長沙王太傅。…誼生為長沙王太傅、三年、有鴞飛入賈生舍、止于坐隅。楚人命鴞曰、服。賈生既以適居長沙、長沙卑溼、自以爲壽不得長、傷悼之、乃爲賦以自廣」とある。 ②『莊子』「列禦寇」には「或聘於莊子。莊子應其使曰、子見夫犧牛乎。衣以文繡、食以芻菽。及其牽而入於太廟、雖欲爲孤犢、其可得乎」とある。

41.燕昭築臺 42.**鄭荘置驛** 後語①、燕昭王即位、為斉閔王[1]所殺、得賢士与之同謀、以報先君之耻、耻即郭隗[2]曰、宜先尊隗、况賢於隗者、豈遠千里哉、昭王於是築臺、造碣石室[3]②而師事隗、樂毅聞之[4]自魏而往、鄒衍聞之自斉而往、劇辛聞之自趙而往[5]、賢士竟至[6]、昭王以樂毅為將、合趙秦晉楚之兵、以伐斉、斉大敗、殺閔王、此大郭隗謀用賢之力也。 史記②、鄭荘子[7]當時、陳留人、以任使[8]自喜、免[9]張羽之厄[10]、聲聞梁楚[11]、孝景[12]時、為太子舍人、每五日洗沐、常置驛馬[13]長安諸郊、請謝賓客、夜以繼日、所[14]交皆大夫行、天下有名之士[15]、荘誠門下[16]、客至無貴賤、無留門、以其貴天下人[17]、山東[18]諸公[19]以此[20]翕然稱荘之[21]也。

〔校異〕 1為斉閔王、これ以降「先君之恥」まで古鈔本に無し。　2郭隗、古鈔本「傀」に作る。　3造碣石室、古鈔本に無し。　4聞之、古鈔本に無し。　5往、古鈔本はこの後接部に「遂破齊」を記す。　6賢士竟至、これ以降「賢之力也」まで古鈔本に無し。　7子、「字」の誤寫であろう。なお古鈔本は「字」に作る。『史記』「汲鄭列傳」には「鄭當時者字莊」と見える。　8使、『史記』「汲鄭列傳」は「俠」に作る。下記の注③參照。　9兌、古鈔本「脫」に作る。　10之厄、古鈔本「於阨」に作る。　11楚、古鈔本はこの後接部に「之間」と記す。　12孝景、古鈔本「孝景帝」に作る。　13馬、古鈔本はこのあと「於」がある。　14所、古鈔本はこの前接部に「常恐不偏」を記す。　15士、古鈔本はこの後接部に「也」と記す。　16莊誡門下、古鈔本「遷大司農莊爲大夫誡門下」に作る。　17無畱留門、以其貴天下人、古鈔本「但有德者納之、自緩」に作る。　18山東、古鈔本「東山」に作る。『史記』「汲鄭列傳」には「山東」に作る。本項注③參照。　19諸公、古鈔本「諸子」に作る。　20以此、古鈔本に無し。　21莊之、古鈔本に無し。

〔注〕①後語、『春秋後語』のことか。佚書。敦煌本には六點の殘卷が確認されているが、當該の部分は存在しない。なお『春秋後語釋文』（S.1439）には「郭隗」條があるが、同一ではない。また、『史記』「燕召公世家」には「郭隗」に關する次文がある。「燕昭王於破燕之後卽位、卑身厚幣以招賢者。謂郭隗曰、齊因孤之國亂而襲破燕、孤極知燕小力少、不足以報。然誠得賢士以共國、以雪先王之恥、孤之願也。先生視可者、得身視之。郭隗曰、王必欲致士、先從隗始。況賢於隗者、豈遠千里哉。於是昭王爲隗改築宮而師事之。樂毅自魏往、鄒衍自齊往、劇辛自趙往、士爭趨燕。燕王弔死問孤、與百姓同甘苦。…於是遂以樂毅爲上將軍、與秦、楚、三晉合謀以伐齊。齊兵敗、湣王出亡於外」　②「造碣石室」については、『史記』「孟子列傳」に次文がある。「(騶子）如燕、昭王擁彗先驅、請列弟子之座而受業、筑造碣石宮、身親往師之。（張守節正義）碣石宮在幽州薊縣西三十里寧臺之東」とある。　③『史記』「汲鄭列傳」には「鄭當時者字莊、陳人也。…鄭莊以任俠自喜、脫張羽於戹、聲聞梁楚之閒。孝景時、爲太子舍人。每五日洗沐、常置驛馬長安諸郊、存諸故人、請謝賓客、夜以繼日、至其明旦、常恐不徧。莊好黃老之言、其慕長者如恐不見。年少官薄、然其游之交皆其大父行、天下有名之士也。…莊爲太史、誡門下、客至、無貴賤無留門者。執賓主之禮、以其貴下人、…山東士諸公以此翕然稱鄭莊」とある。

43・瓘靖二妙　**44・岳湛連璧**　晉書①、衞瓘字伯玉、索靖字幼安、倶能書為常[1]書郎号[2]一臺二妙、廿謂瓘得伯英之筋、靖得長芝肉[3]、瓘放手[4]縁靖、舉筆有法遠不及靖。　晉書②、潘岳字安仁、夏侯湛字孝若[5]、並美姿容、毎行止同与接茵、京都[6]謂之連璧、岳少時挟彈出洛楊[7]、婦人遇之者皆投菓[8]、連手[9]繞之、投[10]以菓、遂滿車而歸[11]。

〔校異〕1常、「尙」の誤寫であろう。下記の注①參照。　2号、古鈔本「時人號」に作る。　3長芝肉、古鈔本「張芝之骨」に作る。　4瓘放手、これ以降「不及靖」まで古鈔本に無し。なお同句は日本國會圖書館藏本に存す。　5孝若、古鈔本「者若」に作るが、これは誤寫であろう。　6都、古鈔本はこの後接部に「師」を記す。　7楊、「陽」の誤寫であろう。　8投菓、古鈔本に無し。　9手、古鈔本に無し。　10投、古鈔本はこの後接部に「之」を記す。　11遂滿車而歸、古鈔本に無し。

〔注〕①『晉書』列傳第六「衞瓘傳」に「衞瓘字伯玉、河東安邑人也。…瓘學問深博、明習文藝、與尙書郎敦煌索靖倶善草書、時人號爲、一臺二妙。漢末張芝亦善草書、論者謂瓘得伯英筋、靖得伯英肉」とある。　②『晉書』列傳第二十五「潘嶽傳」に「潘嶽字安仁、滎陽中牟人也。…少時常挾彈出洛陽道、婦人遇之者、皆、連手縈繞、投之以菓、遂滿車而歸」とあり、『晉書』列傳第二十五「夏侯湛傳」に「夏侯湛字孝若、譙國譙人也。…湛幼有盛才、文章宏富、善構新詞、而美容觀、與潘嶽友善、毎行止同輿接茵、京都謂之連壁」とある。

45・郄詵一枝　**46・戴馮[1]重席**　晉書①、郄詵字廣基、舉賢良射[2]策為天下第一、武帝問[3]、卿自以為何如、詵曰[4]、猶[5]桂林之一枝、崑山之片玉、今詞楊[6]折桂、自此始也[7]。　東觀漢記②、戴馮字次仲、拜侍中、正旦[8]朝駕、帝會羣臣諸王[9]能説經史者、更相難詰、義有不通、輒奪[10]其席[11]以益通者、馮遂[12]重坐五十餘席、故京師語曰、解經不窮戴侍中。

〔校異〕1馮、古鈔本は「馮」「憑」を混用。　2射、「對」の誤寫であろう。　3問、古鈔本はこの後接部に「之」を記す。　4詵曰、古鈔本「詵對曰」に作る。　5猶、古鈔本はこの前接部に「舉賢良册爲天下第一」の文を記す。『晉書』の文に同じ。　6楊、「場」の誤寫であろう。なお古鈔本は「場」に作る。　7自此始也、古鈔本「始於此也」に作る。　8旦、古鈔本は「直」に作るが、『東觀漢記』も「旦」に作る。　9諸王、古鈔本「諸生」に作る。　10褰、「奪」の俗字體。「唐新安縣令張昗墓誌」等の刻字參照。　11席、古鈔本「廣」に作るが、これは誤寫であろう。本項注②參照。　12遂、古鈔本「逐」に作るが、誤寫であろう。

〔注〕①『晉書』列傳第二十二「郤詵傳」に「郤詵字廣基、濟陰單父人也。…累遷雍州刺史。武帝於東堂會送、問詵曰、卿自以爲何如。詵對曰、臣擧賢良對策、爲天下第一、猶桂林之一枝、崑山之片玉。…」とある。　②『東觀漢記』卷十八に「戴憑、字次仲、爲侍中、正旦朝賀、百僚畢會、帝令羣臣能說經者更相難詰、義有不通輒奪其席以益通者、憑遂重坐五十餘席、故京師爲之語曰、解經不窮戴侍中」と見える。

47.鄒陽長裾　48.王符絳掖　漢書①、鄒陽齊人、上吳諫王書1曰、令2臣盡智畢議、易精極慮、則無國不可干3、餝4固陋之心、一則何王之門不可曳長裾乎。　後漢、王符5字節信②、安定人、度遼將軍皇甫6曽謁7、皇甫規解官8歸安定、鄕人有以貨賣鴈門守云去官、書刺謁規、規不迎、問在郡食鴈美乎。頃符在門、衣不衣9帶、規ゝ10不礼鴈門守、乃倒展出迎符11、時人曰、徒見三千石12、不如一絳13掖14、著15潛夫論之廿篇。

〔校異〕1上吳諫王書、「上吳王諫書」の誤寫であろう。なお古鈔本は「上吳王濞書」に作る。　2令、「今」の誤寫であろう。『漢書』「鄒陽列傳」により本項注①參照。なお古鈔本は「今」に作る。　3干、古鈔本「奸」に作り、その後接部に「時」を記す。『漢書』「奸」に作る。なお師古注に「奸音干」と見える。　4餝、古鈔本は旁の半ばを缺く。なお『漢書』には「飾」に作る。『玉篇』食部には「餝、同飾、俗」と見え、『干祿字書』には「餝、飾上俗下正」とある。　5王符、原本「王荷符」とあり。「荷」の右に附された抹消符によりこれを削除。　6度遼將軍皇甫、古鈔本は「度遼將軍」の語を缺き、「皇甫規」に作り、この語を「曽謁」の後に置く。この句には顚倒、及び誤脱があると見られる。　7曽謁、古鈔本はこの前接部に「着大腋衣」を記す。　8解官、これ以降「衣不及帶」まで古鈔本に無し。　9衣、「及」の誤寫であろう。『後漢書』「及」に作る。本項注②參照。　10ゝ、原本は「規」の重複符號を記すが、衍字であろう。　11倒展出迎符、古鈔本「屐履迎符」に作る。　12三千石、古鈔本、『後漢書』は「二千石」に作る。　13絳、「縫」の「辶」を略した俗字と見られる。なお古鈔本は「縫」に作る。　14掖、古鈔本「腋」に作る。　15

著、古鈔本はこの前接部に「符」を記す。

〔注〕①『漢書』「鄒陽列傳」には「鄒陽、齊人也。漢興、諸侯王皆自治民聘賢。吳王濞招致四方游士、陽與吳嚴忌、枚乘等俱仕吳、皆以文辯著名。久之、吳王以太子事怨望、稱疾不朝、陰有邪謀、陽奏書諫。……今臣盡智畢議、易精極慮、則無國不可奸。飾固陋之心、則何王之門不可曳長裾乎」とある。②『後漢書』「王充王符仲長統列傳」には次の文が見られる。「王符字節信、安定臨涇人也。…而符獨耿介不同於俗、以此遂不得升進。志意蘊憤、乃隱居著書三十餘篇、以譏當時失得、不欲章顯其名、故號曰潛夫論。……後度遼將軍皇甫規解官歸安定、鄉人有以貨得鴈門太守者、亦去職還家、書刺謁規。規臥不迎、既入而問、卿前在郡食鴈美乎。有頃、又白王符在門。規素聞符名、乃驚遽而起、衣不及帶、屣履出迎、援符手而還、與同坐、極歡、時人謂之語曰、徒見二千石、不如一縫掖。言書生道義之爲貴也。符竟不仕、終於家」

49. 鳴鶴日下　**50. 士龍雲間**　世説①、荀鳴鶴、陸士龍1、二人未相議2、會3張茂先生4、張公以並有大才、今日之會6勿作常語、鶴後至

〔後殘〕

〔校異〕1陸士龍、古鈔本「陸雲字士龍」に作る。　2議、「識」の誤寫であろう。古鈔本、『世説新語』は「識」に作る。　3會、古鈔本「倶會」に作る。　4生、「坐」の誤寫であろう。古鈔本、『世説新語』は共に「坐」に作る。　6今日之會、古鈔本はこの部位に「謂曰二賢相見可」の句を記す。

〔注〕①『世説新語』「排調」には「荀鳴鶴、陸士龍、二人未相識、倶會張茂先坐、張令其語、以其並有大才、可勿常語。陸擧手曰、雲間陸士龍、荀答曰、日下荀鳴鶴。陸曰、既開青雲覩白雉、何不張爾弓、布爾矢。荀答曰、本謂雲龍騤騤、定是山鹿野麋、獸弱弩彊、是以發遲。張乃撫掌大笑」とある。

注

（1）敦煌文物研究所資料室編「敦煌文物研究所藏敦煌遺書目錄」（文物編輯委員會編『文物資料叢刊』第一集　文物出版社　一九七七年所收）

（2）「敦煌研究院藏敦煌文獻」『甘肅藏敦煌文獻』全六巻　甘肅藏敦煌文獻編集委員會等編　甘肅人民出版社　一九九九年九月第一巻所收。

（3）郭峰『斯坦因第三次中亞探險所獲　甘肅新疆出土漢文文書』甘肅人民出版社　一九九三年二月　二六～二七頁、一六〇～一六一頁參照。なお、筆者は原本を實見していないので、暫時郭氏の紹介したものに據って本文を採錄した。但し、郭氏の釋文中には、例えば、「丁寛易東（東）」、「博望尋阿（河）」、「桓譚非忏（讖）」等の部分が見られる。この釋文（加點箇所）が原寫本の誤寫字であるか否かは今のところ確認できない。

（4）『扶桑集』巻第九に「蒙求　八月廿五日。第四皇子於披香舍。從吏部郎橘侍郎廣相始受蒙求。便引文人。命宴賦詩。並序。」（『新校群書類從』巻第百廿六）との都良香の記述が見える。

（5）「弘仁」は嵯峨天皇の元號（八一〇～八二三）である。

（6）『楊守敬集』八　湖北人民出版社 湖北教育出版社　一九八八年四月所收。なお、池田利夫氏の考察によれば、「禰家藏書」印は「禰家」とは「宿禰家」の略語であり、卽ち小槻家の藏書印であると言う。『鶴見女子大紀要』第五號　昭和四十三年三月　七〇～七一頁參照。

（7）池田利夫『蒙求古註集成』上中下、別巻　汲古書院　昭和六十三年～平成二年　この書は、巻首に編者池田氏の「序文」があり、巻末には同氏の「跋文」が記されている。古注蒙求研究の集大成の書である。

（8）早川光三郎「蒙求諸本考」『滋賀大學教育學部紀要』第十七號　昭和四十二年十二月　二七～三九頁參照。

（9）汪泛舟「『蒙求』（補足本）」、邰惠莉「敦煌本『李翰自注蒙求』初探」（敦煌研究院編『敦煌研究文集』「敦煌研究院藏敦煌文獻研究篇」　甘肅民族出版社　二〇〇〇年九月所收。なお、兩氏の譯文等には問題が多いため使用時には注意を要する。）

（10）山西省文物局・中國歷史博物館 主編『應縣木塔遼代祕藏』文物出版社　一九九一年　四四七～四五〇頁

（11）早川光三郎氏の考證による（『蒙求』上新釋漢文大系五八　明治書院　昭和四十八年八月　六六頁）。

（12）前掲注（11）參照。

（13）陸善經のことについては、新美寛「陸善經の事蹟に就いて」（『支那學』第九卷 第一號　一九六四年九月）參照。

（14）前掲注（6）書楊守敬集參照。

（15）張涌泉『敦煌俗字研究』下編「敦煌俗字匯考」水部「淵」　上海教育出版社　一九九六年十二月　三〇一頁參照。

（16）敦研本中に見える「廿」字については、これが避諱による缺筆の文字であるのか否か判斷が困難である。これを含むこの種の文字についてフランスの學者である蘇遠鳴氏は次のように述べている。「…敦煌寫卷中的缺筆世字、例如唐太宗御筆的那一個、常常是快速走筆所致、而不出于避諱的需要、況且、鑒于唐太宗的避諱政策、在他那個時代的鈔本中讀到未作處理（或似作過處理）的世字或民字、都不必驚奇。」（『法國漢學』敦煌學專號　第五輯　中華書局　二〇〇〇年年十一月　四六頁）

（17）前掲注（11）書　二一二頁參照。

（18）敦研本の表序部分について、敦煌文物研究所資料室編「敦煌文物研究所藏敦煌遺書目錄」（『文物資料叢刊』第一集　一九七七年所收。のち『中國敦煌學百年文庫』綜述　卷二　甘肅文化出版社　一九九九年　二八六頁再收）では、「始爲李良薦『蒙求』表、後爲『蒙求』正文并注」とされている。また、『甘肅藏敦煌文獻』第一卷「敍錄」（甘肅藏敦煌文獻編集委員會等編　甘肅人民出版社　一九九九年九月）でも同樣な見解が示されている。

（19）P.2710本の表序について、王重民氏は「始爲李良進表之後段、次李華序、又次蒙求白文二十八句」（『敦煌古籍敍錄』中華書局　一九七九年九月新一版　二〇七頁）と述べている。敦研本の表序については、邰惠莉氏は「首一七行爲李良進蒙求表、次四行爲李華序的部分內容、後爲李翰自注『蒙求』」（「敦煌本『李翰自注蒙求』初探」『敦煌研究文集』「敦煌研究院藏敦煌文獻研究篇」敦煌研究院編　甘肅民族出版社　二〇〇〇年九月　四三八頁所收）と述べている。また、傳世本の表序について、余嘉錫氏はその著『四庫提要辨證』卷十六で次のように李華序を引用している。「毎行注兩句。人名外傳中。有別事可記。亦比（ママ）附之。雖不配上文。所資廣博。從切韻東字起。毎韻四字。」

（20）宇都宮由的〔遯庵〕はその編著『蒙求詳說』で次のように述べている。「按、先輩曰、此序李翰自序也、李公子之公衍字也、一本無公字、子男子通稱也、李子翰自言也、一説別人序也。然序中有謙辭、當以自序爲正。」 また、古鈔本の表序について、阿部隆一氏は、「…周易云々以下は李翰の自序と推定すべきかと思うが、後考を俟つ」（『中國訪書志』昭和五十一年十一月　一〇七頁）と述べている。さらに、早川光三郎氏は、「…私はむしろこれを以て自序説にまで進みたいのである」（『蒙求』上　新釋漢文大系五八　明治書院　昭和四十八年八月　三八頁）と記している。

(21)　『元好問全集』巻第三十六「十七史蒙求序」山西人民出版社　一九九〇年

(22)　前掲注（11）書　三八頁

(23)　池田利夫『蒙求古註集成』「解題」汲古書院　昭和六十三年十一月～平成二年一月　五四八頁

(24)　徐注本の該當箇所は次のようである。「周易、有童蒙求我之義。李公子以其文碎、不敢輕傳達識者、所務訓蒙而已。…」（前掲注（11）書　一四一頁參照。）

(25)　前掲注（11）書　三八頁

(26)　龜田鵬齋校『舊注蒙求』（池田利夫編『蒙求古註集成』中巻　汲古書院　昭和六十三年～平成二年所收）一八〇頁

(27)　前掲注（6）書　二六一頁

(28)　前掲注（23）書　五四八頁

(29)　前掲注（2）書　二八五頁

(30)　早川光三郎『蒙求』上　新釋漢文大系五八　明治書院　昭和四十八年　三七頁

(31)　前掲注（23）書　五四九頁

(32)　古鈔本中の文字のうち「晉事」は「替事」の誤りであると見られるため改めて表記した。なお、文意に従い區切れを空格で表示した。

(33)　早川光三郎『蒙求』上　新釋漢文大系五八　明治書院　昭和四十八年　二六～二七頁、及び今鷹眞『鑑賞中國の古典　蒙求』第十五巻　角川書店　一九八九年一月　九頁共に參照。

〔付記〕

大英圖書館東方部所藏の『蒙求』殘片の（Or.8212/1344/kk0149a）については、その後『斯坦因第三次中亞考古所獲漢文文獻』（非佛經部分）（上海古籍出版社　二〇〇五年八月）が刊行され、同書2の一四三頁にその寫眞が掲出された。同頁所掲の圖版によれば、郭峰氏（本章注3參照）が錄寫した「丁寛易束」、「博望尋阿」、「桓譚非汘」等の箇所は、「丁寛易東」、「博望尋河」、「桓譚非讖」等であり、これによって文意も分明となることが新たに判明した。また、この斷片の文書番號は「Or.8212/1344/kk0149d」ではなく、「Or.8212/1344/kk0149a」であることも同書により確認できた。

敦煌研究院藏
　李翰『蒙求』(095)

[illegible]司精義自宗周迄茲炎漢覽微茂
[illegible]重儒述竊見臣境內寄住客前信州
司倉參軍李翰與學藝淹通理識精究撰
古人狀跡編成音韻屬對類事無非典實
名曰蒙求約三千言注下轉相敷演向萬餘事
翰家兒童三數歲者皆善諷讀談古策事無
減鴻儒素不諳知謂疑神遇司封員外李華
宗名望夙著與作序云不出卷而知天

下其蒙求哉漢朝王子淵製洞簫賦漢帝
美其文令宮人誦習近代周興嗣撰千字文
亦頒行天下豈若蒙求哉錯綜經史隨便
訓釋童子則固多弘益老成亦頗覽起予
臣屬忝宗枝職備藩翰每逮休廣聽採異訪
奇未曾遺一才敢片善有可甄錄不敢具狀
奏聞陛下察臣丹誠廣聽覽之義念翰志學開
獎善之門伏願依資量授一職微示勸誡臣誠惶

誠恐頓首頓首謹言
國易曰有童蒙求我之義李子以其文碎不
敢輕傳達識所務訓蒙而已故以蒙求名題
其每行注兩句人名外傳中別事可紀記者亦
此附之雖不配上文所資廣博從切韻東字起
每韻四字
安平李翰撰并注
王戎簡要　[illegible]　裴楷清通　[illegible]
孔明臥龍　[illegible]　呂望非熊　[illegible]

附圖4①

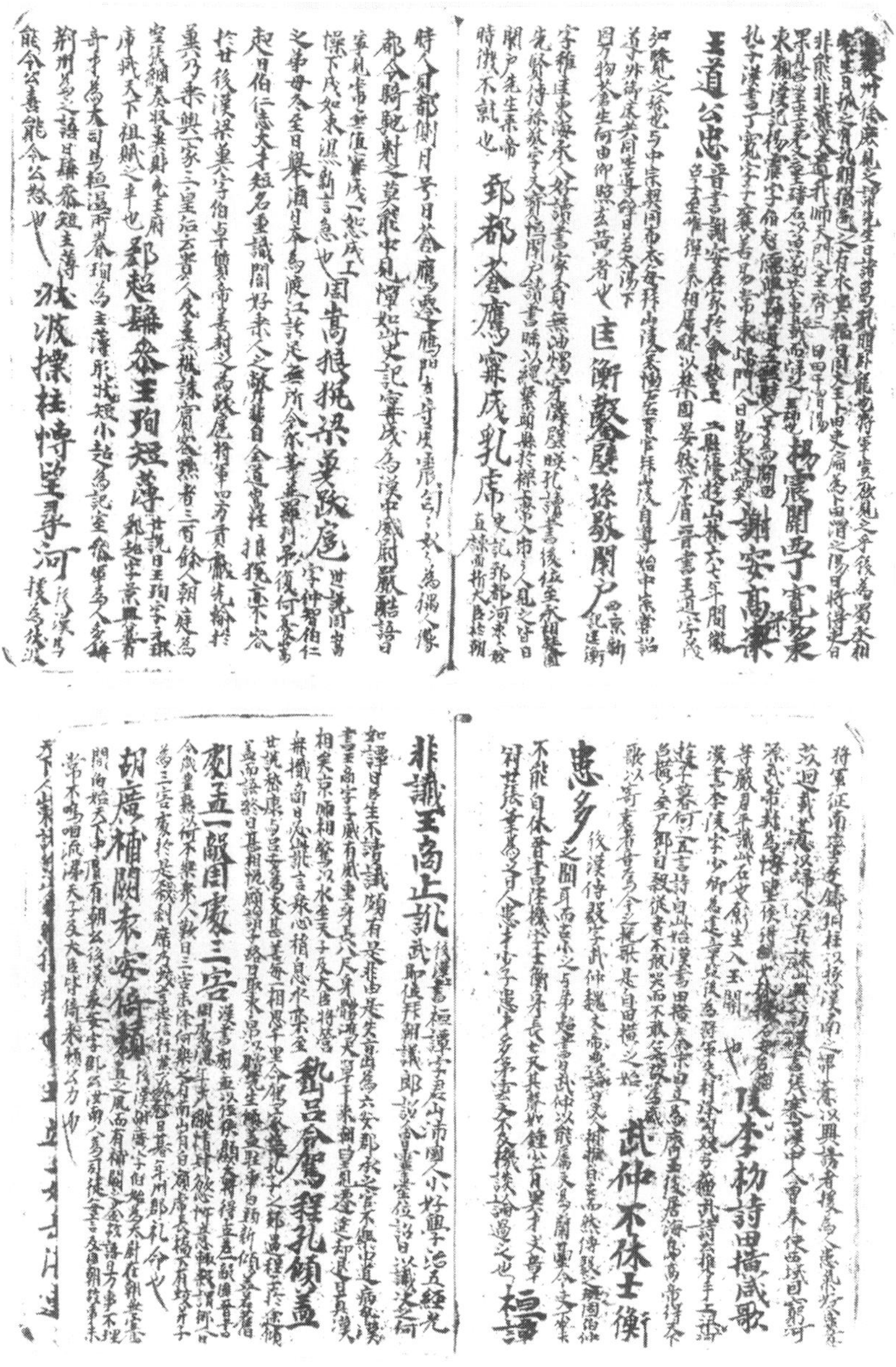

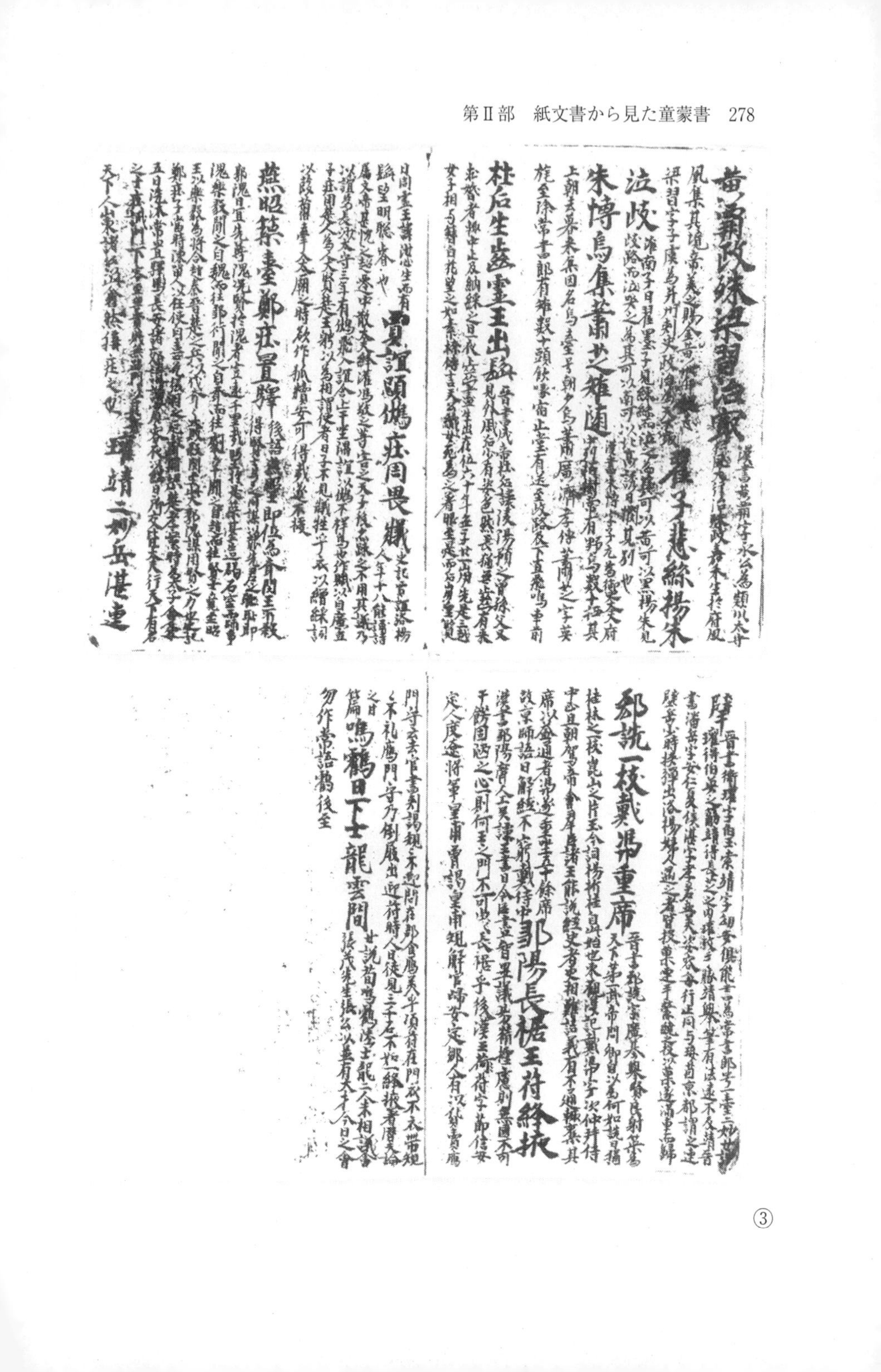

黄霸政殊　梁習治最

墨子悲絲　楊朱泣岐

朱博烏集　蕭芝雉隨

杜后生齒　靈王出髭

賈誼忌鵩　莊周畏犧

燕昭築臺　鄭莊置驛

瓘靖二妙　岳湛連璧

郗詵一枝　戴憑重席

鄴陽長裾　王符縫掖

鳴鶴日下　士龍雲間

③

第四章　敦煌發見自注童蒙書論考

はじめに

敦煌發見の夥しい數の文書中には各種の注文を附けたものが見られる。このうちの幼童、初學者への教材に供されたいわゆる童蒙書には、成書當時からその撰述者によって附加された注を備えたものや、成書時以降、撰述者以外の手による注を具えたものが發見されている。これら敦煌發見の有注童蒙書の一類には、巷間に傳わった本文と同系と見做し得る寫本や中國國內では古くからその姿を消亡させていた抄本等が確認される。このためこれらは、古典籍の內容や形態、流傳を研究する上で見落とし得ない重要な資料となっている。

敦煌發見の有注本『蒙求』には、以前からP.4877本の存在が確認されており、近年新たに敦煌研究院所藏095號本が公開された（詳細は前章第三章參照）。この寫本については、すでに部分的論評が出されている。(1) また有注本『兎園策府』にはS.1086本があり、これについては二、三の研究が發表されている。(2)

本章では、敦煌發見のこれらの『蒙求』『兎園策府』の加注本を用いて、童蒙書の加注、解釋の術の一斑を明らかにし、併せて敦煌文書中の有注本童蒙書の性格やその價値の考述を試みる。

唐の孔穎達は嘗て「註者、著也。言爲之解說、使其義著明也。[3]」と述べ、「注者、卽解書之名、但釋義之人、多稱爲傳。……今謂之注者、謙也、不敢傳授、直注己意而已。若然、則傳之與注、各出己情。[4]」と記した。また唐の陸德明は「先儒舊音、多不音注、然注既釋經、經由注顯、若讀注不曉、則經義難明。[5]」とも述べている。この「注」乃至「註」は、古く解詁、釋詁、詁訓などとも呼ばれたが、『說文解字』の「訓、說教也。」や「詁、訓故言也。」の文をまつまでもなく、或る時には相傳、口傳に從い、或る時には己れの情を附帶發露させる文義解說、音義闡明表現の一法であった。

第一節　注の定義及び形態と自注

さて、この注（註）である注釋・注解は、形態上から概括すると、自らの著述に自らが附ける「自注」と既成の自他各々の著作に餘人の附加する「他注」との二系統に分類することができる。このうち他注は歷史が最も古く、易、詩、書、春秋等の經書をはじめに、史書、思想書、文學書等多種の著作の傳釋に頻用され、自注は詩文、及び童蒙書の類に多用されている。儒家の經典にその注を施すことから始まると言われている中國古代の注釋の學は、音注、訓字、釋文も含めて、漢の鄭玄が說き、唐の陸德明が記すように明經には不可缺のものとされて來た。傳述、注解の濫觴ともされる『春秋』經の三傳や『詩』『書』の鄭箋、正義などや各々の時代の視座を反映させる注、註、疏、箋、正義などといった多くの注釋書はこの遺例であり、この中に他注と自注の二系統の注釋書がある。

他注は、自著或いは餘人の著述に別人が施注するものを言うが、この注の形態は注疏學中の最も基本的な形で、樣々な場面でこの形態が援用されており、一典籍に對する多數の注疏を生み出すもととなっている。自注とは著者本人が自著に對して注を施すことを言う。所謂「一家の言」を立てることである。

ところで、自注の始まりについては、清の何琇『樵香小記』巻下「總集自註註賦註詩」條に次のような指摘がある。

「…自註己作亦始於(王)逸、戴凱之「竹譜」、謝靈運「山居賦」用其例。」

ここで言う王逸とは、すなわち『楚辭章句』「九思」注のことである。しかしこの王逸自注については、宋代の洪興祖が大きな疑問を投じている。[6] 從って、現在自注の濫觴は王逸ではなく、謝靈運の「山居賦」であるとするのが一般的な見解であるが、謝氏の「山居賦」の自注については、『宋書』巻六十七「謝靈運傳」に「作山居賦幷自注、以言其事。」と記されており、そこにはその全文、及び自注が載錄されている。

第二節　童蒙書の注釋

〈唐代以前の童蒙書の注釋〉

童蒙書は蒙昧な幼童乃至初學の學習者に對しての教授素材のことである。中國古代に於けるこれらの者への教育は、識字、物名、呼稱、誦習を中心にして行われている狀況があり、この方面の教材は、「大學」(經典の勉學)への道筋の基礎を培うものとして「小學」と總稱されている。これらの書籍は、傳統的な分類として「經籍部・小學類」に編籍され、その注釋書と共にその他の儒家經典に附隨して取り扱われるのが通例となっている。

唐代以前の代表的な童蒙書は、秦代の傳李斯撰『蒼頡篇』、漢代の傳史游作『急就篇』、及び蕭梁代の周興嗣撰『千字文』等と見られる。このうち『蒼頡篇』には杜林注があり、郭璞注があったと『隋書』巻三十二「經籍志」には記されている(亡佚)。『隋書』『舊唐書』の「經籍志」等によれば、『急就篇』の成立直後、後漢の曹壽がその解を著したとされており、北朝代に崔浩、豆盧氏、劉芳、及び顏之推などが相次いで注を施したともされている。一方、『千字文』には北朝東魏代の李暹、蕭子雲、及び南朝代の蔡薳、沈衆の施注があったことが『隋書』「經籍志」、『南史』巻四十二、巻五十七に傳えられている。これらのことから、童蒙書の注釋事業は、南北兩朝の各脈流のもとで廣く展開されていたことがわかる。しかしこれらの諸家の注書のうち、唐以前の『急就篇』注は、『吐魯番出土文書』中に北魏代の崔浩の注と覺しきものが朧げに確認されるのみで、(7)他の傳存はなく、『千字文』注本についても、今日では、東魏代の李暹注以外はすべて佚書となっている。

〈唐代における童蒙書の注釋〉

從來の傳統的な經書注釋事業が繼承された唐代に至っては、夥しい數の注釋、疏解書が撰述された。そして經書以外の史、子、集部書、及び童蒙書にわたる數多くの注釋書も編述されるようになった。これらの事跡の中に唐の貞觀初年、太宗が「經籍去聖久遠、文字訛謬…」と痛感し、當時の訓詁學の大家顏師古に令じて『五經』の文字を考定させ、注疏を行わせたことなどがあるが、この折、顏師古はこれに留まらず太子承乾のために『漢書』にも施注し、また『急就章』にも加注したと傳えられている。(8)

唐代の「集部」注疏に關しては、主に『文選』注に注釋家の事業が集中している。この中では、李善の『文選注』がその代表となっている。韻・詩文の注では、當時他に類を見ぬ張庭芳（又は張方）注『李嶠百廿詠』が注意される。自身の詩文に加注した所謂の自注は白居易の「禽蟲十二章」の第十章にその實例が見られ、雜史類の注疏には劉知幾の『史通』、典章類には杜佑の『通典』などにその遺例が確認される。また唐代の元稹のように自作の碑文（「唐元稹修桐柏宮碑」）に加注するものも現われている。

こうした唐代に於ける童蒙書の注釋にはその施注の内容に二種の傾向が見られる。その一つは、既存の童蒙書の整理補充を行おうとするもので、これらには、上記のように、顔師古の『急就篇』にかかわる加注や玄宗皇帝親撰の『孝經』にかかわるものがある。またもう一つは、新作童蒙書の文意、内容を鮮明にしようとしたものである。これらには、李翰の『蒙求』、杜嗣先の『兎園策府』、及びその注がある。ここでそれらの各々について一瞥することにする。

先ず『孝經』は、すでに漢代には成立して通行していたと見られる經典で、その思想性なり、易讀性なりが尊重され、のちの人々に幅廣く讀まれた儒家の基本的書籍であった。唐代に於いても、この書は封建道德の根幹に据えられるものとして尊重され續けている。家の根幹をなす父母の尊嚴と彼らへの崇順を説くこの『孝經』は、官私にわたる人々の世に立つもとを記す經典と見做されて、當時の人士間に大いに尊崇された。それゆえ、爲政者の帝王である玄宗自身が筆を執り注釋を附し、自書してこれを建碑するというまでの行爲を行っている。いわゆる『御注孝經』が誕生するほど、『孝經』は封建社會に重視された。こういった時代的趨勢と傾向を證すかのように、敦煌文書中には大量の『孝經』の寫本が殘存している。因みに、その中の題記を殘すものの一部を擧出すると次の如き事となる。

P. 3274本『孝經鄭注義疏』天寶元年（七四二）十一月八日於郡學寫之

P. 3369本『孝經』咸通十五年（八七四）五月八日沙州學郎索什德

同　　　　　乾符三年（八七六）十月二十一日學生索什德書卷、書記之也

S. 707本『孝經』同光三年（九二五）乙酉歳十一月八日三界寺學仕郎君曹元深寫記

これらの書寫題記から見れば、當時の國學、私學、郡學、州學などの廣範な教育の場で、高卑、雅俗、明蒙こもごもの人々への教材として、この書が頻りに利用されていたことが分かる。『孝經』は儒典ではあるが、廣義の童蒙書

としても支障のない性質を有し、また使われ方をしていたと言えるのである。

次に漢代の元帝期に史游によって撰述されたと傳えられる『急就篇』は、初唐になってもなお學童の學習用の課本として幅廣く使用されていた事實がある。

「蓬門野賤、窮鄕幼學、遞相承稟、猶競習之。」（顏師古『急就篇注』敍）

ところで、『急就篇』の現存唯一の注は、後漢、三國、晉、南北朝代以來の諸注本に續いて出現した唐の顏師古の『急就篇注』である。この敍の一部には、師古の撰編の事情や注書、傳本の實態を窺わす次の文が見られる。

「先君常欲、注釋急就、以貽後學。雅志未申、昊天不弔。奉尊遺範、永懷罔極。舊得皇象、鍾繇、衞夫人、王羲之等所書篇本、…又見崔浩及劉芳所注、人心不同、未云善也。」（『急就篇注』敍）

上引の文から見れば、師古の先君すなわち亡父の顏思魯も曾て『急就篇』を注釋する意志があったことがわかる。師古の注は、亡父の遺志を受け繼ぐことから起こされたものであり、當時師古の手元には皇象、鍾繇、衞夫人、王羲之等の名人の手本が備わっていて、施注するに際して、師古が北朝代の崔浩、及び劉芳などの多數の注本を見ていたことが知られる。

上述の『孝經』、『急就篇』に係わるものに對して、『蒙求』『兎園策府』は、撰述當初からこれを閱讀する童蒙、初學者への配慮のため、注を施していたことが兩書の序から判明する。兩書はいわゆる自注書に當るが、いまその各々の序を抄記しておく。

「約三千言、注下轉相敷演」（薦『蒙求』表）

「其每行注兩句人名外、傳中別事可紀記者、亦此附之」（『蒙求』序）

「安平李翰撰幷注」（『蒙求』序）

「忽垂恩敎、令修新策、今乃勅成一部、名曰兎園策府、並引經史、爲之訓注」(『兎園策府』序 S.1722本)

第三節 童蒙書とその加注——自注

上述の謝靈運「山居賦」自注、及び元稹「修桐柏宮碑」碑文の自注などには、錢鍾書氏が文學作品としての價値にかかわる問題があると批判的な見解を示している(9)。

「山居賦有謝靈運自註甚詳。賦旣塞滯、註尤冗瑣、時時標示使事用語出處、而太半皆箋闡意理、大似本文拳曲未申、端賴補筆以宣達衷曲。」「元稹記事、乃用四言韻語、作繭自縛、遂另以散語作註中意、多茲一擧。」

しかし、錢氏は、その一方で加注である自注の必要性についても次のように論じている(10)。

「記事之文應條貫始終、讀而了然、無勞補苴。詩賦拘牽聲律、勿能盡事、加註出於不得已(中略)蓋詩、賦中僻典難字、自註便人解會」

すなわち、詩賦は聲律に束縛されるので、内容表現を盡くすことができないところがある。このため、註を加えることもやむを得ずなされることとなる。「…詩、賦の中の僻典や難字を考えれば、自注が人の理解を便ならしめる」と述べている。このような自らの詩賦の意趣を理解させるため自らが加える必要があった、とする自注の實態は、『蒙求』『兎園策府』の状況にもあてはまろう。『蒙求』は、文字簡約を旨として、聲律を整え、隔句押韻の四字句を連ねた韻文童蒙書であり、兒童の教材としての讀み易さの具體化が企圖された著作である。しかし、一句四文字にはやはり文意を盛りこむ限度があり、字句構成に制約を受ける文の詰屈さが至るところに現れている。從って注釋がないと理解不能に陷る部分が多出してくることにもなる。例えば、『蒙求』の「郄超髯參 王珣短簿」句などは、句中の

「髯參、短簿」の語が理解されぬ場合は句意全體が把握不能となるわけであるが、作者李翰はこの句に關して、『世說新語』に採錄される二人の來歷、風聞を荊州の地に流布した俗言「ヒゲ參軍（超のこと）、チビ主簿（珣のこと）は、よく公（桓溫のこと）を喜ばせ、また怒らす。」を援引施注して、次のように句に詠まれた故實を解説している。

「世說曰　王珣字元琳、郄超字景興、並有竒才、爲大司馬桓溫所眷、珣爲主簿、形狀短小、超爲記室參軍、爲人多髯、荊州爲之語曰、髯參軍、短主簿、能令公喜、能令公怒也。」（敦煌研究院所藏九五號本　李翰『蒙求』）

李翰は、ある時には文辭が理解不能に墮すことがある旨を承知しつつ本文を綴り、さらに經史を引く注を附したと思われる。李翰は、『蒙求』全篇を通般の讀誦書とするのみならず、本文背後の尨大な知識を學び得る書として撰述したと見られる。本文、及び注を讀むことによって數多くの知識を得、視野を廣げることを企圖したと推測される。

また、『兎園策府』の性格などについては、北宋の孫光憲が、その著『北夢瑣言』巻十九「詼諧所累」條下で、また南宋の晁公武が『郡齋讀書志』巻十四で各々村野で童蒙教材とされている『兎園册（策）』は鄙朴の文でなく、徐庾體の偶麗の語を收めるものであることを述べているが、徐庾文體と言うのは、徐陵、庾信等を代表とした六朝以來の騈儷文體のことで、その用途は、宋の王應麟がその著『困學紀聞』巻十四に「……倣應科目策、自設問對、引經史爲訓注。」と記したようなものである。內容的には前述の『蒙求』よりも遙かに難度が高く、注釋がない限り理解が進まぬ部分が大半と見える。要するに、『蒙求』も『兎園策府』も詩賦性質の文を綴った童蒙書である。それゆえ、この詩賦性質の本文を讀者に十分に理解、咀嚼させるためには、注釋を施すことが不可缺となる。ここで『蒙求』について記せば、その本文と注文には當初より餘人の理解を阻むところもあったらしく、宋代に至ると徐子光が補注を行っている。徐注には隨所に「舊注云…未見所出」との文が見られる。つまり徐子光が注を補記する以前から、すでに『蒙求』には意味不分明の個所があったようである。

第四節　有注童蒙書具有の性格

〈その誦習性〉

既述の『蒙求』『兎園策府』は、共に撰述時から注がつけられていた事實がある。しかし、敦煌出土資料中の『蒙求』『兎園策府』の寫本には、無注と有注の二種の形態が見られる。具體的に示せば、無注本は、『蒙求』P.2710本、『兎園策府』P.2573本、S.1722本（兩者は同一寫本の斷裂したもの）、S.614本であり、これらは當時確かに敦煌地方で通行していたものと見られる。

これに對して、敦煌本以外の無注本には、例えば、山西應縣木塔發見の『蒙求』[11]刻本や日本に傳存される傳教家本や長承本等、數多くの寫本、刻本が見られる[12]。こうした有注と無注の兩種の寫本が同一の文獻をめぐって存在することは、本來附加されていた注がいつの間にかに外されてしまって、本文のみを殘すことになった事情を推察させる。こういった事情については、『兎園策府』の狀況に關してではあるが、紙の缺乏の影響を蒙ったことが主な因となっていたかも知れないと判斷した學者がある[13]。しかし、これはその中の一因に過ぎず、他に主要な原因があったように筆者には思われる。

有韻文書に注が附けられることで、表現内容の鮮明化が圖られ、知識の獲得などを裨益させる效果が齎される。所謂「不出巻而知天下、其蒙求哉」（『蒙求』李華序）である。しかし加注自體は、本文を繁雜化するところもある。そこでこの繁雜な注がはずされることで、本文は本來の讀みやすさを取り戻し、理解の可否はともかく、韻きある單純な識字教材に變身することになる。「易於諷習、形於章句」（『蒙求』序、P.2710本）と記されるような『蒙求』編纂の主旨の一面は、施注を除却することによって十全化すると見られる。

諷誦課本としての『蒙求』の性質は、これを接受流布させた日本にあっては、さらに純化させられたかにも見え、早川光三郎氏が「これは諷誦習得の便のために編まれたのが濫觴であろうが、わが國では特にこれに中國式抑揚をつけ、發音正しく音讀したと推せられる。(14)」と指摘するように、漢語音習誦の材としても利用されていた。これは日本に傳存し襲藏されて来た長承本、傳家教本等の聲點を加えた振り假名つき注音の實例からも知られるところである。上記の本文、標題のみを記す『蒙求』諸本は、この讀み易さをよく傳えているように見える。この故もあってか、詩句に類する『蒙求』の本文は、清代所編の『全唐詩』にも收錄されるに及んでいる。

『兎園策府』にもこの種の事情が窺われるところがある。『兎園策府』は、次にも論述するように、初め士大夫の科擧試驗の對策用のものとして作られ、のち一般童蒙、幼學にも利用されるに至っている。『蒙求』のような四字句の韻文ではないものの、その詩賦性が諷誦に適していたわけであろう。『新五代史』巻五十五「劉嶽傳」の「兎園册者、鄉校俚儒教田夫牧子之所誦也…」、及び『舊五代史』巻一百二十六の「兎園册皆名儒所集、道能諷之」(筆者注：道は馮道のこと) 等の記述から見れば、この書の諷誦性が大いに買われたようである。近代の史學者呂思勉氏は、

「知士大夫之取此書、初蓋以供對策之用、後則所重者惟在其儷語、而不在其訓注、蓋有錄其辭而刪其注者?故其卷帙止三之一。(15)」

と述べている。士大夫達は科擧の對策作文に關心をもち、これを利用することもあったようであり、その折には、注文よりも、諷誦性のある儷語の部分を好んで用いていたのであろう。つまり、成書當初以來附加されていた注は、必要に迫られて削除され、その注の削去の結果として本文のみの書籍も出現し、諷習の便や儷語の利用のもとに大いに流布されることともなったと見られる。著書の受容者中の、文形を流用し重んじる者と、文義を深く理解しようとす

る者との意識の違いが、確かに本來の有注本を變形させ、無注本化を進めて行っていたようにも見える。

〈その類聚性〉

『蒙求』は、その名に示すように幼學の教導を目的として編纂されたものである。『兎園策府』については、宋の王應麟が「唐蔣王惲令僚佐杜嗣先倣應科目策、自設問對、引經史爲訓注。」（『困學紀聞』巻十四）と書くように、當初より訓蒙する目的で編纂されたものではなかったようであるが、しかし、北宋の孫光憲が、

「…北中村墅、多以『兎園册』教童蒙」（『北夢瑣言』巻十九「詼諧所累」條）

と記し、南宋の晁公武が、

「『兎園策』十巻、…皆偶麗之語。至五代時、行於民間、村野以授學童。…」（『郡齋讀書志』巻十四）

と述べるように、その後初學、童蒙の教育のための書として用いられていた實態がある。このことは、『兎園策府』の九世紀頃の寫本と推定されるS.614本「巳年四月六日學生索廣翼寫了」の題記からも窺えるところで、當時敦煌地域の學塾では、學生などへの學習の材料としてこれが利用されていたことである。

童蒙書は蒙昧な幼童や初學者に多種の知識を習得させる目的で編まれたものであり、（一部多種の知識を傳授する目的で既存の書籍を轉用したものも含める）物名、稱呼や故實、典故を多數採録して配列表現するものであるため、しばしばその書としての特質の一部に類聚書としての性質を具備することにもなる。このような成書と用書の實態から、家の後繼の幼童の教育のために編述された『蒙求』も、また村塾、家塾等の初學者の教育の材とされた『兎園策府』も、類聚書、卽ち類書として編録されることが屢々である。

例えば、『蒙求』については、『宋史』「藝文志」、『崇文總目』、『直齋書録解題』、『四庫全書』で、また『兎園策府』

については、『祕書省續編到四庫闕書目』巻二、『世善堂藏書目錄』巻上（『知不足齋叢書』第一九集所收）などで、これを類書目の中に置いていることなどが確かめられる。内容上の問題がこういった事態を出現させていると言えるようであるが、ここで『蒙求』『兎園策府』の二書中に編綴される故事の一、二について、類書類、變文類などの表現中のものに確認されるものを掲出しておきたい。

○『蒙求』「靈輒扶輪」句

この四字句と完全に一致するものは確認されぬものの、『古賢集』（S. 2049v）中の「靈輒一食扶輪報」、『伍子胥變文』（S. 328）中の「兒聞桑間一食、靈輒爲之扶輪」のような酷似の例が存在している。また、靈輒の報恩譚にまつわる「扶輪」の逸話はその他の敦煌の類書類『佚名類書』（又「事森」、P. 2621）、『語對』（P. 2524、S. 78、S. 2588）、『孝經注疏』（P. 3378）などにも見られる。

○『蒙求』と『籯金』の類句

下掲の通り『蒙求』中の各句は、敦煌本『籯金』ときわめて濃密な關係をもつことが確認される。

『蒙求』	『籯金』
「董宣强項」	「董宣强項、漢帝識其誠」（「縣令子男之篇第廿四」）
「戴憑重席」	「戴憑仲之通儒、坐超重席」、（「侍中篇第十」）
「君平賣卜」	「嚴平賣卜」（「隱逸篇第廿五」）
「仲連蹈海」	「魯連蹈海」（「隱逸篇第廿五」）

上掲の各句をもつ『籯金』（或『略出籯金』P. 2537）については、劉師培氏が「蓋此編分類隸亦兎園策之倫」と言い、羅振玉氏が「此兎園策之類耳」と評している。(16)

ところで、諷習の便のために、故事、故實の解説を切り詰め、四字句に造形した本文をもつ『蒙求』は、その内容の解説を施注して本文を補強してもいる。この『蒙求』は、元來幼童の授學のために編まれたものであるものの、配列する故事の類同によって類聚的性格を附帯させられたとも言える。しかし、これとは逆に、詩賦分類の本文にこれを解説する注文を附加した『兎園策府』は、當初より徵文、採詩、習文の材料としての利用を念頭に置いて編撰された類聚書であり、この用書の場が、多く初學、童蒙の諷習、習字、習文を含めた修學の場であったため、この書自體が童蒙書として見做されることともなった。

元來文賦體の一大集書である『兎園策府』は、胡道靜氏が唐代の重要類書として自著の『中國古代的類書』に採錄し、王三慶氏が「文賦體之類書」として自著の『敦煌類書』(17)に載收するように、一部の研究者には類書としての性格が高く評價されている。しかし、この一方で、胡氏の記す通り、この書には啓蒙的な用途があったことも認められる。胡氏とほぼ同様な見解を示す鄭阿財氏は、『兎園策府』を「習文知識」類の童蒙書として分類した上で、この書は當時文章制作や運用の導きとなったもので、童蒙の文章學習とともに科擧試驗に備えるための教材となっていたとも分析している(18)。何れにせよ、童蒙書は童蒙への知識賦與のため多種多様な事物、故事、史實を網羅的に採錄、表述する類聚的な性格を保有しながら、また類聚書はその内容の咀嚼、利用の面から童蒙書的性格を附帯させながら、その存在意義を充足させていたわけである。

『蒙求』『兎園策府』の兩書は、總體的に見れば、童蒙書の一面があると同時に、類書としての性格も備えもつものと言い得る。因みに記せば、現存の類書の中には、例えば、『初學記』のように、當初から初學者の學習用に作られたものもある。皇子の初學のために編述されたこの書のことは、『大唐新語』巻之九「著述」第十九に記述が見える。

第五節　有注本童蒙書の價値と流布

唐代の注釋學は、經典の文章の注音（例えば、陸德明の『經典釋文』注の如きもの）や古典の語辭の訓詁（例えば、李善の『文選』注の如きもの）に關する注釋を行う點以外に、史上の名物や史料に對しての詳密な考證を行うことに特質がある。例えば、孔穎達は、『毛傳』を疏述するに當って、郭璞の『爾雅』注や陸璣の『毛詩草木鳥獸魚疏』等を引用しつつ、さらに詳細な注疏を成し遂げている。これについて思いあたることは、顏師古が『急就篇』に加注する折、

「皆據經籍遺文、先達舊旨、非率愚管、裴然妄作。…」（『急就篇注』敍）

と述べていることである。このことからも、彼ら唐代人が、前賢の研究成果を重視し、これを吸收すると共に、舊籍、古典を注釋するに際しては、經籍そのものに據って事源に目を向け、これに依據することを重んじていたことが知られる。

しかし上述した『蒙求』『兎園策府』等のいわゆる童蒙書の本文、及びその注釋は、大多數の唐代の注疏書の中にあっても一面で際立った特長を持っている。というのも、これらの童蒙書の注釋は、史書や史傳に基づき人物や故實を詳解することで成ったものであるため、その中には數多くの古籍や佚文、軼事が包藏されることとなったからである。童蒙書の注文によって傳えられた各種の佚書、佚文、軼事は、歷史、思想、哲學、宗教を含めた往古の文化事象の探索に絕好の材料である。例えば、漢代の蕭廣濟の『孝子傳』等は、已に亡佚したものである。しかしながらその一部は、『蒙求』所引の文中に保存され現在に傳わることとなった。片言隻語とは言え、遺留された文辭、また原書の風貌の一端を窺わすに足る貴重な資料なのである。

ところで、『蒙求』所引の佚書については、清の王仁俊がその一部を『玉函山房輯佚書續編三種』中に摘録している。しかしながら、王氏の見た『蒙求』は、古注本ではないと判断されるので、當然のことながら佚書の採録はそのごく一部に過ぎなくなってしまい、遺漏があることとなった[19]。因みに、ここで王氏の抄録した數條以外のもので筆者が古抄本等で確認し得た佚書を下記の一覧表に掲げてみる。

『蒙求』古注本（書陵部旧藏）注文所引佚書一覧

佚書名	撰注者	所在個所	佚書名	撰注者	所在個所
『楚國先賢傳』	晉・張方	孫敬閉戶	『類林』	梁・裴子野[20]	靈輀扶輪
『蕭廣濟孝子傳』	晉・蕭廣濟	蕭芝雉隨	『衞玠別傳』	＊	平子絕倒
『皇覽』	魏・劉劭王象ら	靈王出髭	『搜神記』	晉・干寶	澹臺毀璧
『後語』	晉・孔衍	燕昭築臺	『晉中興書』	劉宋・何法盛	江逌爇鷄
『魏略』	魏・魚豢	時苗留犢	『韓詩內傳』	漢・韓嬰	交甫解珮
『益部耆舊傳』	晉・陳壽	王忳繡被	『晉書』	晉・王隱など	蘇韶鬼靈
『妬記』	劉宋・虞通之	南郡猶憐	『列士傳』	晉・皇甫謐	柳下直道
『九州春秋』	晉・司馬彪	崔烈銅臭	『高士傳』	魏・嵇康	井春五經
『春秋後語』	晉・孔衍	齊后破環	『續晉陽秋』	劉宋・檀道鸞	顧愷丹靑
『晉陽秋』	晉・孫盛	胡威推縑	『會稽典錄』	晉・預	丁固生松
『宋略』	梁・裴子野	江淹夢筆	『三齊略記』	晉・伏琛	甯戚扣角
『三輔決錄』	漢・趙岐	蔣詡三逕	『襄陽耆舊傳』	晉・習鑿齒	龐統展驥
『後漢書』	晉・華嶠など	孫壽折腰	『陳留耆舊傳』	魏・蘇林	仇覽棲鸞

撰注者：主に『隋書』「經籍志」に依拠。　＊『世說新語』「賞譽篇」劉孝標注に依據するか。

また『兎園策府』も廣引博證で經、史、子、集部のすべてにわたり、數多くの文言を採錄している。この採錄された文言中には、已に亡佚した經緯書を含めた古典藉の語が多數確認される。これらは極めて得難い古佚資料と言うことができる。ここで『兎園策府』所引の佚書についても確認したものを表示しておく。

『兎園策府』注文所引佚書一覽

經		史	
佚書名	撰(注)者	佚書名	撰(注)者
『尚書中侯』	漢・鄭玄　注	『漢武帝故事』	漢・班固
『易是類謀』	漢・鄭玄　注	『漢官儀』	漢・應劭
『河圖』		『典略』(『魏略』)	魏・魚豢
『河圖挺佐輔』		『帝王世紀』	晉・皇甫謐
『禮緯含文嘉』	魏・宋均　注	『括地圖』	
『春秋運斗樞』	魏・宋均　注	『晉記』	晉・干寶
『孝經援神契』	魏・宋均　注	『晉中興書』	劉宋・何法盛
『孝經三五圖』		『周書』「王會篇」	
子		**集**	
佚書名	撰(注)者	佚書名	撰(注)者
『司馬兵法』	春秋・司馬穰苴	『魏文帝佚詩』	魏・魏文帝
『黃石公記』「兵法之篇」	漢・黃石公	『新刻漏銘』	陸　倕
『易飛候』	漢・京房	『浮雲賦』	陸平原

『古今通論』	晉・王嬰	『刻漏賦』	陸平原
『正言』	晉・干寶		
『析言』	晉・張顯		
『孫氏瑞應圖』	梁・孫柔之		
『遁甲開山圖』＊	□・榮氏		
『符瑞圖』			
『虞丘壽王　驃騎論』			

＊『文選』卷二十一「遊仙」郭景純「遊仙詩」第六首句注引による。

有注童蒙書は、後世人の著述、讀書活動に大きな影響を與えた。この實態の一端は『蒼頡篇』『急就篇』や『千字文』といった書物の流布、模倣の狀況の確認からも知られるところがあるが、『兎園策府』『蒙求』の受容に關わる各々の動態からでも證されるところがある。一例を擧げれば、『兎園策府』は、唐代ではほとんど話題にはされなかったようであるが、五代人の間にはかなりに讀者層を廣げていたようで、例えば、馮道がこの書を愛讀し束の間も書物を手から放さずこれによって人の誇りと嘲笑を買う、というような事跡を出現させている（詳細は『舊五代史』卷一百二十六「馮道傳」、孫光憲『北夢瑣言』卷十九「詼諧所累」條參照）。

『兎園策府』の注釋は、古籍を廣く索め博く徵引して、部門別、部類別に記事を記述する特長がある。それゆえ、後世、多數の者がこれを類書と見なして書籍分類を行い、その體裁、內容を模倣して自編著などを出すことも起こった。宋代の吳淑の『事類賦』などが、外面的體例は勿論のこと、記述內容の個々に至るまで『兎園策府』まがいの記述を殘している事實は、一面で類聚的性格をもつ童蒙の書の後世への影響を證すに足る事柄と言える。

なおまた『蒙求』の流布と後世への影響については、その名を冠する書籍が、『兩漢蒙求』『十七史蒙求』『訓女蒙求』『純正蒙求』『名物蒙求』等と陸續として著述され、人々に享受されたことでも知られる。『蒙求』は唐中以來、幼學、訓蒙の修學世界に多大な影響を殘したのである。

むすびに

文獻注解を行う一方法として中國の古代に起こった注釋の學は、のち經、史、子、集部各々の書籍の內容の闡明化をはかる重要な學術として大いに發展した感がある。この注釋學のもとで、ある時には對象とする書籍や文獻自體の論理化や哲理化がはかられることもあった。注釋は、古書、古文閱讀時の障碍を排除し、古書、古文の整理を進め、これに基づく教學を容易ならしめる働きをもたされていた。

ところで、この注釋のうち童蒙書に關するものは、素材そのものに對する理解度を高める一便法として原文の內容の闡明化をはかるもとで行われることがあった。幼童、初學者ら教育を受ける者達は、これによって實生活上の必要知識や社會道德を得、また學術の世界への導きを得ていたわけであるが、童蒙書に附加されたこの注には、當時の雅俗にわたる文字文化の世界が留められることとなった。現在に至るまでに佚亡した古書、古文や記錄、また已に死語となった當時の通俗語などさまざまな事象が、そこには凝縮されて遺されていることである。

敦煌發見の童蒙書、及びその注は、失なわれた曾ての文字學習の日常を甦らせるものとして極めて重要な價値を持っている。殊に大小長短さまざまな形をもつその注は、字音の解示、字義の釋明、字形の辨析、句意等の解說のもとに、當時の社會一般の幼學重視の姿勢や民間人士の實利的學問の尊重の趨勢を明らかにするものとしてとりわけ貴重な資料的價値をもっていると言うことが出來る。

注

(1) 汪泛舟「『蒙求』(補足本)」、及び邰惠莉「敦煌本『李翰自注蒙求』初探」(敦煌研究院編『敦煌研究文集』「敦煌研究院藏敦煌文獻研究篇」　甘肅民族出版社　二〇〇〇年九月所收)

拙文「敦煌研究院藏李翰『蒙求』試解—與日藏古抄本之比較」『敦煌研究』二〇〇二年第五期

(2) 王國維「唐寫本『兎園册府』殘卷跋」『觀堂集林』卷二十一　一九三一年　のち『王國維文集』第四卷に收載　中國文史出版社　一九九七年五月　二一四～二一五頁、但し王氏が扱ったのはP.2573本のみである。郭長城「敦煌寫本兎園策府敍錄」『敦煌學』第八輯　民國七十三年七月　四七～六三頁　同「敦煌寫本兎園策府逸注補」『敦煌學』第九輯　民國七十四年一月　八三～一〇六頁。　王三慶『敦煌類書』麗文文化事業股份有限公司　一九九三年六月　上下册

(3) 『毛詩正義』周南「關雎」孔穎達疏『十三經注疏』中華書局　一九九六年五月　上册二六九頁

(4) 『禮記正義』「曲禮上第一」　孔穎達疏『十三經注疏』中華書局　一九九六年五月　上册一二二九頁

(5) 陸德明『經典釋文』卷第一

(6) 王逸「九思」序に「…(逸)作頌一篇、號曰九思、以裨其辭、未有解說、故聊訓誼焉。」と見える。これに對し、洪興祖は「逸不應自爲注解、恐其子延壽之徒爲之爾。」と述べた(『楚辭補注』卷十七　『四部備要』九一　中華書局　一四七頁)。

(7) 周祖謨「記吐魯番出土急就篇　注」『敦煌吐魯番文獻研究論集』(二)　北京大學出版社　一九八三年十二月　一七八～一八九頁。　福田哲之「トルファン出土『急就篇』古注本考—北魏における『急就篇』の受容—」『東方學』第九十六輯　平成十年七月　四五～五八頁參照。

(8) 『舊唐書』卷第七十三「顏師古傳」『新唐書』卷第一百九十六

(9) 錢鍾書『管錐編』四　一六八　全宋文卷三二　中華書局　一九九四年十二月　一二八五頁

(10) 上揭注(9)書　一二八七頁

(11) 山西省文物局・中國歷史博物館 主編『應縣木塔遼代祕藏』文物出版社　一九九一年七月　四五〇頁所收。

(12) 池田利夫編『蒙求古註集成』上巻　汲古書院　昭和六十三年十一月～平成二年一月所收。
築島裕編『長承本　蒙求』汲古書院　一九九〇年三月
(13) 王三慶『敦煌類書』麗文文化事業股份有限公司　一九九三年六月　上册一一八頁
(14) 早川光三郎『蒙求』上　新釋漢文大系五八　明治書院　昭和四十八年八月　五〇頁
(15) 呂思勉『論學集林』上海教育出版社　一九八七年十二月　七七六頁
(16) 劉師培「敦煌新出唐寫本提要」『國粹學報』一九一一年　七卷一期　のち『中國敦煌學百年文庫』文獻1に再錄。　羅振玉「略出蠃金跋」『鳴沙石室古籍叢殘』一九一七年　のち『中國敦煌學百年文庫』文獻2に再錄
(17) 胡道靜『中國古代的類書』中華書局　一九八二年　八七頁
前揭注（11）書　上册一一七～一一九頁
(18) 鄭阿財「敦煌蒙書析論」『第二屆敦煌學國際研討會論文集』民國八十年六月　二五六頁所收。また鄭阿財・朱鳳玉主編『敦煌學研究論著目錄』一九〇八～一九九七「子部・蒙書」にも『兎園策府』關係の研究書が收錄されている。
(19) このことは王氏所輯の佚文の狀況から分明となる。『會稽典錄』一則（「盛吉垂泣」條より）は古注本（日藏古鈔本、敦煌本）には存在せず、また『三齊略記』一則（「甯戚扣角」條より）は古注本、準古注本、徐注本にそれぞれ輯錄されるものの、王氏所輯の同條に見える「中有鯉魚、長有半尺」の句は準古注本以外には採錄されないなどの事實がある。王氏の閱査した『蒙求』は『畿輔叢書』などに收錄された日本からの逆輸入本で、林述齋校編『佚存叢書』所收の準古注本であることは明らかであり、原『蒙求』に摘錄された佚書、佚文は王氏の査閱出來なかったものも多數あったことである。
(20) 『類林』は唐の于立政の撰著もある。この書が『蒙求』に引用されているとする見方も可能とはなるが、古注本『蒙求』の所引書は『類林』にかかわるもの以外がすべて漢魏六朝のものであるため、『蒙求』注に于氏の『類林』の引用を推考するのは甚だ困難となる。

第Ⅲ部　大谷文書中に見られる童蒙書・經典・詩賦・音義書等斷片

——吐魯番出土の遺文

はじめに

大谷探檢隊が中國西域のトルファン地區で獲得した各種資料は、日本に將來された後、專門家の手により綜合的な整理研究が進められた。この整理研究の成果は、『西域考古圖譜』（上下卷）、『西域文化研究』（全六册）の大著として公表されている。[1]その後、八十年代から、龍谷大學の小田義久氏を代表とした研究班によって、將來された文字資料が改めて整理考補されて、『大谷文書集成』壹、貳として公刊され、さらにその參が近年に公刊された。[2]零細な粹片を除き、壹、貳では大谷文書の一〇〇一～四五〇〇號までが圖版化され、參ではこれに續く四五〇一～五八四〇號、及び八〇〇一～八一四七號までが收載されている。圖版寫眞、及び先學の研究成果を含めた釋文が改めて提示された意義は大きく、これらの書の公刊は、近年の西域文書の研究、殊に土地、行政等に關する當時の寺院、官廳文書の研究の進展を大きく促すこととなった。

筆者は、文字、音韻、文學研究の立場からしばしばこの文書を閲讀する機會を得て、公刊の恩惠に浴している。しかし、最近、「佛書斷片」「文學關係文書」「性質不明文書」等と注記される相當數の資料の中に、西域の文字文化を究明する上で極めて重要な內容が含まれていることを確認した。このため、本論で『大谷文書集成』壹、貳、參、及び『西域考古圖譜』に基づき、關連する敦煌出土資料、及び既刊書中に載出されるもの等を援用しながら、釋文の補訂を試みて、可能な限り文書の性質の究明を進めることとした。斷片となった佚文資料の中の原據未確定の遺墨は、精密な追及を加える度にその相貌を現わすことになる。訓蒙書、經典、辭賦、音韻、注疏等々と西域地方の往古の勉學の實相を證す遺文が檢出研究されることは極めて意義深いことと思われる。本論では、殊に、『大谷文書集成』壹・貳・參、『西域考古圖譜』に收載される各斷片との接合や新たに確認された斷片の採錄と考證、また、已に確認されている文書で一部文書名等に問題を有するものについての檢討や文書名の定め難い文信類について、内容、及び性格等の考究、といった事柄に細心の注意を拂いつつ攷述を進めることとする。

〔凡　例〕

・文書、圖版番號、及び文書名は『大谷文書集成』（全三册）の表記通りに記載した。
・『西域考古圖譜』所掲の寫本については『大谷文書集成』參で新たに附された文書番號、寸法等を用い、舊來の表記を括弧内に附記した。
・釋文は筆者が改めて行い、『大谷文書集成』中の釋文と相違する文字には・印を附した。
・『西域考古圖譜』中に寫眞のみで掲出された斷片については獨自に釋文した。
・釋文の一部は文意、内容把握のために、斷句を行った。
・文書の斷缺部分は［　］［　］、〔　〕印で、殘畫部分は□印で表示した。
・所掲文書は概ね首尾を缺失するため「前缺」「後缺」の語を特に表記しなかった。
・圖版は龍谷大學佛教文化研究所編『大谷文書集成』所掲のものを使用させていただいた。

第一章　童蒙書斷片の考證と研究

一　『太公家敎』諸斷片　〔Ⅲ 圖①1～5〕

三五〇七　文章抄寫練習斷片　10.7×9　〔圖版八二〕

1. 余乃生逢┌
2. 迸流移、只欲隱┌
3. 只欲揚名於後、┌
4. 德薄不堪人師。┌

三一七五　文學關係文書（唐詩）斷片　11.3×10　〔圖版八五〕

朱點を附す。

1. ┌傷。凡人不可皃□┌
2. ┌公王。蒿艾之中┌
3. ┌□傷。仁慈者受、┌

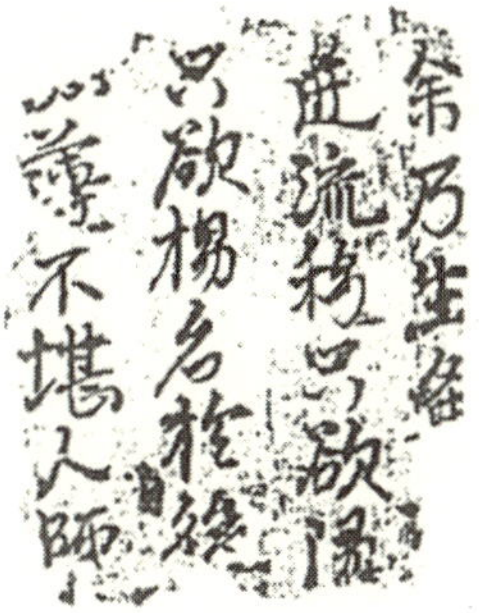

三五〇七

Ⅲ 圖①1

三一七五

Ⅲ 圖①2

4. ］□。齊〻之人、為［

5. ］□□可［

三一六七　文學關係文書斷片　9.6×9.2　〔圖版八四〕

朱點を附す。

1. ］兄弟信［

2. ］死怨、夫婦信□［

3. ］□恩。抱薪救火、火必［

4. ］人馮門、不如一人［

四三七一　性質不明文書小片　4.3×5　〔圖版なし〕

1. ］厄之［

2. ］太公［

三一六九　文學關係文書斷片　9.5×7　〔圖版八四〕

朱點を附す。

1. ］□□□［

2. ］□山、魯連赴□。［

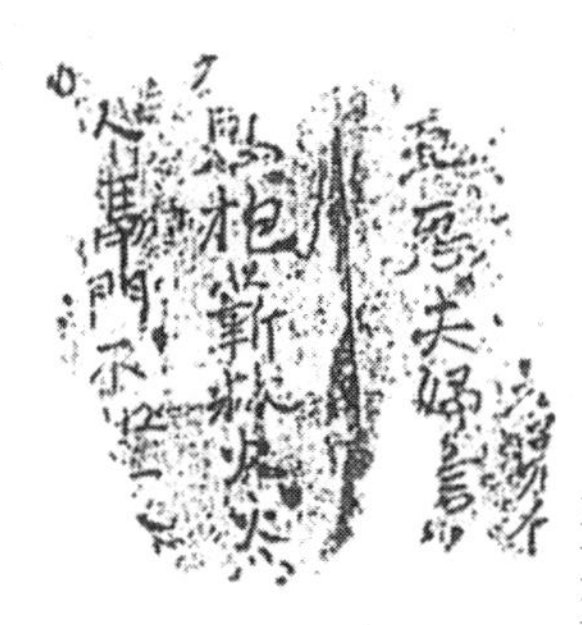

三一六七

Ⅲ 圖①3

三一六九

Ⅲ 圖①4

3. □皐、聲聞於天。□
4. □□、人□知□

四三九四　佛書斷片　10.5×10.5　〔圖版七五〕

1. □踈。榮則共樂、□
2. □忍是無價之寶□
3. □□海藏、學是明□
4. □書。良田三頃、不□□
5. □□（心則）賞之下、必□
6. □奴。養□□

四三九四

Ⅲ 圖①5

以上の六點の斷片は、中晩唐・無名氏撰『太公家教』の殘片であることが確認できる。[3] 本項では、文書整理時に任意に附番されていた各斷片を敦煌本『太公家教』原文に從って配列し直し表示を試みた。ここで、以下各斷片中の問題點、及び敦煌本との比較について小述する。

寫眞圖版の上載がない四三七一の斷片は、『大谷文書集成』の釋文に從えば、四文字の零細な斷片である。この斷片は、『鳴沙石室佚書』本[4]の『太公家教』によれば、

「…屈厄之人、不羞執鞭之仕。飢寒在身、不羞乞食之耻。貧不可欺、富不可恃。陰陽相催、周而復始。太公未達、釣魚於水…」

との文中の語であることが推定される。

三一六九の三行目の「臯」字は、『大谷文書集成』の釋文では二文字の「目牛」としているが、これは一文字の「臯」、すなわち『太公家教』文中にある「鶴鳴九臯、聲聞於天」の「臯」字と判讀される。

四三九四の三行目の「海藏、學是明」の句は、やや異質にも見られるが、S.1163本は「學是明月神珠、愼是龍宮海藏」に作っている。S.3835本はこれとほぼ同様だが、この二句の間に更に別な五句が加わっている。また、『鳴沙石室佚書』本は、前句はあるが、「龍宮海藏」の文字は見當たらない。『太公家教』の本文は、轉寫、傳承の間の搖れが相當にあり、字句を異にするものが多いものの、本斷片も敦煌出土のものと等質の『太公家教』本文を抄寫したものと言うことができよう。

これらの斷片のうち、四三七一の斷片を除き、三一七五、三一六七、三一六九の三點は、例えば、礫部や轉折部の筆態が一致することや墨色、及び文字の大小が同等で、共に朱點を附していることなどから、恐らくは同一寫本の斷裂片と想像される。その他の斷片は、それぞれに字態、筆致の相違が認められるため、『大谷文書集成』に收錄された『太公家教』の寫本は、現在少なくとも三種類のものが確認され得ることとなる。

『太公家教』は唐宋の間に流行していた童蒙書であるが、しかし唐宋代の史志、書目類の書籍には載錄されておらず、羅振玉氏の考證[5]によれば、その名が最初に言及されるのは、唐・李翺（習之）（七七二―八四一）の「答朱載言書」の中であるという。いまここに『全唐文』所載の李翺の文を引くと次のようである。

「…其理往往有是者、而詞章不能工者有之矣、劉氏「人物表」、王氏「中説」、俗傳「太公家教」是也…。」（『全唐文』巻六百三十五所收。「　」は筆者）

『太公家教』はその後日本へも將來された。これは藤原頼長の『臺記』巻三　康治二年九月廿九日癸未條末尾の記事

によって確認されるが、そこには保延六年（一一四〇）「太公家教一巻」を閲覧したことが記されている。(6)

一方、敦煌藏經洞からも夥しい數の『太公家教』寫本が發見された。P本二十三點に續いて、S本十五點、このほか『鳴沙石室佚書』本（羅振玉舊藏）、北圖本等を合わせて四十點以上のものが現在確認されている。これらの各種の抄本の多くは首尾殘闕本であるが、『鳴沙石室佚書』本、P.2564本のみは、ほぼ完全な形が保たれている。(7)

『太公家教』は、中國では、宋代以降、明代の『明心寶鑑』等の類聚書中に數條の本文が引記されることがあっても、次第に散佚し、十九世紀末二十世紀初頭、敦煌の藏經洞からその抄本が發見されるまで、誰もがその眞姿を知らなかった。大谷文書中の『太公家教』は、殘片とは言え、出土品としては敦煌に次ぐものであり、邊境地域、殊にトルファン地區での文字文化の動向を證す貴重なものとなる。トルファン出土文書中に存在している舊來確認されなかった(8)『太公家教』の遺文は、中國中世の避遠の地に於ける漢字文化受容の一面と童蒙教育の實質とを示すものと言うことができる。

二　『千字文』諸斷片　〔Ⅲ 圖②〕

三八二九　　佛書斷片　8.2×20.5　〔圖版七三〕

二紙帖合。

1. ▯□拱平章、愛▯
2. ▯率賓歸王、鳴▯

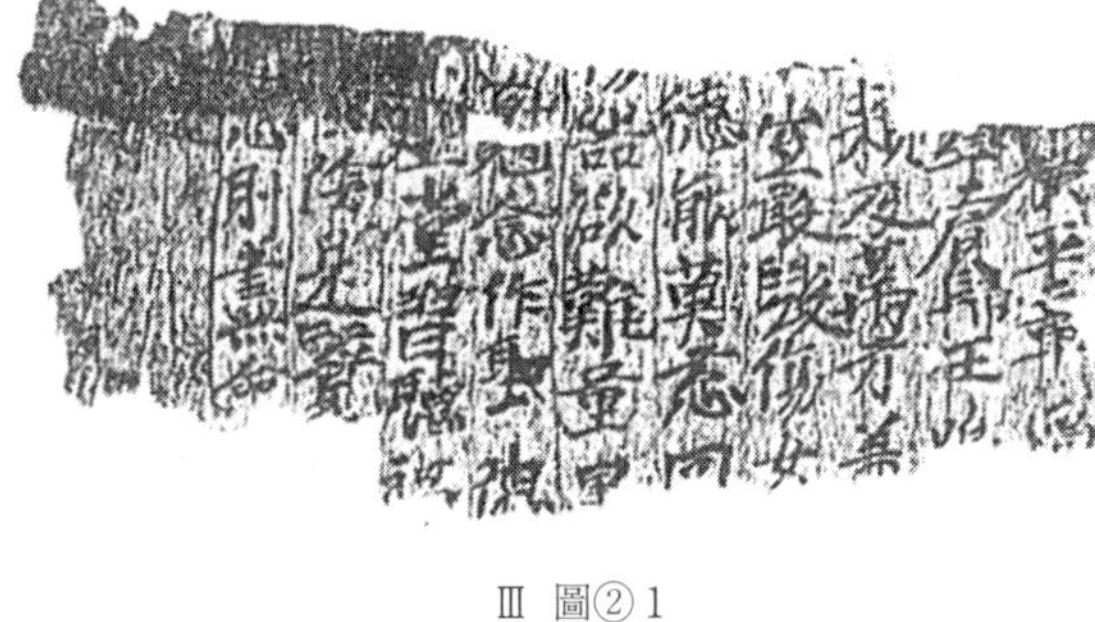

三八二九

Ⅲ 圖②1

3. [　]賴及萬方、盖[　]
4. [　]豈敢毀傷、女[　]
5. [　]德能莫忘、[罔]・[　]
6. [　]□器欲難量、墨・[　]
7. [　]尅念作聖、德[　]
8. [　][虚]堂習聽、禍・[　]
9. [　]□陰是競、[　]
10. [　][忠]・則盡命、[　]

四四〇二　性質不明文書　8.8×8.5　〔圖版九四〕

1. [　]□、□□□[庭]、
2. [　]邈、巖岫・杳・冥・、
3. [　][農]・、務茲稼穡、
4. [　]□、我藝黍稷・、
5. [　]、[勸]・賞[黜]・[　、

三六〇一　習字紙斷片　10.3×4　〔圖版八三〕

［A面］

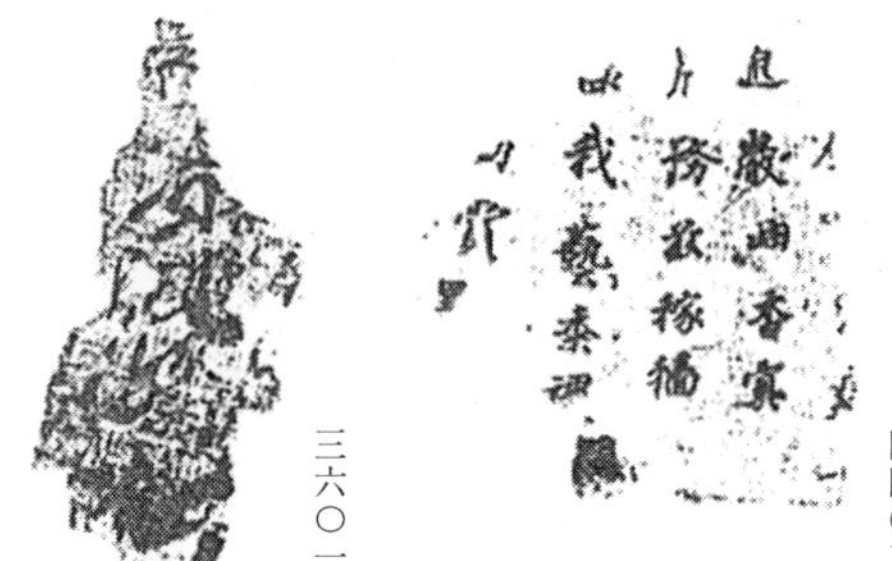

Ⅲ 圖②3　Ⅲ 圖②2

⌋海鹹河[淡]⌈

上記の三八二九は、『大谷文書集成』貳で注記される「佛書斷片」ではなく、『千字文』の第二十八句「垂拱平章」から第六十四句「忠則盡命」までに該當する部分を殘すものである。この三八二九號斷片は、初學者が懸命に一文字一文字を習字し連ねたもののようで、その楷體には拙さが見られる。殘存總字數は四十六文字で、大谷文書における夥しい數の『千字文』斷片としては最長のものである。なお、三行目の「盖」、五行目の「徳」字は、傳世本である『上野本』等ではそれぞれ「蓋」「得」に作っている。

また、四四〇二は『集成』貳では「性質不明文書」とされているが、これも『千字文』第百六十句「鉅野洞庭」の殘畫から第百六十八句「勸賞黜陟」の部分までである。この文書の書體は楷書であるが、その文字は、ややこじんまりとして餘白を取りながら書かれている。筆態には手馴れた狀態が見られる。

なお、三六〇一は『集成』貳では「…須□□火…」と釋文されているが、寫本原蹟寫眞自體が分明でなく、筆跡もかなり判じ難いものの、咸、炎の旁が殘存するところから判斷すると「海鹹河淡」の文字の可能性が大である。この私見が正確だとすれば、大谷文書には『千字文』斷片が新たに三點加わることとなるが、後考を俟つこととする。

ところで、『大谷文書集成』所掲の三九一〇號文書（紙背）の釋文によれば、

1　⌋…韻者梁武員外⌈

2　⌋次韻　問曰⌈

という文字が採錄される本文書斷片に（圖版の上載はない）「千字文　李暹注」との注記がなされているが、これについてはなお檢討すべき餘地があると思われる。

第Ⅱ部で論じた通り、『千字文』は、複雑な過程を經て成立している訓蒙書で、蕭梁時代の周興嗣が次韻して現在見られる形が定着している。その後、蔡薳、沈衆、蕭子雲、胡肅等の歴代の諸家が相次いでこれに注釋を行い、數多くの注本を作り上げた。しかし、それらはすべて今日では佚書となっている。敦煌文獻『雜抄』(P.2721本)に見られる李暹注もこの中のものと見られていたものである。[9] 李暹注『千字文』については、幸いに、『日本國見在書目錄』に記錄があり、これに吻合するかのように、日本には李暹注の抄寫本『上野本』が存在している。しかしこの孤本を校讀しても、上記の大谷文書三九一〇號紙背文書が明らかに「李暹注」であると斷定できる依據が得られぬままなのである。史上には複數の『千字文』注本が存在していた事實があるわけであるから、三九一〇號文書紙背の斷片の文字のみでは、李暹注『千字文』と斷定できぬところもあろう。更なる判斷材料が必要と思われるのは筆者だけであろうか。

三　「自論書」と『兎園策府』連寫斷片　〔Ⅲ 圖③〕

四〇八七　唐詩斷片　15×13.5　〔圖版八六〕

1. ［　　］□水盡墨□［　　］
2. 必謝之後之達者評［　　］
3. 臨池學書・池盡黑好[之]・［　　］
4. 易・曰利用賓於王書・[曰]・[明]・［　　］
5. 斯則昇賢・之大軌［　　］
6. 奥則薪槱・之詠興［　　］
7. 發自周徵逸士・漢［　　］

四〇八七

Ⅲ 圖③

8．□懸甲入科而

この斷片の一～三行の内容は、東晉・王羲之書と傳稱される「自論書」、又は「顴書論」、或いは「尙想黃綺」帖の一部で、四～八行は唐・杜嗣先『兎園策府』の劈頭である。眞僞の問題はさておき、曾て存在していたと見られる王羲之の「自論書」と呼稱されたものは、現在では逸文となっており、かろうじて唐・張彥遠（生沒年不詳）『法書要錄』巻一等に載錄されて傳わるだけである。いまここに『法書要錄』の文を引記しておく。

「吾書比之鍾張、鍾當抗行、或謂過之、張草猶當雁行、張精熟過人、臨池學書、池水盡墨、若吾耽之若此、未必謝之、後達解者、知其評之不虛、吾盡心精作亦久、尋諸舊書、惟鍾張故爲絕倫……」（「晉王右軍自論書」）(10)

下線部は、大谷四〇八七斷片の一～三行の句文と類似する。この大谷文書は『法書要錄』所引の王右軍「自論書」全文に一致するものではないが、王氏の「自論書」の一部、乃至これに濃密にかかわる文言の習書斷片と見て大過はあるまい。ところで、敦煌所出のS. 3287、S. 214vの兩寫本には、上記の「自論書」の句文を包攝しその辭句を酷似させる「尙想黃綺」ではじまる遺文が存在している。因みにS. 3287を下記することとする。

「尙想黃綺、意想疾於繇、年在襄、吾比之鍾張、鍾當抗行、或謂過之、張草猶當鴈行、然張精熟、池水盡墨、假令寡人耽之若此、未必謝之、後之達解者、知其評之不虛也、臨池學書、池水盡黑、好之絕倫、吾弗及也……」

これらを見れば、大谷四〇八七の前半に遺存する文字が、この「尙想黃綺」にはじまる遺文に概ね一致することがわかる。『法書要錄』の引錄で知られる王羲之の「自論書」が果たして誤脫、或いは省略等のない十全な原文であるのか否かについては、不分明なところがあるが、「自論書」と「尙想黃綺」帖間には字句の異同や論旨展開上の文章

Ⅲ　圖④ 1

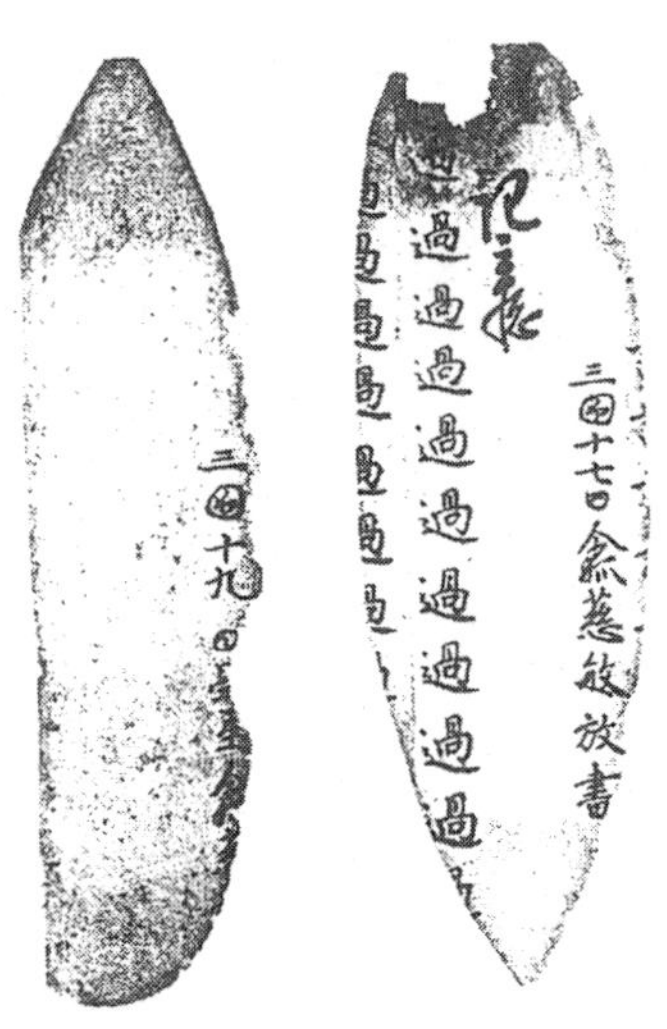

Ⅲ　圖④ 2

の疎密はあるものの、共に同根の内容、表現をもつことが指摘できる。

さて、トルファン・アスターナ一七九號墓から武周時代の學生の習字斷片が出土している。習字紙は、のちに足型に剪断された所謂「紙靴」に利用された反故である。『吐魯番出土文書』[11]參では、「武周學生令狐慈敏習字」のタイトルのもとで、二點の寫眞圖版（72TAM179：18/8−9）と共に、

「本件共十三片、均爲學童習字、内九片爲學生令狐慈敏習字、其他四片爲學生和闍利習字、所寫諸字不相連貫、

今只錄一、二兩片令狐慈敏題記[12]」と編者の注記が附され、その文字が採錄されている。この二點の文書は、「謂」字の偏の殘畫を初行に留め、ついで「三月十七日令狐慈敏放書」（月は則天文字）の署書、及びその後接行間の「記令狐」と推測される別筆行草字が大書され、さらに、二行にわたる「過」字の習書を見せる72

Ⅲ 圖④3

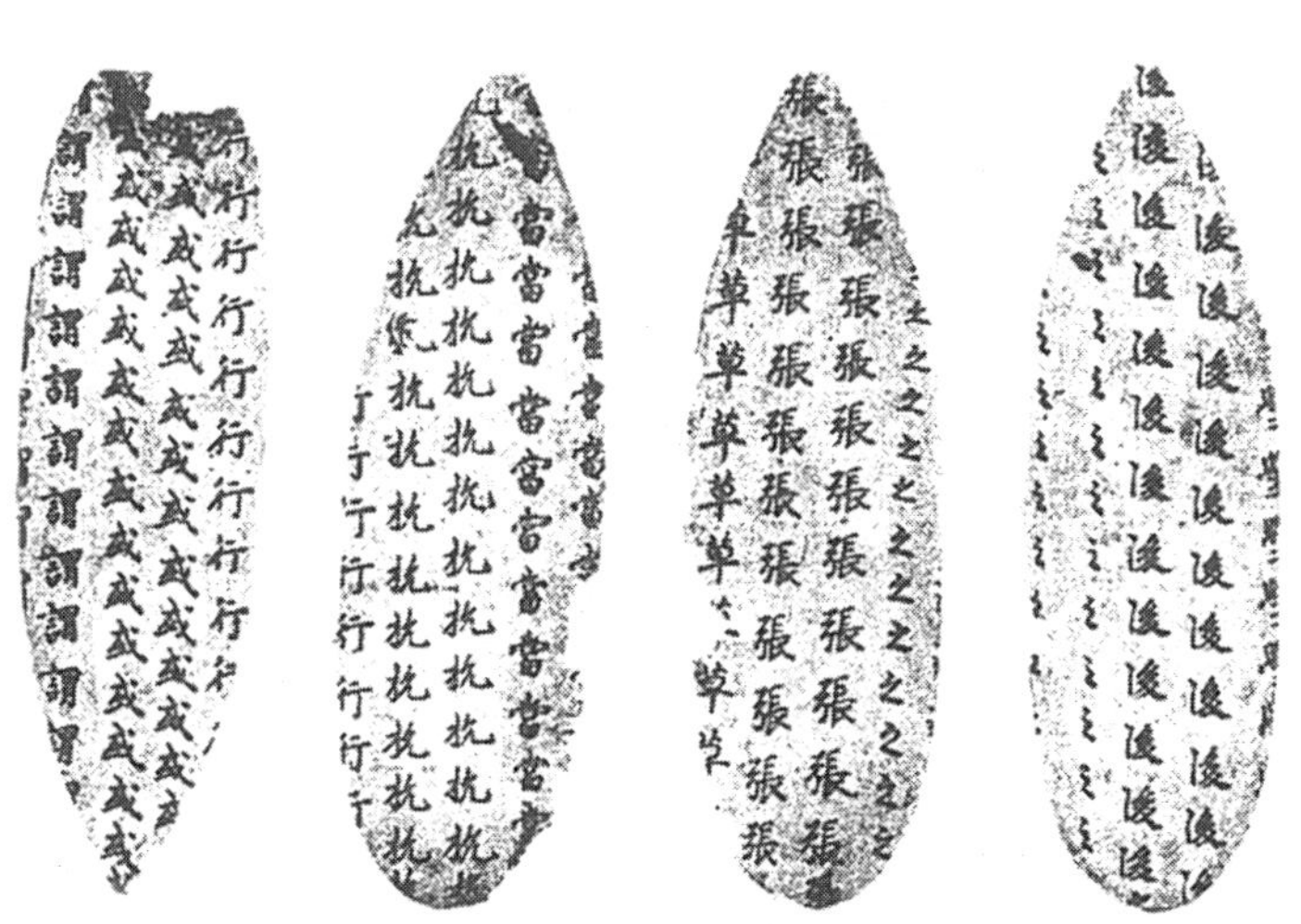

Ⅲ 圖④4

TAM179：18/8と、「三月十九日學生令狐慈敏……」（月、日は則天文字）の題記、署名のみ殘存する72TAM179：18/9である。ここで編者の注記の文中に言う「九片爲學生令狐慈敏習字」（72TAM179：18/1－9）を再確認すると、それらの文書は、その編號から一連のものと見られ處理されたものであることがわかる。しかし、この文書の編錄者は、九點中の題記のある先の二片を除き、他の七點について、內容不表示のまま「文書斷片」としてその寫眞圖版（72TAM179：18/1－7）を同書の三六六頁に收めている。これら九點の文書を編號順に一瞥して、重複する文字を除き、確認される單字のみを配列すると次の如くになる。（下記の括弧內の表記には「72TAM179：」の表示を略す）〔Ⅲ圖④2～4〕

若此未（18/1）　未必謝（18/2）　謝臨學（18/3）
學後之（18/4）　之張草（18/5）　當抗行（18/6）
行或謂（18/7）　謂過（18/8）　□（18/9）

上記の文字は、基本的に已述の王羲之「自論書」乃至「尚想黃綺」帖中に見られる文字と契合するところがあり、文字の接續關係を現在傳存する「自論書」、「尚想黃綺」帖の原文の措辭から推考すると、文書の順序が、整理番號と一部前後して、18/6、18/7、18/8、18/5、18/1、18/2、18/3、18/4、18/9となり、「當抗行、行或謂、謂過、之張草、若此未、未必謝、謝臨學、學後之」の句文が確認される。そこで、さらに、こうした句文の中から前後に重複する文字を除けば、

「……當抗行、或謂過之、張草……若此、未必謝、臨學後之……」

の文が復元されることとなる。こうしたところを考察すると、「臨學後之」の句は敦煌本「尚想黃綺」帖と較べ文字の寫脱や轉倒がある。上述の文書は、習字手本とした原蹟の文章の個々の文字を各々二行ずつ謹嚴な楷書で習書したものであることがわかる。文字が截斷されて缺失している部分もあり、また故意、不注意による脱字もあるようであ

るが、王羲之の「自論書」、乃至敦煌本にも見られる「尙想黃綺」帖の文字を習寫していると見て誤りはないであろう。令狐慈敏ら當時の學生達は、日ごとに、或いは隔日ごとに、模楷とするものを習書して勉學を進めていたわけである。なお、72TAM179：17/1～17/4の文書斷片は『千字文』の第百八八～百八九句の文字の習書である。

ところで、敦煌本「沙州都督府圖經」(P.2005本）中にもほぼ同内容の文字が徵される。この文書は、「張芝墨池」條下にあるもので、「王羲之顭書論云」との文字があるため、「王羲之顭書論」との名が冠されている。[13]王羲之の「顭書論」の存在は、唐代の内府に藏された王書の目錄の「右軍書目」[14]等によっても確認はとれず、來歷の把握が不能であるが、敦煌本S.3287、S.214vの文章の後半の一部は、この「顭書論」の「張芝墨池」條下の文と類似するところがあり、また、その前半の大部分が上記の「自論書」と一致している事實がある。これについては、池田溫氏が詳細な考證を行ない、曾て唐の内府に藏されていたと見られる「尙想黃綺」帖の末裔とする見解を示されている。池田氏の推論は、南朝人の手で寄集められて一帖と化された「尙想黃綺」帖の文意、用字が訂整され、「自論書」、「顭書論」となっているという論旨であるが、[15]福田哲之氏も、池田溫氏の考證、及び「尙想黃綺」帖の復元を踏まえて、更に王書關連の唐代の資料を援用して王書の收藏、逸散、及び「尙想黃綺」帖の受容、流布、變容の實態を考究し、唐代における王書學習の情況を詳密に論述された。[16]二氏の論考は、極めて精緻で贅言をさしはさむ餘地はないが、「自論書」「顭書論」の元が「尙想黃綺」帖にあるとしても、當時、沙州地區等で、『圖經』に記されるように、「顭書論」との呼稱が通行し、某地區では、『法書要錄』に錄されるように、「自論書」との名稱も行われていた事實は再確認しておくべきことと思われる。

なお、大谷文書四〇八七中の王書習書部に下接するものについては、福田氏は、「別の詩文の類を書寫したもの」と推測されているが、このものは、訓蒙、策問、類書の一つである『兎園策府』の一部分であることが分かった。このことも、本習字斷片の性質を考える上では重要なこととなるようである。ともあれ、これらの王書の習字は、在地の官吏を目指す學生たちが、漢代敦煌淵泉の人とされる書聖張芝の故跡[17]にかかわり、この張芝を賞揚したとされる王羲之の論書、墨跡摸本によって、文字文化を咀嚼しようとしていた情況を示す貴重な資料と言うことができる。

王羲之「自論書」乃至「顏書論」或いは「尙想黃綺」帖は大唐の中央だけでなく、邊陲の西域の地、敦煌にもトルファンにも流傳し、その摸本が、學生達の書寫の手本として廣く利用されていたのである。

四～八行は、敦煌發見のP.2573本等との比較により『兎園策府』抄寫稿の斷片であることが判明した。『兎園策府』は唐・杜嗣先撰述（虞世南撰説もある）の童蒙書とされるもので、僅かにその書名が『日本國見在書目錄』や『宋史』藝文志書に傳わるのみであったが[18]、敦煌藏經洞より發現された文獻の中に四點の寫本が確認されてはじめてその具體的内容が闡明された。この書については、一九一三年に王國維が逸早く書寫内容等の考證を行っている[19]。王氏はその文中で「此書盛行於五代、或至宋季尙存、故深寧尙能言之歟?」と記している。（筆者注：深寧、王應麟のこと。王はその著『困學紀聞』卷十四に『兎園策府』への言及を殘している。）

敦煌本の四點の佚文は、綴合可能なP.2573とS.1722、及びS.614、S.1086が存在する。これらの敦煌本『兎園策府』の寫本を一覽すると、大谷文書中の佚文と比覈が可能となる。ただしその校覈可能な文書は、P.2573、S.1722本とS.614本の一部のみである。因みに、ここにその部分を摘記しておく。（下線部は大谷文書に確認される部分、「　」は筆者。）

易曰、「利用賓於王」。書曰、「明試以功、議事以制。」斯則昇賢之大執、辨政之嘉謀。採其奧、則薪楢之詠興、選其精、則桂林之響發。自周徵造士、漢辟賢良、擢高第以登庸、懸甲科而入仕。劉君詔問、吐河洛之詞、仲舒抗答、引陰陽之義。……

これによれば、大谷文書四〇八七の後半部分は、『兎園策府』巻第一并序の劈頭の部位であることがわかる。大谷本は文字の缺失があるが、敦煌本の字句とほぼ同じと見られる。但し「執」字は「軌」に作り、また末句の「懸甲科而入」の部分は、抄寫者が「懸甲入科而」と誤寫しており、七行目の六字目は「圡」と書かれていいるが、敦煌本では「士」に作っている。なお、上記の敦煌本『兎園策府』文中に見られる『易』『書』の引文の原據は、『周易』「觀卦六四　爻辭」、及び『尙書』「虞書　舜典」である。

ここで、上述した大谷本四〇八七の遺文の一～三行目を敦煌本S.3287「尙想黃綺」帖、また四～八行目を敦煌本P.2573本とS.614本に基づき復元すると次の如くになる。

1. ［　　　　］□水盡墨。〔假令寡人耽之若此、未〕
2. 必謝之、後之達（解）者、（知其）評〔之不虛也。〕
3. 臨池學書、池（水）盡黑、好之〔絕倫、吾弗及也。〕
4. 昜利用賔於王。書曰、明〔試以功、議事以制。〕
5. 斯則昇賢之大軌、〔辨政之嘉謀。採其〕
6. 奧則薪楢之詠興。〔選其精則桂林之響〕
7. 發。自周徵逸圡漢〔辟賢良、擢高第以登〕
8. 庸、〕懸甲入科而〔仕。劉君詔問、吐河洛……〕

大谷文書四〇八七は、筆跡がやや幼稚で、殊に縱畫の起筆部分には下から筆を立て起し反し引く偏癖があり、初學者、童蒙の習書と見られる斷片であるが、トルファン出土文書中から初めて檢出される『兎園策府』習書であり、王羲之の「顏書論」と連書されているものであるため、當時の西域の初學者の學習實態を證すものとしての高い價値を認めることが出來る。

注

(1)『西域考古圖譜』上下卷　國華社　大正四年六月（柏林社書店　昭和四十七年十二月　覆刊）『西域文化研究』全六冊　法藏館　一九五八年三月～一九六三年三月（但し、この書には大谷文書のみならず敦煌關係の古文書も含まれている。）

(2) 龍谷大學佛教文化研究所編『大谷文書集成』壹　貳　參　法藏館　一九八四年三月、一九九〇年三月、二〇〇三年三月

(3) この三一六七號斷片については、曾て小島憲之氏が言及したことがある。「學事閑日－童蒙敎訓書斷片を中心として－」（『あけぼの』第十卷　第五號　昭和五十二年八月所收）參照。なお、これに續いて、鄭阿財氏も「學日益齋敦煌學札記」（『周一良先生八十生日紀念論文集』中國社會科學出版社　一九九三年一月所收）中でこの三一六七を含め、三一六九、三一七五、三五〇七の計四點についてその原拠を確認している。しかし兩氏の論には字句內容に關した詳細な考證は見られない。

(4) 羅振玉『鳴沙石室佚書』『羅雪堂先生全集』三編　册五所收。

(5) 羅振玉「鳴沙石室祕錄」『國粹學報』一九〇九年　第五十九期所收。

(6) これを初めて指摘したのは太田晶二郎氏である（『日本學士院紀要』第七卷　第一號　昭和二十四年四月）。なお、太田氏は、論中で、「九月卅日」と記しているが、增補『史料大成』によれば、この記事の記される條は「九月廿九日」末尾であり、賴長は此の日より後の十二月晦日に、この一年間に學んだものを記錄した旨を記している。經家、史家、雜家の順で書名等を列記する中の雜家三百四十二卷下にその名が見られる。

（7）入谷義高「〈太公家教〉校釋」『福井博士頌壽紀念東洋思想論集』昭和三十五年十一月　三一～六〇頁に詳細な校釋がある、但し入谷氏は主に『鳴沙石室佚書』本を底本とし、S. 3835本をはじめとしたS本十二種等を中心に校勘、釋讀しており、P. 2564本は氏が閲覧していなかったため、利用してはいない。

（8）『吐魯番出土文書』〔壹〕～〔肆〕文物出版社　一九九二～一九九六年、及び簡裝本（全一〇册）同　一九八一～一九九一年　筆者の調べでは本書に『太公家教』らしきものは見當たらない。

（9）本著第Ⅱ部 第一章 第一節「『注千字文』の撰述と撰者李暹」項參照。

（10）『中國書畫全書』第一册　上海書畫出版社　一九九三年十月所收。なお王羲之「與人書」にもこれに一部類似する表現が見られる。晉・王羲之『王右軍集』卷之一（光緒十八年　善化章經濟堂重栞）參照。

（11）『吐魯番出土文書』參　文物出版社　一九九六年一月　三六三、三六六頁

（12）『吐魯番出土文書』參　文物出版社　一九九六年一月　三六三頁

（13）『敦煌遺書總目索引』商務印書館編　一九八三年六月重印（二、斯坦因劫經錄）一七六頁（のち、敦煌研究院編『敦煌遺書總目索引新編』中華書局　二〇〇〇年七月　一〇〇頁再收）

（14）褚遂良撰「晉右軍王羲之書目」『法書要錄』卷第三所收。

（15）池田溫氏「敦煌本に見える王羲之書論」『中國書論大系』第六卷月報5　二玄社　昭和五十四年六月　八～一二頁

（16）福田哲之「トルファン出土文書に見られる王羲之習書－アスターナ一七九號墓文書〈72TAM179：18〉を中心に」『書學書道史研究』第八號　一九九八年　二九～四一頁

（17）上記の池田氏論文八～九頁參照。池田氏は「沙州都督府圖經」張芝墨池條を引き、當時上任した縣令趙智本の探索によって縣城東北の池が張芝ゆかりの地となされた經緯を解説しておられる。

（18）「世善堂藏書目錄」卷上　六十丁表「類編」（『知不足齋叢書』第一九集所收）には兎園册十卷　虞世南との記事が確認されるので、『兎園策府』は明代にも殘存し閲讀されていた可能性がある。

（19）王國維「唐寫本『兎園册府』殘卷跋」『觀堂集林』卷二十一所收。

第二章　經典斷片の考證と研究

一　『毛詩故訓傳』鄭箋斷片　〔Ⅲ 圖⑤〕

三三二六　『毛詩』書寫斷片　（寸法掲載なし）　〔圖版八三〕

「大東七章」「四月八章」の條抄寫。『十三經注疏』（詩經）四四三～四頁。

1. ［　］濁則刺諸侯 曾无一善者 我曰構禍云能［穀］［　］
2. ［　］云江也漢也。南國之水、紀理衆川、使不壅滯。君能長理旁側之小國、使得［　］［盡］［瘁］［　］
3. ［　］政 □匪鶉匪鳶翰飛戾［　］
4. ［　］駭避害爾、論民性安土 今而逃走、亦畏乱政故 山有［　］
5. ［　］□哀勞 □訴也 四月二章 、六句［　］
6. ［　］采其杞箋云、言 之物喩。［　］
7. ［　］箋云、靡、無也。鹽不堅固也。王事 盡其力勤勞於役、□□□□［　］

Ⅲ 圖⑤

この斷片は、『大谷文書集成』貳では『毛詩』書寫斷片として表示され、編者によって〔「大東七章」「四月八章」

の條抄寫。『十三經注疏』(詩經)四四三～四頁)と記されている。しかしこの斷片は「大東七章」に關わるものとは認められぬため、改めて原蹟の本文、及び雙行割注の文字を確認すると、その文字が『毛詩』「小雅・谷風之什」「四月八章」の後半部と同「北山六章」の前半部に見えるものであることがわかった。

この斷片は、『詩』の最古の注釋書である『毛詩故訓傳』(略して『毛傳』ともよばれる)の箋注本を抄寫したものである。斷片中の三ケ所に「箋云」(うち一ヶ所は「箋」の字は殘缺)があるため、このものが後漢鄭玄の箋注本の抄寫斷片であることがわかる。鄭箋本は各種の抄本、版本があるが、鄭箋そのものは唐の孔穎達の『毛詩正義』に收められているので、これが一般的には閱讀されるものとなっている。因みに、『毛詩正義』は、阮元校勘の『十三經注疏』中の一經ともなっている。上揭大谷文書『毛詩』斷片は、この『十三經注疏』本の四六二～四六三頁に該當個所が見られる。しかし、この斷片の文字を今本の文字と比較すれば、兩者に大差は見られぬものの、多少の異同が認められる。5の「□訴也」は今本では「愬之」に作っている。「訴、愬」は同聲・同意の別文字で、さらに「也、之」の異同が存在している。

また『大谷文書集成』貳の釋文では、7の「鹽」を「監」に、「盡」を「蓋」にそれぞれ誤錄している。「コ」音(推定上古音　魚部 kag)をもつ「鹽」字の訓は、「もろし」或いは「やむ」「やすむ」等ともされるが、『毛傳』「王事靡鹽、憂我父母」句に、鄭玄は「靡無也、鹽不堅固也。王事無不堅固、故我當盡力、勤勞於役、久不得歸、父母思已而憂。」と箋疏している。これによれば、「鹽」は「もろし」と解釋して大過なきものと言える。また斷片中4には、「民」字が見られる。「民」字に關しては、唐初の太宗に關わる避諱、缺筆が見られないことが注意される。本斷片は、全體の文字の書風などから見ても六朝期のものとは到底認め難い様があるので、盛唐以降の抄寫の可能性があるようにも思われる。

さて、敦煌、及びトルファン所出の『毛詩』關連の寫本は、現在數多く傳わる『毛詩』の中にあっても、往昔に通行した『毛詩』の原文や注疏の文字を確認させるものとして貴重な存在となっている。敦煌本『毛傳』は、ペリオ本、スタイン本を合わせて二十數點にも上る寫本が見られる。しかしこの中には、S. 789、S. 1722、S. 3951、P. 2978、P. 3737 のように『毛詩詁訓傳』と題しながら、箋注の部分を外して詩の本文のみを書寫するものも認められる。現在までに發見されている『毛傳』の敦煌本、トルファン本では、大谷文書三三二六に抄寫された「小雅」「谷風之什」「四月八章」、同「北山六章」に當る部分は確認されない。この意味では、この文書は、殘片とはいえ、七、八世紀頃の寫本として頗る貴重な一點であると言うことができる。因みに、ここで、トルファン地區所出の『毛傳』鄭箋抄寫斷簡を一覽表にしておくことにしたい。

〈トルファン地區所出『毛傳鄭箋』斷簡一覽〉

殘片名稱・番號	出土地（墓）	殘存章節	所收書	釋文・圖版
『毛詩』書寫斷片 大谷・三三二六	不明	「小雅・谷風之什・四月章」後半 「同・北山章」前半	『大谷文書集成』貳	七七頁・八三
唐鈔詩周頌酌篇（毛詩鄭箋）	吐峪溝	「周頌・閔豫小子之什・酌」	『西域考古圖譜』下卷	「經籍」（8）（5）
古寫本『毛詩關雎』	アスターナ五九號墓	「國風・周南・關雎序	『吐魯番出土文書』壹	一二五頁
義熙寫本『毛詩鄭箋』殘卷	アスターナ五二四號墓	「國風・周南・關雎序」 「同・鄭風・緇衣」 「小雅・南有嘉魚之什・湛露、彤弓、菁菁者莪、六月」	『吐魯番出土文書』壹	一三七〜一四二頁

『毛詩簡兮』	トルファン ヤール・ホト	「國風・邶風・旄丘」章題末尾三字 「同・簡兮」概略全部 「同・泉水」	黄文弼『吐魯番考古記』第二巻	三八頁・三二五頁

なお、上表中の殘片名稱・番號項の表記は、採錄した諸著の通りにした。また殘存章節項の表記は筆者が補訂を加えたものである。このため、殘片名稱と殘存章節の表記が不統一となっている。

二　「唐鈔論語孔氏本鄭玄注」(2) 斷片とその綴合　〔Ⅲ 圖⑥〕

八〇八八　唐開元十六年（七二八）西州籍　22.0×18.0　〔圖版二〕

〔裏〕唐鈔『論語』子路第十三及憲問第十四斷片〔圖版四七〕

『恭仁山莊善本書影』第五十九號文書「論語孔氏本鄭玄注」　10×12.5

1. □以薪宰夫和之齊之也。□
2. □[如]鄕人皆悪之何如。子曰、未□
3. □悪之。人皆好之、多所好。人皆悪之、多所悪。善人善己、悪人悪己、善々明、悪悪著子□
4. □道、不悅、及其使人、器之。小人難事□
5. [不]以道則[悅]、及其使人、求倫焉。子曰、君子泰而不驕、小[人]□
6. 泰。泰謂威儀矜荘。驕謂慢人自貴。子曰、剄毅木訥、斯近仁矣。剄、謂强志不屈撓。毅、强斷決貌。訥、認於言。此四者皆□□
7. 加文与、則成仁也。子路問曰、何如斯可謂之士矣。子曰、切々偲々怡□

8. （切々勸竟貌、偲々謙順貌、怡々和協貌。）用友切々偲々、兄弟怡々如。（子路好勇、性近剄、故為重説之。）□［　　］

9. 七年。亦可以即戎矣。（即、就也。戎、兵也。天以七紀滿其七數、恩愛足以著於人。有軍旅之事、人必為之致死也。）［　］

10. 人戰、是謂棄之。（不教人戰者、謂人素□[以]服君之政教、以此往戰、士無致死之心、必□□□虜）

11. 論語憲問第十四　　孔［　］

12. 憲問恥。子曰、邦有道穀、[邦][無]道穀。恥（憲孔□□）［　　］

ここで先ず、大谷八〇八八斷片とこれと一連のものと見られる『恭仁山莊善本書影』所載の「論語孔氏本鄭玄注」について小述しておくことにする。

明治四十三年（清・宣統庚戌年　一九一〇）、日本亡命中の羅振玉氏が、內藤湖南、富岡謙藏兩氏より大谷光瑞一行將來品の一つである『論語』「子路篇」等斷片の書影を受贈した。氏はこの斷片を『詩經正義』「棠棣」篇所引の鄭注『論語』と比較し、鄭注『論語』斷片であると考定するに至った。(3) その後、羅氏は、宣統癸丑年（一九一三）に『鳴沙石室古籍叢殘』を刊行し、そこに初めてこの殘片の寫眞圖版を揭出した。羅氏はこの斷片について「論語鄭注跋」の跋文を綴り、その內容を詳述しているが、この後、同斷片は大正四年（一九一五）に大谷光瑞氏が印行した『西域考古圖譜』下卷「史料」「經籍」に「唐鈔論語孔氏本鄭玄注」と注記されて新たな寫眞圖版として公表されている。その後、本斷片は、大谷八〇八八と編號されて、かなり縮小された寫眞圖版として、はじめて起こした釋文と共に『集成』參（二〇〇三年十二月刊行）に載出されるに至った。

さて、本斷片は、『論語』の本文に鄭玄が施注したもので、圖版に標記されるように「唐鈔論語孔氏本鄭玄注」である。このため、現在で佚書となった「論語孔氏本鄭玄注」の舊狀を傳える一斷片として、中國古典籍研究者間には

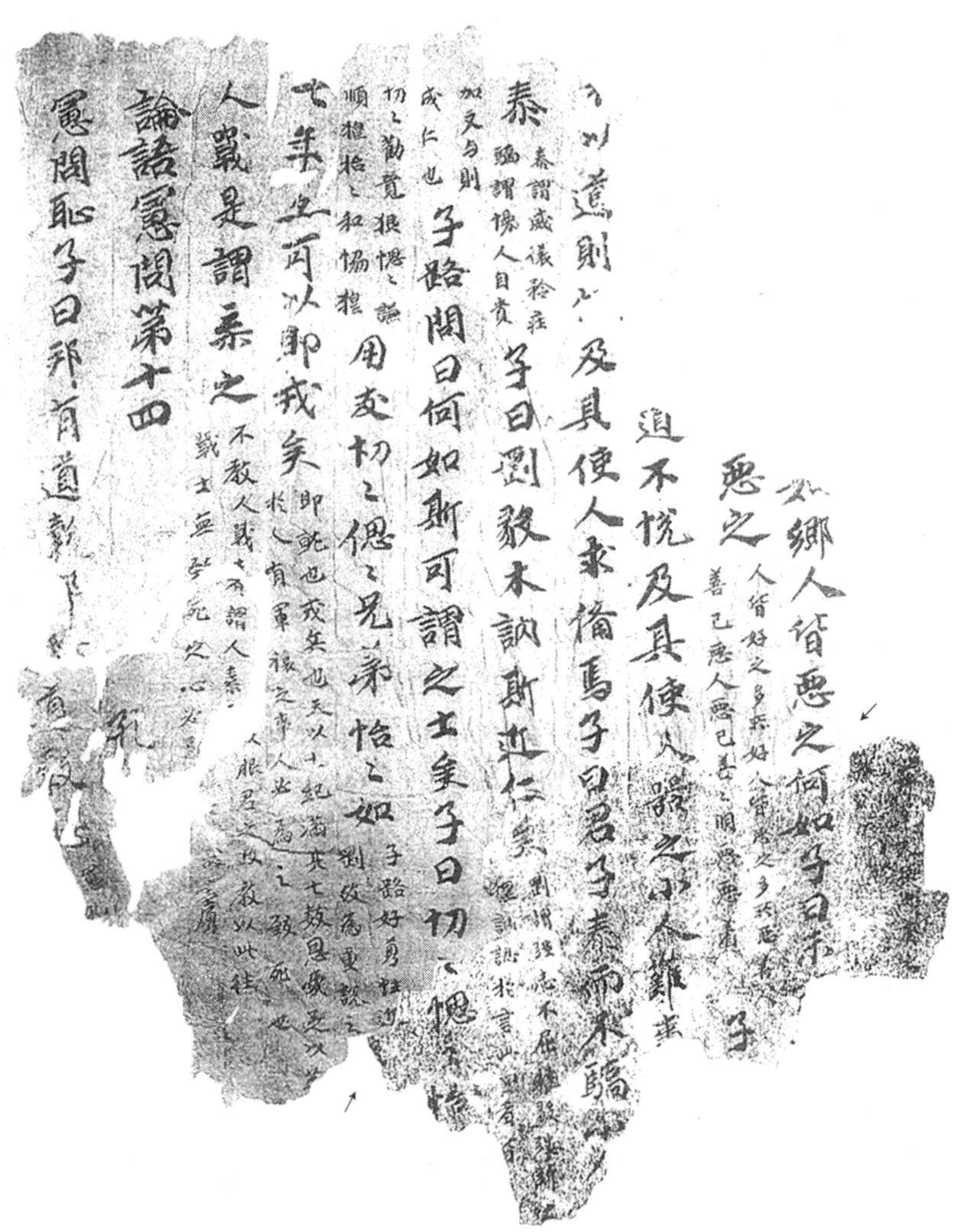

Ⅲ 圖⑥ 「唐鈔論語孔氏本鄭玄注」斷片
（『西域考古圖譜』『恭仁山莊善本書影』所載寫眞の接合）
（↑は接合部分）

大いに注目され、中國古代思想研究家の金谷治氏が『唐抄本鄭氏注論語集成』[4]で他の敦煌・トルファン所出の「論語孔氏本鄭玄注」文書、斷片と共に本斷片を掲載し、その論考を行った。これに續いて中國學者の王素氏は、一九九一年に、金谷氏が集成したものに加えて、新たに確認出來た他の斷片を編錄し、『唐寫本論語鄭氏注及其研究』を著している。

ところで、この大谷八〇八八斷片と一連のものと見られ、且つ綴合可能な斷片が存在することを筆者は最近になって『恭仁山莊善本書影』[5]によって知ることとなった。

『恭仁山莊善本書影』は内藤湖南氏が所藏していた敦煌・トルファン出土資料の優品を寫眞版で印行したものである。氏の所藏品は氏の沒後、その長男である内藤乾吉氏の手を經て大阪府立圖書館に一時收められたもので、これを得た圖書館側で昭和十年三月にその書影を刊行したものである。この書中の五十九と附番される文書が當該の「論語孔氏本鄭玄注」の斷片である。この斷片は、内容、書體と共に斷裂面が整合することから、大谷八〇八八と同一の可接合文書であることはと疑い得ぬところと見られる。この斷片が大谷八〇八八號斷片と本來どのようになっていたのか、またなぜ湖南氏に歸屬することになったのか等々の經緯については不詳であるが、湖南氏自身は、大谷探檢隊が日本に將來した遺品の整理にあたるメンバーとして加わった事實があり、このことは、『西域考古圖譜』冒頭にある大谷光瑞氏の序文を通じて知ることができる。[6]從って、その整理にあたる過程で何らかの事情で湖南氏のところに留まったものとも考えられる。[7]

さて、『恭仁山莊善本書影』に掲載される湖南氏所藏の遺品の大半は、その後大阪の財團法人武田科學振興財團の所有に歸し、財團側はその整理を行ない、一九八六年に『新修恭仁山莊善本書影』と題してその他の一部增減した文書資料を含めた書影集を刊行している。[8]問題の鄭注論語斷片の圖版寫眞はここでは舊刊圖版の半分の大きさまで縮小され六九番として配列載出されている。

複雜な經緯を辿り、武田財團の有となった本文書斷片は、佚書となった鄭注論語の一斷片として極めて高い價值を有するものと筆者には思われるのであるが、上記の金谷治氏の『唐抄本鄭氏注論語集成』では、この斷片については一切言及することがない。この未言及の事情に關して、王素氏の論書中にはこれを推測可能にする事柄が記されている。ここで王素氏の『唐寫本論語鄭氏注及其研究』「附錄一　日本武田長兵衞臧吐魯番寫本（殘片）」の斷片釋文揭出後部の「校勘說明」「六　關於附錄」中の文を記しておくことにする。

「附錄一爲日本武田長兵衞臧吐魯番寫本（殘片）。該寫本殘存《子路》七斷行、正當日本龍谷大學臧吐魯番寫本《子路》一至六斷行下部、且可以銜接。然而疑點頗多。據金谷治教授函告：《唐抄本鄭氏注論語集成》不收該寫本、便是疑爲贋品之故。京都大學藤枝晃教授亦持懷疑態度。因此、本卷僅作爲附錄」

この記述によれば、金谷治氏がその鄭氏注論語の集大成書とも言える『唐抄本鄭氏注論語集成』に、本斷片を收載することがなかったのは、その斷片を贋品と考え、疑っていたからといった事情が知られる。當然のことながら、金谷氏の教示を得ていた王素氏も本斷片の圖版寫眞を揭載しなかったのである。

では、この『恭仁山莊善本書影』所載の「論語孔氏本鄭玄注」は果たして王素氏の述べたような贋物と疑われ得るものなのであろうか。敦煌文書の大家藤枝晃氏も「懷疑態度」をもっているとされているが、『圖譜』に載出した大谷八〇八八文書を眞品とする中でこれに接合し、書態、內容も吻合する斷片を贋品とする理由は何であるのか、筆者には理解できぬところがある。この斷片を贋物として作り上げる理由があるのならまだしも、斷片そのものについても何ら不自然な點が檢出されないのである。贋物と見立て疑ったのは、或いは內藤氏舊藏の小片斷紙のみを怱卒に扱い疑いの目をもってこれを見たためではなかったろうか。

『恭仁山莊善本書影』所載の「論語孔氏本鄭玄注」斷片は、楷書で抄寫された『論語』鄭玄注本の「子路第十三」の遺文で、七行にわたる文字が確認される。その寸法は、縦10×横12.5㎝、先のやや大きな斷片大谷八〇八八の右下部に下接する遺墨である。ところで、大谷八〇八八斷片は、『論語』鄭玄注本の「子路第十三」の九行と、これに續く同「憲問第十四」の二行を併す十一行の文字を殘している。兩者接合後の全體の寸法は、縦24.1×横19.7㎝になると見られ、この接合によって、八〇八八斷片に前接する「子路第十三」中の一行の一部が分明となった。

なお、大谷八〇八八斷片の釋文、校勘については、金谷治氏『唐抄本鄭氏注論語集成』（三七二～三七八頁）（ただし、同書所掲の圖版は、『西域考古圖譜』所掲の寫眞そのものではなく、『圖譜』刊行以降の某年に龍谷大學で撮影された原資料の一部を缺いたものを使用していると見られる。そして、當然のことながら、疑義をもったと思われる『恭仁山莊善本書影』所載の「論語孔氏本鄭玄注」斷片については收錄が見られない）、及び、王素氏『唐寫本論語鄭氏注及其研究』（一四三～一四五頁）の文章があり、さらにこの兩氏の論著ののちに、『大谷文書集成』參にも同斷片の釋文が公表されているため、原文の釋讀にはそれらを參照する必要がある。ただし、それらの中には、採字中に若干の誤錄と見られるもの、例えば、六行目（『集成』參では五行目）の「疰」を「症」に、八行目（同七行目）の「謙順貌怡々和協貌」を「謙順猖抬々和協猩」に誤釋などが確認されるので、參照には注意を要することである。

三　『論語集解』斷片　〔Ⅲ 圖⑦〕

四四〇三　性質不明文書　8×6.5　〔圖版九四〕
　別一紙帖附（二行目）

1.□前、忽焉在□

2.□□也誘進也　言
□直道歡人有次序　子

3.□能、既竭吾才、□

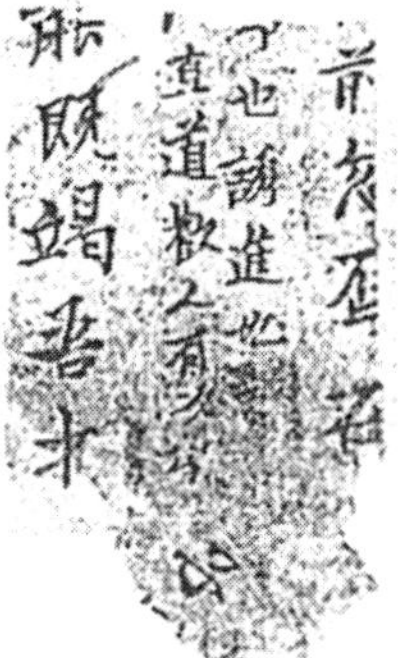

Ⅲ 圖⑦

この斷片は『大谷文書集成』貳の釋文解説で「性質不明文書」とされているが、『論語』の注釋書である『論語集解』の一部であることが判明した。1、3の内容は「子罕第九」に見られる經文で、2は同「夫子循循然善誘人」句の注文の一部である。この斷片は、經文十文字、注文十二文字の計二十二文字の小殘片に過ぎないものの、その内容を敦煌本、及び傳世本と比較すれば、殘存部分の經文は字句に異同がなく同文であり、注文だけに二・三の違いが認められる（注文にある「歡」字は「勸」の誤寫と見られる）。敦煌本『論語集解』「子罕第九」については、現在確認できる寫本が四點（P.3305、P.3467、P.4643、S.3992）殘されているが、しかしそのほとんどのものは不完全であるため、大谷本と比較できるのはP.3305本一點のみである。因みに、ここで大谷文書斷片に確認された『論語』「子罕第九」の注の部分についてP.3305と共に諸本も含めて字句の異同を比較してみることにしたい。（大谷文書の殘缺文字に合わせて諸本の當該部分の文字を配列してみた。）

大谷本（四四〇二）「□也誘進也　言［　］□直道歡人有次序□」（「歡」は「勸」の誤寫であろう）

敦煌本（P.3305）「貌誘進也言　此道勸人進有次序也」

皇　本（『四庫全書』）「貌也誘進也言　此道勸進人有次序也」

邢　本（『十三經注疏』）　「貌誘進也言　此道進勸人有所序」

正平本（『古逸叢書』）　「貌也誘進也言　此道勸進人有次序也」

このように比較してみれば、この注文全體は敦煌本、及び皇本、正平本に近いことがわかる。後文中の字句は敦煌本に酷似している。しかし特に問題となる箇所は「勸人進」「有次序」の部分である。大谷文書殘片には「勸人進」の「進」字は見られないが、「勸人」「有次序」の部分は唐抄本である敦煌本と一致している。諸傳世本の「勸進人」「進勸人」「有所序」の個所は字句の意味の通りにくいところであり、ここには傳世中に寫誤された結果が出現しているようにも思われる。

『論語』の鄭玄の注、いわゆる「鄭注」は、トルファン出土の唐代寫本中に多く見られる（大谷文書にも一點の斷片「經籍」（1）(1)、同（8）(6)が『西域考古圖譜』に収められている）。しかし、『論語集解』は、これまでに確認されたものとしては、アスターナ六七號墓（66TAM67：14/1 (a) ～14/3 (a)、同14/4 (a)）[9]から出土した「雍也」「先進」章の一部、靜嘉堂文庫所藏（文書番號八三）「顏淵」章の殘片[10]、及び大谷文書五七八八號「子路」章[11]の殘片があるのみで、これはそれらに續くものとなり、唐寫本の該當個所を持つ敦煌本P. 3305と比較できる唯一の寫本斷片として、小斷片ながら極めて高い價値のあるものと認められる。

四　『孝經注』斷片

三二七九　紙背　道教關係文書斷片　9×5　〔圖版三〕〔Ⅲ 圖⑦〕

［B面（紙背）］

1．［　］［　］［　］
2．［　］曾子曰敢問聖［　］
3．［　］□問明王孝治以致和平［　］
4．［　］［　］大於孝□［　］

五四一七　文學關係文書斷片　7.3×6.0　〔圖版四三〕〔Ⅲ 圖⑨〕

B面、土地關係文書？

〔A面〕

1．［　］而日見之言之［　］
2．［　］天下之［　］
3．［　］［　］□［　］

Ⅲ 圖⑧

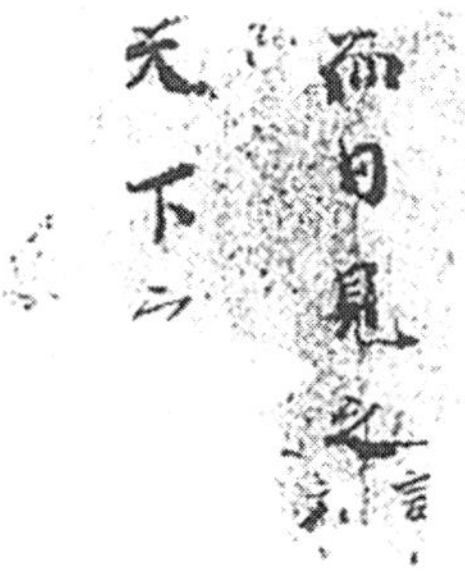

五四一七

Ⅲ 圖⑨

三二七九の斷片の表・裏は『大谷文書集成』貳の釋文では、それぞれ表（A面）が「唐代西州籍斷片[12]」、その裏（B面）が「道教關係文書斷片」とされているが、B面は、その文を一讀すれば『孝經注』の一部であることがわかる。缺損は甚だしいが、確認できる文字（殘畫部も含めて）は經文九字、注文九字の計十八字で、『孝經』「聖治章第九」の冒頭部にあたる。第二、四行は經文で、第三行は注文の一部である。

『孝經』の注釋、注疏は漢代以來鄭玄、馬融、鄭衆、蘇林、徐整、慧琳、梁武帝、皇侃等と數多くの人が撰述していたが、現在全體が閲讀できるものは、復元された鄭注本[13]のほか、今文、古文に關わる諸家注を綜合させた玄宗帝所制の注（御注）（「開元始注」、また元行沖疏、「天寶重注」「石臺孝經」）、及び元行沖疏を校定增損した宋代の邢昺の疏（邢疏、正義）等である。大谷文書中檢出の『孝經』注本は、その文言からして御注本に酷似するところがあり、佚亡した諸家の注疏とは見られぬところがあるが、その用字の一部には異なった部位も見られる。因みに、その他の傳本を含めて關連する部分を記せば次のようになる（なお、敦煌本の御注孝經S.6019一點のみがあるが、該當個所は見られない）。

大谷本「…聞明王孝治以致和平…」　三三一七九號

御注本「　聞明王孝理以致和平　」　『十三經注疏』

御注本「　問孝理以致和平　」　『古逸叢書』（三條實隆手書『御注孝經』の屋代弘賢摸刻本の復刻版）

鄭注本「　上明王孝治天下致於和平」　敦煌本P.3428（并P.2674）

諸本を對照してみれば大谷本の抄文は「治」字以外はほぼ『十三經注疏』御注本に一致する。しかし、「理」「治」の用字の違いがある。これは何に由來するのか。誤寫であるのか忌避（經文の「治」字の疏解に高宗の諱「治」を避けて「理」字を用いるのが御注に係わる諸本の用字である）であるのか現在判明し難いままであるが、「治」が寫誤でないならば或いはこの文字が御注の元となった古傳の注疏[14]（御注の序によれば孔安國、鄭康成、韋昭、王肅、魏眞巳、虞飜、劉邵等の古注を依用、參照している）を反映しているようにも思われる。なお『古逸叢書』[15]所收の御注本（開元十年六月の開元始注、元行沖疏）の字句には「明王」の二字は缺けているが、玄宗帝自筆とされる石臺『孝經』碑文（天寶四年八月の天寶重注）、及び四部叢刊本『孝經』（御注）（天寶重注系元刊本、嶽氏本）にはこれが見られる。

また、『大谷文書集成』參に收められている五四一七の斷片は、A・B（表・裏）兩面に文字を抄寫している。A面は、「文學關係文書斷片」とされており、B面は、「土地關係文書?」とされている。このA面に殘存する大小の文字二行計九文字を追究した結果、『孝經』「廣至德章第十三」の一部の經文と注文であることが分明となった。第一、第二行の七つの大字は、經文であり、第一行目の大字の末尾「之」字に續き雙行で書かれた小字「言之」は、その注文に當たることが判明したのである。因みに、ここで、『古逸叢書』本にもとづき斷片の前後にかかわる部分を含めた文字を抄記してみることにする（施線部は大谷本で確認された文字）。

「子曰君子之教以孝非家至而日見之（言教不必家到戸至日見而語之但行孝於内其化自流於外）
教以孝所以敬天下之爲人父者也」

大谷本中に殘存する文字から見れば、傳世本との間には大差は認められない。但し、一行目の大字の「之」字と次注の「言之」の二字の間には、『十三經注疏』本をはじめとした他本に見られるような「也」字がないことがわかる。ここで、大谷本と同様な「也」字の見られないテキストを擧げてみると、次のようなものがあることが確認できる。

敦煌本（P. 3428并P. 2674）、『古逸叢書』本、足利本(16)

この斷片文書中の殘存文字のうち、殊に注意すべき、注文にあたる小字が少ないため、注の形も闡明できず、どのような形の『孝經』に關した注疏本の寫本であるのかは考究し難い。しかし、上記した諸本にも見られるような、古い『孝經注』の姿を遺存させているようにも思われる。

敦煌所出の『孝經』關係の唐寫本には、白文本（無注本）、鄭注本、御注本など數多くのものが見られる。しかし、トルファン所出の『孝經注』には、アスターナ六七號墓（66TAM67：15/1, 15/2）(17)から出土した武周期の寫本とされる『孝經注』「感應章」「事君章」「喪親章」の一部と黄文弼『吐魯番考古記』所收の「三才章」が見られるのみで、大谷三二七九［B面（紙背）］、五四一七［A面］はそれらに續くものである。この二點の『孝經注』は、斷片とは言え、大谷探檢隊將來文書の中でこれまでは確認されることがなかった『孝經注』の斷片であることが大いに注目される。

五　『爾雅注』斷片　〔Ⅲ 圖⑩〕

三三五一　文學關係（諸子）斷片　9.8×8.5　〔圖版八五〕

一行每罫あり

1. [　　][餘][悉][同]□
2. [　　]□伸之陳也延
3. [　　][舒]之陳也尸同
4. [　　]尸陳也餘未詳
5. [　　]職事之主也某
6. [　　]□職爲乱階皆
7. [　　]也職同舍人
8. [　　][云]誰其尸之

『西域考古圖譜』下卷　經籍（4）—（1）　爾雅舊注斷片（吐峪溝）

1. [　　]□□□□□
2. [　　][書]云帝曰
3. [　　]□景純同舍人
4. [　　]□曰寮某氏曰

1

2

3

Ⅲ 圖⑩　大谷文書『爾雅注』斷片
1、2の接合（↑は接合部分）

5.　　　　官曰寮李巡

6.　　　　□□□

三三五一斷片は、新たに確認し得た『爾雅』注本の斷片であるが、これが『西域考古圖譜』[18]所收の大谷文書「經籍」(4)(1)の斷片（以下、八〇九五斷片と稱す）と接合することがわかった。三三五一は上掲書表記の尺寸によれば、原蹟が半ばまで縮小され、掲載されていることが分かる。このことから、これをあらたに、鮮明に原寸大で掲出される『圖譜』所收の斷片と同一の大きさまで擴大復元すると、兩者の縱斷裂面が合致し、その行の文字が接合されることとなった。兩斷片は共に筆法を同じくする楷書體であり、書字が向勢を見せる點からも同一文書の斷裂片と見なし得る。『西域考古圖譜』下卷の注記に依れば、同書のこの斷片は吐峪溝（Toyuk）より出土した事實があるため、三三五一も同地出土の斷片であると判斷して間違いなかろう。

ところで、『爾雅』は、成立時期・撰者共に未詳で、一般的に秦漢代に成立した最初の訓詁書であるとされる。この書の成立後、とりわけ漢代以降、各時代にわたって相次いで『爾雅』本文に注が施された。漢代の犍爲文學、劉歆、樊光、李巡、及び三國・魏の孫炎の注はそれらの一部である。また陸德明『經典釋文』「序錄・爾雅」によれば、沈旋、施乾、謝嶠、顧野王の所謂の「梁陳四家注」注もあったことが分かるが、しかしこれらはすべて佚亡しており、現存する唯一の完全な注本は晉代の郭璞の『爾雅注』である。敦煌所出の『爾雅』に係わるものは、郭璞注本（P.2661、P.3735）、及び無注本（P.3719）があるが、しかしそれらは「釋天」「釋地」「釋山」「釋水」「釋丘」の一部に過ぎず、今回確認し得た大谷文書中の斷片に該當する部分は存在していない。

この兩斷片は共に『爾雅』「釋詁」篇の「矢雉引延順薦劉繹尸旅陳也」「尸職主也尸寀也寀寮官也」の注釋部分にあ

たる。しかし、それらは現在唯一存在する郭璞の『爾雅注』の內容とは一致しない上、[19] 八〇九五の斷片には「景純」の語（景純とは郭璞の字である）が見られることなどから、これは明らかに郭璞の『爾雅注』ではなく、それ以降の注であることが推測される。郭璞以降の注に關わり、上述の佚亡した「梁陳四家注」の佚文等を見れば、[20] それらは主に舊注を引きつつ、『爾雅』に音注する形をとるものであるため、この斷片の內容とは離却していることが知られる。なお、「梁陳四家注」については、陸德明の『經典釋文』「序錄・爾雅」では、

「梁有沈旋約之子集衆家之注。陳博士施乾、國子祭酒謝嶠、舍人顧野王竝撰音」

と述べられている。

現存の史料の中には、このような形で『爾雅』注を行うものは見出し難いが、この兩斷片について言えば、殘存する文言の中には「景純」のほかに「舍人」（犍爲舍人）、「某氏」（樊光）、「李巡」といった何れも漢代以來の『爾雅』の施注者の人名が見られることから、これらの斷片は『爾雅』注を集成した集解のような內容であることが推測される。さらに『圖譜』所收の斷片中に見られる「□仲之陳也」「□舒之陳也」などの語句からすれば、これは『爾雅』「釋詁」篇の語文、「矢雉引延順薦劉繹尸旅陳也」の更なる詳解部分とも見なし得るため、本斷片が六朝から唐間の注本の殘缺であるようにも考えられるのである。

ところで、王應麟『玉海』巻四四に引記した『中興書目』、及び『宋史』「藝文志」一には、唐・裴瑜の『爾雅』注五巻についての言及が見られる。[21] しかしこの書もまた佚亡し、その文章の數條が僅かに遼代の釋行均所編の『龍龕手鏡』[22] 中に引用されているのが知られ、また裴氏の序文が『玉海』巻四十四中の釋文によって確認できるのみであるが、この書には次のような文が記されていた事實がある。

「依六書八體、撮諸家注未盡之義、裒成五巻幷音一巻」

この二點の『爾雅』注斷片の部分と『龍龕手鏡』所引の部分とは一致するところがないために、これらの間の關係については十分に把握し難いのであるが、しかし殘存する遺文の構文から見れば、『龍龕手鏡』所引の『爾雅』注の體例と大谷本の二點とは酷似するところがある。例えば、『爾雅』「釋詁」の「肅延誘薦餤晉寅蓋進也」、及び「嗛幾烖殆危也」に對し、裴注と大谷本三三五一との表述の方法は次のようにその構造を同じくするのである。

裴瑜爾雅注　　「餤甘之進也」「嗛事之危也」

大谷文書斷片　「□伸之陳也」「□舒之陳也」

ところで、上揭の裴瑜の注文に見られる「餤」字の表記であるが、『經典釋文』の中には梁・沈旋『集解爾雅』の文の一部が引かれており、その中に「釋詁」の「肅延誘薦餤晉寅蓋進也」句注として、「餤」字に注音するのみの「餤大甘反」の句が記されている。沈旋の注は、明らかに字音表示のための反切表記だけのものであるため、裴瑜の注の字義を示すものとは異なっていることがわかる。資料の制約があるため十分な分析ができないが、如上の注疏記述の構文や用語の一面から見れば、大谷文書の『爾雅』斷片は、唐代の裴瑜『爾雅注』である可能性も否定できないように思われる。

注

（1）『詩經』「序」については、『毛詩詁訓傳』に元來あったものか否か不明であるが、アスターナ五九號墓所出の「周南・關睢序」は、ひとまずこの一覽表中に收めておく。

（2）『西域考古圖譜』下（國華社　大正四年六月。柏林社書店　昭和四十七年十二月　覆刊）に注記されるこの文書名に従う。

（3）羅振玉『鳴沙石室佚書』（提要）「論語鄭氏注」（『雪堂校刊群書敍錄』卷下、『鳴沙石室佚書正續編』北京圖書館　二〇〇四

年二月版）

（4）金谷治編『唐抄本鄭氏注論語集成』平凡社 一九七八年五月 三七一—三七八頁

（5）大阪府立圖書館『恭仁山莊善本書影』昭和十年三月

（6）注（2）書の大谷光瑞氏の「序文」參照。

（7）大谷探検隊の将來文書の整理にかかわった松本文三郎氏の藏品中にも、この内藤湖南氏藏品と類似の經緯があったと推測されるものがあるようである。京都國立博物館に納められた松本氏の遺品について、敦煌文書の大家藤枝晃氏が、一九八四年に舊來大谷文書であったものの一部であることを確認している。なお、この間の事情を、中國の敦煌學研究家榮新江氏は、その著書（東方文化叢書）『海外敦煌吐魯番文獻知見錄』（江西人民出版社 一九九六年六月）で、次のように記している。

「一九八四年藤枝晃博士發現、京都國立博物館所藏〝松本收集品〟、卽原屬松本文三郎（一八六九～一九四四）的五件西域出土漢文佛典、實系原大谷收集品、早就在『西域考古圖譜』中發表過、大概是因爲松本氏曾參與『圖譜』的編輯工作、而留在自己身邊的。」

（8）杏雨書屋 編（武田科學振興財團）『新修恭仁山莊善本書影』一九八五年五月

（9）『論語集解』『吐魯番出土文書』參 文物出版社 一九九六年一月 四四三～四四四頁

（10）この文書の圖版は筆者未見。榮新江「靜嘉堂文庫藏吐魯番資料簡介」中には釋文が記されている（北京圖書館敦煌吐魯番學資料中心臺北《南海》雜志社合編『敦煌吐魯番學研究論集』一九九六年六月 一八二頁參照）。

（11）この資料は、小笠原宣秀氏が「中世西域官人の教養について」（『龍谷大學論集』第三八三號 昭和四十二年三月）でその寫眞と簡單な紹介（三三～三四頁）をしている。

（12）A面の「唐代西州籍斷片」については、池田溫『中國古代籍帳研究』「吐魯番籍帳六一」東京大學出版會 一九七九年 二五七頁參照。

（13）林秀一「敦煌遺書孝經鄭注復原に關する研究」（『孝經學論集』明治書院 昭和五十一年十一月 六五～一〇七頁所收）

(14) 上掲の鄭注本の字句は、敦煌本P.3428（并P.2674）の「聖治章第九」と記された左接行下部に見られる雙行注の右行下半部の殘缺と推定される。現在、敦煌本P.3428（并P.2674）は、「聖治章第九」の左接部に斷裂があり、一連の殘紙が接合された形で保存されているが、後接される部分は、前接部に直接接合するものではなく、その間に數行の缺落があることが寫眞圖版から判明する。この前接文書の末尾に記される章題「聖治章第九」に後接して、章の第一句に注されたと見られる鄭玄の解の字句には、「曾子見上、明王孝治天下致[於]和平……」と「治」字が用いられている。この「治」字は、大谷本三二七九の用字と同じである。大谷本はより古態を留める用字を含むと見ることができよう。なお、明代の金蟠の訂補した鄭玄注のテキストの辭句は、御注本の影響を受けたか、「參問明王孝理天下致和平……」と舊來の用字が變えられているのがわかる。

(15)『覆舊鈔卷子本唐開元御注孝經』（『古逸叢書』上　江蘇廣陵古籍刻印社　一九九〇年六月所收）

(16)『孝經直解』足利學校遺蹟圖書館　一九三一年六月

(17)『孝經注』『吐魯番出土文書』參　文物出版社　一九九六年二月　四四四～四四五頁

(18) 本斷片は、『大谷文書集成』參（二〇〇三年十二月刊）で下記の如く編號を附し寫眞圖版を掲出し再收錄している。

八〇九五　爾雅舊注斷片（？）　9.2×5.5　〔圖版四七〕

㊢『圖譜』下、經籍（4）－⑴（吐峪溝）。罫あり。裏に「經四ノ二」のラベル貼附。

(19) 大谷文書中の「戸陳也」「膱爲亂階」「誰其尸之」の句は、郭璞が注文とした『詩經』『禮記』本文からの抄文と見られる。

(20)「梁陳四家注」の佚文に關しては、馬國翰『玉函山房輯佚書』〔二〕「集注爾雅」（梁・沈旋）「爾雅施氏音」（陳・施乾）「爾雅謝氏音」（陳・謝嶠）「爾雅顧氏音」（陳・顧野王）上海古籍出版社　一九九〇年十二月　一九四六～一九六〇頁參照。

(21) 宋・王應麟『玉海』卷四四「藝文・小學」江蘇古籍出版社　一九八七年十二月　『宋史』卷二百二「藝文志」一　中華書局

(22) 馬國翰『玉函山房輯佚書』〔二〕上海古籍出版社　一九九〇年十二月　一九六一頁に「爾雅裴氏注」一卷が見られる。遼・釋行均編『龍龕手鏡』中華書局　一九八五年五月　二七七頁、五〇〇頁參照。

第三章　「賀幸溫泉賦」諸斷片の復元と研究

筆者は、既に、『集成』貳の中から唐代の佚賦であった「賀幸溫泉賦」（異稱「駕幸溫泉賦」「駕幸溫湯賦」「溫泉賦」）の九つの斷片を檢出し、それらについて紹介を行っているが、[1]近刊の『集成』參の中にも、先の九斷片と一連のものである大谷五七八九斷片（Ⅲ 圖⑪1）が新たに掲出されたため、ここでこれらの斷片を一括して扱い、敦煌本P.5037に基づいて　各々の斷片の前後關係を檢證し、敦煌所出の兩本（P.5037　P.2976）との異同について比較を行うことにする。先ず、これまでに大谷文書中で確認された「賀幸溫泉賦」關係のすべての斷片を移錄しておくことにしたい。

一　「賀幸溫泉賦」斷片の復元（Ⅲ 圖⑪1〜10）

（圍みの中は大谷本に相當する部分、それ以外は敦煌本P.5037の字句。改行は殘存する大谷本の文字の字詰めと布置に從って推定した。）

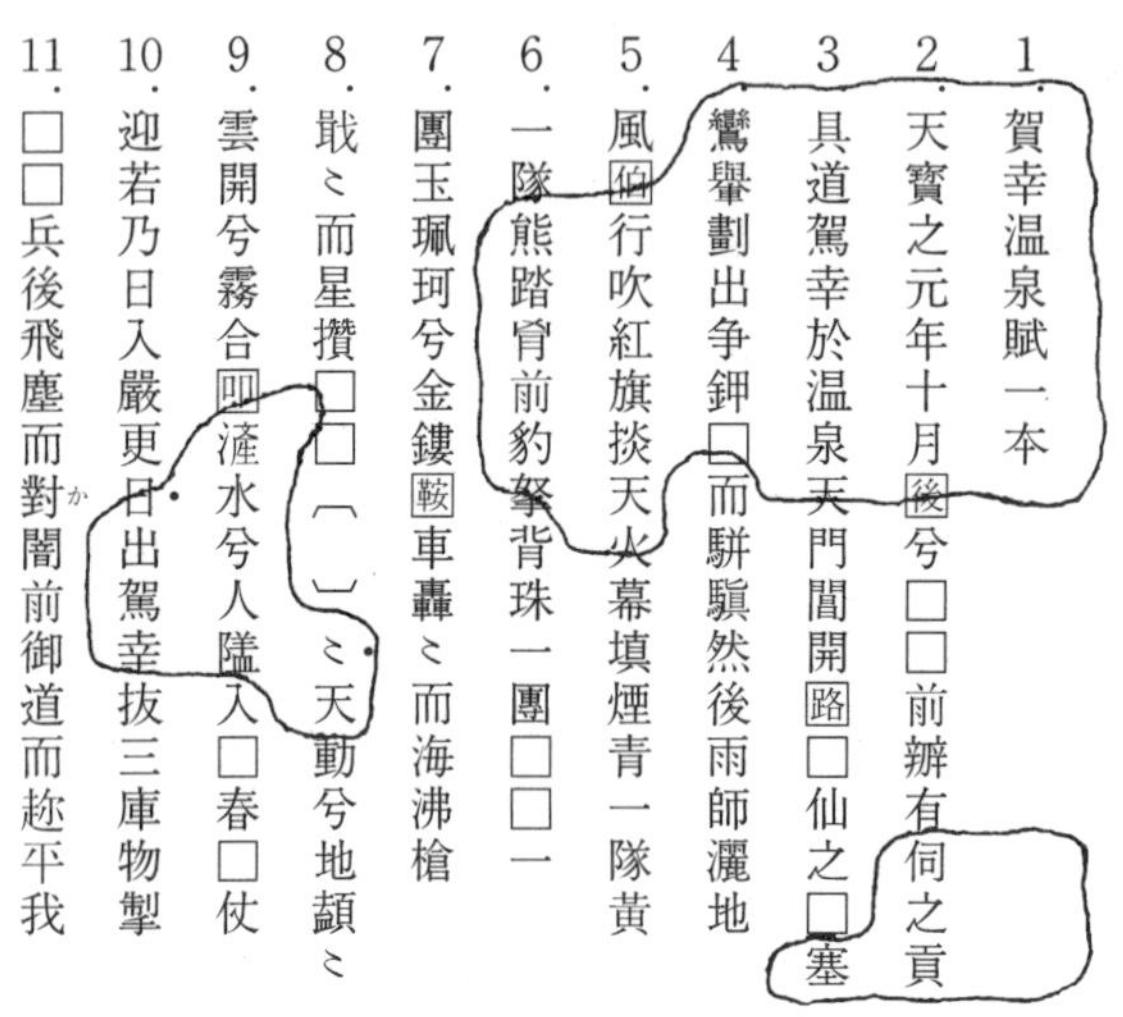

1. 賀幸温泉賦一本
2. 天寶之元年十月後兮□□前辨有伺之貢
3. 具道駕幸於温泉天門閶開路□仙之□塞
4. 鸞轝劃出争鉀□而駢闐然後雨師灑地
5. 風伯行吹紅旗掞天火幕填煙青一隊黄
6. 一隊熊踏胥前豹拏背珠一團□□一
7. 團玉珮珂兮金鏤鞍車轟〻而海沸槍
8. 戢〻而星攢□□（　）〻天動兮地顫〻
9. 雲開兮霧合四滻水兮人隘入□春□仗
10. 迎若乃日入嚴更日出駕幸拔三庫物掣
11. □□兵後飛塵而對闈前御道而趀平我

1　五七八九

2　三五〇五

3　三一七四

Ⅲ 圖⑪1～3

12・皇迺播雙仗撮巘嶂過渭川透藍田爭羅
13・直到於洪口趍□却廻於灞川掩掠東
14・西撮掘・□北従一頭搖□□□□勃
15・枷□掉・胡禄仄狗向前視馬従後揊・百□
16・□□而□乱七鳥心中而廻惑弓擢矢
17・捶脚蹉拳搓鶻左右打□縦横⿰齒齊撲兔
18・扱鹿拏狼拗豺猪倚力而項・强狐怕人
19・而尾⿰扌乖或愴忙□失孔或蹭蹬而□崖
20・於是盤遊闌跚班遂小篩天顔歡□兵
21・士喊□□白鹿之長原搜髙離之半
22・麅隻飛走掃除精㤯界百官頓手而起
23・□□□搕額而□□亦曽従没量恃遊
24・獵不似這廻最快冀而到温湯登會昌
25・歴巘帳巡殿堂□城圍而廬迎樹木
26・黯而□□奪蓬莱之院宇捉□□之
27・軒廊□□相壓□□相當千門萬戶陽
28・耀陰藏石⿱瓮皿團□□飛泉於半臂靈

四三六二

4

三一七二

5

三二二七

6

Ⅲ　圖⑪ 4～6

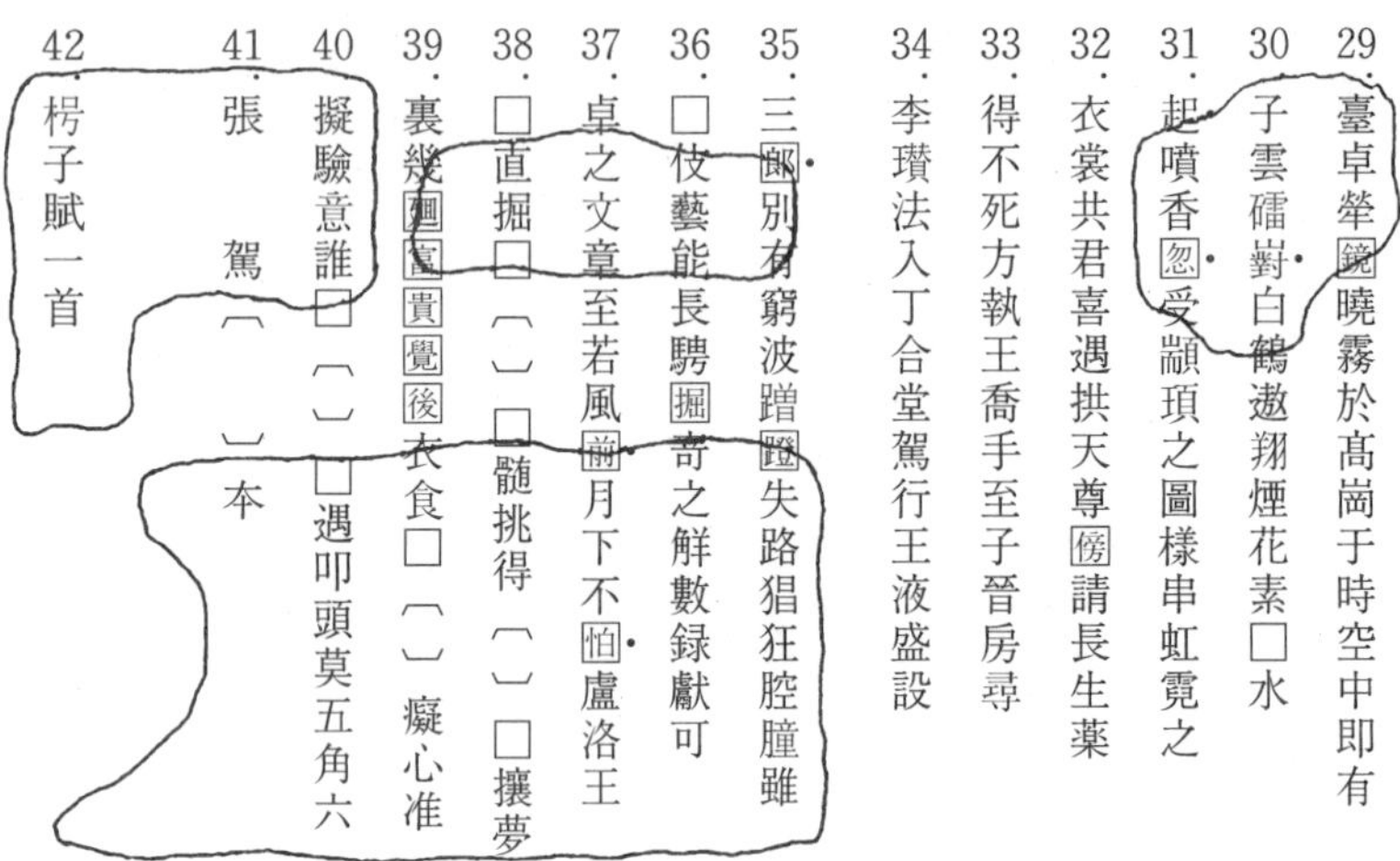

29．臺卓犖[鏡]曉霧於高崗于時空中即有
30．子雲礌對白鶴遨翔煙花素□水
31．起噴香[忽]受顓頊之圖樣串虹霓之
32．衣裳共君喜遇拱天尊[傍]請長生藥
33．得不死方執王喬手至子晉房尋
34．李瓚法入丁合堂駕行王液盛設
35．三[郎]別有窮波蹭[蹬]失路猖狂腔膧雖
36．□枝藝能長騁[掘]奇之鮮數録獻可
37．卓之文章至若風[前]月下不[怕]盧洛王
38．□直掘□（　）□髓挑得（　）□攘夢
39．裹幾[迴][富]貫[覺][後]衣食□（　）癡心准
40．擬驗意誰□（　）□遇叩頭莫五角六
41．張　駕（　）本
42．枵子賦一首

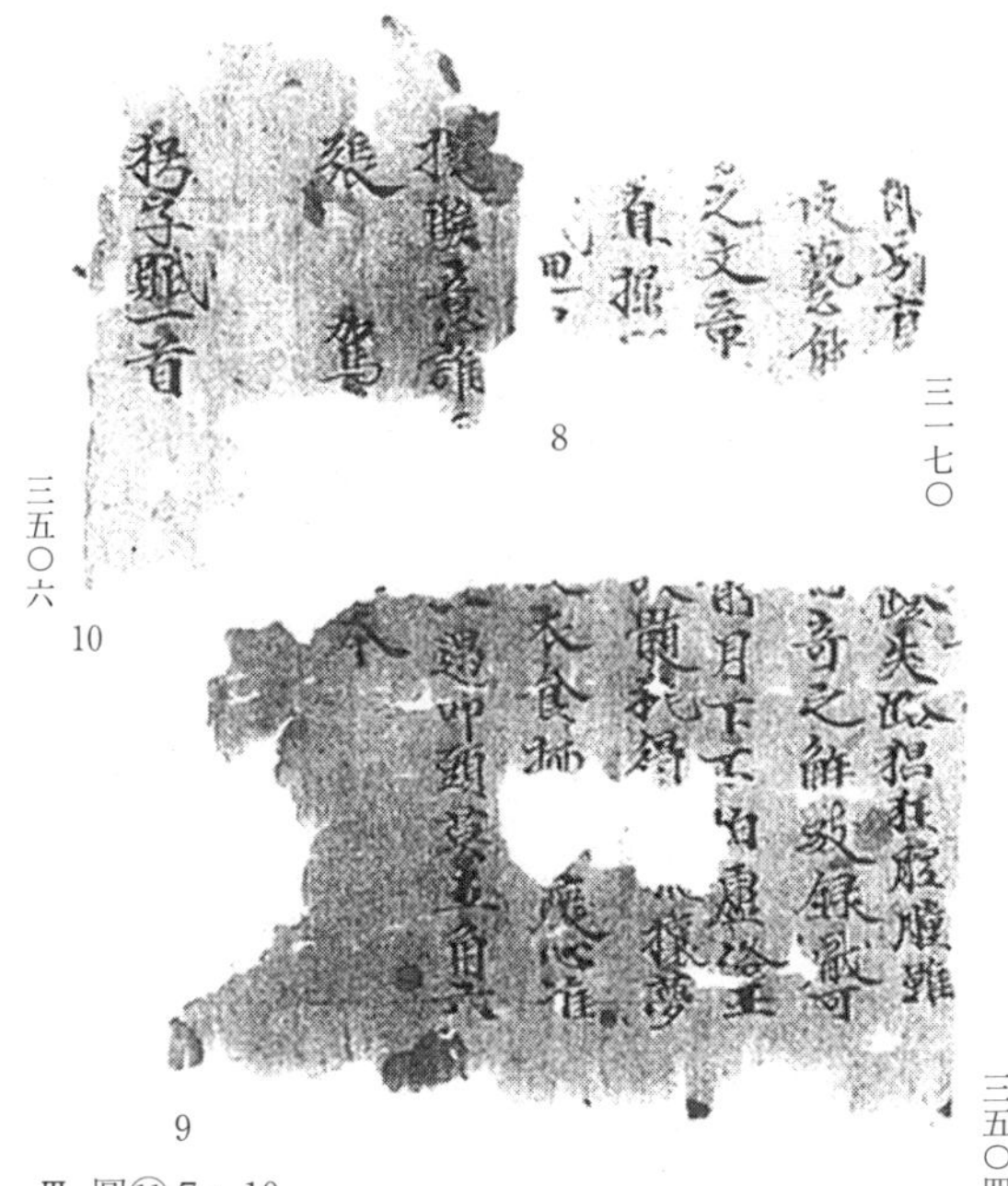

三一七七　7

三一七〇　8

三五〇六　10

三五〇四　9

Ⅲ　圖⑪ 7～10

上記の諸斷片は、唐の劉瑕（或いは劉朝霞）の撰述とされた「賀幸溫泉賦」を書寫したものである。一～六行の上部を殘す大谷五七八九の斷片は『集成』貳に收載されており、計十點の斷片殘紙が數えられる。これらの斷片は、筆畫の起、結部の書態が同樣で、文字全體の書法も布置も酷似し、寫本にはすべて朱點が加えられているうえ、罫線があり、重複衍寫されるところがなく、しかもその書寫される內容が首尾相い連なる一篇の賦の部分であるため、すべて同一寫本の斷裂したものであると見られる。殘存する部分を敦煌本と照合すれば、大谷本は、各行に十七文字前後を連ねて書寫したものと見られ、現在の殘存文字は、別な賦題と思われる「枵子賦一首」の五文字を除いて、合計百五十二文字が數えられる。

また、四十二行目の「枵子賦一首」の五文字については、これが賦の題詞であることは明白であることから、この前接の抄記された作品とは異なるものであることが推考される。三五〇六本の寫本には、この五文字とその前接文との間に空白の間隔が見られるため、恐らくはこの賦題をもつものは、單に「賀幸溫泉賦」に連寫されただけのものであろう。この文書は、辭賦集の抄本斷片なのか、劉瑕の作品の抄本殘紙なのか、或いは任意の習抄反故なのか不明であるが、何れにせよ、今日では佚亡した「枵子賦」なる題詞をもつ賦詠が當時確かに存在したことを示している。[3]

さて、劉瑕の「賀幸溫泉賦」は今日に傳わる古籍中には未傳の所謂「佚賦」である。この賦は敦煌文獻**P. 5037**、**P. 2976**本の二點によってその存在が辛うじて確認されるものであり、**P. 5037**本（三十二行、行二十字前後）、**P. 2976**本（二十行、行十五～二十字前後）の各々には、首行にそれぞれ、

「駕行溫湯賦一首　劉□述」、「溫泉賦一首　進士　劉瑕」

と記されている。劉瑕（或いは劉朝霞）と稱する人物、及びその事蹟については、史傳には記述が見られぬため、實

像が不明であるが、唐・鄭棨の「開天傳信記」(4)には僅かに次のような記事が見られる。

「天寶初、上遊華清宮、有劉朝霞者、獻賀幸溫泉（賦）、詞調乾（倜）儻、雜以俳諧、文多不載、今畧其詞曰、若夫天寶二年、十月後兮臘月前、辨有司之供具、命駕幸于溫泉、天門乾開、露神仙之輻湊、鑾舉劃出駈甲、伏以駢闐、青一隊兮黄一隊、熊踏胸兮豹拏背、朱一團兮綉一團、玉鏤釘兮金鏤鞍、述德云直攖得盤古、髓掐得女媧瓤、遮莫你古時千帝、豈如我今日三郎、其自敍云、別有窮奇蹭蹬 、失路猖狂、骨憧雖短、伎藝能長、夢裏幾回富貴、覺來依舊悽惶、今日是千年一遇、叩頭莫五角六張……」

これを査閲すると敦煌本P.5037、P.2976は「開天傳信記」に記載された内容の一部と一致していることがわかる。このため「劉瑕」「劉朝霞」は同一人物の可能性が指摘できよう。ところで、敦煌文獻P.3677に見られる「劉金霞和尚遷神志銘并序」によって、劉金霞が卽ち劉霞であり、「賀幸溫泉賦」の作者であると斷ずる説(5)もあるが、この「劉金霞和尚遷志銘并序」の碑誌、銘文中には當人の出身地、生卒年が記される以外、賦に結ばれる記述がないので、劉金霞卽ち「賀幸溫泉賦」の作者劉瑕（劉朝霞）であるとする見解は强斷に過ぎるところがあるようである。なお、この賦にまつわる史上の事蹟については、諸氏の詳細な研究があるので(6)、ここでは、それへの言及は控えることとする。

二　「賀幸溫泉賦」斷片と敦煌本との比較

ところで、劉瑕所作の「賀幸溫泉賦」については、これを傳えた敦煌所出の二點の遺文間にかなりの異同が見られる。しかも、P.2976本では後半部分を缺いていて、原句の復元や字句の考定に手間取る状況がここにあるが、こういう中に、大谷本が再發見されたわけである。大谷本は、零細な殘片であるとはいえ、敦煌諸本との比較校勘の資料としてきわめて大きな價値が認められるのである。ここで、大谷本と敦煌本との異同部分を一覽表化しておく。

【大谷本・敦煌本の異同文字一覽】

行	大谷本	P. 5037	P. 2976
1	賀幸温泉賦一本	駕温湯賦一首	温泉賦一首
2	天寶之元年	天寶之元年	開元改爲天寶年
	伺之貢具	司之貢具	伺之攻具
3	道駕幸	道駕行	蹈駕幸
4	鸞轝劃出	鑾擧轝出	鑾轝劃出
	争鉀	駃甲	駈甲
5	紅旗掞天	紅旗闪天	紅旗掞天
6	熊踏胥前豹拏	熊踏胥□豹挐	熊踏胥兮豹擎
10	日出駕幸	日出駕[行]	日出駕行
13	直到	直入	直至
15	後揊	後逼	後
16	惑弓摧	惑於是弓臒	惑弓彍
17	縦横⿰齒齊撲	縦横⿰齒齊撲	縦横嚌撲
18	而項强	而頭强	而□强
21	搜高	躡高	搜高
22	百官頓手	百官叩頭	百官頓手

29	□臺卓犖	靈臺駮硌	
30	子雲礌對	紫雲磊對	
31	起噴香	氣噴香	
35	失路猖狂	失路倡狂	
	腔朣雖	窟橦雌	
36	録獻可	獻戞	
37	□之文章	卓之文章	
	盧洛王□	盧駱楊王	
38	直掘	——	
	髄挑得	——	
	□□攘夢	□□攘夢	
39	衣食□□	衣食□□	
	癡心准擬	□心准擬	
40	驗意誰□	痓意承望	
	莫五角六	莫□角六	

＊比較の對象は確認可能な完好な文字に限る。空白は缺失の部分。
＊——は該當する語がない部分。□はこの表では文字の缺失を示す。

上表は、殘存する部分で確認可能な完好な文字に限った比較ではあるが、それらを通して指摘できることは、大谷本と敦煌所出の二本との間では、三者が完全に一致する部分が少ないものの、大谷本は、二本の敦煌本の何れかと一致する部分をかなりもつことである。再發見された大谷本は、「賀幸温泉賦」原句の推定や、寫本間の字句の比較校勘の貴重な資料であり、從來敦煌本間、及び唐の鄭棨「開天傳信記」のみで檢討されていた原句の研究を進捗させて行くように思われる。上述したところではあるが、後半部を缺失した敦煌本P. 2976があるため、大谷本は、舊來單獨で存在していた後半部を殘すP. 5037との比較を可能にする唯一の殘片として、きわめて重要な資料と看做される。それゆえ、この大谷本を仲立ちとすれば、寫本の辭句の異同や敦煌本間で問題とされた部分などに關する解明の緒口が導かれるように思われる。以下辭句の異同にかかわる小文を記しておくこととしたい。(7)

「天寳之元年」句について

この句は、「賀幸溫泉賦」の冒頭に示されるもので、溫泉に幸く時期を書き起こすものである。各本は、この句を、各々、

・天寳之元年　　（P. 5037）
・開元改爲天寳年　（P. 2976）
・若夫天寳二年　（唐の鄭棨「開天傳信記」）

に作っている。これらについては、諸家の間では種々な考證がなされているが、總じて言えば、「此元年、二年，不知孰是矣」(8)と述べられるのみで、何れをとるかは論者の恣意に委されていた感がある。今日に至って、大谷本の劈頭部の句を確認して見ると、

・「天寳之元年」（大谷五七八九）

となっていることが知れ、この抄寫句が、敦煌本P. 5037と合致することが判明する。賦の成立を推測させる手がか

りともなる、賦に記される溫泉に駕幸する年次を記す原句は、「天寶之元年」であったのか否か、大谷本によって改めて確認される賦の冒頭の字句は、このことを詳考させ得よう。筆者は、「賀幸溫泉賦」の冒頭は、天寶元年十月丁酉の玄宗の第一回目の溫泉宮への駕幸を賦み起こす「天寶之元年」の語ではじまるものであった可能性が強い、と見ている。

「開天傳信記」抄記の異句について

唐の鄭棨の「開天傳信記」には、「賀幸溫泉詞」としてその詞が抄記されていて、敦煌本「駕幸溫泉賦」の内容に一部類似する字句が見られる。しかし、異なる字句も見られる。例えば、それらには「遮莫你古時千帝、豈如我今日三郎」、「依舊悽惶」等がある。前句については、『敦煌賦校注』では、佚賦を復元採錄する企圖で、

「原卷无〝遮莫你古時千帝豈如我今日三郎〟十四字，此据鄭引補」（原卷の P. 2976 本に本句がなく、鄭棨「開天傳信記」により補入した、の意）

と述べて、その句を敦煌本「駕行溫湯賦」へ補入して、この句の前後を、

「又剜取女媧攘。（遮莫你古時千帝、豈如我今日三郎）。夢裏幾廻富貴、」（加點は筆者）

と採錄している。[9]ところが、「賀幸溫泉賦」には、敦煌本 P. 2976 の字句のように、元來この句がなかった可能性が強いようなのである。というのは、大谷本の文字、すなわち、大谷三五〇四斷片の四行目にある（右の一覽の第三八行）「攘夢」の二文字が存在しているからである。殘念ながら、大谷本では、この「攘夢」の二文字の前後が缺けているうえに、その周圍の文字も敦煌本のそれとはかなりの異同が見られるが、この二文字は、餘字を差し挾むことなく接續しており、この部位を敦煌本と校合しつつ、句の字數、內容等を考慮して原句を探ってみると、

「又剜取女媧攘、夢裏幾廻富貴」（加點は筆者）

という六字句二句が復元できる。「遮莫伱古時千帝、豈如我今日三郎」の句は、前後の構句、文字數や内容からしても、「攘夢」の間には入ることは困難と見え、鄭棨「開天傳信記」にあるものは、のちに增補されたものである可能性が強いことが考察される。今日に至って、鄭棨の記述したこの二句を、敦煌本に補入する必要もないように見られるのである。

また、「依舊悽惶」の句についても同様なことが言える。敦煌本P.5037では、「覺後衣食□□」に作っているにも拘わらず、『敦煌賦彙』[10]、『敦煌賦校注』では、各々「原作「衣食□□」、從乙本」、「原卷作〝衣食□□〟，此据鄭引改」（筆者注：乙本、鄭引は共に「開天傳信記」のこと）と附注して、それぞれ鄭棨「開天傳信記」の「覺後依舊悽惶」と採錄し、原卷の抄寫の文字を改めてしまっている。しかしながら、大谷本の該當個所では、その前後に缺字が見られるものの、「□□衣食□□」の二文字はなお分明に殘存している。大谷本、敦煌本P.5037の實態からすれば、この個所も舊來は「依舊悽惶」の句ではなかったように推考される。大谷本は、敦煌本で抄寫されるような「衣食□□」が原句であった可能性を示すようにも見られるのである。[11]

三　大谷本と他本との異同文字について

右の一覽表に示した通り、大谷本に殘存している文字は、敦煌本の兩本の何れかに相同する部分がかなり多い。しかし、これ以外に、他本に見られない大谷本獨自の文字も見られる。例えば、下記のような文字はそれらの一部である（空白は缺失）。

行	例字		
	大谷本	P.5037	P.2976
4	鸞轝	鑾擧	鑾轝
6	前	□	兮
	拏	挐	擎
29	卓犖	駮硌	
35	腔膧	窟橦	

先ず、「鸞轝」については、P.5037本の「鑾擧」は、その前後關係から見て、誤寫と判斷されるが、P.2976本の「鑾轝」と大谷本の「鸞轝」中の「鸞」「鑾」字は、共に平聲、寒韻（箋注本切韻 S.2071）に屬する文字で、君主の乘る馬車を示す語として「鸞轝」、或いは「鑾轝」兩用されるところがある。例えば、班固「西都賦」に、

「於是乘鸞輿、備法駕、帥群臣。披飛廉、入苑門」（「乘鸞輿」若しくは「乘鑾輿」。「輿」は「轝」にも作る）

という表記が、また、崔豹『古今注』巻上「輿服第一」[12]では、

「五輅衡上金爵者、朱雀也。口銜鈴、鈴謂鑾、所謂和鑾也。『禮記』云、行前朱鳥鸞也。前有鸞鳥、故謂之鸞。鸞口銜鈴、故謂之鑾鈴。今或爲鑾、或爲鸞、事一而義異也。」

との記述が見られ、「鸞、鑾」についての字義の解釋が示されている。

因みに記せば、『集韻』では、「鑾、通作鸞」ということであるので、これらを含めて、大谷本の「鸞轝」も敦煌本の「鑾轝」も、同樣な意味を示す表記と見てよいように思われる。

なお、天子乘駕の鹵簿について、『舊唐書』巻四十五「輿服志」によれば、その臨幸時は、赤騑にひかせ、八鑾を

衡につけた「金飾、重輿、曲壁」の車、すなわち、「幰」や「絡網」「纓」を朱色に整えた安車が用いられるとのことである。(13) このため、本賦の寫本の「鑾」字もこれに由來し、これを反映させているものと見ることができよう。

次に「前」字については、大谷本の抄寫者は、前後の隊列の描述内容を意識して賦の文字を寫記するあまり、構句の措辭上「兮」字であった「肎」字の後接字を、原本の文字の書態の類似にも災いされて、「前」と書き寫してしまったように思われる。

更に「拏」字については、上記の如く、敦煌の兩本ではそれぞれ「挐」「擎」に作る。「挐」字は字義不明、恐らくは「拏」字の誤寫であろう。諸家は、この該當個所にすべて「擎」字を充てている。また「擎」字は、『説文』には採錄がなく、『集韻』では、「擎、持也」と見える。「擎」字の基本義は、「擧げる、持ち上げる、捧げ持つ」などと見られる。從って、原文の「熊踏肎前豹擎背」の全體の句意を考慮すれば、「擎」字を充てることは幾分無理があるように筆者には思われる。ここで大谷本にある「拏」字の用例と字解を一瞥すると、

『蒼頡篇』「拏、捽也、引也」（『文選』馬融「長笛賦」李善注引）

『説文』「拏、牽引也」

などのものが徴される。また、漢の揚雄「解嘲」に、「擢拏者亡、默默者存」。同「百官箴」（豫州牧箴）に、「田田相拏、廬廬相距」や唐の韋絢「戎幕閑談・鄭仁鈞」に「…此地當有兵至、兩京皆亂離。且拏我入城、投楊氏姉妹…」の用例が見られる。これらによれば、「拏」の義は、「引く、引っ張る」、及び「つらなる」ということである。鄭棨「開天傳信記」の該當個所では、大谷本と同じく「拏」に作っている。同記には疑わしい部位も存在しているが、大谷本の「拏」字と共に、ある時の原本の文字の形を忠實に反映しているようにも推考される。

この「拏」字を含む賦の主部の句、例えば、「青一隊（兮）黄一隊、熊踏肎前豹拏背、珠一團兮□一團、玉珮珂兮

金鏤鞍」の句は、色感あふれる美辭を連ねる對句表現で、行幸の隊列の美麗な描寫をする部位と見られるが、これについては、先學には一言の言及もない。自明のこととしたのであろうか。因みに記せば、青、黄の各々の隊は、青衫、黄袍等服飾を揃え隊伍を組んだ官人の行列の表現であり、これらが天子出行の「駕」の何れの部分のものであるかは判然としないが、『新唐書』巻二十三上「志」（儀衞上）の「駕」條[14]、及び『大唐開元禮』巻二「大駕鹵簿」條[15]等によれば、持鈒前隊、持鈒後隊などにこの色服を着る列があるため、それらを表述したものと推測される。

また、この後接の隊列である諸衞馬隊中の各旗下に、戎服大袍を被け連なる主帥以下四十人の隊伍があり、赤熊を標識とした第十四旗（隊）も見られる。新舊『唐書』の「衙」條の記述（「駕」條の服色にも及ぼされたものと見られる）や『大唐開元禮』の摘記の中には、この後續になる隊伍の中の左右威衞の服飾について、その繡文が豹文であることが記されているので、「賀幸溫泉賦」中の「熊」「豹」の語は、これらを指したものと推考することができる。この語を含む句は、隊伍の行歩の具體的なさまを描寫したもので、「（赤）熊の旗は胸先に道を踏み進み、豹文の繡は背後に連なり行く」といった壯麗なさまを賦詠したものと解き得るようである。なお、『新唐書』「駕」條に見られぬ「豹旗」の名が、同書の「衙」條（殳仗步甲隊從屬の左右廂隊の第二隊の記述中に「摯豹旗」の語がある）[16]下に見られるため、元來「駕」にも豹旗を掲げる隊伍があったものとも推考される。假にこのようであったものとすれば、「豹」は、服背の豹文ではなく、旗幡のそれと解すべきこととなる。また、官人の被服の裲襠などに熊、及び豹の繡文があったものとすれば、胸、背は、例えば、『金史』巻四十二「志」の「諸妃嬪導從」で「服紫囉繡胸背葵花夾襖」と表現し、『元史』巻七十一「志」の「禮樂」で「綠羅生色胸背花袍」、『明史』巻六十七「志」の「輿服」で「郡君儀賓、光素金帶、胸背倶虎豹」と記されるものと同じく、被服の前後のこととなるが、熊文の記述は、唐代服飾中には確認できないため、この解は暫時措くべきこととなる。

大谷文書中には經濟、法律、宗教、文學にわたる各種の文書が見られるが、文學にかかわる文字資料中に題のみ残る「枵子賦一首」と共に、今回この「賀幸温泉賦」が加えられることになるわけである。

注

（1）拙文「西域發見の佚文資料－『大谷文書集成』所收諸斷片について」（『學苑』第七四二號　二〇〇二年五月）。この拙文中では、本「佚賦」の題名について考慮し、敦煌本P.5037の表題、及び賦中の辭句などを參照しつつ、假に、これに「駕幸温泉賦」との名稱を附して論述を行った。しかし、今回、『集成』參の圖版四三に、本賦の賦題を含む冒頭部分を抄寫した文書斷片（大谷五七八九）の寫眞が初めて掲出されたため、本賦の題名が「賀幸温泉賦」とされるべきことを確認した。この「賀幸温泉賦」との名稱が、劉瑕の詠賦の原題であり、「賀」字が最初から題名の劈頭に用いられていたものとするならば、この題名には、玄宗皇帝が「温泉へ駕幸されたさまを詠った賦」といった單純な内容が示されるのではなく、玄宗皇帝の「温泉への駕幸を賀したてまつる賦」といった、臣下から主上へ向けて發せられた複雜な情意が表明されたもの、と理解すべきこととなる。

（2）この中の三五〇六の斷片を「賀幸温泉賦」の一部として見ることについて、以下の事柄があり、賦の末行に書かれた「張　駕（ ）本」大字に關して判斷が得られぬところがあることを附言しておきたい。この文書中の「擬驗意誰□…」の四字は、敦煌本P.5037と比較すれば、「擬、意」の二文字は同じであるものの、殘りの二文字は相違している。また「張　駕（ ）」の文字については、「張」は三五〇四本の「五角六」の後接字で、つまり「五角六張」と判斷することができる、「駕」は恐らく「駕幸温泉賦」と表記する賦題の頭字ではないかと推測し得る。しかし、五七八九本の劈頭の題記に明記される「賀幸温泉賦一本」の初字と用字を異にしている。また、三五〇四本の末尾「本」については、五七八九本の劈頭行末尾と同種の用字と見られるが、どのような理由で「賀幸温泉賦」を「駕幸温泉賦」と末記したのか、誤寫であるのか故意であるのか、まだ分明にし難いところがある。「駕幸温泉賦」と初稱した賦題をのちに意圖的に「賀幸温泉賦」と改めた遠因がここに内在するのであろうか。

（3）『大谷文書集成』貳　所收斷片文書中にはこの「枵子賦一首」斷片の文字と筆態を同じくするものもある。三一六八、三一七六がそれである。これは恐らく「枵子賦一首」の殘片の一部であろう。ただし内容と共に文の連接などの問題が未解決なのでここではこれを暫時除いておく。

（4）『說郛三種』一百二十卷　明　陶宗儀　等編　上海古籍出版社　一九八九年一月　第五册二四〇一頁

（5）鄭炳林『敦煌碑銘贊輯釋』甘肅教育出版社　一九九二年七月　三〇頁

（6）潘重規「敦煌賦校錄」『華岡文科學報』第十一期　中華民國六十七年一月所收

張鴻勳『敦煌　話本詞文俗賦　導論』新文豐出版公司　中華民國八十二年二月

伏俊連『敦煌賦校注』甘肅人民出版社　一九九四年五月

張錫厚『敦煌賦彙』江蘇古籍出版社　一九九六年五月　以上諸先學の論著參照。

（7）なお、この賦中の「麏隻飛走掃除精恠」の句は、P.2976本に見えるのみで、P.5037本には存在しない。大谷本にもこの句は殘存していないが、その前後の殘存文字の狀況、殊に、次行との關わりを考慮した文字配列上、及び「百」の上接字の下邊の横畫が殘存している點からすると、大谷三二二七の初行末尾字以下にはかなりの文字があったことが推考される。このため、ここでは、假にこの句を補っておくこととした。P.5037本では、P.2976本に見えるこの句を脫落させた可能性が高い。

（8）伏俊連『敦煌賦校注』甘肅人民出版社　一九九四年五月　一九二頁

（9）前掲注（8）書　二〇五頁

（10）張錫厚『敦煌賦彙』江蘇古籍出版社　一九九六年五月　二四〇頁、及び前掲注（8）書　二〇六頁

（11）なお、附記すれば、潘重規氏は「敦煌賦校錄」（『華岡文科學報』第十一期　中華民國六十七年一月所收）を公表して、この部分を「又□取□攘。夢裏幾廻富貴、覺後衣食□□。」と採錄し、「□攘、缺字女旁完整、殘餘點畫似嬌字。攘、疑孃字之誤。」と注記している。しかし、大谷本斷片により、この部位は上記のように確認されるのである。

(12)『四部備要』六十三冊「子部」中華書局　一九八九年三月　三頁

(13)『舊唐書』卷四十五「志」中華書局　一九三三頁

(14)『新唐書』卷二十三上「志」中華書局　四九三頁

(15)『大唐開元禮』民族出版社　二〇〇〇年五月　二〇～二三頁

(16)『新唐書』卷十三上「儀衞上」中華書局　四八七頁

第四章　音義・韻書の考證と研究

一　玄應『一切經音義』斷片

四一九三　佛書小斷片　7×4　〔圖版七四〕〔Ⅲ圖⑫〕

罫あり。

1. □㕦謂㕦□
2. □耳梵本鉢羅吠舍此□

三三二三　道教典籍斷片　14×16　〔圖版七九〕〔Ⅲ圖⑬〕

罫あり。

1. 邏亦循・行非□
2. 親昵又作暱同女乙反尒□□
3. 昵者數相近也□
4. 第十七卷

四一九三

Ⅲ圖⑫

三三二三

Ⅲ圖⑬

5. 詭現居毀反詭誑也

6. □尤禹留反案尤□

7. □蒼

五四六二　文學關係文書斷片　11.8×6.5　〔圖版四三〕〔Ⅲ 圖⑭〕

［A面］

1. □□

2. 貪齩五狡反中國音也

3. 說文齩齧也

4. 圂豬胡□反廣

5.

6. □□

五四六二

Ⅲ 圖⑭

この四一九三の斷片は、『大谷文書集成』貳では、「佛書小斷片」とされ、二行にわたり、計十一文字が採錄されているに過ぎないが、これらの文字は、玄應『一切經音義』卷二十一の『大菩薩藏經』卷一「六處」條の注釋を書寫したものであることが確認できた。日本傳存の古寫本である「大治本」（『古辭書音義集成』第八卷『一切經音義』中 五七三頁）、乾隆五十一年武進莊炘刊刻本（次注3參照、頁附番なし）、及びこれを引いた慧琳『一切經音義』卷第十二に見られる「大寶積經第三十五卷」の當該條と對讀してみると、「大治本」、『慧琳音義』に異同（他の文字の殘缺、異體字を問わず）が見られないことに對し、武進莊炘刊刻本の當該部分には異同があり、1「處謂出生處所」、2「耳梵云鉢羅吠舍此」（加點筆者）となっている。

三三二三の斷片は、玄應『一切經音義』第二十二卷の『瑜伽師地論』第十六卷、第十七卷の內容を書寫した斷簡であり、道教典籍斷片ではない。斷片に殘存する七行、四十文字を現行の玄應『一切經音義』、及びこの一部を收めた慧琳『一切經音義』の字句に探ると、これが『瑜伽師地論』第十六卷の「亭邏」の語とこれに續く「親昵」「詭現」「怱尤」の語を注音釋義する部分にあたることがわかる。斷片は元來の紙幅のほぼ上半部しか殘存しないが、被釋語を含めた音義の注文は、行首から書き出し、これが次行にわたる場合には次行を一字下げにして書き繼ぎ、新たな被釋語を改行した行頭から書き出す書式が分明である。原文と注文は共に一行に連ねて書き記し音義釋解の注文を割注形式では記してはいない。斷片中に見られる「第十七卷」の文字とその前後の內容からすれば、書寫對象となった原本は、卷數、內容上、現行の刊本とほぼ一致している。

しかし、前記の「大治本」玄應『一切經音義』(1)の該當部分には、上記斷片の掲出字、「亭邏」の次に、「宰主」「杖〔杜〕多」の掲出字があり、さらに「親昵」の後續部で第十七卷の「詭現」の前に、「唱令」「旃荼羅」「羯恥那」の掲出字がある。この大治本は、他の古寫本、及び現行刊本等と掲出語數に相違が見られる。掲出語數の多いものが玄應原撰の音義であるのか、或いは增補されたものであるのか、この確定はされ難かったが、『玄應音義』の現存の他卷に見られる掲出語等を精査した結果、この多數の掲出語の由來が分明となった。多數の掲出語は、概ね玄應原撰の音義を必要があって他卷から移記したものであると認められる。この件については別稿(2)を起こし、詳考したのでここでは再說しないことにする。

なお、この三三二三斷片の釋文について、『大谷文書集成』貳では、1の「循」字は「脩」と採字している。しかし大治本、及び乾隆年間莊炘校勘本玄應『一切經音義』(3)では「循」に作る。また『一切經音義』所引の北齊の陽休之撰『韻畧』（佚書）(4)も「邏謂循行非違也」となっている。「脩」「循」の兩字は草體が極めて近い形となるため判然し難いところがあるが、兩字の末尾部の筆態の違いと共に字義内容上から判斷すればこの文字は「循」字として間違いはないであろう。

五四六二の斷片は、『集成』參で「文學關係文書斷片」と注記されているが、玄應『一切經音義』の斷片であることがわかった。書寫されているのは、同書卷二十三にある佛經『廣百論』卷六の末尾の「貪齩」「圂豬」條とその音注に當たる部分である。

玄應撰の『一切經音義』（また『衆經音義』とも稱される）は、およそ唐の貞觀末年から顯慶年間にかけて撰述されたものと見られる。この書は、その名の通り四百五十餘部の佛經を收錄し、各佛經ごとに語句を採錄して音義を施した二十五卷からなる著作で、歷代の大藏經に刻入され、現在まで傳わっている。この書には、傳世本のほか敦煌・トルファン所出抄本（S.3469、S.3538、P.2271、P.2901、P.3734、P.3765、Φ二三〇、Ch1214、Ch1216及び最近筆者が確認し得た敦煌研究院357、Дх04657）等がある。しかし、大谷文書三三二三の內容に該當するものは、敦煌・トルファン所出寫本中には確認されない。この上述の遺墨は、大谷文書中で現在確認される三點の『一切經音義』の斷片である。殘存部分と傳本とを比較して見ると、概ね一致するが、注の部分に限っては、一部の傳本の雙行の書寫形式に對し、斷片は見出し語とその注釋部は共に單行書きである。この形式は、唐代の諸本に頻見される書寫形態である。

なお附記すると、トルファン所出の『一切經音義』に關連する遺墨は、黃文弼『吐魯番考古記』(5)に收載される二斷片のほか、ドイツ所藏のトルファン文書にも多數存在している。『吐魯番考古記』收載のものは『一切經音義』第十六卷の『善見律』第八卷部分、同第二十二卷の『瑜伽師地論』第一卷部分であり、西脇常記氏の『ドイツ將來のトルファン漢語文書[6]中の『一切經音義』關係文書は、第六巻の『妙法蓮華經』第八巻部分（Ch/U8063、Ch/U8093）をはじめとした十六點に上るものであるが（筆寫の狀況からしてこれらは六種に分けられるようである）、大谷文書中の斷片は、第二十三巻の『顯揚聖教論』第七～十巻（Ch1214、Ch652）と濃密な關係をもつようである。Ch1214（TⅡ1785）はル・コックを隊長としたドイツ第二次調査隊によって將來されたものであり、Ch652（TⅢT262）はグリュンヴェールデルを隊長としたドイツ第三回學術調査隊によって、吐峪溝（Toyuk）から將來されたものである。大谷文書中の斷片は、これらと同一の書式をもち、書態、筆致も酷似するため、吐峪溝からの將來品である可能性が指摘できよう。なおCh1214、Ch652と類似するドイツ第二次調査隊によって將來されたCh1216（TⅡ1980）については、先にこれらを紹介した小林芳規氏が「元來は同一部」としている[7]。これについて西脇氏は、「最後の行を除き音義の字を見出しから二字下げている書式が明らかに異なる様にも見える」と疑義を呈している。しかし、Ch1216は他の二點と筆態を比べると多少の異なりが見える。このため、筆者は、大谷文書中の斷片とCh1214、Ch652を、同一書寫者による抄本の斷裂片と考えている。

二　『切韻』斷片

五三九五　注解斷片（兩面）　4.1×5.0　〔圖版四三〕〔Ⅲ 圖⑮AB〕

［A］

1. □鑁鏈□

2. □一代賚洛反

A

Ⅲ 圖⑮A

3. ⌊□□方肺□□□癈□病⌈

［B］

1. ⌊鸛□雚樌⌈

2. ⌊冠又古桓反觀⌈

3. ⌊□鳴鳥狚獵狚　⌈

五三九七　注解斷片（兩面）　4.0×3.4　〔圖版四三〕〔Ⅲ圖⑯AB〕

［A］

1. □⌈

2. 鼪鼠子□⌈

3. ミ城在□□熒⌈

［B］

1. □□□鼎反䫻⌈

2. 境上合憂⌈

3. □□⌈

上記の小斷片（二點表裏計四面）は、殘存文字の書體と內容からすれば、同一寫本の斷裂したものであり、小學類の韻書關係のものと見られる。五三九五（A）は、去聲代韻、廢韻の韻字を表記する部分で、五三九五（B）は去聲翰

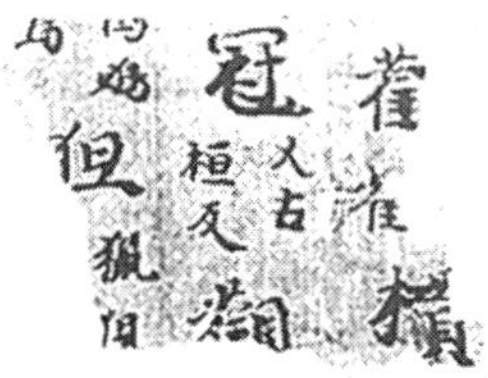

五三九五

B

Ⅲ圖⑮B

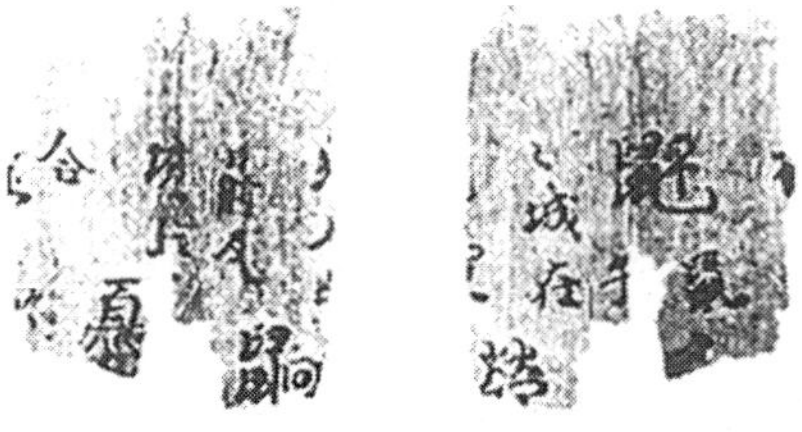

五三九七

A

B

Ⅲ圖⑮AB

韻、五三九七（A）は平聲靑韻、五三九七（B）は平聲靑韻、尤韻所屬の韻字を表記する斷片であることがわかる。斷片中の見出し字とその訓解、箋注の部分の完存するものは、わずかに「冠」部だけである。因みに、ここで、その部分と敦煌所出の『切韻』系統關係文書等の該當部分と比較してみることにする。(8)

「冠」字の箋注諸例

大谷本	王一	王二	唐韻
又古桓反	手飾又古桓反	手飾	〻束又姓列仙傳仙人冠仙又音官

王一、『王仁昫刊謬補缺切韻』（P. 2011）。王二、同（北京故宮博物院藏）。唐韻、孫愐『唐韻』（蔣斧印本）。

上表を一覽すれば、大谷本のこの部分は、音注を施すのみで、釋義は見られず、他の諸本とは異なって獨自の形となっていることがわかる。また、殘存する文字の前後關係について觀察すると、見出し字、注文の實態が少しずつ明白となって來る。五三九七（A）面については、殘存文字の三行目に「〻城在□□熒」の字が見える。この中の「〻城在□□」の部分は、見出し字「郱」の訓解であり、その直後に續く文字は、見出し字「熒」字である。すなわち「郱」、「熒」の兩文字が、前後に隣接する形となっている。この「郱」「熒」の兩文字に關する比較可能なテキストは、他本には缺失があるため、下記の如き二種類に限られることになるが、その該當部分を確認してみると次のようなこととなる。（箋注本は長孫納言『箋注本切韻』である。訓解は元來雙行形式をとるが、以下では（　）の中に便宜的に一行で示す。以下同）

大谷本　□（〻城在□□）熒

箋注本　邾（〻城在東莞）焭

王二　邾（〻城在東莞）畊（竹器在亦作　）軓（　又音犯）焭

この部分に關しては、大谷本は、長孫納言『箋注本切韻』（S. 2071）と同様な形をもっていることがわかる。では、五三九七（B）面は如何であろうか。（B）面の内容を確認するため、この面に殘存する文字の第二行目の文字を箋注本と比較してみよう。大谷本、箋注本の當該部分は次のようである。

大谷本　□（境上合）憂

箋注本　郵（境上舍）訧（過）憂

大谷本は、箋注本と比べると、「訧」字とその訓字「過」の文字が少なく、兩者が異なっていることがわかる。そもそも、『箋注本切韻』は、納言自身の序文「又加六百字、用補闕遺」でも知られるように、陸法言の『切韻』に文字の增補を行ったという事實があり、上述した差異は、こういった一面を反映しているようにも考えられる。

以上の比較からわかるように、大谷本の諸斷片は、現在確認できる他の韻書とは異なりがあるもので、收釋文字數が少ないうえ、その訓解等も極めて簡潔であり、陸法言の『切韻』の姿を推測させ得るような狀態があることである。法言『切韻』は、殘念ながら、敦煌から數點の殘片が發見されているに過ぎず、敦煌所出のものには、大谷本に見られる部位に相當する部分が見られないため、比較することはできないが、大谷本の諸斷片は、法言『切韻』の形を殘存させているもののようにも思われる。

なお、大谷文書中に於ける韻書關係の斷片は、すでに八一〇七（A）、八一〇七（B）、及び三三二七、三三二七（裏）があり、その原據が確認されている。(9) 本項にあげた四小斷片はこれらに續くものとなる。

注

（1）『古辭書音義集成』第八卷『一切經音義』中　宮内廳書陵部藏　汲古書院　一九八〇年十一月　六一九～六二〇頁

（2）『敦煌・吐魯番出土『玄應音義』寫本輯成と研究－附京都大學文學部所藏寫本』（近刊豫定）

（3）大治本については、前項注（1）參照。唐・沙門・釋玄應撰『一切經音義』卷二十二中の『瑜伽師地論』第十六卷（乾隆五十一年武進莊炘原刊、同治八年季冬重刻本の覆印）新文豐出版公司　中華民國六二年十二月

（4）馬國翰『玉函山房輯佚書』（三）上海古籍出版社　一九九〇年十二月　二三六八頁に『一切經音義』から抄出した『韻略』の佚文が見られる。

（5）黃文弼著作集　第二卷『吐魯番考古記』土屋淑子譯　恆文社　一九九四年十月　なお、拙文（「西域發見の文字資料－「大谷文書」中の諸斷片について（二）」『學苑』第七五三號　二〇〇三年五月）で言及した『吐魯番考古記』收載の『一切經音義』斷片は、校正の錯誤により「『一切經音義』第二十二卷『善見律』第八卷部分、同第十六卷の『瑜伽師地論』」としてしまったが、正しくは「『一切經音義』第十六卷『善見律』第八卷、同第二十二卷の『瑜伽師地論』の部分」である。ここで前文の表記を訂正しておく。

（6）西脇常記『ドイツ將來のトルファン漢語文書』京都大學學術出版會　二〇〇二年七月　四七～六六頁

（7）小林芳規「一切經音義　解題」（『古辭書音義集成』第九卷『一切經音義』（下）汲古書院　昭和五十六年七月　五一二頁）

（8）裴本では「又古桓反」に作る。裴本は表面的には大谷本と酷似しているが、一種の混成本である事實があり、また五三九五（A）面の各韻字を見れば、大谷本、及び他本のような「賫」「癈」のは配列順ではなく、「癈」「賫」の順であることが確認される。從ってここでは裴本を比較の對象から除くことにした。

（9）周祖謨『唐五代韵書集存』全二冊　中華書局　一九八三年七月　上冊七〇頁、下冊八二四頁をそれぞれ參照。

第五章　佛典注疏斷片の考證と研究

一　『倶舍論頌疏』序記とその注疏の斷片　〔Ⅲ 圖⑰〕

一〇四五　傳記斷簡　15×21.5　〔圖版一一五〕

某傳の注。

1. □閑省也安□也器量寛遠猶如虛空□
2. 紳龜鏡之士也蓋者覆也過□
3. 辨者別駕遂置四相前承後疑左輔右弼□
4. 常□其前庄東衣服令用大帶若无大帶□
5. 通語曰蓋縉紳龜鏡之士也公前任□
6. 曰公也禮部侍郎者禮□□□□奉於□
7. 曾在前職任是禮部侍郎也省司多□
8. 也司者曹司也多暇者多閑歸□□□
9. 臺司［　　］務司之事多□□□

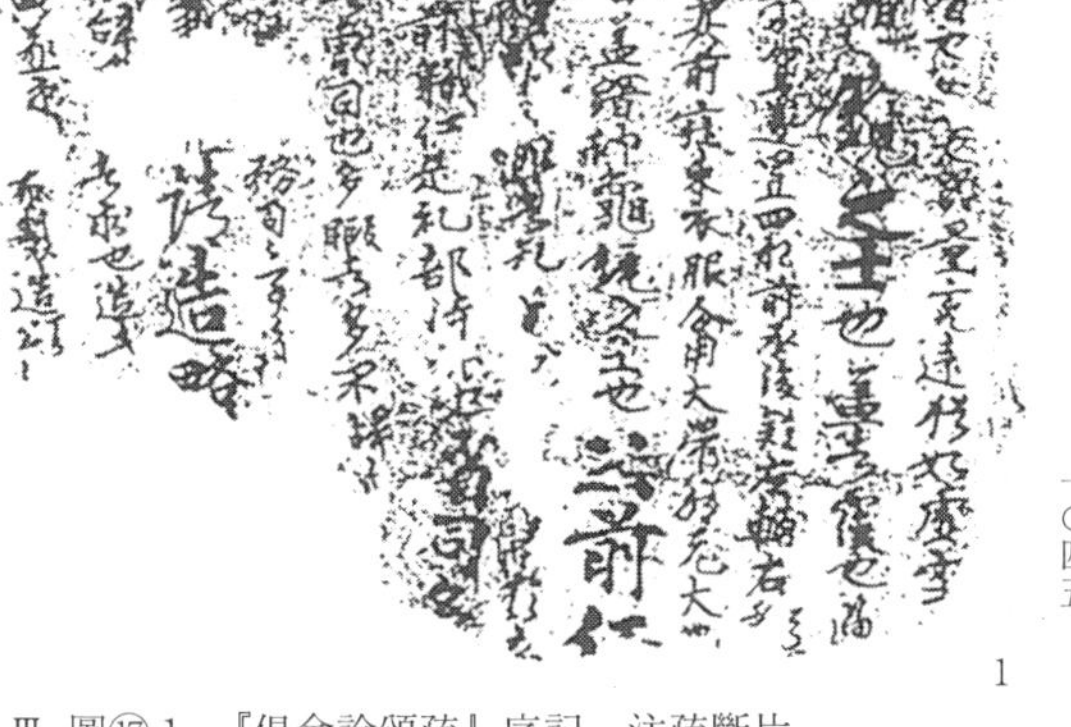

一〇四五

1

Ⅲ 圖⑰ 1　『倶舍論頌疏』序記、注疏斷片
(斷裂した同一文書の右部)

10. 談義［　］請造略⊓
11. 遂者辭[也]［　］者求也造者⊓
12. 越五典遂求□遂製造頌□⊓
12. 大［　　　］[也]懷遠[律]⊓

『西域考古圖譜』下卷　經籍　(9)　唐鈔古書斷片（吐峪溝）

1. □爲人也披□⊓
2. 不惑者不疑也[尋]⊓
3. 其猶執鸞[鏡]⊓
4. 其猶者相似也執者把也⊓
5. 者推也龍泉者劍之名也□⊓
6. □□［　］[者]无事不見无[理]⊓
7. ［　　　　］□□⊓
8. 側其聖［　　］⊓
9. 士詳［　　　］⊓
10. 察也識也[詳][者]看也見也□□[也]□□⊓
11. 誤者後求明識之士請尋首而□⊓
12. 　　　　　歲丁大荒洛月□⊓

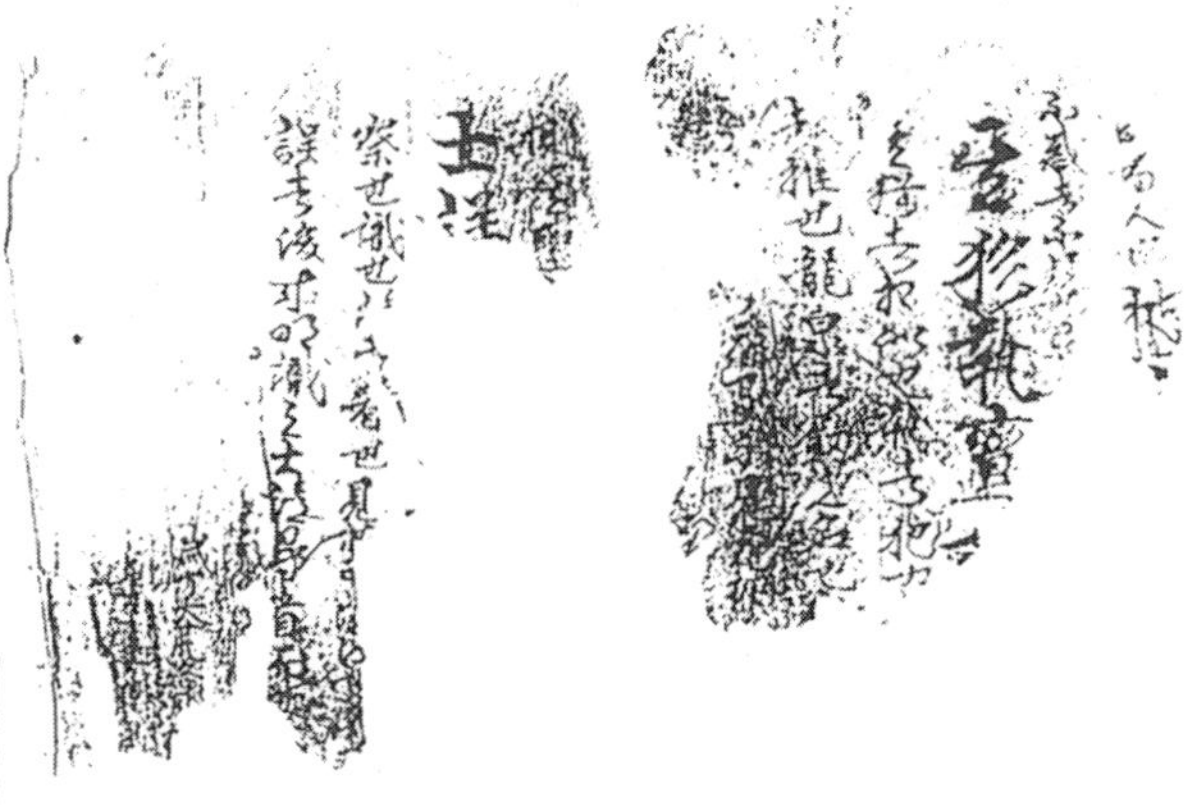

『圖譜』經籍(9)　2

Ⅲ 圖⑰2 『倶舍論頌疏』序記、注疏斷片
（斷裂した同一文書の左部）

これらの斷簡は、內容の詳細が把握されぬまま『大谷文書集成』壹と『西域考古圖譜』下[1]（以下、『大谷文書集成』參で附番される八一一七、八一一九として表記し論考を進める）に別々に收録されるが、唐の圓暉の『倶舍論頌疏論本』（『倶舍論頌釋疏』とも稱す）序記部分の本文と注疏の斷裂したものであることがわかった。この斷簡は、『大正新脩大藏經』、及び『卍續藏經』所收の原文と對校すると、『倶舍論頌疏論本』の冒頭に据えられた、睿宗代に文名、官名共に赫赫としていた賈曾の序文、及び圓暉の自序の劈頭に關するものであることがわかる。兩大藏經所收のものには賈曾の序文、圓暉の自序は見られるものの、その注解は見られず、大谷文書斷片とは異なっている。『倶舍論』中の頌についての疏論に關しては唐の中大雲寺沙門圓暉の口述（その弟子が筆錄）したものに對してその弟子をはじめとした門流がさらに疏解を行っており、例えば、崇廙『金華鈔』十卷（佚）、『倶舍論頌疏義府鈔』二十卷（或いは乾廣）（佚）、慧暉『倶舍論頌疏義鈔』六卷（存）、遁麟『倶舍論頌疏記』二十九卷（存）、法盈『倶舍論頌疏序記』一卷（存）、常眞『倶舍論頌疏鈔』八卷（佚）、亡名『倶舍論頌疏科』一卷（佚）、亡名『倶舍論序鈔』一卷（或いは行滿）（佚）等があったことが藏經錄や僧傳等の記述から確認される。しかしながらこの大谷文書斷片に關しては誰の口述、撰述であるのか未詳である。

ところで、八一一七、八一一九については「吐峪溝」出土との注記がある。この事から見れば、一〇四五も同地出土のものであることは間違いないであろう。書寫形式からすれば『倶舍論頌疏論本』原本は大字で記され、その注文は小字で書かれているが、原文、注文とも文字を繼いで行を連ねて行く形をとっている。『西域考古圖譜』所收のものは、圖版上は特に附番されていず、同種の二片と見なされて揭出された如くであり、版面の餘白を有效に利用するため上部左と中央部に他のものに混えて並置されているが、前後に相い連なり行くものと判斷される。このものは

『大谷文書集成』參で再錄され、八一一七、八一一九の文書番號を附されて整理されている。一〇四五は『大谷文書集成』壹では釋文が揭出されているが、(2)八一一七、八一一九は『圖譜』では圖版の上載のみで釋文がなく、これを再錄した『大谷文書集成』參で釋文を記している。(3)

これらの斷片文書は、筆鋒と筆側の用法が特長的な、楷、行體と獨草體を書き混えるものであり、異體の通行字が頻見される。一〇四五は原寫眞の甘さと共に用筆時の筆鋒の狀態もあってかやや肉太に鈍重に見え、八一一七、八一一九の剛銳さとは幾分の趣きの違いを感じさせるが、文字の轉折部や終筆部分を含めた司、刃、靑、者、无、也等の書態を同じくするため、同一人の筆跡（八一一七、八一一九は筆を直したのちに記したものか）と見做し得るようである。なお上揭の八一一九の一二行目の「歲丁大荒洛月□…」(4)は、おそらくは書寫紀年であろうから、これが唐代の中頃以降のものを示すとするならば、この紀年卽ち丁巳の干支は文宗の開成二年（八三七）乃至昭宗の乾寧四年（八九七）と見ることも可能となる。

一〇四五、八一一七、八一一九と續く『俱舍論頌疏』の序文部にかかわる本斷片は、紀年ののちに餘白があるため、この前部で抄寫の筆が擱かれているのがわかる。この事からすれば、一〇四五、八一一七、八一一九の斷片は『俱舍論頌疏論本』の注疏を含めた序文部のみを寫記したもの、或いは『俱舍論頌疏論本』序文部のみを疏解した原籍を抄寫したものと言えそうである。この斷片と『俱舍論頌疏論本』の序文部を含めた注解が殘存する遁麟の『俱舍論頌疏記』卷第一「釋序文」、及び法盈の『俱舍論頌疏序記』（一卷）（序文部のみの注釋）を比較すると、本斷片がそれらの後半部分に關係し、その釋解、注疏の形式を近似させるものの、(5)被注語の選出や注解には微妙な異なりがあることが知られる。殊に一〇四五中に見える賈曾の職位にかかわる語辭の疏解は遁麟、法盈のものには記されていないことも注意される。現存の法盈の『俱舍論頌疏序記』には脫文がかなりあるように見えるので、斷定はできないが、崇廙や常眞の注疏の出現があればこの斷片に抄寫されている原典が確定できるように思われる。大谷文書斷片中のこの『倶舍論頌疏論本』序文部の注疏は、佚失した唐僧の注疏の遺文と言い得るように思われる。佛典解説の端緒を開く部分に置かれたものでありながら、文學的故事、典故を解く文章が多く殘存する本斷片は、唐代の文章表現技巧を探る上でも極めて貴重な資料と見做すことができる。

中大雲寺沙門圓暉については、『宋高僧傳』卷第五「義解篇」第二之二に小傳が記されるが、出自は不明であり、「關輔之間聖名籍甚」の佛者であって、彼の口述した『倶舍論頌疏』が當時廣域に盛行したとされている。この圓暉の『倶舍論頌疏』は、彼の弟子である慧暉や遁麟、崇廙らによって疏記されさらに世間に流布することとなったが、その後、法盈により賈曾の序、及び圓暉の疏の自序の解説が作られていることが知られる。圓暉の『倶舍論頌疏論本』の冒頭に置かれているのが一〇四五、八一一七、八一一九の本文に當る部分である。頌疏の序文の原文については、『大正新脩大藏經』乃至『卍續藏經』所收のものを參看できる。ここではそこに見られる主要な語句について略解を施しておくこととしたい。

・**縉紳龜鏡之士** ― この熟語の用例は未確認であるが、「縉紳」は、『漢書』卷四十三末尾の論贊の師古注に見えるように「儒者之服」を言い、「冠帶縉紳之人」（『後漢書』卷七十九「儒林傳」）或いは「縉紳之士」（『宋書』卷六十「王准之傳」）、「縉紳之士、冠帶之倫」（『魏書』「術藝」「張淵傳」）等と表現され、さらに「欽尙文雅、縉紳名流」（『北齊書』卷十八「高隆之傳」）等と記されて明識で人望ある人物を示す語となったものである。「龜鏡」の語については、慧暉と法盈の疏文には次のような解説が見られる。

龜鏡者龜之靈也知龜之吉凶、鏡之明也鑒物像之好醜。言佩縉紳之服、類龜鏡之明故也。（慧暉『倶舍論頌疏義鈔』卷一）

龜鏡者龜曰卜蓍曰筮、皆疑事也。龜可以決疑、鏡可以鑒物。又云、爲龜之靈也知先兆之吉凶、爲鏡之明也鑒物像之好醜。言其佩縉紳之服、類龜鏡之明也。（法盈『倶舍論頌疏序記』）

これらによれば、疑團、吉凶、好醜、眞僞を判つ龜、鏡の靈性に類うものとして縉紳之服が並べ說かれているのがわかるが、序文を口述した圓暉自身は、このような內容をもってこの語を語っていたのであろうか。當代にはこのような解が一般的であり、圓暉自身もそのような意味でこの語を用いた可能性は否定できないが、これらの疏と異なった大谷文書斷片の遺文からは、實際の高位者の裝束としての「縉紳」の語義の一面が滲み出すだけのようである。「龜鏡」の語は、その來源が龜卜や鏡照にあるにしても、例えば、『北史』卷二十二「長孫道生傳」に「此數事者、照爛典章、揚搉而言、足爲龜鏡、…」とあるように、典範、模揩との意味で用いられただけのようにも筆者には思われる。「龜鏡」は「龜鑑」に同じ。なお、河南洛陽の人である賈曾は、睿宗即位時に諫議大夫として仕えており、また當時文才に秀でるものとして携わった制詔に於いても高い評價を受けていたことが、『舊唐書』卷一百九十中「文苑傳」中の本傳等から知られる。崇佛者である賈曾の官歷については、新舊『唐書』、及び唐詩等の記述參照。

・**四相** ― 四人の輔相との意。但し用例は『三國志』卷三十九「蜀志」第九「董允傳」裴松之注所引『華陽國志』の文が最も古いようで、『尙書大傳』「夏書」中に見える「四隣」の語に因んで綴られたものと見える。次項參照。

・**前承後疑、左輔右弼** ― この語句は、『尙書大傳』「夏書」中に見える次文を取りまとめて表記したもの。帝天子の輔弼としての賈曾の存在を說くものと言える。但し原典の「前曰疑、後曰丞」を「前承後疑」と前後の名を變え、「丞」字を「承」と書き記している。

「古者天子必有四隣、前曰疑、後曰丞、左曰輔、右曰弼。天子有問無以對責之疑、可志而不志責之丞、可正而不正責之輔、可揚而不揚責之弼、其爵視卿其祿次國之君也。」(『四庫全書』「尙書」部所收『尙書大傳』卷一、及び『淸經解續編』卷三五四所收の同書も參照)

なお、「前承後疑」(前丞後疑)「左輔右弼」の句については、『漢書』卷八十五　列傳第五十五「杜鄴傳」の師古注に、「左輔右弼、前疑後承」との同樣の用例や、『晉書』卷五十五　列傳第二十五「潘尼傳」に「左輔右弼、前疑後丞」との句例が見えるので、唐代に通行していた表現であることが確認される。

・**大帶**　―　『禮記』卷三十「玉藻」等によれば「大帶」は大夫の用いる素絲をもって作った幅四寸の帶のこと。貴人の用いる帶を言う。

・**執鸞鏡**　―　この句は次句「持龍泉」に對置されたもの。「執」は「持」に同じく手に取り持つこと。「鸞鏡」の語は、劉宋代の范泰(伯倫。范寧の子、范曄の父)の「鸞鳥詩」の序、或いは劉宋代の劉敬叔の『異苑』卷三等に採錄された傳說による語。范泰の「鸞鳥詩序」は、幾分か精粗の差はあるもののほぼ同內容のものが唐の虞世南の『北堂書鈔』卷一百三十六や歐陽詢の『藝文類聚』卷九十、『太平御覽』卷九百十六等に採錄されている。この「鸞鳥詩」、及びその詩序は當時相當に流布した樣子である。鸞鳥の死にまつわる話柄を綴る詩序の文は、「昔罽賓國王結置峻祁之山獲一鸞鳥」「其婦人曰嘗聞」「鳥見其類而後鳴」「懸鏡以映之」「鸞睹形悲鳴」「一奮而絕」とある通り、(雌雄)夫妻同契の素材としてこの鸞鳥を綴るものであるが、法盈の序記には書き出しに「宋寶華泰鸞詩序云」(表記人名に錯誤があるようである)とあり、「罽賓國王網得一鸞」「夫人曰妾聞」「鸞得雙則鳴舞」「以鏡照之」「鸞覩鏡中影」「悲鳴却鏡而死」と見え、遁麟の疏記には次のような異趣の文が記されている。

昔有人見雙鸞舞、持來獻王。在路一死至王不舞。乃問智臣、智臣曰、鸞得雙方舞。因鏡照之。見影成雙鸞、卽便舞。因爲名鸞。

これら范泰の詩序或いはこの他の鸞、鏡にまつわる傳説は、文學表現の具體相を知る上で極めて興味深いものではあるが、圓暉の序文に綴られた「鸞鏡」の語は、物像の眞を映し見るものとしての比喩に用いられたものと見られる。この語に託して、圓暉は、自らの口述する『倶舎論頌疏』を耳にし手にすることが、丁度「鸞鏡」を手に執り眞像を鑑るようなもので、惑わず『倶舎』の眞實を悟り易きこととなる、との意を示したもののようである。なお「執鏡」の語は、『南齊書』巻三十「戴僧靜傳」等に用例が徴される。

・**持龍泉** ―「持」は手に執ること。「龍泉」は劍の名で龍泉劍のこと。『越絶書』「越絶外傳記寶劍」、『史記』巻第六十九「蘇秦列傳」等に「龍淵」とあるのが古名で、唐代高祖の諱を忌避し「龍泉」と記す。ここでの「龍泉」も「龜鏡」と同じく物の眞を斷じるものの比喩として記されている。『史記』「蘇秦列傳」の『集解』の注記に引く『吳越春秋』の文によれば、この劍は吳の鑄工干將の作ったものとされる。また『太康地記』によれば、汝南西平にある龍泉水で燒き入れをした楚の寶劍の名で特に堅利の名劍とされる。龍泉（淵）劍については、『史記』「蘇秦列傳」の『集解』の注記、及び『晉書』巻三十六　列傳第六「張華傳」等にその由來、傳説が詳説されている。

二　『倶舎論頌疏論本』巻二十の斷片　〔Ⅲ　圖⑱〕

『西域考古圖譜』下巻　史料（23）（4）唐人筆蹟（吐峪溝）

1.［　　　］□斷能緣樂根欲［　］／故滅諦所斷不緣樂也［　　　］

2. 色界五□无色界［　　　］諦及修［　　　］

3. 道諦所斷有緣樂識［　］修所斷生得加行善□緣［　］二／類智品道故彼修［　］下第三禪无漏樂根識［　］

4. 根 此上明緣樂□□有十□□□[欲][界]有四[色][界]□□足前 成九无色[界]有二[足]前成十一[更]加[无]□識故□一二也　此隨所應

5. 部色界有爲緣无色界二部及[諸][遍][行]隨眠隨增

6. 眠隨增也欲界四部除見滅斷也色界有爲□「　」□有爲者取五[部] 滅諦下邪見疑无明也緣滅諦邪見等非是緣樂根□[故]須除也无色二[部]

7. 斷謂諦下邪見疑无明是緣樂識此下貪瞋癡等緣[邪]見等起故道諦□ 隨眠隨增也无色修所斷識既緣樂根故修所煩□於緣樂識上隨眠隨[增]

8. 色界苦集下遍行隨眠 緣彼道諦斷樂根識也若復有問言緣緣樂根識復有

9. 解云此問緣樂根 識上隨眠隨增也應觀此識總有十四於前十

10. 集斷取遍行也如是十四識能緣[能]樂根 能 樂

11. 上无色四部除見□[斷]隨眠隨眠 此正□ □□

12. 二[明]□[隨]□

Ⅲ 圖⑱　大谷文書
『倶舍論頌疏論本』
第二十　斷片

この文書斷片[6]は、古態を留める極めて重厚な獨草體（いわゆる草隷）の遺墨である。熟達した筆技を持った僧徒が筆寫したものと見られ、その書態は、偏癖がなく謹嚴でさえもあり、唐代人の筆跡として秀拔なものと評し得る。この斷片は原文と注疏を交互にして書き繼いで行く形をとるもので、被釋語の原文は大字で一行に記し、この原文に關わる注疏をほぼ均等の長さで一行中の雙行に書き込めるように圖りながら小字で記している。この點からすれば、本斷片は上揭一〇四五、八一一七、八一一九の文書斷片の鈔寫形式とは明らかに異なっている。

『西域考古圖譜』にはこの斷片の具體的な内容についての解説や釋文が見られないが、筆者の判讀の結果は上記の通りで、このものが、既述した一〇四五、八一一七、八一一九の斷片に見られる序文の遙か後に連なる大中雲寺沙門圓暉口述の『倶舍論頌疏論本』（『倶舍論頌釋疏』）卷二十の頌文と疏文であることがわかる。この文書斷片の文字の箇々を『大正新脩大藏經』第四十一册所收の原文と校合すると、寫脫字（六行目右行上から六、七字間「有」、同一九字から「彼緣无爲」、七行目右行上から二、三字目「道」）が見られるものの、ほとんどの文字は一致する。書かれる文は、欲、色、無色界における識、根についての分析、解說の部分であり、そこには頌、論、解が提示されている。圓暉口述の『倶舍論頌疏論本』については前項の一參照。

注

(1) 『西域考古圖譜』下卷　經籍（9）に所掲の本斷片について、拙文「西域發見の文字資料―『大谷文書』中の諸斷片について〔二〕（『學苑』第七五三號　二〇〇三年五月）で初めて論考した。こののち、『大谷文書集成』參が刊行され（二〇〇三年十二月）、その中で、この文書は、下記の如く編號されて再收録されている。

八一一七　唐鈔古書斷片　12.0×11.50　〔圖版四六〕

㊢『圖譜』下、經籍（9）（吐峪溝）。裏に「經九」のラベル貼附。

八一一九　唐鈔古書斷片　13.5×11.9　〔圖版四六〕

㊢『圖譜』下、經籍（9）（吐峪溝）。裏に「經九」のラベル貼附。

(2) 但し、當該の釋文には誤釋と思われる部分や疑義がある部位が相當數あるので、これを利用する際には注意が必要と思われる。

(3) 上記の釋文中に「・」を附していないのは、『大谷文書集成』參が刊行される以前に、筆者が初めて釋文を行ったからである。この文書の原文については、筆者の釋文と共に、『西域考古圖譜』所載の寫眞圖版、及び『大谷文書集成』參の寫眞圖版、釋文を幷觀して頂きたい。

(4) 「歲丁大荒洛月□…」の「大荒洛」は、『爾雅』「釋天第八」に、「（歲）在巳曰大荒洛」とあることにより「巳」を示すことが分かるため、この干支紀年は丁巳となり、これに該當する唐代中頃以降の年代がこの紀年と推測可能となるようである。

（5）　但し法盈のものには所々に反切による語の字音表記が見られる。他のものにはこの方式による注記が見られない。法盈のものは遁麟のものよりやや微細である。

（6）　本斷片は、『大谷文書集成』參で、下記の如く編號を附し再收錄してある。

八〇八六　　唐人筆蹟　24.3×18.1　〔圖版四六〕

㊢『圖譜』下、史料（23）－（4）（吐峪溝）。裏打。「史二三－四」のラベル貼附。罫あり。一、三、四、六～九行は罫間に二行ずつ細書す。

第六章　書簡斷片の考證と研究

〔Ⅲ 圖⑱〕

三三七六　寺院文信斷簡　28.2×13.5　〔圖版八三〕

1. 季秋漸涼［
2. 七郎九郎二［　］便［　］萬福職都此(?)
3. 家内並平［　］負崇(?)　寶寺支*啓*功曹打 (**)
4. 千下見禁職都在□(郡カ)［

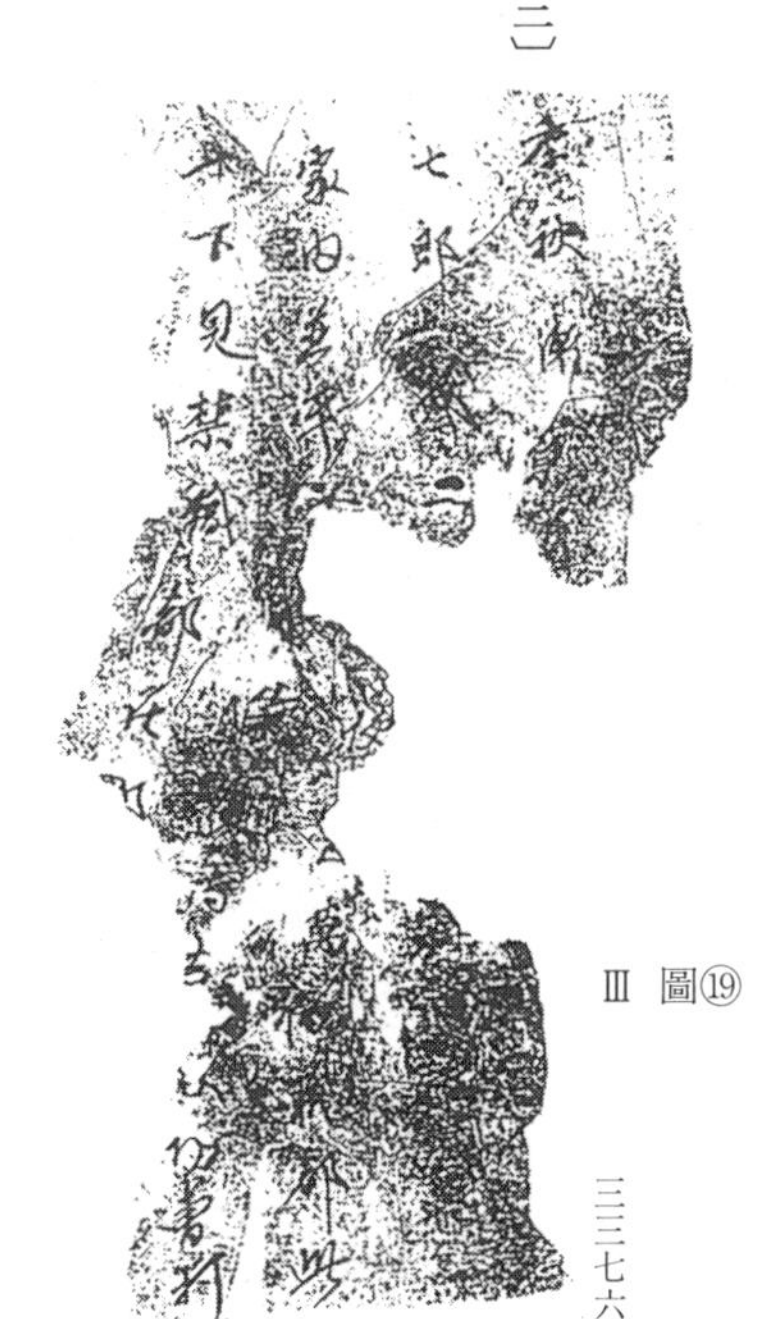

Ⅲ 圖⑲　三三七六

この斷片中に見られる「季秋漸涼」「□□萬福」「家内並平」の辭句は何れも「書儀」（模範書簡文）に多用されるものなので、こうした書儀用語から見れば、この斷片は文信（書簡）關係のものであると推考することができる。

この斷片は斷裂が甚だしいもので、現在辛うじて確認できる文字は、計三十五字のみである。斷片の後半部は、紙質の状態が不良であり、文字判讀の困難な個所が見られる。1の「季秋漸涼」の「季秋」は九月のこと、「漸涼」は「上旬曰漸涼」と記す書儀の語から上旬の意であることがわかる。従ってこの文書は、秋九月上旬の文信となる。2の「萬福」二字の前接部は、缺損があるが、書儀の用字からすれば「動止」の語、つまりこの部位は「動止萬福」を記した部分であると見られる。この下接部の文字は、『大谷文書集成』貳では「部此」と採字されているが、「部」字は寫眞からは判讀が極めて難しい。その上、この「部此」の語では文意も通り難い。書儀の用例などからすれば、「部」と見えるところは「卽」字の癖書、或いは「都」字の亂書、すなわちこの部位は「卽此」或いは「都此」の表記ではないかと思われる。4の第六字目の書體からすれば、「都此」である可能性が高いように見える。3、4の部分には「家內並平」「崇寶寺」「功曹」「禁職」等と言った書儀述語、寺名と覺しき語、官職名が殘存している。しかしこの部分は、埋藏時の環境の變化等によって紙面の皺襞が加わり、斷裂が顯われ、縮曲が深まって文字や行の歪曲の度が增したため、採錄される殘缺の文字からは文書全體の文意を汲掬する手がかりは得られない。

ところが2の部分については、上述の書儀用語以外に「七郎九郎」の語が見える。このことなどからすれば、この文信にまつわる差出人、及び受取人の關係などは、或る種の類推が可能となるようにも思われる。

この「～郎」についての書儀での用例を瞥見することにしたい。次引のものは、敦煌本の京兆杜友晉撰『新定書儀鏡』（P.3637）に收める「婦人書題廿首」中の「與夫書」である。(1)

拜別如昨、炎涼數變、不枉翰墨、無慰馳情。秋中差涼、惟　五郎動靜兼勝、卽此大君大家動止萬福、男女等無恙。未由賓覿、但增馳係。因使、不宣、謹狀。（略）

また、次引のものは、同敦煌本の張敖撰『新集吉凶書儀』（P.2646）中の「妻與夫書」の例である。

拜別已久、馳慕增深、不奉示問、無慰下情。時候、伏惟ム郎（如有位呼之官亦得）動止萬福。卽此ム蒙推免、家內大小並（得）平帖、不審遠地得（德）理如何？願善自保攝、事了早歸、深所望也。未由拜伏、但增馳戀、謹奉狀不宣。（略）

上記二例中の先引の文中の「五郎」は、妻が夫のことを呼ぶ例であると見られる。「大君」は夫の父のこと、「大家」（家の音は「コ」）は夫の母のことを言う。「男女」（「女男」とも言う）は兒女、つまり子供のことを意味している。

後引の文中の「ム郎」は、「某」である。文中の「ム郎」については、割注で「位のある場合はその官位を稱してもよい」と説明されている。すなわち、夫のことでありながら、官位を稱することもあり得るとされている。この二種の書儀は、用語の面において幾分の異同が見られるものの、兩者共に敦煌本『書儀』に見られる範例の少ない「妻與夫書」、即ち妻から夫への模範文信類である。

ところで、引例の書儀中の「五郎」「ム郎」と大谷文書斷片中の「七郎九郎」の内容は異なるように見える。唐代に於いても、自子を「郎」で呼稱することはなかったようであり、「郎」は、女性、妻、僮僕、臣下等が、それぞれ、戀人の男性、夫、主人、君主等を指す語として用いていることが知られる。[3] ここで「五郎」「ム郎」が妻からした夫の呼稱である點を顧慮すれば、「七郎」「九郎」は二名列記されていることからしても、夫一人とは爲し得ないものの、夫、及び夫の弟（或いは夫の兄弟等）と見做し得る餘地は殘されているように見える。

大谷文書斷片は、上引の二例とは文言、内容上十全に一致するわけではないが、しかし、その述語なり、形式などから見れば、この種の書儀の範例に從って書き上げた文信であるように想像される。3の「家内並平」などの語を併せて判斷すれば、大谷三三七六斷片は、某女子が初秋の九月上旬に、崇賓寺や郡功曹等に係わる背景をもって、遠隔地にいる夫、夫弟（或いは夫弟達か）に與える書簡（某女になり替わったものが代筆していることも考えられる）と見ることも可能となるように思われる。

なお、大谷文書三九〇八、三九〇九號（圖版八四）の接合文書は、「文學關係文書」と注記されているが、[3] 冒頭にある書儀用語の「冬季極寒」などからすれば、これもまた文信關係のものと見られる。殘存文字の「闍梨」の語から判斷すれば、この斷片は某和尚に宛てた文信である可能性が高い。

注

（1）この文書については、趙和平『敦煌寫本書儀研究』（敦煌叢刊二集之一　新文豐出版公司　中華民國八二年四月）所收の釋文（三一四、五三五頁）によった。

（2）蔣禮鴻『敦煌變文字義通釋』（第四次增訂本）上海古籍出版社　一九八八年九月　一二～一五頁參照。なお、親しい官人間で「郎」を用いる事例と、家僮、主人間で主人の呼稱として「郎」を用いる事例が、『大唐新語』卷之二「剛正」第四に記されている。

（3）この三九〇八、三九〇九兩斷片について、『大谷文書集成』貳の釋文の部では、上記の如く「文學關係文書」と注記されている。しかし、その圖版目次の「11　文學關係文書」下では圖版八三、八四として「文信關係文書斷片」と分類、表記されている。

むすびに

以上のように大谷文書のやや大きな遺墨中から新たに『太公家教』、「賀幸溫泉賦」、『千字文』、「自論書」、及び『兎園策府』の各文書が檢出でき、また零細な斷片の中からも經典である『詩經』『論語』『孝經』『爾雅』に關するものと、佛典疏義、注疏である玄應『一切經音義』、圓暉『俱舍論頌疏』にかかわるものを特定し、その抄文の同定と文書の性質の闡明を果たすことができた。また、不分明であった書簡文書についても書儀的な内容を確認し表現や辭句について檢討を進めることができた。

大谷文書は將來されて以來、約一世紀の歲月が經過しようとしている。この間に、これらについての内容の解明や研究などが著しく進展している。しかし大谷文書の大半が、斷裂の碎片である上、出土地不明のものが多いため、特に「性質不明文書」「文學關係文書」などの細碎文書の研究は必ずしも進陟していないのが現狀である。昭和四十年代にこれらのものに着目して研究成果を公表した先學もおられる（小笠原宣秀「中世西域官人の教養について」『龍谷大學論集』第三八三號　昭和四十二年三月）。しかし當時は、例えば、西域官人の教養などについて論考する上では格好な材料ともなり得る三五〇四、三五〇七號などの文書については分明にされてはいなかったのである。

本論を通じて、トルファン地區の下級官人、學生、幼童などが、『千字文』のみに限ることなく、また王羲之書にかかわる法帖、論書等も、『太公家教』の如き童蒙教訓書や「駕幸溫泉賦」等の辭賦文學書も、學習の素材として使用していたことが明確になった。『吐魯番出土文書』ではその存在が未だ報告されない『太公家教』「駕幸溫泉賦」『兎園策府』の如き文書が、大谷文書中に確認されたことは意義あることと思われる。さらに、大谷文書に包攝される抄寫內容の多樣性を證す『孝經注』、及び玄應『一切經音義』などの存在が確認されたことも、また『爾雅注』と『俱舍論頌疏論本』序文疏解に關して文書の將來地、すなわち出土地の問題から言えば、本文で言及した通り、『西域考古圖譜』（下卷）所揭の斷片と『大谷文書集成』壹 所收の出土地不詳とされる斷片の一連性を確認し得たため、この兩文書が『西域考古圖譜』で表記される「吐峪溝」所出の斷裂片であることを考定できたことも西域出土文書研究上には意義あることと思われる。この第Ⅲ部は、西域出土文書の釋錄と解析をささやかに試みたものであるが、本文で西域地方の文字文化の實像や教學の實態が多少なりとも解明できたように思われる。

第Ⅳ部　大谷文書中に見られる佛典・道書斷片——吐魯番出土の遺文

はじめに

先の第Ⅲ部では、日本に將來されてのち百年を閲する大谷文書の中から、內容未考定の斷片を主として、文學、及び經書關係の遺文を検出し、論述を行ったが、『大谷文書集成』等所收の碎片文書群を詳考する過程で、さらに多數の碎片文書群から佛典を主とする各種の遺文を確認し得た。ここでは、その中の主要なものを抽出し、校異等を附してその記述を行うこととする。記述にあたっては、先ず斷片內容の同定から始め、その斷片の文字と傳世本の文字との異同を校覈し、また錯誤を含む『大谷文書集成』（以下、『集成』と略す）の釋文を補訂して、出來得る限り正確な釋文を提示することをこころがける。なお、『集成』貳と續刊の『集成』參[1]に別々に收載されている同一文書斷片と見られるものについても追究を試み、その一部については文書名の再同定をも行うこととする。

大谷探檢隊が將來した各種の文書のうち、殊に佛典、道書關係の遺文は、頭初「特に重要と認めて拔選したもの[2]」が『西域考古圖譜』に載出され、專門諸家の研究對象となり、斷續的な研究を生むこととなった。例えば、昭和五十五年七月に『西域出土佛典の研究[3]』といった研究成果が公表されたのもこの結果の一部であった。

その後、大谷文書中の殘缺遺文の大半が「佛經斷片」「佛教關係文書斷片」等の名のもとに『集成』壹、貳、參の各冊に收錄され、公刊されるに及んだ。このため、今日では、大谷探檢隊が西域から將來したほぼ全ての文字資料の姿が詳知できるようになった。

ところで、この『集成』を通覽すると、その壹、參[4]に比べて、貳には零細文書が最も多く收載されている。これらは、籍帳、官廳文書、土地制度關係文書等で判明するもの以外は概ね内容が不分明な斷片であるため、「佛書斷片」「性質不明文書」等と表示されている。ただし、「佛書斷片」と表記されてはいても、そこでは、如何様な佛書なのか、正確な典籍名の確認はなされてはいない。というのも、これらが碎片に過ぎず、また偏癖に富む行草體遺墨をかなり多く含むからでもあろう。原文字の判讀の困難さが、抄寫原據の追究を阻んでいるかに見えるところがある。

本第Ⅳ部は、こうした「性質不明文書」「佛書斷片」と判斷された殘片を中心に、遺文の原據の究明を試みるものである。

第一章　佛典斷片の考證と研究

第一節　佛典斷片の校窽と補訂

一　『御注金剛般若波羅蜜經宣演』の諸斷片

『集成』貳に收載される遺文の中に一連の行草體書寫の文書群が見られる。これらのものは、數十點にも上るが、圖版六八～七〇に集中して所載される十三點のもの、及び圖版八六に所揭される二點、圖版所揭のないもの一點、計十六點[5]は、今回原據を特定することが出來た遺文の一部である。これらは、その內容、書體などから、同一寫本の斷裂したものであると推考できたため、これを総体的に追究することとなった。その結果、これらが唐の沙門である道氤の集とされる『御注金剛般若波羅蜜經宣演』卷二（以下『宣演』と略す）の遺文であることを確認し得たのである。本遺文の書態は、初學者の幼稚な書とは比較にならず、秀麗であり、練達者が速寫していることが想像される。教授者の立場をもつ僧侶が抄寫したものとも見られる。

『宣演』は『金剛經宣演』とも稱され、唐の玄宗期に成立したとされる佛典の注疏である。中國、朝鮮の大藏經などには收錄を見ないが、日本の『大正新脩大藏經』巻第八十五「古逸部　敦煌寫本類」に、敦煌本のP. 2173本（上巻）、及びP. 2132本（下巻）がそれぞれ收載されている。これら敦煌本と大谷本の兩者を校讀すれば、大谷本の諸斷片はP. 2132本、すなわち『宣演』巻下の前半部分にあたることがわかる。敦煌本は「演曰」、「經」の前にそれぞれ崇敬表示のための空格、乃至本文、注疏の別を分明にするための空格と思われる一文字分の空きが見られる。大谷本の三二五三と三二六三にも「演曰」の文字が確認できるが、その前に缺字があるため、「敬空」の様子がわからない。しかしながら「經」の前に一文字分の空きが確認できる。從って大谷本の書寫形式は敦煌本と同樣で、空格をもつ形式に沿って經文等が書寫されたものであると推測可能である。

なお、大正藏所收のものは敦煌本P. 2132本から轉寫されたものとされるが、しかし何故にか兩者に異同が見られる。例えば、大谷本三二七〇の一行目とそれに對應する敦煌本P. 2132、及びこの敦煌本を活字化した大正藏本を表示すると次の通りとなる。

然[燈]（大谷本三二七〇）
然燈（敦煌本P. 2132）
燃燈（大正藏巻八十五 33a）

大正藏は恐らくは轉寫する過程で文字の補訂を行い、こうした形としたものなのであろう。このような實態があるので、筆者は、下記の通り大谷本をP. 2132本[6]と直接的に校勘した上で、大正藏との文字の異同の確認をも行った。

二　『大方便佛報恩經』等の同種斷片の再確認

『集成』貳所收の遺文中で今回原據が同定された斷片のうち、『集成』參所收遺墨と一連のものと確認できたものがある。これらは次記の二組のものであるが、その各組の各々は同一のものの斷裂した部分であることは書態、内容上疑念をさしはさむ餘地がない。

三二七五（裏）　大方便佛報恩經　卷四　『集成』貳　圖版七八
五四一六（A）　大方便佛報恩經　卷四　『集成』參　圖版五五

三二八四　　　佛遺教經　卷一　『集成』貳　圖版七九
五一一五（AB）　佛遺教經論　卷第一　『集成』參　圖版五〇

また、次記のものは筆體が同一ではないが、同種の原典を抄寫した可能性があるものと見られる。

四三八五　羯磨　一卷（或いは『宗四分比丘隨門要略行儀』）　『集成』貳　圖版七五
四九二八　宗四分比丘隨門要略行儀　『集成』參　圖版五〇

ここでこれらの各組の遺文を小述しておくことにする。第一組の兩斷片は、それぞれ『集成』貳と參に收載されているが、その書寫内容、書體等から判斷すれば、兩者は一連のもので共に後漢無名氏譯出の『大方便佛報恩經』卷四の斷片であることがわかる。『大正新脩大藏經』卷三「本緣部」No.156、143c に收錄されるものと同文である。

第二組の大谷三二八四については、『集成』貳の釋文注記では「道教關係文書斷片」とされているが、これは『佛垂般涅槃略說教誡經』（又、『佛遺教經』、或いは『遺教經』とも略稱す。以下『佛遺教經』と記す）卷一を書寫した斷片であることが確認できた。また、この斷片は、『集成』參所收の大谷五一一五（AB）と同一文書の斷裂したものであることが新たにわかった。大谷五一一五（AB）斷片は、殘存文字が僅か十二文字の極小斷片であり、殘存文字からの内容追究は困難な一面がある。このため『集成』參では、これを「遺教經論　卷第一」と判斷している。ところが、大谷三二八四斷片は、『佛遺教經論』ではなく、『佛遺教經』そのものであることが知られる。これは、その斷片の後半の四、五行目の文字を殘すものである。因みに、その斷片を記しておく（・は、筆者が補訂した個所）。

1. ［　］恥・无・□［　］
2. ［　］有・愧・之人則有・［　］
3. ［　］□・不相異也［　］
4. ［　］支・解・當自・［　］
5. ［　］惡・言・［　］

上記の1、2、3行の文字は『佛遺教經』にも『佛遺教經論』にも見られるが、4、5行の部分は1、2、3行に直接接續する形としては『佛遺教經』にしか確認できない。このため、大谷三二八四は、『佛遺教經』を書寫した斷片であると判斷される。『集成』參所收の大谷五一一五（AB）斷片は、上記のような狀況からして、『集成』參で注記する「天眞菩薩造陳眞蒂譯」の『佛遺教經論』ではなく、後秦龜茲國三藏鳩摩羅什譯の『佛遺教經』の一部であると考定可能である。

第三組目の下の斷片については、『集成』參では、「羯磨　一卷」と注記されているが、これについては、なお檢討する餘地があると思われる。確かに『羯磨』にも『宗四分比丘隨門要略行儀』と類似するものも見られる。しかしながら、大谷四九二八斷片は、『羯磨』卷一ではなく、『宗四分比丘隨門要略行儀』卷一である決定的な證據がその斷片の最後尾の行（第六行目。この行は小字で書かれており、次行と併せて雙行注書の部分と見られる。）に存在している。因みに記せば、

［　］□明文先須差具［　］（「差具」、『集成』參では「若是」と誤釋される）

といった文字である。これらの文字は『羯磨』卷一には見られないのである。『集成』參所收のこの遺文の注記では「羯磨一卷は五行目まで」と記しており、第六行目にあたる「明文先須差具」の句の説明が見られない。しかし、この「明文先須差具」の句も含めて、大谷四九二八斷片にあるすべての文字が『宗四分比丘隨門要略行儀』卷一の中に確認できる。從って、大谷四九二八斷片は、『宗四分比丘隨門要略行儀』卷一の斷片であると判斷してよいものと思われる。また大谷四九二八斷片と用語上同樣な、『集成』貳に收錄されている大谷四三八五斷片も、この原典とかかわる斷裂片で、兩者は共に『宗四分比丘隨門要略行儀』卷一の書寫斷片であることと推測される。

ところで、『宗四分比丘隨門要略行儀』については、歷代の大藏經に收錄されず、敦煌本から P. 3229、S. 0270、S. 3040、S. 8351v[7] の四點ほどの殘卷が確認される程度である。『大正新脩大藏經』卷八十五 655b に「古逸部　敦煌寫本類」としてそれらを收載している。敦煌諸本は何れも殘卷であるため、譯疏者未詳であるが、その殘存の內容から見れば、『羯磨』等の注疏であり、當時かなりの範圍で學習されていたもののようである。因みに、日本の平安初中期に入唐した天臺僧の中に、例えば、慈覺大師圓仁や智證大師圓珍らが唐より歸朝した折に朝廷に報じた將來目錄中[8]にはこの書名が分明に記されており、當時比丘の日常生活に不可缺な律や行儀の具體相を學び身につけるテキストとしての性格が尊重されていたことが推測される。

三　『華嚴經隨疏演義鈔』『南陽和尚問答雜徵義』の斷片

『集成』貳所收圖版七二中の文書三二二一と同書圖版六九中の文書三二六一は、前後に接合することが書寫の筆態から推測されたため、これを左右に接合配列したところ見事に斷裂した文字の線が一致した（Ⅳ 圖㉔・⑨參照）。この文書は、『華嚴經』の内容を疏解した演義を更に參考に講解したものを筆記しているようである。ところどころに『大方廣佛華嚴經隨疏演義鈔』の文が引かれ、また「大乘」「大性」「境」「淨心行」「二利行」「萬事」「本事」「四淨心」「方便善巧」「六時大性」「行大性」「果報大性」「彼岸」「此岸」などの述語が記されて論釋、解説されている。第一〇行目に「□□猒文繁略而不述」（文の繁を厭い略して述べない）といった句が見られるのも、講解、講述のさまを如實に示し傳えるもののようである。この二斷片は、今回初めてその接合を確認し得たもので、當時の講經疏述の實態を證かす貴重な資料である。

ところで、『集成』貳所收の圖版八〇に三三三〇と編號された小斷片〔Ⅳ 圖㊸〕がある。この小片は「道教典籍斷片」と記す僅か4×5.5センチの殘缺であるが、これは、唐の南陽和尚こと荷澤神會禪師が口述し、前唐山主簿とされる劉澄（傳記未詳）が集録した語錄集である『南陽和尚問答雜徵義』（『荷澤神會禪師語錄』とも稱される）を書寫した斷片であることがわかった。

↑接合部

Ⅳ 圖 參考 『華嚴經隨疏演義鈔』二斷片の接合（Ⅳ 圖㉔+⑨）

この『南陽和尚問答雑徵義』は、『入唐新求聖教目錄』等に記述されていたが、[9] その内容が長く知られなかった。こうした中で、胡適氏が、一九二六年に敦煌本からその存在を確認し得てようやく世間に知られるようになったものである。[10] 敦煌本については、現在までに確認されているのは、S.6557、P.3047、石井光雄本[11]の三點の殘巻である。このうちS.6557のみには、集錄者劉澄の序文の後半部が殘されている。今その部分を『英藏敦煌文獻』⑪より抄記しておきたい（斷句は筆者、／は寫本原文の改行箇所を示す）。

（前缺）

教弥法界。南天紹其心契、東國頼為正宗。法不虛傳、必有／㪽寄。南陽 和尚、斯其盛焉。稟六代為先師、居七數為今／教。嚮慼如帰父母、問請淡於王公。明鏡高懸、鬚眉懷醜／。海深不測、洪湧澄漪。寶偈妙於貫花、清唱頓於圓果／。貴賤雖問、記錄多忘。若不集成、㤥無遺簡。更訪得者／、遂綴於後。勒成一卷、名曰問答雑徵義。但簡兄弟、餘無／預焉。　　前唐山主簿劉澄集……

上記の文中で施線した部分は、大谷三三三〇本の殘存個所にあたる。「海深不測」の句は大谷本では「海宗不測」となっている。「宗」は恐らく「深」字の誤寫であろう。大谷本は僅か十三文字の殘存に過ぎない小斷片ではあるが、吐魯番出土文書の中から初めて確認された、『南陽和尚問答雑徵義』の書寫斷片として極めて重要な意味をもつものと思われる。

第二節　佛典斷片の釋文と校異

ここで、『集成』壹、貳の收錄遺文を中心に、新たに原典の確認できた文書斷片を、文書番號順に一覽表化して下記しておくことにする。また、こののちに、同一文書で斷裂したものを、原文の内容（前後順）に従って、〈同一經典寫本斷片の原文順一覧〉として附記した。なお、内容上、一致する文書であっても同一寫本の斷片と認められないものについては、別個に扱うこととした。

〈文字内容を同定した寫經斷片一覧〉

『大谷文書集成』壹

1．諸經要集　卷十八　一五四七　圖版一一三
2．大般若波羅蜜多經　卷五七〇　一五四八　圖版一一三
3．大般若波羅蜜多經　卷五七〇　一五四九　圖版一一三
4．放光般若經　卷十一　一五五〇　圖版一一三
5．大般涅槃經　卷二十四　一五五一　圖版一一三
6．大般涅槃經　卷二十四　一五五二　圖版一一三
7．大般涅槃經　卷二十四　一五五三　圖版一一三

『大谷文書集成』貳

8．無明羅刹集　卷上　三一七八　圖版六八
9．大方廣佛華嚴經隨疏演義鈔　卷十六　三三二二　圖版七二　24と接合
10．倶舍論頌疏論本　卷二十六　三三二四　圖版七二

11. 俱舍論頌疏論本　卷二十六　三二八　圖版七二
12. 御注金剛般若波羅蜜經宣演　卷二　三三〇　圖版なし
13. 御注金剛般若波羅蜜經宣演　卷二　三三七　圖版六八
14. 俱舍論頌疏論本　卷二十六　三三八　圖版六八
15. 俱舍論頌疏論本　卷二十六　三三九　圖版六八
16. 瑜伽師地論　卷七十八　三五〇　圖版六八
17. 大般涅槃經　卷六　三五二　圖版六八
18. 御注金剛般若波羅蜜經宣演　卷二　三五三　圖版六八
19. 御注金剛般若波羅蜜經宣演　卷二　三五六　圖版八六
20. 御注金剛般若波羅蜜經宣演　卷二　三五七　圖版八六
21. 御注金剛般若波羅蜜經宣演　卷二　三五八　圖版六八
22. 御注金剛般若波羅蜜經宣演　卷二　三五九　圖版六九
23. 御注金剛般若波羅蜜經宣演　卷二　三六〇　圖版六九
24. 大方廣佛華嚴經隨疏演義鈔　卷十六　三六一　圖版六九　9と接合
25. 御注金剛般若波羅蜜經宣演　卷二　三六二　圖版六九
26. 御注金剛般若波羅蜜經宣演　卷二　三六三　圖版六九
27. 御注金剛般若波羅蜜經宣演　卷二　三六四　圖版六九
28. 俱舍論頌疏論本　卷五　三六五　圖版六九

29. 御注金剛般若波羅蜜經宣演　卷二　三一六六　圖版七〇
30. 御注金剛般若波羅蜜經宣演　卷二　三一六七　圖版七〇
31. 御注金剛般若波羅蜜經宣演　卷二　三一六八　圖版七〇
32. 御注金剛般若波羅蜜經宣演　卷二　三一六九　圖版七〇
33. 御注金剛般若波羅蜜經宣演　卷二　三一七〇　圖版七〇
34. 瑜伽師地論　卷七十八　他　三一七一　圖版七〇
35. 大方便佛報恩經　卷四　三一七五（裏）　圖版七八
36. 佛遺教經　卷一　三一八四（表）　圖版七九
37. 佛說灌頂經　卷十二　三三〇四　圖版七二
38. 無垢淨光大陀羅尼經　卷一　三三〇六　圖版七〇
39. 大唐內典錄　卷一　三三〇九　圖版八五
40. 佛說彌勒下生成佛經　卷一　三三一二　圖版七九
41. 續集古今佛道論衡　卷一　三三一五　圖版七九
42. 大般涅槃經　卷三十一　三三一八　圖版八五
43. 南陽和尚問答雜徵義　三三三〇　圖版八〇
44. 妙法蓮華經　卷三　三三五二　圖版七二
45. 妙法蓮華經　卷三　三三五三　圖版七二
46. 羅云忍辱經　卷一　三九九二　圖版七三

47．千手千眼觀世音菩薩廣大圓滿無碍大悲心陀羅尼經　卷一	四〇五八	圖版七一
48．梁朝傅大士頌金剛經　卷一	四一九六	圖版七四
49．楞伽阿跋多羅寶經　卷四	四三六五	圖版七五
50．羯磨　卷一	四三八五	圖版七五
51．佛說灌頂經　卷十二	四三八六	圖版七五
52．肇論　卷一	四三九二	圖版七五
53．四分律　卷四十八	四三九三	圖版七五
54．佛說七千佛神符經　卷一	四三九七	圖版八〇
55．妙法蓮華經　卷二	四四〇八	圖版七六
56．佛說護諸童子陀羅尼經　卷一（或いは『法苑珠林』卷六十）	四四二一	圖版七一
57．阿毘達磨藏顯宗論　卷十四	四四四一	圖版七六
58．千眼千臂觀世音菩薩陀羅尼神咒經　卷二	四四四二	圖版七六
59．佛頂尊勝陀羅尼經　卷一	四四四四	圖版七六

『大谷文書集成』參

60．御注金剛般若波羅蜜經宣演　卷二	四七五七	圖版なし

〈同筆文書群の經典原文順一覽〉

御注金剛般若波羅蜜經宣演　卷二

①　三二五七　〔圖版八六〕
②　三二五八　〔圖版六八〕
③　三二五三　〔圖版六八〕
④　三二六四　〔圖版六九〕
⑤　三二七〇　〔圖版七〇〕
⑥　三二三七　〔圖版六八〕
⑦　三二三〇　〔圖版なし〕
⑧　三二五九　〔圖版六九〕
⑨　三二六七　〔圖版七〇〕
⑩　三二六二　〔圖版六九〕
⑪　三二六三　〔圖版六九〕
⑫　三二六〇　〔圖版六九〕
⑬　三二六八　〔圖版七〇〕
⑭　三二六九　〔圖版七〇〕
⑮　三二五六　〔圖版八六〕

倶舍論頌疏論本　卷二十六

①　三二三九　〔圖版六八〕
②　三二二八　〔圖版七二〕
③　三二二四　〔圖版七二〕
④　三二三八　〔圖版六八〕

妙法蓮華經　卷三

①　三三五三　〔圖版七二〕
②　三三五二　〔圖版七二〕

大般涅槃經　卷第二十四

①　一五五二　〔圖版一一三〕
②　一五五一　〔圖版一一三〕
③　一五五三　〔圖版一一三〕

大般若波羅蜜多經　卷五七〇

①　一五四八　〔圖版一一三〕
②　一五四九　〔圖版一一三〕

大方廣佛華嚴經隨疏演義鈔　卷十六

⑯ 三二六六 〔圖版七〇〕 ① 三二二二 〔圖版七二〕接合斷片

⑰ 四七五七 〔圖版なし〕 ② 三二六一 〔圖版六九〕 〃

〈文字内容を同定した寫經斷片の釋文・校異〉

1 諸經要集 卷十八 〔Ⅳ 圖①〕

一五四七 胡漢兩語文獻 15.5×9.6 〔圖版一一三〕

佛典四行、罫あり。紙背にウイグル字二行。二紙貼合し、二紙は紙質が異なる。原註・吐魯番喀楓和卓、漢第六。

1. ［　］時坐爲子不孝
2. ［　］上不接其下［朋］［友］不
3. ［　］賞不以 其 齒 朝
4. ［　］期度不信三尊煞

西明寺沙門釋道世集

大正藏五四［事彙部］No2123 172b 原話は『佛說罪業應報教化地獄經』（大正藏十七［經集部］No724 452a）によるもの。『法苑珠林』第六十七（大正藏五十三［事彙部］No2122 797b）にも同文が引か

一五四七

Ⅳ 圖①

れる。

【校異】2上－大正藏「君」、接－大正藏「敬」　3賞－大正藏「黨」　4期－大正藏「其」、煞－「殺」

2　大般若波羅蜜多經　卷五七〇　〔Ⅳ 圖②〕

一五四八　佛書斷片　11.3×6.5　〔圖版一一三〕

1.即[　　]
2.白佛言世尊何緣[　　]
3.子言此寂勝天巳□[　　]
4.□[　　]佛所脩行[　　]
5.[　　]若波羅蜜[　　]

三藏法師玄奘奉詔譯
大正藏七〔般若部〕No.220　943c～944a

【校異】3寂－大正藏「最」

3　大般若波羅蜜多經　卷五七〇　〔Ⅳ 圖③〕

一五四九　胡漢兩語文獻　15.2×3.3　〔圖版一一三〕

佛書斷片二行、罫あり。紙背にウイグル文字一行。
原註・吐魯番喀喇和卓、漢第二。

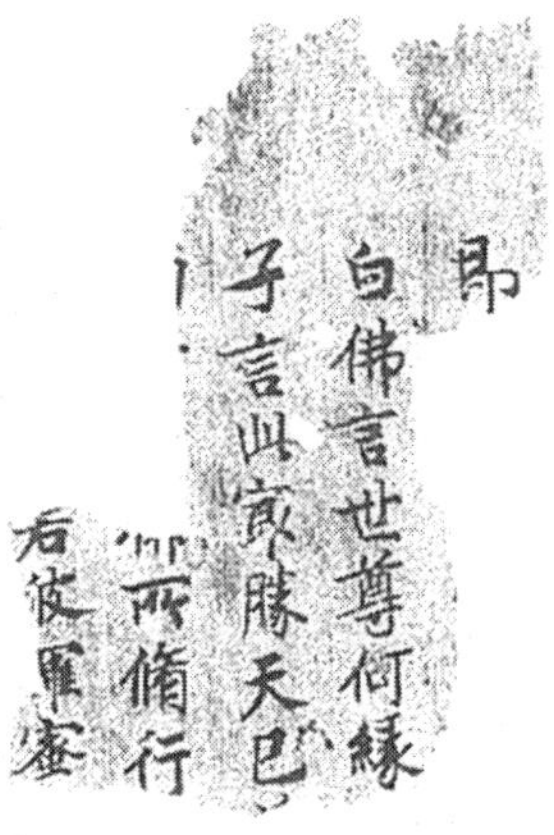

一五四八

Ⅳ 圖②

1. ［　　］□□□□天王領・自天□［　　］
2. 縛等各持種種上妙供具供□［　　］

【校異】大正藏と異同なし

4　放光般若經　卷十一　〔Ⅳ 圖④〕

一五五〇　胡漢兩語文獻　12.5×10.5　〔圖版一一三〕

佛書斷片六行。上質紙。紙背にウイグル文四行。

原註・喀喇和卓出土、漢第二。

1. ［　　］□深・如來從［　　］
2. ［　　］慧住於相聚於般［　　］
3. ［　　］若波羅蜜者是諸佛［　　］
4. ［　　］□藏・成阿耨多羅［　　］
5. ［　　］行逮諸法相逮・［　　］
6. ［　　］□者形之□［　　］
7. ［　　］■［　　］

西晉于闐國三藏無羅叉奉詔譯

大正藏八〔般若部〕No.221　77c

【校異】大正藏と異同なし。7行目末はウイグル文字。

一五四九

Ⅳ 圖③

一五五〇

Ⅳ 圖④

5　大般涅槃經　卷二十四　〔Ⅳ圖⑤〕

一五五一　佛書斷片　10.5×7　〔圖版一一三〕

1．［　］□［　］
2．［　］□[飢]渇苦・惚[之]［　］
3．故於未來世成佛［　］
4．[婬]・瞋・恚癡心一[切]［　］
5．［　］□□□□[訶]・［　］

北涼天竺三藏曇無讖譯
大正藏十二〔涅槃部〕No.374　507a～b

【校異】2惚－大正藏「惱」

6　大般涅槃經　卷二十四　〔Ⅳ圖⑥〕

一五五二　佛書斷片　10.5×7.2　〔圖版一一三〕

1．［　］[提][度][衆]生故［　］
2．□一[切]衆生[共][之]［　］
3．大勢力獲・大[神]・[通]・［　］
4．［　］来世成佛之[時]［　］

一五五一

Ⅳ 圖⑤

Ⅳ 圖⑥

【校異】3通—この文字は、紙の斷裂により原位置が動き、90度左に折れ上り、「神」字の左下と次行「時」字の右上の間に横轉している。

7　大般涅槃經　卷二十四　〔Ⅳ圖⑦〕

一五五三　佛書斷片　6×4.3　〔圖版一一三〕

1. □
2. 圡常有
3. 聲以是□

【校異】2圡—大正藏「土」

8　無明羅刹集　卷上　〔Ⅳ圖⑧〕

三一七八　佛教關係文書斷片　12.5×6.5　〔圖版六八〕

紙背にも文字あり。

1. □智慧藥□（禪？）□
2. □葉等煩惱胥熾火以窮？
3. 之病以智慧鉤ㄷ磨訶迦葉
4. □□□□□□

失譯人名　附秦錄

三一七八

Ⅳ 圖⑧

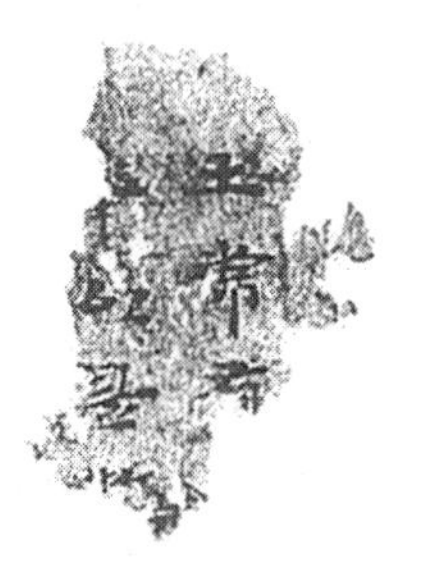

一五五三

Ⅳ 圖⑦

大正藏十六［經集部］No.720　850b～850c

【校異】2等－大正藏「等」、惱－大正藏「惱」、窮－大正藏「智」　3以智慧－大正藏「以此智」、磨－大正藏「摩」　本文書は、三一七八の［A面］である。［B面（紙背）］については、『集成』貳に釋文が收載されているが、圖版の掲載はない。複數の天女名が列記されている部分のようであるが、未確認のため、［A面］のみを採錄した。

9　大方廣佛華嚴經隨疏演義鈔　卷十六　及び語釋　〔Ⅳ 圖⑨〕

三二二二　佛書斷片　10×10　〔圖版七二〕

1. ［　］□□滯又能・□［　］
2. ［　］［自］初是大乘者義・由未［　］
3. □十一時兩論・釋・［對］大乘爲［　］
4. ［　］［法］大性彼・云境大性儀［　］
5. ［　］□由淨心行二利行故三［　］
6. ［以］我故四淨心大性彼・名［　］
7. ［　］［性］［彼］・［名］・方便［善］・［爲］［　］
8. ［　］［大］［性］［　］

唐清涼山大華嚴寺沙門澄觀述

大正藏三十六［經疏部］No.1736　119a に一部が見られる。

【校異】5の全文字、及び6の判讀可能文字の第四字までが、『大方廣佛華嚴經隨疏演義鈔』卷十六の本文中に確認できる。なお、本章 第一節の三も參照。

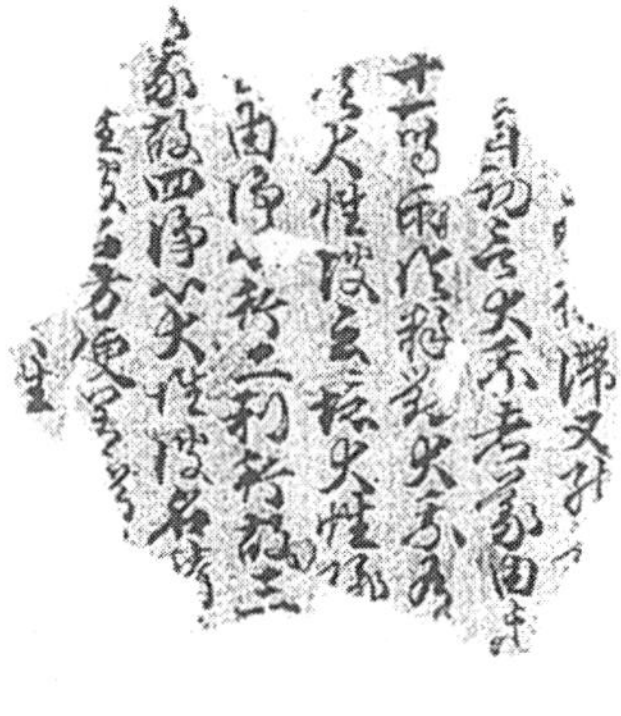

三二二二

Ⅳ 圖⑨

10　俱舍論頌疏論本　卷二十六　〔Ⅳ 圖⑩〕

三三二四　佛書斷片　7.5×7.5　〔圖版七二〕

1.［　　］心知［　　］
2.［　　］緣擇滅唯是［　　］
3.［　］法故不知色故［　　］
4.［　］相緣論云如是［　　］

中大雲寺沙門圓暉述
大正藏四十一［論疏部］No.1823　961a～c
【校異】大正藏と異同なし

11　俱舍論頌疏論本　卷二十六　〔Ⅳ 圖⑪〕

三三二八　佛書斷片　8×7　〔圖版七二〕

1.［　］通三界身皆得起
2.［　］當辨念住□頌曰
3.［　］□智通四
4.［　　］心智後

【校異】大正藏と異同なし

三三二四

Ⅳ 圖⑩

三三二八

Ⅳ 圖⑪

12　御注金剛般若波羅蜜經宣演　卷二　〔Ⅳ 圖⑫〕

三二三〇　佛書斷片　8×7　〔圖版掲載なし〕

1. ［　］□［　］
2. ［　］門此云淨行[據]［　］
3. ［　］義　演曰［　］

敕隨駕講論沙門道氤集

大正藏八十五〔古逸部〕〔敦煌寫本類〕No.2733　26a～36a

【校異】大正藏と異同なし。※この斷片については、龍谷大學の小田義久先生のご教示と寫眞圖版のご提供を賜った。

13　御注金剛般若波羅蜜經宣演　卷二　〔Ⅳ 圖⑬〕

三二三七　佛教關係文書斷片　9.9×9.4　〔圖版六八〕

4. ［　］□理於[故]□［　］
5. ［　］[證]得故但蒙[遠]・［　］
6. ［　］本有如來此・[中]・［　］
7. ［　］[云]・儒童梁本[云]・［　］
8. ［　］[經]・何以故□［　］

【校異】1理於故－P.2132本（以下「P本」と稱す）、大正藏「於理故」

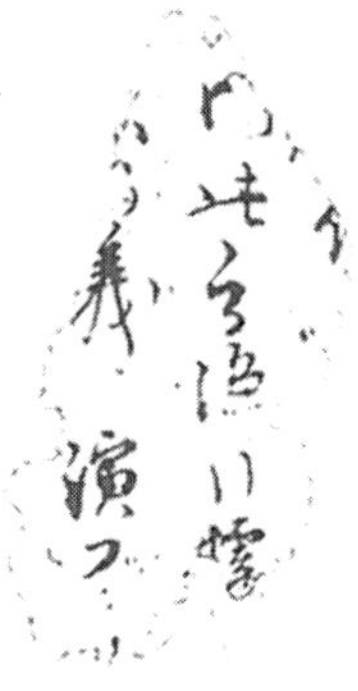

三二三〇

Ⅳ 圖⑫

三二三七

Ⅳ 圖⑬

14　倶舍論頌疏論本　卷二十六　〔Ⅳ 圖⑭〕

三二三八　佛教關係文書斷片　10.5×10.7　〔圖版六八〕

1. ［　　］幾智［
2. ［　　］互相緣法□［
3. ［　］□曰諸智互相緣法類［
4. ［　］類智能緣九智除法智［
5. ［　］二者苦集二智一〃能緣［
6. ［　］智也四皆十滅非□［
7. ［　　］智□［

【校異】大正藏と異同なし

15　倶舍論頌疏論本　卷二十六　〔Ⅳ 圖⑮〕

三二三九　佛教關係文書斷片　10.7×9.4　〔圖版六八〕

1. ［　］□本論說故彼［
2. ［　］□曰能分別謂非故［
3. ［　］緣故有是處有是事［
4. ［　］□於非常等［　］相外言別［

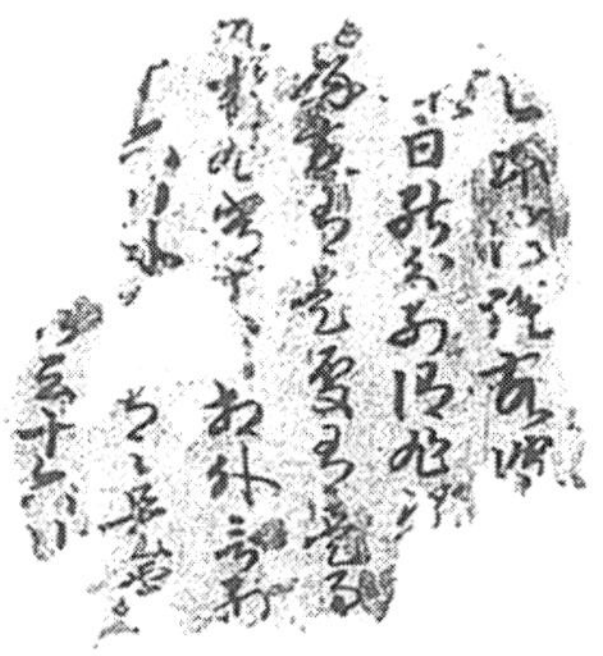

三二三九

Ⅳ 圖⑮

三二三八

Ⅳ 圖⑭

5. □六行外□有々是[處]
6. □[論]云十六[行]

【校異】3有是（二ヵ所）－大正藏「有如是」　5六行外－大正藏「六行相外」

16　瑜伽師地論　卷七十八　〔Ⅳ 圖⑯〕

三二五〇　佛教關係文書斷片　8×8.5　〔圖版六八〕

1. □□□
2. □波羅密多
3. □[方]便善巧波羅[密]
4. 於説（修）无間无有堪能[贏]
5. [不]能聞緣善修習故
6. □[德]資粮爲未[來]
7. □□□□

三藏法師玄奘奉詔譯

大正藏三十［瑜伽部］No.1579　731a　なお、同文が『解深密經』卷第四「地波羅蜜多品」第七（大正藏十六［經集部］No.676　705b）にもある。

【校異】2密－大正藏「蜜」　4无－大正藏「無」　6粮－大正藏「糧」

三二五〇

Ⅳ 圖⑯

17　**大般涅槃經　卷六**　〔Ⅳ 圖⑰〕

三二五二　佛教關係文書斷片　11×7　〔圖版六八〕

1. ［　　］□惡世・［
2. ［　　］令得聽受讀誦通利擁・［
3. ［　　］他人亦復如是具足能解・［
4. ［　　］有始發阿耨多羅三藐［
5. ［　　］□擁護
6. ［　　］□□□□□□□□［

北涼天竺三藏曇無讖譯

大正藏十二［涅槃部］No.374　399a

【校異】3他人亦復－大正藏　No.374（北本）　No.375（南本）共に「他人令其供養恭敬尊重讀誦禮拜亦復」。書寫の都合で中間を省略したと見られる。

18　**御注金剛般若波羅蜜經宣演　卷二**　〔Ⅳ 圖⑱〕

三二五三　佛教關係文書斷片　10.5×5.5　〔圖版六八〕

1. ［　　］演曰下仏・［
2. ［　　］初也・　經須荓［
3. ［　　］論・科展轉釋□［

三二五二

Ⅳ 圖⑰

三二五三

Ⅳ 圖⑱

【校異】2爲－P本「菩提」

19　御注金剛般若波羅蜜經宣演　卷二　〔Ⅳ 圖⑲〕

三二五六　性質不明文書斷片　15×10　〔圖版八六〕

1. ［　］□約報身［　］
2. ［　］□如是若作是□［　］
3. ［　］□曰自下離［　］
4. ［　］有□□者卽諒?障真［　］
5. ［　］及如家生等若起□［　］
6. ［　］□真理已於［　］
7. ［　］□是□［　］

【校異】2如是若作是－P本、大正藏「如是至不名菩薩」　4諒障－P本、大正藏「障證」　5及如家生－P本、大正藏「及度生」

20　御注金剛般若波羅蜜經宣演　卷二　〔Ⅳ 圖⑳〕

三二五七　性質不明文書斷片　12.8×5　〔圖版八六〕

1. ［　］所取觀能取无及單
2. ［　］□无教授不能□
3. ［　］□遇然燈［　］

三二五六

Ⅳ 圖⑲

三二五七

Ⅳ 圖⑳

【校異】3然－P本に同じ、大正藏「燃」

21　御注金剛般若波羅蜜經宣演　巻二〔Ⅳ 圖㉑〕

三二五八　佛教關係文書斷片　10.2×16〔圖版六八〕

1. ［　］若无井［
2. ［　］爲斷此疑以［
3. ［　］實无井云何於［
4. ［　］［有］能以答此疑［
5. ［　］希 教 授 引
6. ［　］□□ ［以］破前疑
7. ［　］成此初也
8. ［　］□［

【校異】4能－P本、大正藏「法」

22　御注金剛般若波羅蜜經宣演　巻二〔Ⅳ 圖㉒〕

三二五九　佛教關係文書斷片　16×9〔圖版六九〕

1. ［　］□□［
2. ［　］□者即是真［

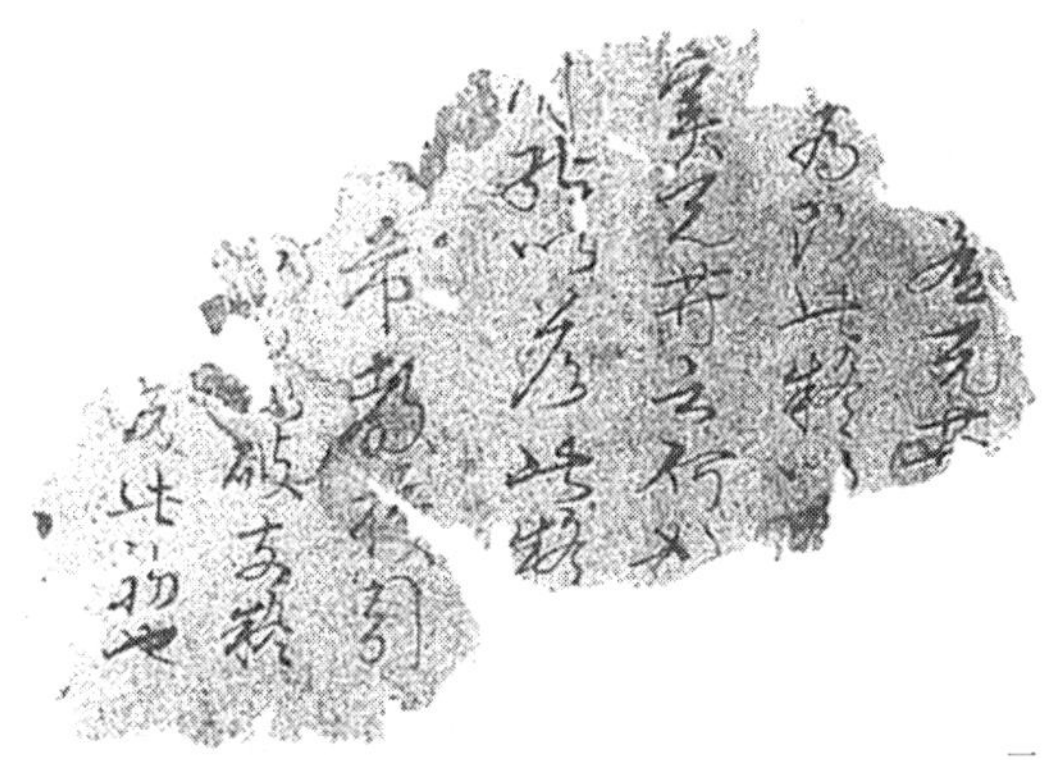

三二五八

Ⅳ 圖㉑

3. □故作此説清淨□
4. □□先徵意者何故當□□□
5. □可説耶答意所授記如來記□
6. □清淨而不可説□□□□

【校異】　5所授記如來記―P本、大正藏「所授如來記」

23　御注金剛般若波羅蜜經宣演　卷二　〔Ⅳ圖㉓〕

三二六〇　佛教關係文書斷片　11×15　〔圖版六九〕

1. □得如是
2. □相　故同體者
3. □真如體彼法如來
4. □非體自體者如言
5. □□以一切法即真如故經
6. □第六安立第一義
7. □前説一切皆是仏
8. □破相證

【校異】　2故同體者―P本、大正藏「故自體相者」　3如體―P本、大正藏「如體故」

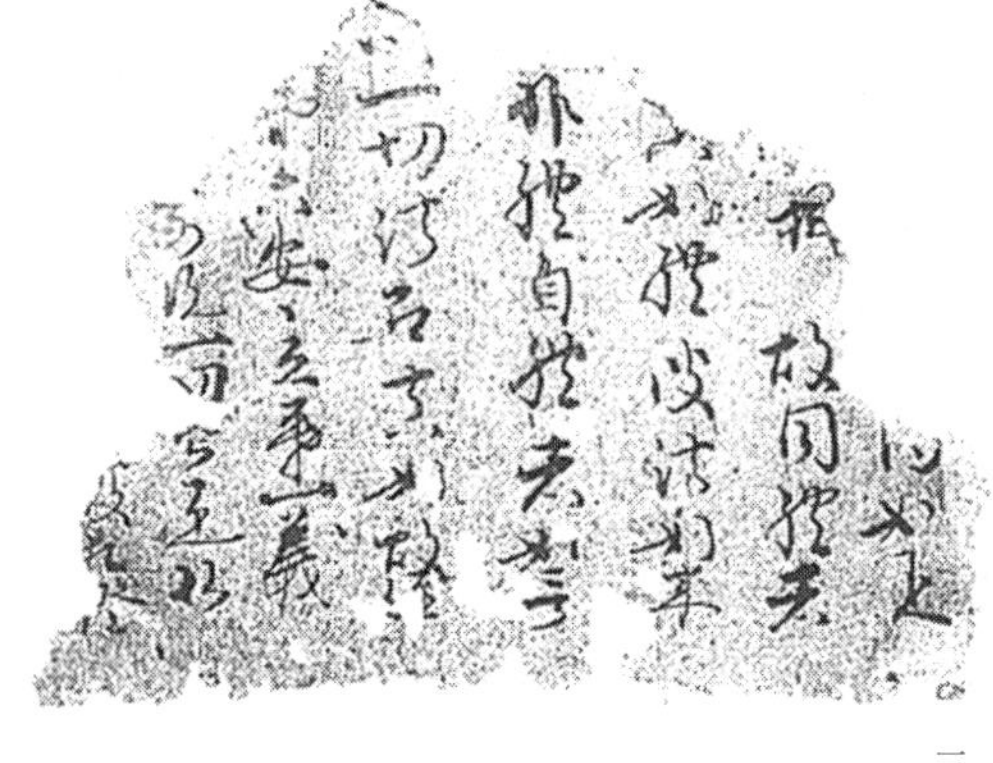

三二六〇

Ⅳ　圖㉓

三二五九

Ⅳ　圖㉒

24　大方廣佛華嚴經隨疏演義鈔　卷十六　及び語釋　〔Ⅳ 圖㉔〕

三二六一　佛教關係文書　19×14.5　〔圖版六九〕

1. □［　］性彼名［　　］爲大性［　　］
2. □［　］□故六時大性卽彼名業大［　　］
3. 名爲業大性七果報大性彼名證得［　　］
4. 名果報大性二論意說依教報行達臺［　　］
5. 證大果報窮生死際建立佛事故名［　　］
6. 無舩栰從於此岸而到彼岸故名爲［　　］
7. ［　　］□大河名爲此岸菩提芣名爲彼［　　］
8. ［　　］□名爲乘若万行名乘卽持□［　　］
9. ［　　］即依主釋乘之性故名爲［　　］
10. ［　　］恐猒文繁略而不述本事分中［　　］
11. ［　　］爲本事量爲□等事分中［　　］

【校異】本章 第一節「殘片内容の考證と補正」の三參照。なお、上記のものは、文章としては、『大方廣佛華嚴經隨疏演義鈔』卷十六の本文中には見られないが、各個の術語、及びその類同する解說の内容は同書中に確認される。また、第6行の「無舩栰」の語は、同書卷第六十中の「無有船筏」に酷似する。

三二六一

Ⅳ 圖㉔

25　御注金剛般若波羅蜜經宣演　巻二　〔Ⅳ 圖㉕〕

三二六二　佛教關係文書斷片　15.5×13.8　〔圖版六九〕

1. ［　　］□□行等
2. ［　］□□［　］□𦬁亦然无[有]
3. ［　］□□［　］正覺同此論以有
4. ［　］得𦬁□位殊勝得𦬁耶
5. ［　］[次]前[云]如非一向无故若尒
6. ［　］□　經須𦬁如來所得
7. ［　　］□[滅]執

【校異】 2𦬁－P本、大正藏「菩提」　3正覺同－P本、大正藏「正同」　4𦬁－P本、大正藏「菩提」　5云如－P本、大正藏「云眞如」　6𦬁－P本、大正藏「菩提」

26　御注金剛般若波羅蜜經宣演　巻二　〔Ⅳ 圖㉖〕

三二六三　佛教關係文書斷片　13.5×15.9　〔圖版六九〕

1. ［　　］□體相
2. ［　　］□陰之相而有
3. ［　　］[實]有爲相者釋

三二六二

Ⅳ 圖㉕

4. □虚・　經是故如來
5. 演曰・第五真如遍行諸・
6. □□者遍一切法故由
7. □疑・仏・修滿故能證
8. □謂・仏法□在仏身・
9. □□真如□□□□

【校異】5遍行諸―P本、大正藏「遍諸」

27　御注金剛般若波羅蜜經宣演　卷二　〔Ⅳ 圖㉗〕

三二六四　佛教關係文書斷片　14.5×16　〔圖版六九〕

1. □
2. □正覺法
3. □覺法如言・可説
4. □勝行何故不得良・
5. □□無實勝行是故
6. □□我・記得菩薩彼論亦同
7. 非・實有爲相・
8. 以・故・我・

三二六三

Ⅳ 圖㉖

三二六四

Ⅳ 圖㉗

9.［　　　　］□

【校異】4良－書態は「取」にも酷似する。P本、大正藏「良」　6記得－P本、大正藏「記當得」

28　倶舍論頌疏論本　卷五　〔Ⅳ 圖㉘〕

三二六五　佛教關係文書　13.8×18.6　〔圖版六九〕

1.［　　　］□□（青黃）［　　　　　］
2.［　　　］鉢・陁・飜・爲句正飜爲
3.［　］跡且如一頌惣四句成・故・今・就
4.［　］章ゝ者詮義・究竟故以・章飜（譯）
5.［　］是不相應・行中字不同・此方
6.［　］是能顯・義・近顯・名句遠・顯・於・
7.［　］膳・那・亦・名是能顯・義・扇・能顯・風
8.［　　　］□之謬・矣身者聚集・義・物
9.［　　　　］名爲聚集・故ゝ・以・惣説
10.［　　　　　］□（□義）嘔・遮界故（解云西方聲明造字有□）
11.［　　　　　　　　　］（本造字義家木訖底唐言）
12.［　　　　　　　　　　］（合集此文□故知多）

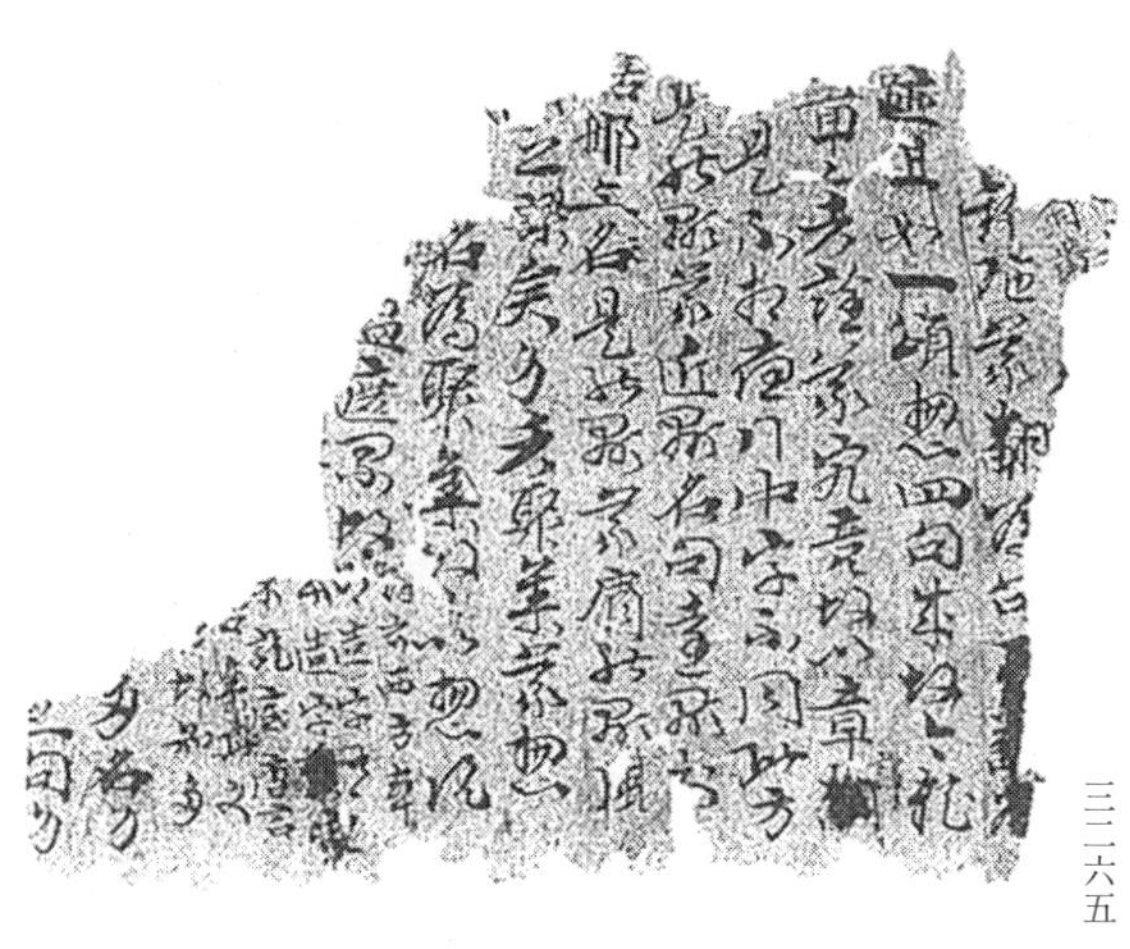

Ⅳ　圖㉘

13.［　　］多名身

14.［　　］[亦]句身

中大雲寺沙門圓暉述

大正藏四十一［論疏部］No.1823　852a～b

【校異】 2正飜爲－この三字は墨で抹消されている。 3物－大正藏「總」 4宄－「究」字の俗寫、飜－この字は墨で抹消され、右上部に「譯」字が補記されている。 6顯－大正藏「彰顯」 7名－「名」の右側に抹消符あり。 11義－この字は墨で抹消されている。

29　御注金剛般若波羅蜜經宣演　卷二　〔Ⅳ 圖㉙〕

三二六六　佛教關係文書斷片　13×11　〔圖版七〇〕

1.［　　］□[妙]身大[身]［　］

2.［　　］[浄]佛國圡生心智是

3.［　　］□浄國圡文　問上來

4.［　　］□何位答此有二釋一云

5.［　　］[所]智障故又五平等與十相

6.□□十地中故若尔如何前説淨

7.［　　］□□尔十地位中近求後

8.［　　］[浄][心]

三二六六

Ⅳ 圖㉙

【校異】2生心智是—P本、大正藏「此心卽是」　3來—P本、大正藏「依」

30　御注金剛般若波羅蜜經宣演　卷二　〔Ⅳ圖㉚〕

三二六七　佛教關係文書斷片　12×10.5　〔圖版七〇〕

1. [　　]无諸仏如
2. [　　]□爲斷此論如經
3. [　　]如者不變不異故
4. [　　]實法設若无𦬇
5. [　　]所證𦬇亦

【校異】2論—P本、大正藏「疑」　3不變不異—P本、大正藏「不異不變」　4𦬇—P本、大正藏「菩提」　5𦬇—P本、大正藏「菩提」

31　御注金剛般若波羅蜜經宣演　卷二　〔Ⅳ圖㉛〕

三二六八　佛教關係文書斷片　13.4×13.5　〔圖版七〇〕

1. [　　]□□[　　]
2. [　　]□得決□定紹仏[　　]
3. [　　]此家長夜即生即得[　　]
4. □□二義一得智二證[　　]

三二六七

Ⅳ 圖㉚

5. ［　　］□[得]智顯智功能若於［
6. ［　　］□名妙身如來家者□［
7. □□□名之爲生未證如時[長]［
8. ［　　］□身與家同是真如
9. ［　　］超時能
10. ［　　］□□

【校異】　2決□?定－P本、大正藏「決定」。「□?」字は書きかけた文字の上に抹消符號を附けたものか　3即－書態は「即」字に酷似する。P本、大正藏「願」　6身－文字の右側に墨の汚れがある。

32　御注金剛般若波羅蜜經宣演　卷二　〔Ⅳ 圖㉜〕

三二六九　佛教關係文書斷片　9×13.1　〔圖版七〇〕

1. ［　　］□[即]真如平
2. ［　　］□有五而名稍異
3. □四不求平五同得[平]
4. ［　　］□[自]他別即彼第[二]
5. ［　　］[別]故故二无我平
6. ［　　］[平]等離二取故又

三二六八

Ⅳ 圖㉛

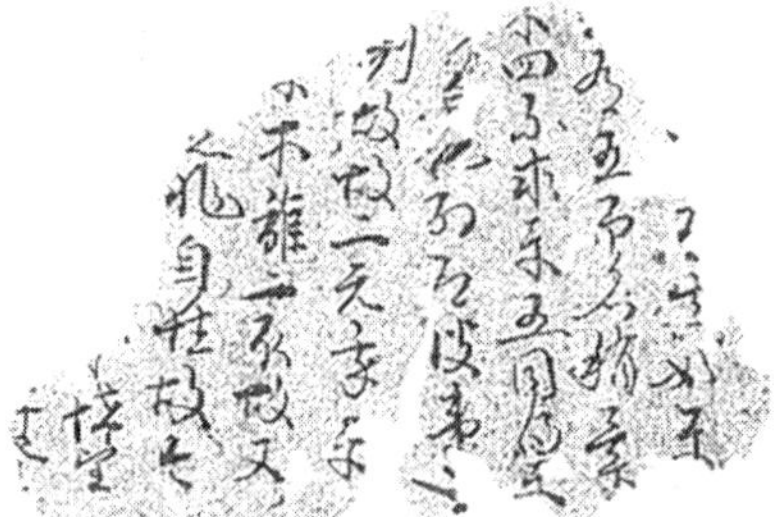

三二六九

Ⅳ 圖㉜

7. ［　　］□非・自性故今
8. ［　　］□悕・望
9. ［　　］□□

【校異】3平－P本、大正藏「平等」　5故故－P本、大正藏「故」

33　御注金剛般若波羅蜜經宣演　卷二　〔Ⅳ圖㉝〕

三二七〇　佛教關係文書斷片　12.5×12　〔圖版七〇〕

1. ［　　］□後時・記故然・
2. ［　　］故蒙仏・授記如
3. ［　　］所・望義別前・以
4. ［　　］得故而蒙授［　　］
5. ［　　］□實有者・何□當
6. ［　　］所・疑・問以不得
7. ［　　］□□□□□［　　］

【校異】1然－P本に同じ。大正藏「燃」

34　瑜伽師地論　卷七十八　及び辯中邊論　卷上　他　〔Ⅳ圖㉞〕

三二七一　佛教關係文書　10×25.5　〔圖版七〇〕

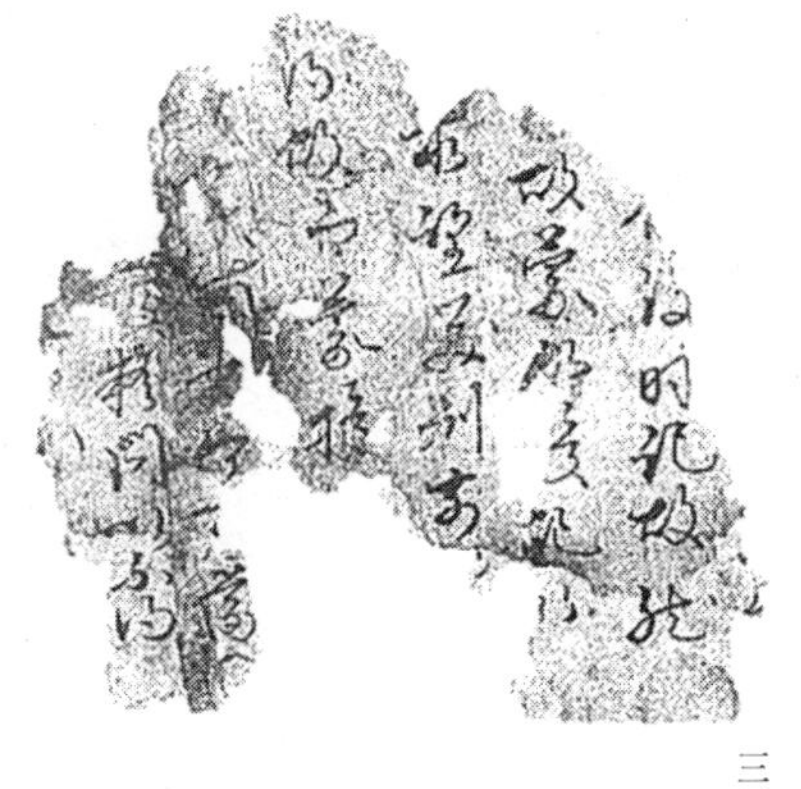

三二七〇

Ⅳ　圖㉝

1. 〔　〕[有]二愚癡一●者一向作意・
2. 〔　〕爲所對治。於第六地
3. 〔　〕[行]愚癡及彼麁重
4. 〔　〕[二]者一向无相作意方便
5. 〔　〕□作功用愚癡二●者
6. 〔　〕□一●者於說无・量法
7. 〔　〕□自在愚癡及彼・麁重
8. 〔　〕□二●者悟入微細祕密・愚
9. 〔　〕□知・境界極微細愚
10. 〔　〕□男子由此廿二種愚癡及
11. 〔　〕□離彼・繫縛乃至廣說
12. 〔　〕□支[障]・攝・。解廿種[愚]・
13. 〔　〕□地故・如八聖道支障攝・
14. 〔　〕□有別・障・者●釋曰施等十
15. 〔　〕[富][貴][善]趣不捨諸有[情]
16. 〔　〕[所]作善決定受用法成熟
17. 〔　〕[自]性之障。謂於布施波羅
18. 〔　〕[蜜]・[多]□□□

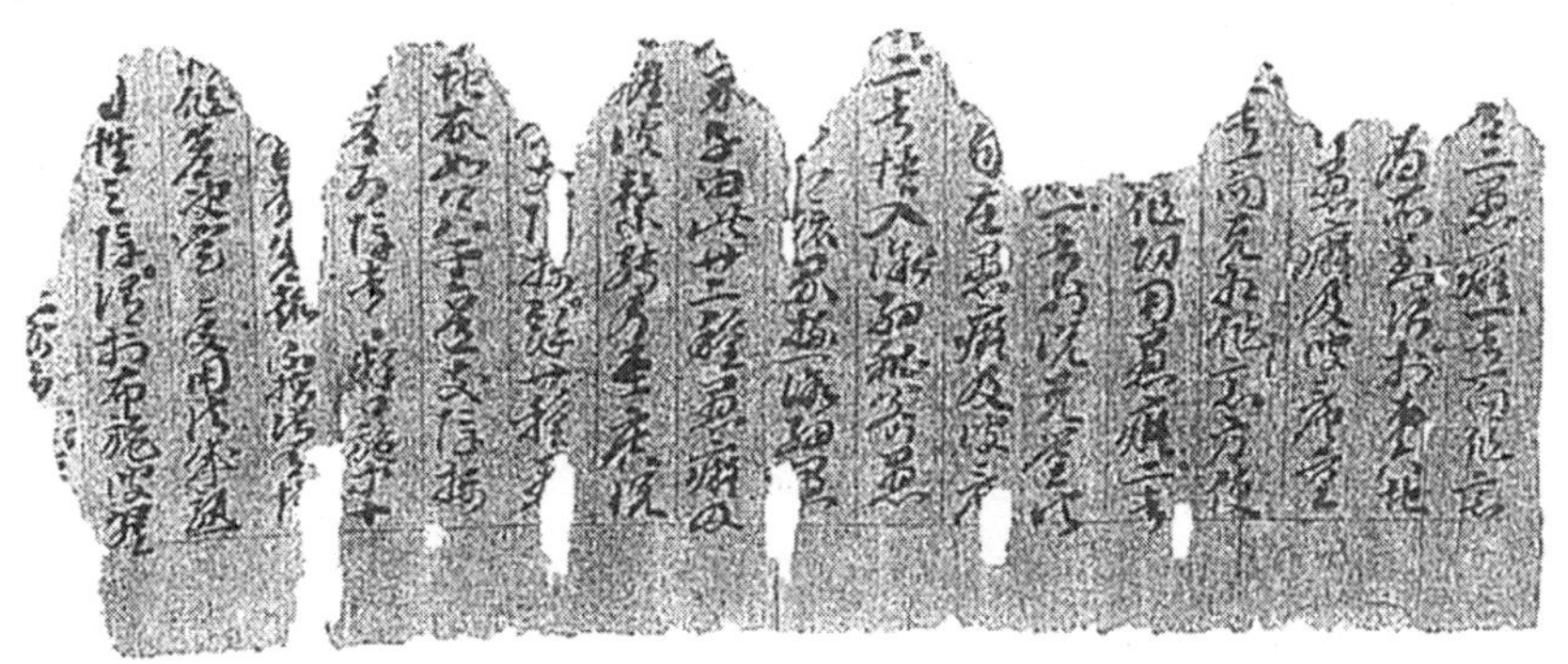

三一七一

Ⅳ 圖㉞

三藏法師玄奘奉詔譯

大正藏三十［瑜伽部］No.1579　730a～b（また大正藏十六［經集部］No.676　704b參照）、及び同三十一［瑜伽部］No.1600　467cにもある）の經文の書寫。

【校異】1～11行は『瑜伽師地論』卷七十八「攝決擇分中菩薩地之七」（同種異譯の文が『解深密教』卷第四「地波羅蜜多品」第七にもある）の經文の書寫。1、5、6、8行の「・」、2、12、17行の「◦」、及び14行の「●」は原文に附してある。　6説无量法－大正藏「无量説法」に作る。　11乃至廣説－大正藏原文には見られない。書寫者が加えたものであろう。　12～16行は「愚癡」「障攝」「十波羅蜜」等についての講師の解説を抄寫したものと見られる。　17～18行は『辯中邊論』卷上「辯相品第一」の經文の書寫。

35　大方便佛報恩經　卷四　〔Ⅳ 圖㉟〕

三二七五（B面）道教關係文書　8.5×7.4　〔圖版七八〕

1. □[即]入宮中□
2. □語・辟如人[噎]・[亦]□
3. □藏珎寶随[意]□
4. □生長深宮[卧][則]□

大正藏は「失譯人名在後漢錄」としている。なお、『歷代三寶記』卷第四（大正藏四十九　No.2034）には、「譯經後漢」中に「失譯」とされている。

大正藏三［本緣部］No.156　143c　この斷片は、五四一六（A）（『集成』參所收）と同一斷片の斷裂した部分である。

【校異】2辟－大正藏「譬」　3珎－大正藏「珍」　4卧－大正藏「臥」

三二七五（裏）

Ⅳ 圖㉟

36　佛遺教經　卷一　〔Ⅳ 圖㊱〕

三二八四　道教關係文書斷片　7×6.4　〔圖版七九〕

〔A面〕

1. ▢恥无□▢
2. ▢有愧之人則有▢
3. ▢□不相異也▢
4. ▢也也解當自▢
5. ▢惡言▢

後秦龜茲國三藏鳩摩羅什奉詔譯

大正藏十二〔涅槃部〕No389　1111b

【校異】3不－大正藏「無」　なお、この斷片は、五一一五（AB）（『集成』參所收）と同一斷片の斷裂した部分である。

37　佛說灌頂經　卷十二　〔Ⅳ圖㊲〕

三三〇四　佛書斷片　8.7×11.7　〔圖版七二〕

1. ▢明救諸生命散雜▢
2. ▢□厄之人徒鑠解▢
3. ▢□以時人民歡樂□▢
4. ▢夷狄不生迸害國土▢

三二八四（表）

Ⅳ 圖㊱

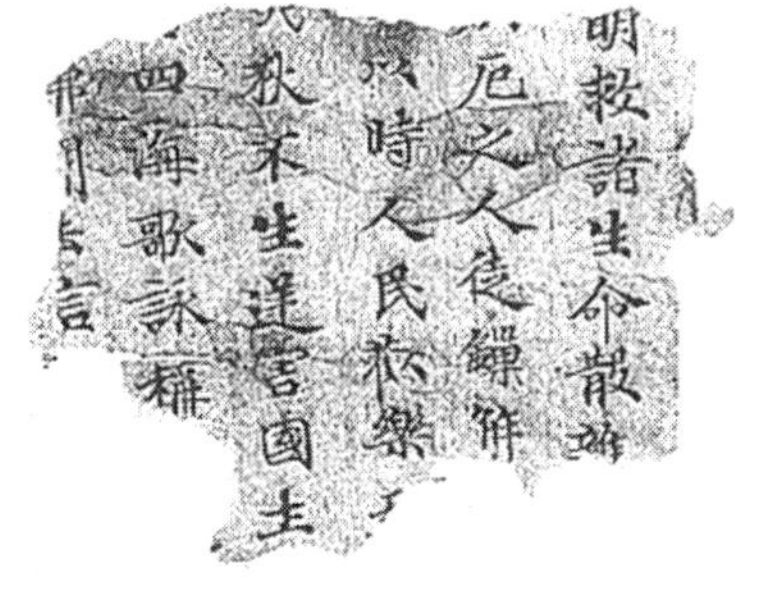

三三〇四

Ⅳ 圖㊲

5. ［　　］□四海歌詠稱［　　］
6. ［　　］佛・聞・法・信［　　］

東晉天竺三藏帛尸梨蜜多羅譯
大正藏二十一［密教部］No.1331　535b
【校異】2鏁－大正藏「鎖」　4迮－大正藏「逆」

38　無垢淨光大陀羅尼經　卷一　〔Ⅳ圖㊳〕

三三〇六　佛教關係文書　13×9.2　〔圖版七〇〕

1. ［　　］百千
2. ［　　］喩不可量不
3. ［　　］□佛言諦聽當爲汝說
4. ［　　］大功德聚當依前法書寫
5. ［　　］然後於佛塔前造一方壇牛糞
6. ［　　］□布列以供養鉢盛香花水粳米置於壇上及
7. ［　　］□布於壇上種種菓子數滿九十九并
8. ［　　］上・以陀羅尼呪置相輪橖中及塔四
9. ［　　］至・心誦念念此陀羅尼卽說呪曰
10. ［　　］回琮伽捺地婆盧迦三摩喃二唵

三三〇六

Ⅳ 圖㊳

11. □□六薩囉薩囉七薩婆怛他掲多

唐天竺三藏彌陀山奉詔譯

大正藏十九［密教部］No1024　720b～c

【校異】7菓－大正藏「果」　8呪－大正藏「咒」　9念念－大正藏「念」。　なお、三三〇六寫本の文字は、罫線で區畫した各行を二行詰めで書き記している。原文の行中には雙行の割注も見られる。

39　大唐内典録　巻一　〔Ⅳ圖㊴〕

三三〇九　文學關係文書（諸子）斷片　10.5×10.7　〔圖版八五〕

1. □愚未達□□
2. □標顯玉石斯濫
3. □代出須識其源
4. □夏應感徵祥而有蒙
5. □□信［　］使傳持惟遠
6. 第一之初
7. □時　君　弘□□
8. □重□

麟德元年甲子歲京師西明寺釋氏（道宣）撰

大正藏五十五［目録部］No2149　219b

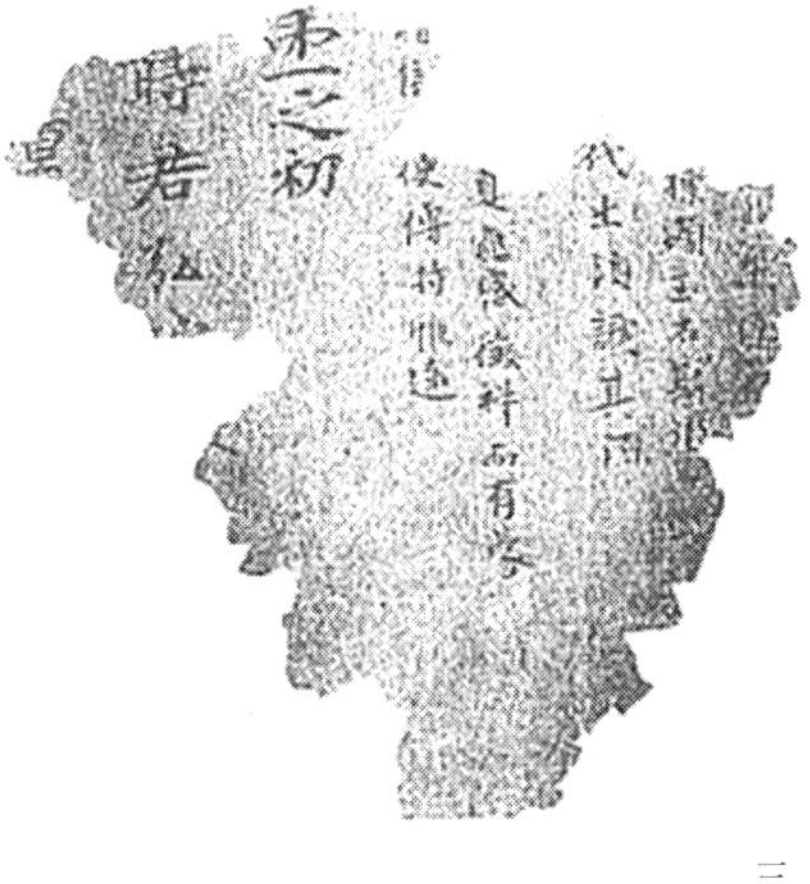

三三〇九

Ⅳ　圖㊴

【校異】5惟遠－大正藏「遠惟」　寫本原文は、『大唐内典録』卷一　序末、及びその後續の『大唐内典録』の冒頭部分。因みに、敦煌發見の『大唐内典録』寫本には、S.9994（卷八）、S.11427（卷八）、P.3739（卷二）、P.4673（卷三）の四點が確認される。

40　**佛說彌勒下生成佛經**　〔Ⅳ 圖㊵〕

三三一二　道教典籍斷片　6.7×6　〔圖版七九〕

1. ［ ］佉有四種［ ］
2. ［ ］子勇健多［ ］
3. ［ ］寶馬寶珠［ ］
4. ［ ］□□寶［ ］

後秦龜茲國三藏鳩摩羅什譯
大正藏十四［經集部］No454　424a
【校異】大正藏と異同なし

41　**續集古今佛道論衡**　卷一　〔Ⅳ 圖㊶〕

三三一五　道教典籍斷片　12×4.5　〔圖版七九〕

1. □□［ ］
2. 華嶽道士劉正念［ ］
3. 戒仙人請問本行因［ ］

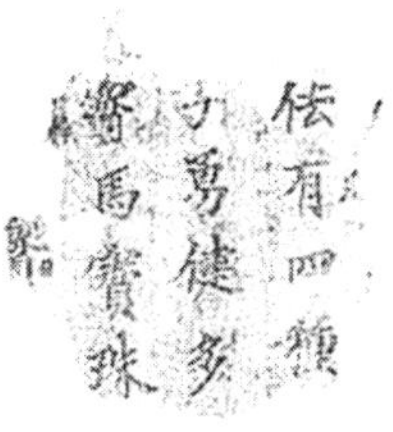

三三一二

Ⅳ 圖㊵

三三一五

Ⅳ 圖㊶

大唐西崇福寺沙門釋智昇撰

大正藏五十二［史傳部］No.2105　398ｃ

【校異】2嶽－大正藏「嶽」　なお、大淵忍爾氏は、本遺文の末尾の行を「仙人請問本行因緣經を指すと思われる」と記している（Ⅳ部二章一解說も參照）。『續集古今佛道論衡』卷一の本文に依れば、この行を含む部分は、「華嶽道士劉正念（等七十人　將智慧定志一部　智惠上品）戒一部　仙人請問本行因緣一部」に當る文と見られるが、部數を記した部分は省略したものと見える。

42　大般涅槃經　卷三十一　〔Ⅳ圖㊷〕

三三一八　文學關係文書（諸子）斷片　10.5×7.2　〔圖版八五〕

1. 子如騾懷□
2. 是內有風□
3. 生實則枯□
4. 如芭蕉□

大正藏十二［涅槃部］No.374　552c

【校異】大正藏と異同なし

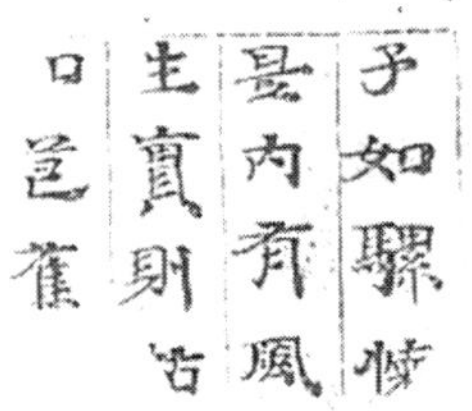

三三一八

Ⅳ圖㊷

43　南陽和尚問答雜徵義　〔Ⅳ圖㊸〕

三三三〇　道教典籍斷片　4×5.5　〔圖版八〇〕

1. □海宗不測□□

2．□集成恐無遺□□
3．□□　前唐山主□
唐神會述、前唐山主簿 劉澄集
【校異】1宗－敦煌本 S.6557「深」。　なお、本章の第一節 三も參照。

44　妙法蓮華經　卷三　〔Ⅳ 圖㊹〕

三三五二　佛書斷片　14×6.5　〔圖版七二〕
1．□□□□□□　□□□□□
2．□昔所未曾覩　无量智慧者
3．□諸宮殿　蒙光故嚴飾
4．□□□□□□□
後秦龜茲國三藏法師鳩摩羅什奉詔譯
大正藏九［法華部］No.262　23c～24a
【校異】2覩－大正藏「見」　4は非漢文の胡文。　なお、本斷片は45と同一斷片、内容順番は45、44。

45　妙法蓮華經　卷三　〔Ⅳ 圖㊺〕

三三五三　佛書斷片　26×7.5　〔圖版七二〕
1．大聖轉法輪　顯示諸法相　度苦惱衆生　令得大歡喜

三三三〇
Ⅳ 圖㊸

三三五二
Ⅳ 圖㊹

2．衆生聞是法　得道若生天　諸悪道減少　忍善者增益
3．尓時大通智勝如来黙然許之　□□□□□
4．又諸比丘南方五百万億國土諸梵 天 王 □
5．□□□□□□□□

【校異】 2是－大正藏「此」
3尓－大正藏「爾」行末は胡文?
4万－大正藏「萬」、
梵天王－大正藏「大梵王」

46　羅云忍辱經　卷一　〔Ⅳ圖㊻〕

三九九二　佛書斷片　7×9.5　〔圖版七三〕

1．□灾害□
2．□難　忍為良藥□
3．□當誦忍經□
4．□生□樂 忍辱□
5．□出□ □經□

西晉沙門法炬譯
大正藏十四［經集部］No.500　770a

三三五三

Ⅳ 圖㊺

三九九二

Ⅳ 圖㊻

【校異】1灾－大正藏「毒」

47　千手千眼觀世音菩薩廣大圓滿無碍大悲心陀羅尼經　卷一　〔Ⅳ 圖㊼〕

四〇五八　佛教關係文書　7.5×9.5　〔圖版七一〕

1. ［　　］□［　］□［
2. ［　］□[寶]・資具者當於
3. ［　］隱者當於羂索手・［
4. ［　］□為降伏・一切［
5. ［　］[天]・魔神者當□［
6. ［　］[金]剛杵□［

唐西天竺沙門伽梵達摩譯

大正藏二十［密教部］No.1060　111a

【校異】3羂－大正藏「罥」

48　梁朝傅大士頌金剛經　卷一　〔Ⅳ 圖㊽〕

四一九六　佛書斷片　7.5×5.3　〔圖版七四〕

11. ［　］[空]理　當證法□［
12. ［　］非法　逍遥出六塵

四〇五八

Ⅳ 圖㊼

四一九六

Ⅳ 圖㊽

13.□□□［　］□□

撰者未詳。大正藏：本經の序文には「金剛經歌者、梁朝時傅大士之所作也」とある。

大正藏八十五［古逸部］［敦煌寫本類］No.2732　3a

【校異】大正藏と異同なし

49　楞伽阿跋多羅寶經　卷四　〔Ⅳ 圖㊾〕

四三六五　佛書斷片　12×6　〔圖版七五〕

1.□有知无相□知解脱者□

2.□三阿僧祇百千名号不増不□□

3.□入彼諸愚夫不能知我墮□

4.□□不分別名□□

宋天竺三藏求那跋陀羅譯

大正藏十六［經集部］No.670　506b

【校異】2号－大正藏「號」、増－大正藏「增」

四三六五

Ⅳ 圖㊾

50　羯磨　一卷（或いは宗四分比丘隨門要略行儀）〔Ⅳ 圖㊿〕

四三八五　佛教斷片　9×8.7　〔圖版七五〕

1.□□□丘某甲

2. □[恣]・人誰諸長老忍
3. □[某]甲ゝゝ作受自
4. □□誰不忍者説

曹魏安息沙門曇諦譯

大正藏二十二［律部］No.1433　1058c

【校異】3ゝゝ－大正藏になし。この斷片は、或いは『宗四分比丘隨門要略行儀』卷一（大正藏八十五［古逸部］［敦煌寫本類］No.2791　655b）か。

51　佛説灌頂經　卷十二〔Ⅳ圖51〕

四三八六　佛書斷片　10×9.7〔圖版七五〕

1. □[衆]生至□
2. □悪鬼所持□
3. □[天][王]大臣及諸輔[相]□
4. □病苦所惚亦・□
5. □□[散]?□

東晉天竺三藏帛尸梨蜜多羅譯

大正藏二十一［密教部］No.1331　535b

【校異】3天－大正藏「國」　4惚－大正藏「惱」

四三八五

Ⅳ圖50

四三八六

Ⅳ圖51

52　肇論　巻一　〔Ⅳ圖52〕

四三九二　佛書小斷片　7.4×9.3　〔圖版七五〕

1.　　雖非名果
2.　　求物ゝ
3.　　意謂
4.　　所
5.　　異・於

後秦長安釋僧肇作

大正藏四十五［諸宗部］No1858　153c

【校異】2物ゝ－大正藏「物物」。なお、『宗鏡錄』巻三十六（慧日永明寺主智覺禪師延壽集　大正藏四十八［諸宗部］No2016　628a）にも同文が引かれている。

53　四分律　巻四十八　〔Ⅳ圖53〕

四三九三　佛書小斷片　7×10　〔圖版七五〕

1.　　過法若能
2.　□□應起迎逆□
3.　□□形壽不得過

四三九二

Ⅳ圖52

四三九三

Ⅳ圖53

4. □[謗]言破[戒]□

姚秦罽賓三藏佛陀耶舍共竺佛念等譯

大正藏二十二［律部］No.1428　923b　同文は『僧羯磨』（大正藏四十　No.1809　517c）にも見られる。

【校異】大正藏と異同なし。この斷片は大谷四三八五と同種の原典の抄寫遺文の可能性もあろうか。

54　佛説七千佛神符經　〔Ⅳ 圖54〕

四三九七　道教關係文書　8.5×8.5　〔圖版八〇〕

1. 秏虛神□
2. 急如律□
3. 將軍在□
4. 佛神苻□

撰述者未詳

大正藏八十五［疑似部］［敦煌寫本類］No.2904　1446b

【校異】1虛―大正藏「噓」　3將―大正藏「將」　4苻―大正藏「符」　なお、敦煌本にはP.2723　P.3022bあり。

四三九七

Ⅳ 圖54

55　妙法蓮華經　卷二　〔Ⅳ 圖55〕

四四〇八　佛書斷片　8.6×11　〔圖版七六〕

1. □[少]□

2. □不見汝有
3. □子・即時長
4. □雖欣此
5. □年・
6. □難

後秦龜茲國三藏法師鳩摩羅什奉詔譯
大正藏九［法華部］No.262 17a
【校異】大正藏と異同なし

56 佛說護諸童子陀羅尼經 巻一（或いは『法苑珠琳』巻六十）〔Ⅳ圖㊻〕

四四二一 佛教關係文書 10.5×6 〔圖版七一〕

1. □十名富多那
2. □十二名舍究尼
3. □十四名目佉・曼□

元魏天竺三藏菩提流支 譯
大正藏十九［密教部］No.1028A 741c
【校異】大正藏と異同なし。なお、同文は『法苑珠林』巻六十（大正藏五十三［事彙部］No.2122 740b）にも見られる。

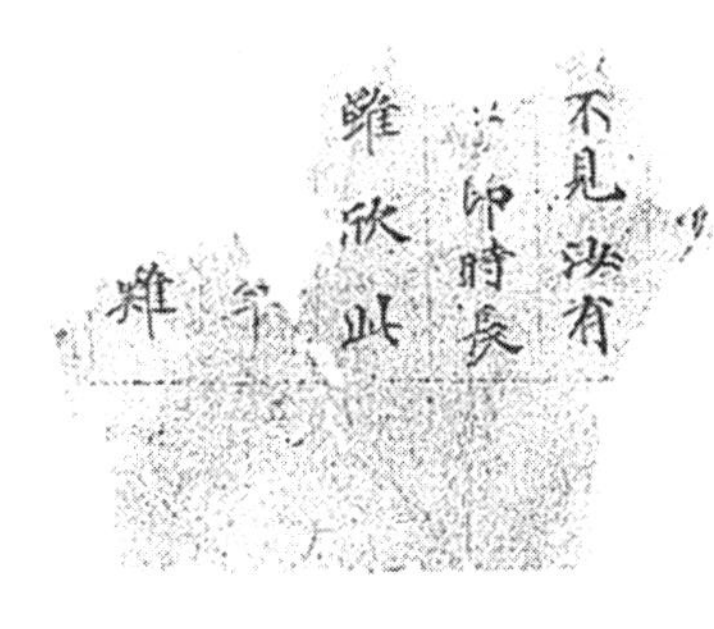

四四〇八

Ⅳ 圖㊺

四四二一

Ⅳ 圖㊻

57　阿毘達磨藏顯宗論　卷十四　〔Ⅳ圖57〕

四四四一　佛書斷片　8.3×5.5　〔圖版七六〕

1. □□□
2. 等正結生時一
3. 識冣勝故此唯
4. 未具故識是□

三藏法師玄奘奉詔譯

大正藏二十九［毘曇部］No.1563　841a

【校異】3冣－大正藏「最」

58　千眼千臂觀世音菩薩陀羅尼神咒經　卷二　〔Ⅳ圖58〕

四四四二　佛書小斷片　6×5.8　〔圖版七六〕

1. 如
2. 被横
3. 千眼千□
4. 起立□

唐總持寺三藏沙門智通譯

大正藏二十［密教部］No.1057b　94c

四四四一

Ⅳ 圖57

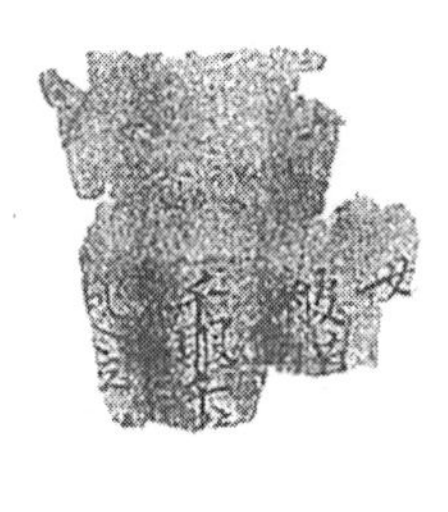

四四四二

Ⅳ 圖58

【校異】3千眼千□…―大正藏に見られない。經題を記したものと見られる。

59　佛頂尊勝陀羅尼經　〔Ⅳ 圖59〕

四四四四　佛書斷片　9.5×4.5　〔圖版七六〕

1. □此陁羅□
2. □苦痛随其福利随□
3. □□視□

罽賓國沙門佛陀波利奉詔譯

大正藏十九［密教部］No.967　350b

【校異】1陁―大正藏「陀」

60　御注金剛般若波羅蜜經宣演　巻二　〔Ⅳ 圖60〕

四七五七　佛書斷片　8.0×4.0　〔圖版掲載なし〕

1. □經是故仏説□
2. □□勸引前所説諸□

【校異】大正藏と異同なし。※この斷片については、龍谷大學の小田義久先生のご教示と寫眞圖版のご提供を賜った。但し、他の十六點の『御注金剛般若波羅蜜經宣演』斷片と筆跡が異なる樣相

四四四四

Ⅳ 圖59

四七五七

Ⅳ 圖60

がある。

第二章　道書斷片の考證と研究

一　『洞玄本行經』斷片〔1〕〔Ⅳ 圖㉛〕

三二八九　道教典籍斷片　8.7×11.5　〔圖版七九〕

〔A面〕

1．□□□
2．魂林中錫元□
3．寶赤書中天□□
4．道言西方七寶□
5．鳳鳥?之子也霊□
6．堂世界衞羅國□
7．□瑛・意甚憐□□

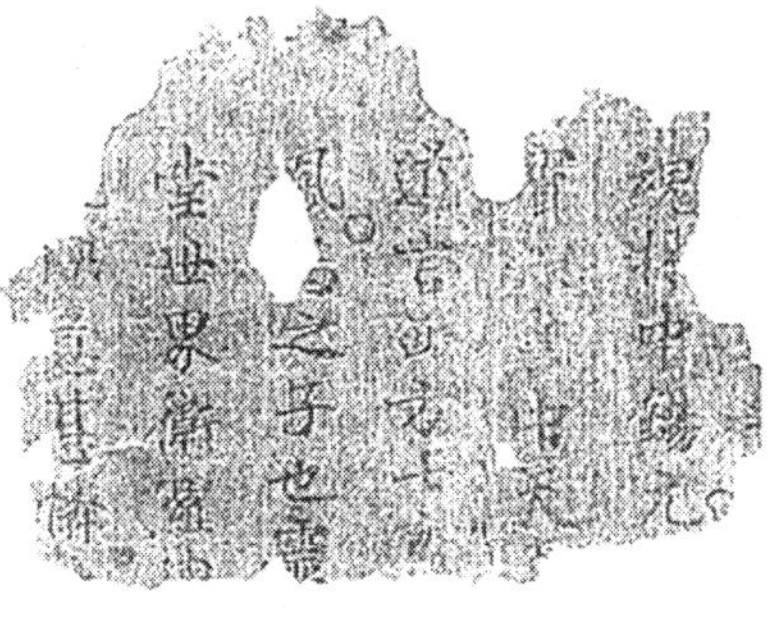

【校異】　4道言—「經云」。　5鳳鳥—「靈鳳」。　1～3は『雲笈七籤』卷一百二　紀傳部〔三〕所收の「中天玉寶元靈元老君紀」の末尾にかかわるものと見られる。　4西方～7末尾は『雲笈七籤』卷一百一　紀傳部〔二〕所收「金門皓靈皇老君紀」に引か

三二八九（表）

Ⅳ 圖㉛

れた『洞玄本行經』に見られる。

本斷片は『大谷文書集成』貳に收錄されている。斷片中に見られる文字は『雲笈七籤』（一百二十二卷、北宋の張君房輯、天禧三年（一〇一九）成立の最大規模の道典の類書。本書は『道藏』にも收載(12)）に引錄される『洞玄本行經』（本經は『道藏』に未收で、現在では未傳の道典となっている）の經文に該當するものである。

斷片の初行は筆畫がわずかに殘るが判別できない。第二行は『雲笈七籤』卷一百二　紀傳部〔三〕所收の「中天玉寶元靈元老君紀」の末尾にかかわるもので、この次接行には、同紀の主題とされている中天玉寶元靈元老君の名を綴る部位と見られる。また、斷片の第四行三字目以下は、『雲笈七籤』卷一百一　紀傳部〔二〕所收の「金門皓靈皇老君紀」の冒頭に引かれる『洞玄本行經』の字句に契合する(13)。一部「經云」、「靈鳳」とある『雲笈七籤』所錄の部位が、斷片では「道言」、「鳳鳥」とされていることなどがあるものの、殘存文字は、『洞玄本行經』の經文と同じである。

これらを總合的に查閲すると、この斷片文書は『洞玄本行經』の經文を抄寫したもので、しかもその文字は、現在『雲笈七籤』に主題の道教人物名ごとに引かれる經文の前接、後承を證かすかのように觀察される。因みに、本斷片に見られる文字が、原『洞玄本行經』の本文を書寫しているものとすると、『雲笈七籤』所記の中天玉寶元靈元老君にかかわる文の末尾に、さらに「寶赤書中天……道言」の語を含む二十餘文字が續き、ついで『雲笈七籤』の「金門皓靈皇老君紀」に引かれる『洞玄本行經』の文言が續いていたものと推考される。ここで、斷片文書に見られる文字を、『雲笈七籤』所錄の『洞玄本行經』の佚文に沿って復元すると下記の如くになる。

1.［□□　　　　　］

2. 魂林中錫元［氏玉寶元靈元老君號□］

3．寶赤書中天〔玉寶元靈元老君者………〕
4．道言西方七寶〔金門皓靈皇老君者本乃〕
5．鳳鳥?之子也靈〔鳳以呵羅天中降生於衞羅天〕
6．堂世界衞羅國〔王取而蓄之王有長女字曰〕
7．配瑛意甚憐愛〔常與共戲於是靈鳳常以兩翼…〕

なお、本遺文を、大淵忍爾氏は『敦煌道經　目錄編』中の「第六篇　失題道教類　經典類」に採錄し、その末尾で「靈寶經ではあろう」(14)と記しているが、上述したように『洞玄本行經』の經文を鈔記したものと見られる。

二　『洞玄本行經』斷片〔2〕〔Ⅳ 圖62〕

五七九〇（A）　道教經典斷片　11.0×11.5　〔圖版五七〕

［A面］

1．□踊土作□
2．□上□臺名曰尋真玉
3．□臺栖身渇断道逕人路
4．□向羣一十二年積感浩
5．□廾四人乘雲駕鳳□
6．□風雷電激揚地舍□
7．□□□（　　）□

五七九〇(A)

Ⅳ 圖62

【校異】2．真―眞。　3．栖―棲、遏斷―「遮遏」、逕―「徑」、人路―人。　4．羣―宿、浩―「昊」。　5．廾四―二十四。　6．風―「風雨」。　※―の上字は寫本の文字、下字は『雲笈七籤』所引の文中の文字。なお、釋文中の・印の文字はここでは『雲笈七籤』所引文中に見られる文字。

本斷片は、『集成』參の公表以前から注意されていたものである。例えば、小笠原宣秀氏は、本斷片について、道教關係文書と認めつつ、その論中にこれを引いていることである。しかし、同氏は、この文書について、「その用紙、書體とも優れたる遺品なれども、内容的解明は困難事である。」と述べるのみであった。[15] 本斷片を検討した結果、『雲笈七籤』所收の「南極尊神紀」に引かれた『洞玄本行經』の一節であることが判明した。この道典は、『雲笈七籤』に引記され傳存するものである。因みに、その該當の部分を下引しておく。

「南極尊神紀」

「洞玄本行經云、南極尊神者、本姓皇、字度明、乃閻浮黎國宛王之女也。…（中略）…獨在一處、清淨焚香、長齋持戒、日中乃餐。王知其意、乃於宮中、爲踊土作山、山高百丈、種植竹林、山上作臺、名曰尋眞玉臺。度明棄於宮殿、登臺棲身。遮遏道徑、人不得通。單影獨宿一十二年、積感昊蒼。天帝君遣朱宮玉女二十四人、乘雲駕鳳、下迎度明。當去之夕、天起大風雨、雷電激揚、地舍旋轉、驚動一國。王大振懼、莫知所從。……」

『雲笈七籤』巻一百二　紀傳部（三）「南極尊神紀」にこの斷片の内容に當たる一節が見られる。それによると「南極尊神紀」は、『洞玄本行經』からのものであることがわかる。しかしながら、この斷片を『雲笈七籤』所引のものと對讀してみると、數ヵ所に文字の異同が見られ、文字と字體の相違や語句の異なりもある。それらは【校異】に示した通りである。

なお、本斷片は、上記の大谷三二八九斷片と抄寫の經緯を類似させるようで、書體も書式も酷似し、共に『洞玄本行經』の經文を筆寫したものであるため、兩者は、同一寫本の斷裂片である可能性も考慮される。

三　『十戒經』斷片　〔Ⅳ 圖㊸〕

四三九九　道教關係文書　5.2×7.2　〔圖版八一〕

罫あり。典籍？

四三九九

Ⅳ 圖㊸

1. 與人臣
2. 與人子言
3. 與人友□
4. 與人夫言

【校異】敦煌本と異同なし。　なお、敦煌本にはS.4561、S.6454、P.2347、P.2350、P.3770aがある。その他　羅振玉舊藏本（首部殘缺）、S.794（尾題のみ）、P.3417と甘博017（盟約文のみ）も見られる。

『道藏』「洞玄部戒律類」では『洞玄靈寶天尊說十戒經』となっている。この斷片の內容は『十戒經』の戒文に續いて「十四持身之品」中の第五品～八品に當る部分である。　本斷片は、四行にわたる計十四文字を殘す小斷片で、「道教關係文書」と推定されていたが、その原據は不明のままであった。道典を調査しながら、敦煌本『十戒經』（S.6454本、天寶十載に書寫）を參照したところ、この斷片の文字が本經の「戒文」に後接して記される「十四持身之品」中の第五～第八品に相當する部分と判明した。因みに、敦煌本の該當部分の辭句に從って本斷片の行字、字詰めを復元してみると次のようになる。

1. 與人臣［言則忠於上］

2．與人子言［則孝於親］
3．與人友［言則信於交］
4．與人夫言［則和於室］

大谷文書の殘存部分は、上記の四品中の各々の冒頭部の三～四文字にあたっている。

敦煌本に明記される『十戒經』の名は、道教の經典名で、『道藏』「洞玄部戒律類」では『洞玄靈寶天尊說十戒經』と表記されており、その經文は、現存の『道藏』に所錄されているものと同一と見られる。南北朝ごろに成立したと見られる道教の初級科戒用の經典『十戒經』は、敦煌本にはS. 4561、S. 6454、P. 2347、P. 2350、P. 3770a、貞松堂藏本（羅振玉舊藏本、首部殘缺）などのように多數の寫本が確認される。この他、S. 794（尾題のみ）、P. 3417と甘肅省博物館017（盟約文のみ、經文なし）などの遺文も見られる（P. 2347、P. 2350の兩本は老子『道德經』と並抄される）。これら『十戒經』の寫本は、一瞥すればわかるように、大半は、新規入道を志した受戒弟子らが抄寫したものと見られる。抄寫者の年齢は、最年少のもので十一歲（羅振玉舊藏本、七一四年の寫本）、最年長のものでも二十七歲（S. 6454本、天寶十載の寫本等）と確認される。またこの經典を抄寫した當人である受戒者の出身地は、P. 3417本に記された王景仙が「雍州櫟陽縣」である以外、ほとんどが「沙州敦煌縣」、つまり地元出身者と見られる。

ところで、『十戒經』は、その前書きに「受我十戒十四持身之品」と記されるように、前半は「十戒」と呼ばれる戒文で、その後接文は「十四持身之品」を、最終部は「盟約文」として、受戒する當人の俗姓、年齢、鄉貫（道觀名）、所受する戒名・經名、などが書き連ねるものとなっている。もちろん、抄寫者による抄寫年代の題記が遺されるものもある。因みに題記の遺存する抄本を見ると、最古のものは、P. 2347本、甘博017本で、兩者共に大唐景龍三年（七〇九）の書寫であることが確認される。このほかには、唐・至德二載（七五七）に書寫されたP. 3770a本もある。

これらの敦煌本『十戒經』については、先學の研究があるが(16)、本斷片の遺文からは、唐代において、『十戒經』が、敦煌地域だけではなく、トルファン地區にも流布し、修學、信仰に依用、書寫されていたことが證かされる。

四　『靈寶洞玄自然九天生神章經』斷片　〔Ⅳ 圖64〕

八一〇五　唐鈔道書斷片（吐峪溝）　11.6×13.5　〔圖版五八〕

1. □夜府開度受生魂
2. □玉章洞幽虛五轉天
3. □生仙數周眾真會
4. □聖母慶万年三界
5.
6. □真靈府命元高真沖融之炁
7. □□□輪无影□□

【校異】2玉カ—「玉」（『道藏』所收『雲笈七籤』は「五」に作る）、幽虛—「幽靈」。3仙—『雲笈七籤』同（『道藏』所收『雲笈七籤』は「僊」に作る。4万—「萬」。6炁—「氣」（『道藏』所收『雲笈七籤』は「炁」に作る）。

本斷片は、元來『圖譜』下、「經籍」に「(7) 唐鈔道書斷片（吐峪溝）」として、他の二斷片と共に收められたものである。これを檢討した結果、上記の五七九〇（A）と同樣に『雲笈七籤』卷十六 三洞經教部〔十一〕經七所引の

八一〇五

Ⅳ 圖64

『靈寶洞玄自然九天生神章經』（一名『三寶大有金書』）に合致するものであることが判明した（『道藏』では『洞玄靈寶自然九天生神章經』となっている。『道藏』5 八四七頁）。この斷片の内容は、『靈寶洞玄自然九天生神章經』中にある「波羅尼密不驕樂天生神章第五」の後半部分と「洞元化應聲天生神章第六」の冒頭部に當たる。兩者を校讀してみると、2行目の「幽虛」以外、大差はなく、字體の違いが多少窺える程度である。『雲笈七籤』、及び『道藏』所引の文との差異あるものは【校異】に記した通りである。

なお、本斷片は、『集成』貳所收の三二八九、及び『集成』參所收の五七九〇（A）の二斷片と同じく道書を書寫したもので、書體の類同の點から見て、他の二片と共に同一人が抄寫したものであったとも想像されるところがある。

むすびに

以上、『大谷文書集成』壹、貳所收の遺文を中心に、佛典、佛典注疏、道書殘片の抄寫原據の確認と抄寫文字の釋錄、及び大正藏所錄の注文との校異などを果たすことが出來た。

ところで、今回取り扱った六十餘點の文書のうち、三分の一餘に當る二十五點が行草體の文書となっている。『集成』の編著の方々が苦心して採錄した文字中にも、かなりの數の疑義文字が存在することは注意を要することと思われる。

さて、大谷文書中の碎片文書には、テキスト作成の意圖のもとに、謹嚴に抄書されたかと見られるものがあり、佛經注疏や論釋の書寫、聽き書きと想像されるもの、また自らの勉學の際に、經疏の節略や抄記をしたものと推考され得るものなど、多種多樣な姿がある。本項では、西域に於ける佛師や佛徒の、講經や修學の樣を傳える、これらの實態の一面を確認し得たように思われる。

なお、大谷文書斷片中には、三九三八のように、初行を除き、その抄寫の文字が『太子須大拏經』卷一にほぼ相當するものの、現存の同經原文には全同せず、或いは複數の佛典等より節錄したことも考慮しなければならない、といった種類の遺文も相當數殘存しており、『經律異相』や『法苑珠林』といった類話集成、節略の著錄との關係や私的節錄の實態などの究明も、今後の研究の大きな課題となるように思われる。

注

（1）龍谷大學佛教文化研究所編『大谷文書集成』參　法藏館　二〇〇三年三月

（2）『西域考古圖譜』下卷　凡例の文（國華社　大正四年六月。柏林社書店　昭和四十七年十二月　覆刊）

（3）龍谷大學佛教文化研究所編　龍谷大學善本叢書Ⅰ（井ノ口泰淳責任編集）『西域出土佛典の研究　『西域考古圖譜』の漢文佛典―』法藏館　昭和五十五年七月

（4）寫經類について言えば『集成』壹に收載されるものは最も少なく、原據も明示されていない。『集成』參に採錄される寫經類は、既知のものも含めて大半は小田義久氏らの考究によって原據が確認されたものである（「西域出土の寫經斷片について―『大谷文書集成・參』を中心に―」『佛教文化研究所紀要』第41集　平成十四年十一月　一～四一頁參照）。

（5）この十六點の行草書體で筆寫された『御注金剛般若波羅蜜經宣演』卷二の殘片のほか、異筆の楷行書體で抄寫された『御注金剛般若波羅蜜經宣演』卷二の殘片（4966AB）がある。この遺文については、小田義久氏が「西域出土の寫經斷片について―『大谷文書集成・參』を中心に―」（『佛教文化研究所紀要』第四十一集　平成十四年十一月）の論考中で指摘、採錄し、さらに『大谷文書集成』參にも寫眞圖版、釋文を揃えて載出している。大谷文書中には、このほか、寫眞圖版を缺き、「佛書斷片」として釋文のみが記された『大谷文書集成』貳所錄の 3230、及び『大谷文書集成』參所收の 4757 が存在している。この二點の文書については、小田義久氏からのご教示と寫眞のご提供を賜っている。文中ながら同氏に感謝を申し上げたい。

（6）『法藏敦煌西域文獻』⑥　上海古籍出版社　一九九八年六月

（7）S.8351v については、『英藏敦煌文獻』⑫に「文樣（持鉢文等）」として收錄されているが、方廣錩氏によって『宗四分比丘隨門要略行儀』の殘片であると確認されている（方廣錩編『英國圖書館藏敦煌遺書目錄』宗教文化出版社　二〇〇〇年六月　四〇三頁參照）。

（8）承和十四年（八四七）圓仁上書の『入唐新求聖教目錄』（『大正新脩大藏經』第五十五冊　No.2167）によれば、「宗四分比丘隨門要行儀　一卷」の書名が見える。また、圓珍所錄『福州溫州臺州求得經律論疏記外書等目錄』中の「福州開元寺及大中寺求得」經律論疏には、「四分比丘比丘尼隨要行儀　一卷（權隨身）」、巨唐大中十一年（八五七）十月日圓珍所錄の『日本比丘圓珍入唐求法目錄』（日本國上都比叡山延曆寺僧圓珍入唐求法目錄）（『大正新脩大藏經』第五十五冊　No.2172）には、「四分比丘隨要行儀一卷（册子）」の書名が見える。これらは一連のものと見られる。

（9）この書も、『入唐新求聖教目錄』（『大正新脩大藏經』第五十五冊　No.2167）中に『南陽和尙問答雜徵義』一卷（劉澄集）、『日本比丘圓珍入唐求法目錄』（日本國上都比叡山延曆寺僧圓珍入唐求法目錄）（『大正新脩大藏經』第五十五冊　No.2172）中に『南宗荷澤禪師問答雜徵』一卷等と書名のみが記されている。

（10）胡適校敦煌唐寫本『神會和尙遺集』亞東圖書館　民國十九年一月

（11）鈴木大拙「燉煌出土『神會禪師語錄』解說」（『鈴木大拙全集』別卷一　岩波書店　昭和四十六年四月　四六三〜四七〇頁所收）　なお、『南陽和尙問答雜徵義』については、楊曾文編校（中國佛教典籍選刊）『神會和尙禪話錄』中華書局　一九九六年　五四〜一二三頁も參照。

（12）『雲笈七籤』齊魯書社　一九八八年九月

（13）拙文「西域發見の文字資料（四）―『大谷文書集成』參　讀後箚記」（『學苑』第七六四號　二〇〇四年五月）中の三六番斷片參照。なお、拙文中では「（『道藏』卷一百一　紀傳部）所引『洞玄本行經』に見られる」としたが、正確には「『道藏』所收の『雲笈七籤』卷一百一　紀傳部（二）所引『洞玄本行經』」である。

（14）大淵忍爾氏『敦煌道經　目錄編』福武書店　一九七八年三月　三六一頁

（15）小笠原宣秀氏は、「吐魯番出土の宗教生活文書」の文中で、「西州における道教信仰」と題して、これについて言及している。（『西域文化研究』第三　―敦煌吐魯番社會經濟資料（下）西域文化研究會編　法藏館　昭和三十五年三月所收）

（16）吉岡義豐「敦煌本十戒經について」（『塚本博士頌壽記念佛教史學論集』昭和三十六年　九二五～九三八頁
　同　講座敦煌４『敦煌と中國道教』　昭和五十八年　二七～三〇頁）
秦明智「關於甘肅省博物館藏敦煌遺書之淺考和目錄」（『一九八三年全國敦煌學術討論會文集』文史・遺書編上　甘肅人民出版社　一九八七年　四六七～四七五頁）
張澤洪「敦煌文書中的唐代道經」（『敦煌學輯刊』一九九三年二期　五八～六二頁）
邵文實「敦煌道教試述」（『世界宗教研究』一九九六年二期　のち『中國敦煌學百年文庫』宗教卷３　甘肅文化出版社　一九九九年　三三三～三四五頁）
譚蟬雪「敦煌道經題記綜述」（陳鼓應主編『道教文化研究』第十三輯　三聯書店　一九九八年四月　八～二四頁）

〔附章〕既同定文書名の補訂

はじめに

大正四年に刊行された『圖譜』下卷所收の「史料」、「經籍」などの部分は、貴重資料の圖版揭出にとどまらず、その圖版原本の抄寫原據の標注も行っている。揭出文書の大半は、當時の專門家ら（內藤湖南によれば、この中の『論語』『左傳』『史記』『漢書』などの考定については、當時の京都帝國大學の富岡謙藏があたったという）[1]によってその內容が特定され、長い間研究材料として大いに利用されることとなった。その後、揭出圖版中の內容の考定し得なかったもの、或いは誤判定されたものなどについては、諸家の研究を經て一部修正されるなどしている。例えば、『圖譜』下卷　經籍

（8）(7)「唐鈔神仙傳斷片」と注記された文書については、石濱純太郎氏によって、「老子序訣」斷片である、と新たに確認されるなどのことがあった。(2)『集成』參では、こうした新しい研究成果が取り入れられている。新たな情報が提供されるのは大變意義のあることと思われる。しかしながら、『圖譜』に表記された元來の文書名を誤って修訂した部分も『集成』參には認められる。ここではこれらのものについて、若干の檢討と補訂を加えたい。（各項目は、大谷文書番號順に從う。文書番號下の標記は、『集成』參で表示された文書名、及び附記。『圖譜』所記の出土地名は省略した。）

五七八八　『論語』子路第十三斷片　魏何晏注　大谷八〇八八號文書と同筆

本斷片は、『圖譜』に掲載されるものではないが、上記の如きの名稱で『集成』參に掲出されている。(3)『論語』子路第十三にかかわるものには相違ないが、その抄寫された文字內容は、斷片中に殘存する注解の部分から、魏 何晏撰(4)『論語集解』そのものであることがわかる。また、斷片の3行目の「孔曰」の文字とその注の內容からは、この殘片が、孔安國の注の部分を含むこと、2行目の文字からは、注解者名が缺失しているものの、その內容を注視すれば、これが包咸の注の部分であることが考究される。從って、この文書の名稱は「魏 何晏撰『論語集解』「子路第十三」斷片」と修訂すべきであろう。

なお、このものについて、編者は「大谷八〇八八號文書と同筆」と注記しているが、大谷八〇八八については、『圖譜』中で「唐鈔論語孔氏本鄭玄注」であることがすでに明確に指摘されている上、筆跡に關しても、兩者には近似する部分もあるものの、同筆とは認め難い書體も確認される。例えば、起筆を含む側、勒部や「心」字の三、四畫の狀況があるので、大谷五七八八は、同八〇八八とはかかわりがない可能性が強いように思われる。

八〇八八　唐鈔『論語』子路第十三及憲問第十四斷片

この斷片は、すでに『圖譜』の中で「唐鈔論語孔氏本鄭玄注」と明記されて掲示されるものである。近時刊行された『集成』參に轉載されたが、新たに「子路第十三及憲問第十四斷片」との語が補充されている。但し、肝心な「孔氏本鄭玄注」の語が消去されてしまっている。この斷片の内容は、『論語』そのものではなく、『論語』の諸家の注釋書の一つである『論語』「孔氏本鄭玄注」[5]の斷片であり、この「孔氏本鄭玄注」（若しくは「孔氏本鄭氏注」）の一語は、抹消すべきではなかろう。なお、「孔氏本鄭玄注」の名稱については、敦煌所出の**P.** 2510本の各篇名の下に見られる「孔氏本鄭氏注」の表記によってこれを用いたものと思われる。

八〇八九　古文『尙書正義』卷第八「商書太甲上第五」斷片

この斷片も、『圖譜』では「唐鈔尙書孔傳（太甲）斷片」と標記されているが、『集成』參では、「孔傳」の二文字を外し、新たに上記のように改稱し、さらに「『十三經注疏』（1）『尙書正義』一一七頁參照」と注記している。しかしながら、斷片の文字を一讀すれば、『尙書正義』とは異なっていることがわかる。正義の部分に該當する文字は認められないからである。この斷片の文字は、明らかに唐の孔穎達が正義（疏）を施す以前の、東晉代に孔安國に假託して撰述された孔安國の傳（注）、卽ち『圖譜』に表示される「孔傳」（現在、專門家の間では「僞孔傳」とされる）の文字である。『十三經注疏』は、『尙書』本文、孔安國の傳（注）、孔穎達の正義（疏）、及び陸德明の音義も收められている。本斷片を古文『尙書正義』の名で呼ぶべきではないであろう。本斷片は正確な書名と共にその卷名、及び詳細な章名を附けてもよいことである。從って本斷片の名稱は、『圖譜』の名稱に復すべきと思われる。

八〇九〇　［裏］『春秋左氏傳』（杜預集解）斷片

この斷片は、『圖譜』では「唐鈔春秋左氏傳（杜注成十七年）斷片」とされているが、『集成』參では、何故か括弧内の「成十七年」の表記を外してしまっている。『圖譜』での表記は、「杜預の注で、成公十七年の記事」という内容を明示した一句である。こういった表記は、内容の認知にかかわることで、外すべきではあるまい。この斷片は、杜預の『春秋經傳集解』（『春秋左傳集解』とも言う）そのものから字句を抄寫した部分である。

なお、八〇九四斷片も、八〇九〇とほぼ同樣な扱いとなっている。この斷片の内容も、杜預の『春秋經傳集解』である。但し、この斷片は、『圖譜』中で注記された「杜注成二十年」の抄文ではない。正しくは「杜注昭二十年」、すなはち「昭公二十年」の集解の抄文である。

八一〇七　唐鈔『唐韻』斷片（兩面）

この斷片の名稱は、『圖譜』では「唐鈔唐韻斷片」であったが、『集成』參では「唐鈔『唐韻』斷片」と改められた。『圖譜』での表記は、唐代抄寫の「唐代の韻書」とも理解可能であるが、『集成』參の『唐韻』の表記は唐の孫愐の『唐韻』（書名）を指摘した表記となることである。

さて、この斷片については、『圖譜』が公刊された翌年に、岡井愼吾氏が「西域考古圖譜なる唐鈔唐韻につきて」の文を發表してこれを論述した(6)。氏は、この斷片と王氏刊本（『王仁昫刊謬補缺切韻』）と比較したのち、

「この斷片は今日に存する切韻中、王氏第一種刊本と倶に比較的古きものと認むべく、標題も切韻とするや當らん」と結論づけた。また、王國維氏も、「余以爲此殆長孫納言箋注之陸法言『切韻』也」とも述べた（『觀堂別集』「陸法言『切韻』斷片跋」）が、周祖謨氏が、「與此本最相近的是伯三六九六號韻書（即〝切韻〟殘葉二）」と述べ、この斷片内

容の一部をP. 3696本も含めた敦煌諸本と比較したのち、

「足證此斷片爲陸法言原書傳本之一、而不是長孫納言的箋注本」

との見解を示した。[7] 岡井氏、周氏の考證を參考にすれば、この斷片は、陸法言『切韻』と位置づけてもよいように思われる。なお、ついでに記せば、孫愐の『唐韻』は唐の開元二十年（七三二）以降に成立したと推定されるもので、法言『切韻』をもとに更に文字の增補、訓釋を行ったものと見られるものである。

八一〇九（A）『毛詩（詩經）』斷片

この斷片は、『圖譜』では「唐鈔詩周頌酌篇（毛傳鄭箋）斷片」とされているが、『集成』參では、「『毛詩（詩經）』斷片」とされたこの題下に、小字で「周頌閔予小子之什第三「酌」の條」との追記がなされている。殘念なことに、『圖譜』の表記中の「毛傳　鄭箋」の部分が外されてしまっている。

この斷片の內容は、『毛詩』にかかわるものである。しかし『集成』參で表記した單なる『毛詩（詩經）』本文の一節ではなく、『毛詩故訓傳』の鄭玄箋注を含むものなのである。因みに、『圖譜』で表記される「毛傳」とは、『詩經』の最古の注釋書である『毛詩故訓傳』のことで、この略稱のことである。また、「鄭箋」は、『毛傳』に對し鄭玄が更に箋注を施したもののことをいう。この「毛傳　鄭箋」の部分こそ、この斷片の文字內容を指摘するものので、從ってこの斷片の名稱も『圖譜』のもとの表記に戾すべきであろう。

八一一〇　唐鈔『論語』孔子本鄭玄注（子路）斷片

この斷片は、八〇八八と同じ系統のもので、『圖譜』では「唐鈔論語孔氏本鄭玄注（子路）斷片」とされている。

『集成』參では、ほぼその通りに表記されているが、「孔氏」の表記が「孔子」とされている。同音文字の誤植の可能性もあるが、「孔子本」は、『圖譜』標記の「孔氏本」に直すべきであろう。なお、「孔氏本鄭玄注」（或いは「孔氏本鄭氏注」）については、八〇八八の項目參照。

八一二〇　唐鈔『老子』（河上公本謙德第六十一章）斷片

この斷片は、『圖譜』では内容の同定がなされないまま、他の二斷片と共に「經籍」類（10）「唐鈔古書斷片」と標示されている。しかし、『集成』參では、「唐鈔『老子』（河上公本謙德第六十一章）斷片」と抄寫内容を確認し表示されるに至っている。この斷片の内容は、『老子』そのものではなく、『老子』（『老子道德經』）の注疏本の一つである『老子道德經河上公章句』（若しくは『老子河上公章句』ともいう）の一節、同書の巻四の「謙德第六十一」に見られるものであるため、『集成』參の表記は、括弧を外すか、『老子道德經河上公章句』「謙德第六十一」斷片、若しくは『老子河上公章句』「謙德第六十一」斷片等とすべきと思われる。

なお、上述のほかにも、『圖譜』公刊後に、諸家の研究によって、抄寫原典の内容が特定されたものがあるが、『集成』參では、それらの一部を採り落としているところが見られる。また、『集成』參の刊行以後にも、抄寫原典の同定が進められたところもあるので、ここで、參考のために、筆者の把握できたものに限って、それらを大谷文書の番號順に、各々の出所とそれに言及した研究者論文名等を併記しつつ、下記しておくことにしたい（下記した拙文は、初出誌のもので、そのすべては本著の各章に加筆補正して收載した）。

八〇八一　書儀斷片

（趙和平『敦煌表狀箋啓書儀輯校』江蘇古籍出版社　一九九七年八月　四五九頁）

八〇八六　『倶舍論頌疏論本』卷二十斷片

（拙文「西域發見の文字資料―「大谷文書」中の諸斷片について（二）」『學苑』第七五三號　二〇〇三年五月）

八〇九五　唐・裴瑜『爾雅注』斷片か（三三五一と綴合）

（　同右　）

八一〇四　『洞淵神呪經』卷第六斷片(8)

（大淵忍爾『敦煌道經　目錄篇』「雜道經類」　福武書店　一九七八年三月　二七三頁）

八一〇五　『靈寶洞玄自然九天生神章經』斷片

（拙文「西域發見の文字資料（四）―『大谷文書集成』參　讀後劄記」（『學苑』第七六四號　二〇〇四年五月）

八一一七　『倶舍論頌疏』序記とその注疏斷片（一〇四五、八一一九と同一斷簡）

（拙文「西域發見の文字資料―「大谷文書」中の諸斷片について（二）」『學苑』第七五三號　二〇〇三年五月）

八一一八　佚名類書斷片

（小島憲之「東海と西域―啓蒙期としてみた日本上代文學一斑―」『文學』五一　岩波書店　一九八三年十二月）

八一一九　『倶舍論頌疏』序記とその注疏斷片（一〇四五、八一一七と同一斷簡）

（拙文「西域發見の文字資料―「大谷文書」中の諸斷片について（二）」『學苑』第七百五十三號　二〇〇三年五月）

むすびに

『集成』參の後半部は、一部これまでに未發表の文書を含めて、『圖譜』によって圖版のみで公表されていた大谷八〇〇一より八一四七までの文書を（一部を除いて）、新たに起こした釋文と共に刊行したものである。この書の刊行によって從來の『圖譜』中の資料が、『集成』參を通しても確認できるようになったため、『集成』參の刊行の意義はきわめて大きいと言わねばならない。但し、殘念なことに所掲の文書圖版は、出版の都合もあってか、縮小傾向が目立ち、例えば、舊刊の『圖譜』が原寸大で原文書の書影を載出するのに對し、その半ば或いはそれ以下の大きさに縮められてしまっている。また、『圖譜』所掲の圖版と『集成』參所載の圖版を照合比較して見ると、その中の數點の圖版に異同が確認される。例えば、『圖譜』（舊圖版と略す）で掲載されるものより『集成』參（新圖版と略す）所出のものが一部を缺いたり、或いは一部を增したりしているところが見られる。この具體的例を示すと、大谷八〇八八の「唐鈔論語孔氏本鄭玄注斷片」（Ⅳ 圖⑮）や、大谷八〇九四の「唐鈔春秋左氏傳（杜注成二十年）斷片」（Ⅳ 圖⑯）などの類である。ここでこれらのことを記して小論の結びに代えることにしたい。

さて、大谷八〇八八については、舊圖版と比べ新圖版の上部の後より四行目に「七年」のある部分と下部左側より三行目に「者謂人素死之心必、孔、道穀恥、憲孔」の經文六文字、注文十文字の計十六文字のある二か所の殘片が缺けていることがわかる。『集成』參の釋文では、「※別小片にておぎなう」「※別紙一小片にておぎなう」と注記されている。しかし、「別小片」「別紙一小片」については、圖版の掲出もなく、所在、所藏に關する記述も見られない。また、大谷八〇九四については、新圖版の右側より二行目の下部に「一氣」の部分が舊圖版に見られず、舊圖版の

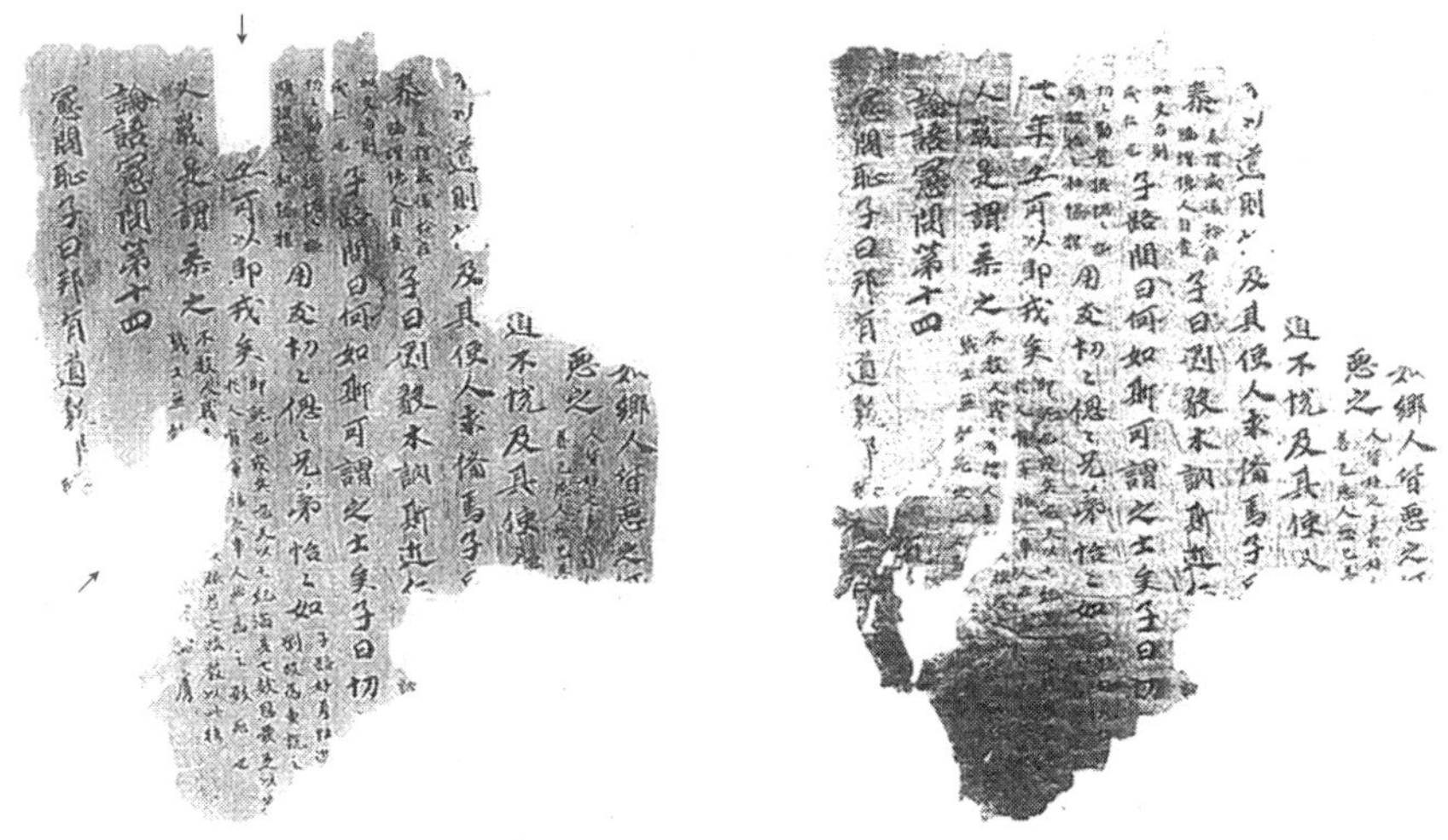

右『圖譜』經籍（1）⑴ 掲出
左『集成』參 掲出（↑缺失個所）

Ⅳ 圖㊺　大谷 八〇八八（裏）「唐鈔論語孔氏本鄭玄注斷片」

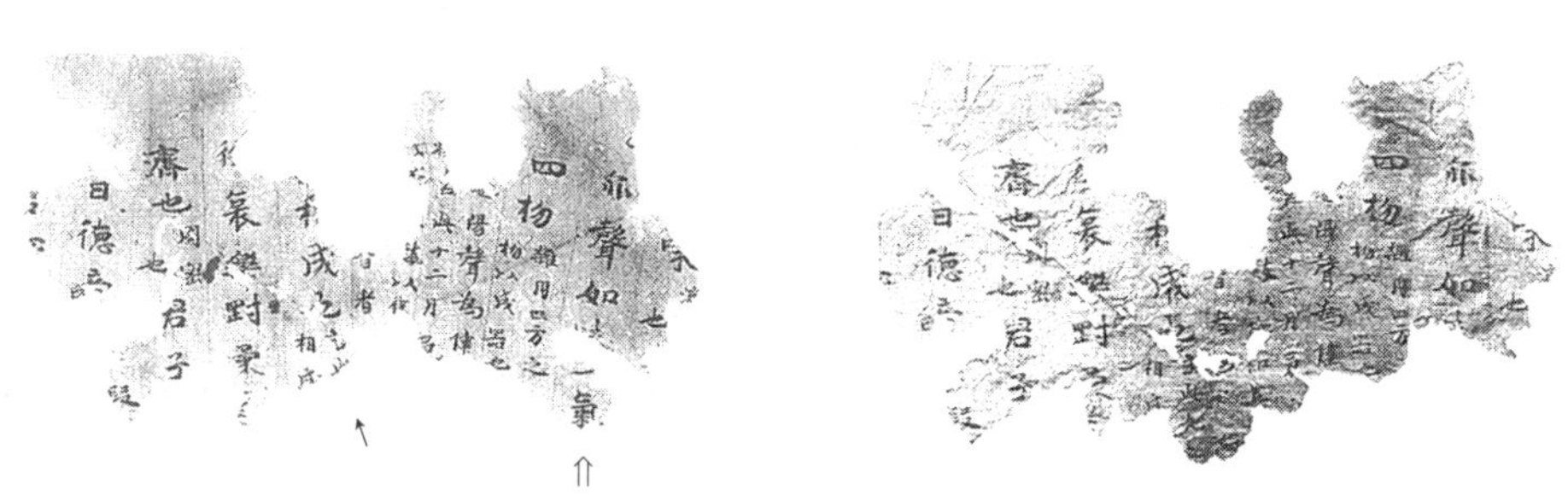

右『圖譜』經籍（3）⑵ 掲出
左『集成』參 掲出（↑缺失個所、⇑增加個所）

Ⅳ 圖㊻　大谷 八〇九四「唐鈔春秋左氏傳（杜注成二十年）斷片」

中央下部に「□也九者」とある部分が、新圖版では缺失していることが確認できる。
これらのことから、『集成』參のこの二點の圖版は、『圖譜』以外のものから撮影し掲出したものであることが判明する。これらの事柄については、『集成』參では説明がなされていないが、假に撮影が現物からのものであるならば、『圖譜』作成時（文書撮影時）から『集成』參作成時（文書撮影時）間に原文書に何らかの變化があった事を示すことになる。文書斷裂部の映像の增加はともかく、減失は、撮影時の撮り落としの結果でないならば、明らかに原文書の缺失、亡佚したさまを知らせることになろう。大谷文書は『圖譜』作成以來、今日の『集成』參の製作に至る間に、文書の一部に變化が見られるようになった。『圖譜』が刊行された直後、諸般の事情で、大谷文書そのものを含めた大谷コレクションが四散した事實があり、『圖譜』中で載出された佛典寫本の大半が行方不明になったことがあった、と專門家から指摘されている[9]。このことを考慮すれば、ここに確認した大谷文書の變化は、この一連のこととは無關係ではなかろう。しかしながら、文書の部分の缺失は、これ以外の要素が存在したことも推考される[10]。

注

（1）内藤湖南「西本願寺の發掘物」（『内藤湖南全集』第十二卷　筑摩書房　昭和四十五年六月　二一五頁）

（2）石濱純太郎「流沙遺文小記」（『龍谷史壇』第二卷第二號　昭和四年所收）。なお、大淵忍爾『敦煌道經　目錄編』第三篇道德經類「道德經序訣」の項目にも收載される（福武書店　一九七八年三月　二四八頁）。

（3）本斷片は、『集成』參で公開される前に、小笠原宣秀氏が「中世西域官人の教養について」の文で「論語斷片」として紹介したことがある（『龍谷大學論集』第三八二號　昭和四十二年三月所收）。同氏はこの斷片の寸法を「6.0×3.0」と記しているが、『集成』參では「17.5×9.3」と記載している。寫眞と内容は、『集成』參所掲のものと一致していることから見れば、同一斷片のことであることが明らかであるため、同氏の寸法は誤記であろう。

（4）『論語集解』「敍」によれば、孫邕、鄭沖、曹義、荀顗、何晏の名前が見られるが、舊來から一般的に何晏の撰とされる。

（5）この「孔氏本鄭玄注」の說については、敦煌所出のP.2510本に見られる各篇名の下に「孔氏本鄭氏注」とあるような表記を引いたものと思われる。なお、「鄭玄注」、若しくは「鄭氏注」については、舊來から異說があり、ここでは暫時『圖譜』の表記に從う。

（6）『藝文』第七年第七號　京都文學會　一九一六年。のちに『柿堂存稿』有七絕堂　昭和十年十一月再收錄

（7）周祖謨『唐五代韵書集存』全二册　中華書局　一九八三年七月　下册　八二四～八二五頁參照

（8）大淵氏は大谷八一〇四の同定をしているが、大淵氏の目錄を利用したと見られる榮新江氏は、大谷八一〇四を含めた、『圖譜』「經籍」（7）「唐鈔道書斷片（吐峪溝）」に載出された三點の文書を「大谷8103－8105、殘存十行」として『洞淵神呪經』卷第六と記している。これは誤認であろう（『敦煌吐魯番研究』第四卷　北京大學出版社　一九九九年　一三八頁）。

（9）龍谷大學佛教文化研究所編　龍谷大學善本叢書Ⅰ（井ノ口泰淳責任編集）『西域出土佛典の研究　『西域考古圖譜』の漢文佛典―』法藏館　昭和五十五年七月　研究册　總論vii

（10）龍谷大學に調查に伺った折、小田義久先生のご教示を賜り、筆者は大谷八〇九四の「唐鈔春秋左氏傳（杜注成二十年）斷片」關係の小片一點を確認することができた。しかし、その他の、『圖譜』に見られ、『集成』參に缺ける大谷八〇八八「論語鄭注」の小斷片の所在は不明のままである。なお、この八〇八八「論語鄭注」寫本と一連のものと見られる斷片（右下部斷片）は、その他の數片の碎片文書と共に古く內藤湖南の藏品となり、その編著『恭仁山莊善本書影』に寫眞圖版として掲出されていること、及びこの內藤湖南藏品はその後武田科學振興財団の有に歸し、現在に及んでいることが確認できた。詳細は本著第Ⅲ部、第二章 二 を參照。

結語

本論は西域出土の古代文書の中から小學、童蒙にかかわる諸遺文を細心の注意を拂いながら摘出し、文字内容の究明を進め、各時代に於ける文字學習の實態の解明を試みたものである。課本の内容とこれを用いた修學傳習の場を把握することは、中國の人々が育んだ文字文化の底流を分明にすることに他ならない。筆者の西域出土童蒙書の通時的、個別的考究を通して、長く深く培われた文字文化の基底に迫る目標は幾分かは果たされたように思われる。ここで本論中で究明し得た主要なことを略記しておくことにしたい。

先ず、文字傳習の場についてであるが、この場は時代によってその質を異にして來るということを究明したことである。祭祀主催者のもとで用いられていた靈性を附帶させていた文字は、專業の職掌者のもとで修習されている事實があり、この學びの場は、時代を移すに從い、教學の機構として形を整えて行くが、學びに加わる者は、王孫、高子、幷びに職掌をもつ者の後嗣、子弟に限られていたことである。

次に、李斯が撰述した『蒼頡篇』については、この根底に師荀況由來の思想の背景が潛在すると見られ、「忠信」「謹愼」「端愨」「疾力」をもってする專一な行術をこのもとに結んでいると判斷されたことである。丞相となった李斯が名實ともに政治の表舞臺で活躍していた始皇帝末年から、二世皇帝の初年當時、「後嗣」育成の施策のもとに、身分社會の安定に向けて、法治、刑名を擔う廉潔な官吏、殊にその後代を養成する識字教育のために『蒼頡篇』が編まれ、同時に作られた趙高『爰歷篇』、胡母敬『博學篇』と流通がはかられたと推考されたことである。この『蒼頡篇』は漢初の改編を經たものしか確認できないが、四字句、隔句之部押韻で、四句、八句を大きな轉節として章句を構成するさまや秦代頻見の用字などによって、原初のさまを推測することが可能であることもつきとめたことである。

宦者史游が撰述したとされる『急就篇』は、『蒼頡篇』を利用して作られた識字者養成をはかる諷誦、手寫修練のための速修課本であるが、ここには修學の基本としての禮と掌故、智慧通達と見聞の具體相が確認される。人名、日用器物、服飾、醫藥、動植物名の各種を七字句で列べ、末尾に處世に要する文字を繼ぐ『急就篇』は、木簡、觚、殘紙、碑石、塼瓦と雜多なものに書寫されている事實がある。これらを通して法治制を支える文字文化のひろがりを究明することができた。なお、『急就篇』の末尾に「焦滅胡章」を含む末尾二章については、續增されたと見られるが、『後漢書』「孝獻帝紀」の記事によりその年代を二〇七年から二二〇年の間に推算することができた。

梁の周興嗣の次韻になる『千字文』は、知識凝集の風趣豐かな美文の初學課本であるが、この凝縮された文辭をよりよく解すために早くから注が施された。この中で日本傳存の李暹の注とされる『上野本』が注目される。一方、敦煌本『注千字文』殘卷には、唐代以降に頻見される俗語、方言等が含まれ、且つ「淵」「民」字を避諱していることから、初唐期の增删を經た書寫と推考することができる。なお、李暹については、『梁書』『魏書』『北史』等の史書の記事を傍證として、武定六年春頃に、梁に使いし司徒侯景の亂等で歸國を果たせず流寓した人物で、山東の名族趙郡の李氏一門である可能性が高いことを考證した。

訓蒙書『新合六字千文』は、『千字文』を母體として四字一句の上に新たに二文字を加えて六字句を構えたものである。新添の二文字によって『千字文』の內容の易解をはかっているものと見做し得る。句首、或いは句中に加えた二文字には、李暹の『注千字文』等にもとづくものであることが分明となった。この依據の追跡によって、『六字千文』が成立した當時の『千字文』諸注本の流通狀況を推考することができた。なお、『六字千文』の撰者については、具體的な手がかりはないが、擧人になり得ず、鄕閭間にあって學塾の師となっていたような中下級知識人なのであろう。

唐の李翰撰『蒙求』は、幼童に歷史故事を教授する目的で編まれたものであり、採錄素材を十分に理解させるために、當初より注が附けられていた。また、書の流布のために、巻首には當代の文名豊かな官人の表、序が自序と共に置かれていた。しかしこの表、序、自序は教學、傳寫の過程で、その位置や形を變容させた。この變容には唐天寶四年前後に勃發した李林甫の策謀による官人粛清事件もかかわるようであった。李良、陸善經の閱歷を辿る中で、先人未言及の重要な事實を剔出し得た。なお、敦煌研究院藏95號本の注文部分は、日本傳存の古鈔本と比べ、より詳細で、古態を保っていることが確認された。

大半はトルファンからの將來品と見られる大谷文書の中の殘缺、碎片文書中から各種の典籍遺文を特定し得た。それらは近百年來、不分明のままに所藏されていたものであるが、僻遠の地トルファン附近の文字學習の實景を傳えるものとして、きわめて價値高い内容をもっている。通俗的な教誡書から手寫の手本や實務書簡の型、文字表現向上に益する文學作品等と共に文字、音韻、訓詁學習の基礎的典籍、注疏を包攝している大谷文書は、佛徒、道民、一般の別はあるとしても、當時、公私の修學の場で、階梯的に學ばれていたものの實態を證かすものとして貴重な資料とみなされる。敦煌、トルファンという邊境の地域でこのような多數の初學、童蒙關係の遺文が發現される事實は改めて注意されなければならない。

日本に將來されて以來、內容特定がされないままに祕藏されて來た大谷文書中の碎片資料中にも、意外にも當代の文字學習、學術の基盤を明かすものが存在している。これらを知ることも西域文書研究、中國の文字文化の研究には意義あることと思われる。

本論を結ぶにあたって、個々の考證、分析によって得られたものを再顧してみたが、行論の未熟さも方法論の粗雜さもあらわになるばかりのようである。向後に殘された問題の多さを自覺しながら、斷裂して佚亡しかけた古代文書を扱う研究には、なお多くの努力が要ることをひしひしと感じている。

論中で觸れ得なかった問題には、例えば、玉門花海出土（敦1462、1463）、馬圏灣出土（敦562AB、639ABCD）の『蒼頡篇』と覺しい簡の解明、また、未公開でありながら、敦煌懸泉置遺跡所出と記される『蒼頡篇』『急就篇』簡の確認、考究、大谷文書中の未同定諸碎片文書の研究など具體的個々の資料研究にかかわる問題のほか、それらを含めて追究されなければならない人の作る時代と社會の推移の中での文字傳習の變容、變質の問題など、論末にあたって今後の課題を改めて深く認識する次第である。

あとがき

本書の主體部分は、お茶の水女子大學に提出し、學位を頂いた博士論文である。この論文の元とした各論は、それ以前に發表した論文である。本書では、これらの論文に一部補訂を加え、新たに書き起こしたものも含めている。ここで既發表論文の初出誌を記すと、以下の通りとなる。なお、各論文は、本書では複數の章にかかわることもあるが、ここでは、主要な章の下にこれを示しておくこととする。

第Ⅱ部　第一章　敦煌本『注千字文』注解（『敦煌學輯刊』二〇〇二年第一期　二〇〇二年六月）

第二章　「敦煌本『六字千文』初探」析疑－兼述『千字文』注本問題（『敦煌研究』二〇〇一年第三期二〇〇一年八月）

「敦煌本『六字千文』初探」析疑（續）（『敦煌研究』二〇〇二年第一期　二〇〇二年二月）

第三章　敦煌研究院藏李翰『蒙求』試解－與日藏古鈔本之比較（『敦煌研究』二〇〇二年第五期　二〇〇二年十月）

第四章　敦煌發見の自注童蒙書について－『蒙求』『兎園策府』の諸問題を中心に（『お茶の水女子大學中國文學會報』第二十二號　二〇〇三年四月）

第Ⅲ部　第一章、第二章、第五章、第六章

西域發見の佚文資料－『大谷文書集成』所收諸斷片について（『學苑』第七四二號　二〇〇二年五月）、西域發見の文字資料－「大谷文書」所收諸斷片について〔二〕（『學苑』第七五三號　二

〇〇三年五月）

第三章、第四章

西域發見の文字資料（四）－『大谷文書集成』參 讀後箚記（『學苑』第七六四號　二〇〇四年五月）

第Ⅳ部 第一章、第二章、〔附章〕

西域發見の文字資料（三）－『大谷文書集成』所收寫經斷片について（『學苑』第七五九號　二〇〇三年十二月）、西域發見の文字資料（四）－『大谷文書集成』參 讀後箚記（『學苑』第七六四號　二〇〇四年五月）

筆者にとっては學術世界への歩みの第一歩となる本著の執筆には、さまざまな方からのご支援があった。研究の過程で、論題の選定や具體的な構成で彷徨しつづけた筆者をあたたかく包み導いて下さったお茶の水女子大學の主任指導教官 窪添慶文先生、同副指導教官 伊藤美重子先生、歴史認識の方途や文學的感受のあり方など、兩先生には限りないご教導を頂いたことが深々と思い返される。敦煌、トルファン等の出土文獻を貪るように讀む機會を作って下さった兩先生のご指導がなければ、本著は完成には至らなかった。改めて心からの感謝を申し上げたい。論文審査時等に多數の懇切なご教示を賜った三浦徹先生、古瀬奈津子先生、和田英信先生にも心からの御禮を申し上げたい。

また、資料の閲覽、攷讀等に關しては、東京大學名譽教授の戸川芳郎先生から、細やかで溫かな限りないご支援を賜り、資料釋述については、創價大學の池田溫先生、二松學舍大學の佐藤保先生、龍谷大學の小田義久先生から、得難い貴重なご助言をいただき、さらに、敦煌、吐魯番の現地調査時には、武漢大學の陳國燦先生、新疆考古研究所の王炳華先生、中國文物研究所の王素先生、吐魯番文物局の李肖先生、上海博物館の王樾先生から、特別なご厚遇とご援助を賜った。また、中國各地では、資料の調査、收集等で、四川大學の項楚先生、浙江大學の張涌泉先生、蘭州大學の馮培紅先生、甘肅省博物館の閻桂娣女史、敦煌莫高窟の李承仙女史（故人）、何英女史、敦煌研究院の王珉女史から特段のご配慮とご支援を頂いた。これらの忘れ難い事柄に對し思いを新たにし、諸先生に衷心から感謝を申し上げたい。

なお、去春、機會を得て、大谷探檢隊が足跡を殘した吐魯番盆地の吐峪溝を踏査することができた。吐峪溝は、現在鄯善縣に屬し、縣の南西に位置し、高昌故城遺跡から十㎞ほど離れる小村となっており、地元の運轉手は、筆者の吐峪溝千佛洞訪問意向に首を傾げるほどで、調査に行く人や旅行者も殆どない僻村であり、往昔の繁榮を偲ぶよすが消え果ていたが、大谷探檢隊が古文書を獲た地をめぐり、土地人と話しながら、吐峪溝の風土を確認したことであった。

最後に、本著の公刊に當たっては、獨立行政法人日本學術振興會平成十七年度科學研究費助成金（研究成果公開促進費）を頂き、株式會社汲古書院社長の石坂叡志氏、同社元社長の坂本健彦氏の深いご理解と溫かなご支援を賜ったことを謹記し、心からの感謝を申し上げたい。

二〇〇五年五月二十一日

張　娜　麗　謹識

索　　引

人名索引

あ行

か行

さ行

た行

な行

わ行

事項・文献名索引

あ行

か行

さ行

た行

簡牘・文書編號索引

西域出土文書之基礎研究

—中國古代小學書・童蒙書的諸相—

〈提　要〉

班固的「藝文志」所擧『蒼頡篇』『急就篇』等秦漢代的小學諸篇，除『急就篇』外餘皆亡佚。至於『蒼頡篇』，僅由『說文解字』、『顏氏家訓』等引書中徵其片言隻字。而上世紀初，於敦煌、居延、尼雅、及阜陽等地相繼出土的簡牘文書，爲我們提供了部分當時的實物。

六朝代編撰的『千字文』，嗣後便有諸家爲其施注，即『注千字文』的問世。然而，這些在大陸文化中消聲匿跡，雖於海東有『注千字文』，我們却不曾了解，甚至對注疏者之一的李暹其人亦不知何許人。而敦煌文獻中分明出現了『注千字文』殘片。

唐李翰所撰『蒙求』及其注疏、世稱「古注蒙求」，在宋代已被改其舊貌，李翰原撰『蒙求』在大陸浩瀚的典籍中散佚。有賴於敦煌文獻亦爲我們留下了寶貴的原典。

所謂「大谷文書」多源於吐魯番地區，其殆爲西晉至唐宋之遺墨，內容豐富、多岐。這些文書群亦是搜羅小學、童蒙書的淵藪。但「大谷文書」的大宗，盡被深入研究後見諸於衆，而那些殘碎的部分却無人問津。

本著即是從紛繁歧異的西域出土文獻中，抉擇出有關小學、童蒙、及經書、佛典類的斷簡殘紙，以時代爲序來加以考証梳理。全編除「序章」外，分爲兩大類，第Ⅰ部、第Ⅱ部爲一類；第Ⅲ部、第Ⅳ部爲另一類。

「序章」是對秦漢代的『蒼頡篇』『急就篇』撰述前後的概觀。因爲甲骨文、金文中可考「習刻」、「誤刻」之實例，文字傳習之場所理當存在。雖然對這些史料認識膚淺，却不可視而不顧。

第Ⅰ部、第Ⅱ部主要考述秦漢代的『蒼頡篇』『急就篇』之類的簡牘文書，以及六朝代的『注千字文』和唐代的『蒙求』等紙本文書。

有關『蒼頡篇』『急就篇』秦漢簡牘，自上世紀初發現以來，羅振玉、王國維等已有先驅性的研究。繼而又有新簡出土，亦不乏新成果的出現。第Ⅰ部即是基於諸前賢的研究成果，進行部分補佚和考述。對於『蒼頡篇』和『急就篇』，因其出土資料之多寡、傳世本之有無，對其研究亦有側重。

『蒼頡篇』爲佚書，無現成傳本與其比覈，因而偏重於對簡牘資料的蒐集和片簡的考述。『急就篇』因有傳世本的存在，除蒐集原簡資料外，亦着眼於今昔文本的比較、以窺漢時舊貌。再者，從書寫材料來看，『急就篇』既有漢代的簡牘、墓室塼券、刻塼資料，

又有魏晉時代的紙本文書等，如此豐富的素材構築了『急就篇』研究的基礎，這些亦酌予列入。

『注千字文』及李翰注『蒙求』同出自敦煌，此爲大陸文化中失而復得的珍貴資料，鑑於有日本舊時的寫本，第Ⅱ部即是以敦煌所出文書與日本所存寫本的對比研究。

『隋書』「經籍志」所述六朝代的諸家『注千字文』，除日本傳存的「李暹注本」外餘不復存。出自敦煌、首尾亦殘的唐寫本是否爲「李暹注本」，必依據寫本的內容等加以考查。對李暹其人據現存的資料亦作一小攷。敦煌研究院所藏李翰注『蒙求』是近年方見諸於世的新資料，除將其與日本舊藏「古註蒙求」在文字、內容上的異同作以比覈外，對其卷首所冠「表序群」— 即所謂李良「薦表」、李華「序」、及李翰「自序」等，這一長久以來爭議頗多的問題，亦作了力所能及的考述。

第Ⅲ部、第Ⅳ部主要以「大谷文書」爲考查對象。這些文書群大多是未定名、內容不詳的殘片。因此，研究視點及方法不盡類於前兩部，考查的範圍亦不限於小學、童蒙書，而是對所有能比定出的文書分門別類，從其書誌、內容等方面加以考述，幷對部分斷裂文書亦予以綴合。

第Ⅲ部綜合考述童蒙、經典、詩賦、音義、韻書、及佛典注疏之類的殘片。其中亦包括部分佚文，即非敦煌或其他出土文獻而莫能比定的。諸如，『兎園册府』、「賀幸溫泉賦」等即爲其中的數例。

第Ⅳ部主要考查佛典、道書類的殘片。這些殘片散見於『大谷文書集成』各書中，依其書體、形態、內容等而予定名、錄文幷考釋。比定出的殘片編序未本『開元釋敎錄』等佛典經錄之體例，而以「大谷文書」編號爲序，這樣便於徵考「大谷文書」所具道佛典之內容、及收藏情況。

如上所述，西域所出文書，涵蓋甚廣、內容多岐、且數量厖大，本著僅於特定的範圍內作以略論。書名之所以冠有「西域」二字，主要是針對資料的出土地而言。但其中亦包括非西域出土物，如「阜陽漢簡」等。所加副標題旨在界定本著的探討範圍。然，自覺尚有失謹嚴，因第Ⅲ部、第Ⅳ部所及內容幷非悉屬這一範疇；再者，中國的小學、童蒙書，尤以前者隸属一門由識字敎育延昇爲解釋經籍的學問，有其特定的內涵，且體系厖大、蔚爲大觀，非筆者力所能逮之領域，本書僅憑這群出土遺物寥作嘗試而已。

著　者

著者略歴

張　娜麗（ちょう　なれい）

1956年　中國大連に生まれる。
お茶の水女子大學大學院博士課程修了、博士（人文科學）。
中國瀋陽工業學院大學專任講師、昭和女子大學助教授を經て、
現在　昭和女子大學、早稻田大學兼任講師。

主な論文
「中島敦の歷史小說ー「李陵」」（『學苑』569號　1987年）、
「早稻田大學中央圖書館所藏宋版 玄應『一切經音義』について」（『學苑』775號　2005年）ほか。

汲古叢書66

西域出土文書の基礎的研究
ー中國古代における小學書・童蒙書の諸相ー

二〇〇六年二月二八日　発行
定価　本体一〇、〇〇〇円＋税

著　者　張　娜麗
発行者　石坂叡志
製版印刷　富士リプロ

発行所　汲古書院
〒102-0072 東京都千代田区飯田橋二－五－四
電　話　〇三（三二六五）九七六四
ＦＡＸ　〇三（三二二二）一八四五

ISBN4－7629－2565－9　C3322

36	明代郷村の紛争と秩序	中島　楽章著	10000円
37	明清時代華南地域史研究	松田　吉郎著	15000円
38	明清官僚制の研究	和田　正広著	22000円
39	唐末五代変革期の政治と経済	堀　敏一著	12000円
40	唐史論攷－氏族制と均田制－	池田　温著	近刊
41	清末日中関係史の研究	菅野　正著	8000円
42	宋代中国の法制と社会	高橋　芳郎著	8000円
43	中華民国期農村土地行政史の研究	笹川　裕史著	8000円
44	五四運動在日本	小野　信爾著	8000円
45	清代徽州地域社会史研究	熊　遠報著	8500円
46	明治前期日中学術交流の研究	陳　捷著	16000円
47	明代軍政史研究	奥山　憲夫著	8000円
48	隋唐王言の研究	中村　裕一著	10000円
49	建国大学の研究	山根　幸夫著	8000円
50	魏晋南北朝官僚制研究	窪添　慶文著	14000円
51	「対支文化事業」の研究	阿部　洋著	22000円
52	華中農村経済と近代化	弁納　才一著	9000円
53	元代知識人と地域社会	森田　憲司著	9000円
54	王権の確立と授受	大原　良通著	8500円
55	北京遷都の研究	新宮　学著	12000円
56	唐令逸文の研究	中村　裕一著	17000円
57	近代中国の地方自治と明治日本	黄　東蘭著	11000円
58	徽州商人の研究	臼井佐知子著	10000円
59	清代中日学術交流の研究	王　宝平著	11000円
60	漢代儒教の史的研究	福井　重雅著	12000円
61	大業雑記の研究	中村　裕一著	14000円
62	中国古代国家と郡県社会	藤田　勝久著	12000円
63	近代中国の農村経済と地主制	小島　淑男著	7000円
64	東アジア世界の形成－中国と周辺国家	堀　敏一著	7000円
65	蒙地奉上－「満州国」の土地政策－	広川　佐保著	8000円
66	西域出土文書の基礎的研究	張　娜麗著	10000円

（表示価格は2006年３月現在の本体価格）